投资学

INVESTMENT

李新 巩云华/主编

首都经济贸易大学出版社
·北京·

前　言

现代经济由金融经济和实体经济构成，二者相互作用，相互影响。金融经济通过金融资本对实体经济的渗透日益加深，形成所谓“金融定价权”，主要表现为两个方面：一是金融资本对市场价格形成（市场效率）具有主导权（从一般商品、大宗商品、商品期货到金融产品、金融衍生产品）；二是金融资本的投资活动对市场价格变动（市场稳定）具有主导权，即金融资本以市场为载体的逐利活动导致市场价格波动，既提高市场效率也加大市场风险，甚至形成金融泡沫。

由此，我们认为“金融定价权构成了现代金融和经济的核心竞争力，而金融投资则是金融定价权的基础所在”。同时，我们发现“大国经济崛起注定谋求金融崛起，实现全球金融定价权已经成为世界经济金融发展的客观规律”。在当前经济全球化的时代，甚至可以说，“科学技术是第一生产力，金融定价权是第一控制力，金融投资是第一基础力”。当前，我国经济已经崛起为世界第二大国，必然谋求金融强国之路，同时全球金融版图的变迁也为我们提供了难得的契机。在这个过程中，我们应该以国家战略高度，充分审视金融投资专业的重要性，重视投资的教育和学科的建设。

在这样的背景下，我们编著了这部《投资学》教材。该教材一方面吸取了前辈的教学成果，另一方面也汇集了各位作者的最新研究成果，其内容既包括了私募股权、股票、债券、商品衍生品及金融衍生品等传统投资领域，也包括了行为金融、互联网金融、量化金融等新兴投资领域。

在本书的编著过程中，我们自始至终坚持“理论与实践相结合，国际视野与本土操作相结合，历史现实未来相结合”的基本理念；贯彻求真务实的原则，着重理论联系实际，着重研究的实效，着重案例的分析；同时，以历史、现实和未来之三维视角、以国际视野和本土化操作之双重视野，培养学生发现、分析和解决投资问题，尤其是中国金融领域实际投资问题的能力。

本书分工如下：

第一章：王佳妮；第二章：刘剑蕾；第三章：王洋天、施慧洪；第四章：巩云华；第五章：徐新扩、李新；第六章：徐新扩、李新；第七章：杨龙光；第八章：余颖丰。

2018 年 6 月

目　录

第一章　私募股权投资

第一节　私募股权投资概述

21世纪以来，全球资本市场融资方式创新不断，作为全球虚拟经济的子系统——私募股权投资市场发展迅猛。中国经济的改革开放与投资环境的不断完善，加快了私募股权投资业的发展。中国已经成为私募股权投资基金最为看好的市场之一，发展潜力巨大。作为一种新的金融制度安排，私募股权投资基金为企业建立初期、发展期以及成熟期各个阶段提供支持，在缓解中小企业融资困境、促进技术创新与创业以及推动宏观经济发展方面发挥了重要的作用。本节主要对私募股权的整体概念进行简单介绍。

一、私募股权投资的相关定义

1. 私募股权投资的概念

私募股权（Private Equity，简称“PE”）有时又被译为“私人权益资本”或“未上市股权资本”，是一个很宽泛的概念，用来指称对任何一种不能在股票市场自由交易的股权资产的投资。按照欧洲私募股权投资与风险投资协会（EVCA）的定义，“私募股权”是指所有非上市交易的权益资本，而“风险投资（Venture Capital，简称VC）”则是关注创业企业（Start - up Companies）的私募股权[①]。美国风险投资协会（NVCA）则将其定义为“风险投资、管理层收购（MBO）以及夹层投资”；以色列风险投资协会（IVA）把所有投资于

① 参见欧洲私募股权投资与风险投资协会对“PE”和“VC”的释义（http：//evca. eu/what - is - private - equity/）。

非科技和投资于创业早期的基金统称为未上市股权投资基金，这也包括那些采取分散投资策略的基金，如主要投资于非科技型企业或是投资于创业企业晚期的基金。

显然，上述机构对于私募股权的概念都是从被投企业的发展阶段和投资机构的风格方面进行界定，因而并没有全面地反映私募股权的属性。当前国内外对私募股权投资的含义界定不一①，概括而言，主要有广义和狭义之分。广义的私募股权投资是指通过非公开形式募集资金，并对企业进行各种类型的股权投资。这种股权投资涵盖企业首次公开发行（IPO）前各阶段的权益投资，即对处于种子期、初创期、发展期、扩展期、成熟期和 Pre－IPO 各个时期企业所进行的投资，以及上市后的私募投资（如 Private Investment in Public Equity，PIPE）等。而狭义的私募股权投资主要是指对已经形成一定规模的并产生稳定现金流的成熟企业的私募股权投资部分，主要是指风险投资后期的私募股权投资部分。

2. 私募股权投资基金的概念

“基金”是私募股权投资过程中常见的资金筹集和管理方式。私募股权投资基金（PE Fund）一般是指从事私人股权（非上市公司股权）投资的基金。私募股权投资基金的募集对象范围相对公募基金要窄，但是其募集对象都是资金实力雄厚、资本构成质量较高的机构或个人，这使得其募集的资金在质量和数量上不一定亚于公募基金。私募基金可以是个人投资者，也可以是机构投资者。从其概念上看，私募股权投资基金有广义和狭义之分。根据投资阶段的不同，广义的私募股权投资基金可划分为 VC 基金、发展资本（Development Capital）、并购基金（Buyout/Buyin Fund）、夹层资本（Mezzanine Capital）、重振资本（Turnaround）和 Pre－IPO 资本等。狭义的私募股权投资基金的对象主要是指对已经形成一定规模的、并产生稳定现金流的成熟企业，一般用来指代风险投资后期的私募股权投资部分，这一界定与私募股权投资的狭义定义相吻合。

---

① 目前能被学术界所接受的还有 Lerner 的定义：所谓私募股权就是指那些提供给高风险并潜在高收益的项目股权资本，市场投资主体在投资决策前执行慎重的调查并在投资后保留强有力的影响来保护自己的权益价值。

3. 私募股权投资与公募股权投资的区别

从传统金融学来看，根据权益形式的不同，金融资本分为股权资本与借贷资本。其中，股权投资属于“股权资本”范畴，按照资金募集方式不同可分为私募股权投资基金与公募股权投资基金（在公开市场募集投资资金）。除了募集方式不同外，私募股权投资与公募股权投资还有三个区别：一是持有时间不同。公募股权投资者，尤其是购买公开发行的证券投资者都偏好长期持有，投资期限相对较长；而成功的私募股权投资会在未来通过上市、售出或并购、公司资本结构重组等方式变现退出，投资期限会有限制。二是投资的初衷不同。一般股权投资者的目的在于得到稳定的股息红利，或者赚取股市价格波动的差价，或者能够控制投资对象；而私募股权投资基金则更看重企业的未来，比如，企业有无成长性、是否能带来投资的高收益等。三是对投资对象的控制程度不同。普通的公募股权投资者不会介入企业的经营；私募股权投资基金尽管大多扮演着财务投资者的角色，但也有一些私募股权投资基金，尤其是公司风险投资机构（CVC）以及关注中早期的风险投资（VC）会偏好战略投资，参与被投企业的经营与管理。

在国际市场上，股权投资基金既有以非公开方式募集（私募）的，也有以公开方式募集（公募）的。在我国，目前股权投资基金只能以非公开方式募集。

4. 私募股权投资基金与证券投资基金的区别

与证券投资基金相比，私募股权投资基金也有很多不同之处，这主要在于：一是投资阶段不同。PE 通过私募方式投向一定规模和产生稳定现金流的成熟非上市企业的股权，而证券投资基金一般投向资本市场，包括股票与债券。二是投资期限不同。PE 投资期限一般为 3 ~ 5 年，属于中长期投资，而证券投资基金一般为中短期投资，期限较灵活。三是资金来源不同。PE 资金来源广泛，包括富有的个人、风险基金、机构投资者以及保险公司等，而证券投资基金一般来自于个人和机构投资者。四是组织形式不同。PE 以公司制、信托制和有限合伙制为主，证券投资基金则分为契约型和公司型。

对于私募股权投资基金业来讲，其具有虚拟经济特性，笔者认为，私募股权投资属于虚拟经济活动，因为私募股权投资的主要目的并不是从其所投资的从事实体经济活动的企业（简称被投企业）盈利中取得回报，而是从该企业所有者权益的增值中取得回报。也就是说，私募股权投资主要是将被投企业作为商品加以培育，当有利可图时，将会毫不犹豫地将其卖掉，实现蜕资而获利。

二、私募股权投资基金业的产品分类

近年来，我国成为亚洲最为活跃的私募股权投资市场，未来10年将是我国私募股权投资快速发展的黄金时期。目前，我国中小企业的融资“缺口”、社会变迁、第二轮西部大开发、新城镇建设为私募股权投资发展带来了千载难逢的机遇。因此，私募股权投资基金在短时间内也发展成为体系庞杂的新型金融业态。为使读者有较为全面的认识，本节分别从市场功能、投资方式、投资对象、募集资本来源地域四个维度刻画私募股权投资基金业的体系架构。

1. 按照市场功能划分

（1）风险投资基金。风险投资基金是指由一群具有科技或财务专业知识和经验的人士操作，并且专门投资于具有发展潜力以及快速成长公司的基金。风险投资基金主要是以私人股权方式从事资本经营，并以培育和辅导企业创业或再创业，来追求长期资本增值的高风险、高收益的投资基金。

（2）并购基金。并购基金主要是指对企业进行财务性并购投资的股权投资基金，狭义的股权投资基金是指并购基金。并购基金与其他类型投资的区别在于，风险投资倾向于投资创业型企业，并购基金则是选择相对成熟的企业；其他私募股权投资对企业控制权无兴趣，而并购基金意图控制目标企业。

（3）过桥基金。过桥基金是私募基金的一种，投资企业一般不谋求控股，在一般情况下占有公司股份不超过30%，他们只需要在董事会占有一席，但是要求拥有一票否决权，这就意味着他们不想参与企业的日常经营，但是希望严格控制企业的发展方向。过桥基金的最终目的是通过上市、转让或并购的方式在资本市场退出。

2. 按照投资方式划分

（1）公司型基金。公司型基金主要是指投资者依据公司法，通过出资形成一个独立的公司法人实体，由公司法人实体自行或委托专业基金管理人进行管理的股权投资基金。我国公司型基金的法律依据为《中华人民共和国公司法》（以下简称《公司法》），基金按照公司章程运营。

（2）合伙型基金。合伙型基金主要是指投资者依据《合伙企业法》成立有限合伙企业，由普通合伙人对合伙债务承担无限连带责任，由基金管理人具体负责投资运作的股权投资基金。其中，有限合伙人以其认缴的出资额为限对基金（合伙企业）债务承担责任，且不参与投资决策。我国合伙型基金的法律依据为《合伙企业法》，基金按照合伙协议运营。

（3）契约型基金。契约型基金主要是指通过订立信托契约的形式设立的股权投资基金，其本质是信托型基金，契约型基金不具有法律实体地位。契约型基金的法律依据为《中华人民共和国信托法》（以下简称《信托法》）和《中华人民共和国证券投资基金法》（以下简称《证券投资基金法》），基金按照基金合同运营。

3. 按照投资对象划分

（1）风险投资基金。风险投资基金是指投资于高风险、高成长的创新型企业或项目的私募股权投资基金。风险投资基金是私募股权投资基金的一个子范畴，是一种特殊的私募股权资本，它是通过积极参与所投企业建设并最终实现资本增值的、新型的、具有生命力的资本运作模式。风险投资基金的核心是创新。风险投资不是投入一般的创业企业，而是投入具有创新内涵的创业企业（Innovative Enterprises）①。

（2）非风险投资基金。风险投资基金以外的其他私募股权投资基金皆归于非风险投资基金范畴，包括：投资于扩展期企业的直接投资基金，参与管理层收购的并购基金（Buyout/in Fund）；投资于过渡期企业或上市前企业的过桥基金（Bridge Fund）或夹层基金（Mezzanine Investment Fund）；投资于成熟企业重组的重组基金（Build - ups Fund）；投资于收购不良债权的基金（Distressed Debt Fund），等等。

由于美国具有良好的科技创新体系、社会文化、金融体制等市场环境支撑风险投资业的发展，并且美国私募股权投资基金的发展也来自于风险投资

---

① 刘曼红．风险投资的定义［R］．中国人民大学风险投资发展研究中心工作报告，2005.

基金，因而美国有些文献会采用上述分类方法。欧洲和亚洲地区的风险投资主要受到美国经验的启发，大都是20世纪80年代后才发展起来的，主要投资于创业企业后期阶段或非创业企业的扩张和收购兼并及管理层收购业务，真正投资企业中早期的风险投资规模相对较小。因此，在欧洲和亚洲的文献中，往往习惯于将风险投资基金等同于私募股权投资基金，或将私募股权投资基金等同于风险投资基金。在我国也有人将非风险投资基金称为狭义的私募股权投资基金，将风险投资基金和非风险投资基金称为广义的私募股权投资基金（朱奇峰，2009）。

4. 按照募集资本来源地域划分

（1）本土私募股权投资基金，即在本国注册、以本国货币筹集资金的基金。

（2）海外私募股权投资基金，即在境外注册，资金来源于境外，以美元或欧元募集资金的私募股权投资基金。目前活跃在中国的大部分私募股权投资基金为海外私募股权投资基金，如凯雷基金、天桥资本、今日资本等，它们在海外以美元等币种筹集资金，然后在中国设立代表处选择项目投资。海外私募股权投资基金在中国的发展，为我国私募股权投资基金业的发展带来了管理经验和技巧，在一定程度上促进了我国私募股权投资基金业的发展，但长期以海外私募股权投资基金为主的发展模式也会阻碍本土私募股权投资基金的发展。而且，在我国外汇储备过多的情况下，允许海外私募股权投资基金在我国扩张还会增加宏观调控的困难。

三、私募股权投资基金业的市场要素

1. 私募股权投资基金的参与方

参与私募股权投资运作链条的市场主体主要包括被投资企业、基金和基金管理公司、基金的投资者以及中介服务机构。

（1）投资方——私募股权投资基金的出资人。私募股权投资基金的投资方主要是机构投资者，也有少部分的富有个人，通常有较高的投资者门槛。在美国，公共养老基金和企业养老基金是私募股权投资基金最大的投资者，两者的投资额占到基金总资金额的30%～40%。机构投资者通常对基金管理公司承诺一定的投资额度，但资金不是一次到位，而是分批注入。

《中华人民共和国证券投资基金法（2004）》规定：非公开募集基金应当向合格投资者募集。中国证监会于2014年8月21日公布《私募投资基金监督管理暂行办法》，设专章对“合格投资者”进行规范，并明确规定合格投资者的具体标准：合格投资者应具备相应风险识别能力和风险承担能力，投资于单只股权投资基金的金额不低于100万元；对于单位投资者，要求其净资产不低于1 000万元；对于个人投资者，要求其金融资产不低于300万元或者最近3年个人年均收入不低于50万元，前款所称金融资产包括银行存款、股票、债券、基金份额、资产管理计划、银行理财产品、信托计划、保险产品和期货权益等。

（2）投资管理方——基金公司。私募股权投资需要以基金方式作为资金的载体，通常，由基金管理公司设立不同的基金后，交由不同的管理人进行投资运作。基金经理人和管理人是基金管理公司的主要组成部分，他们通常是有丰富行业投资经验的专业人士，专长于某些特定的行业以及处于特定发展阶段的企业，他们经过调研分析和审慎思考后，将基金投资于若干企业的股权，在将来通过资本退出而取得高额回报。

（3）投资对象——被投资企业。企业在不同的发展阶段出于特殊用途需要规模不等的发展资金：创业期的企业需要启动资金；成长期的企业需要筹集用于规模扩张及提高生产能力所必需的资金；改制或重组中的企业需要并购、改制资金的注入；相对成熟的企业上市前需要一定的资本注入以达到证券交易市场的相应要求；即使是已经上市的企业也可能根据实际需要进行各种形式的再融资。

（4）第三方——中介服务机构。在进行私募股权交易活动中，还离不开一些中介机构提供专业化的服务，如募资顾问、融资代理机构、管理咨询机构、人力资源服务机构、股票经纪机构和会计法律服务机构等。

2. 私募股权投资基金的资金来源

私募股权投资基金属于“另类投资”，是财富拥有者除证券市场投资以外非常重要的分散投资风险的投资工具。据统计，西方的主权基金、慈善基金、养老基金、富豪财团等会习惯性地配置10%～15%比例用于私募股权投资，而且私募股权投资的年化回报率高于证券市场的平均收益率，多数基金的年化回报在20%左右。在20世纪90年代科技股的黄金岁月，美国每年都有数只私募股权投资基金的年回报达到10倍以上。私募股权投资基金的投资群体非常固定，好的基金管理人有限，经常是太多的钱追逐太少的投资额度。新成立的基金正常规模为1亿～10亿美元，承诺出资的多为老主顾，可以开放给新投资者的额度非常有限。

国内由于私募股权投资基金的历史不长，基金投资人的培育也需要一个漫长的过程。随着海外基金公司越来越倾向于在国内募集人民币基金，人民币基金的规模逐渐加大，基金来源也逐渐增多：

（1）政府引导基金及其他母基金（Fund of Fund，又称“基金中的基金”）是各类私募股权投资基金募集首选的游说对象。这些资本知名度、美誉度高，一旦承诺出资，会迅速吸引大批资本跟进加盟。

（2）社保基金、商业银行、保险公司等金融机构的基金。考虑到资金的保值增值，社保基金、银行、保险公司等机构投资者将资金投入私募股权投资基金。

（3）国有企业、民营企业、上市公司的闲置资金。企业炒股理财总给人不务正业的感觉，但是，企业投资私募股权投资基金却变成一种时髦的理财手段。

（4）民间个人的闲置资金。国内也出现了直接针对自然人募资的基金，当然募资的起点还是很高的。如果是直接向个人募集，起投的门槛资金大概在人民币1 000万元以上；如果是通过信托公司募集，起投的门槛资金也要在人民币一两百万元，普通百姓无缘问津这类投资基金。

根据《私募投资基金监督管理暂行办法（2014）》，私募基金应当向合格投资者募集。合格投资者是指达到规定资产规模或者收入水平，并且具备相应的风险识别能力和风险承担能力、其基金份额认购金额不低于规定限额的单位和个人。具体的规定为：投资于单只股权投资基金的金额不低于100万元；单位投资者的净资产不低于1 000万元；个人投资者的金融资产不低于300万元或者最近3年个人年均收入不低于50万元。金融资产包括银行存款、股票、债券、基金份额、资产管理计划、银行理财产品、信托计划、保险产品和期货权益等。

3. 私募股权投资基金的组织形式

从国际上看，私募股权投资基金主要采取传统的组织形式①，包括公司型和契约型，新型的组织形式主要为有限合伙制。应该说，这三种组织形式在中国都有其存在的法律基础，只要法律、政策以及监管制度安排有利于它们在私募股权投资市场中发挥作用，三种模式在中国都可以适用。

私募股权投资基金的运作是由出资者、私募股权投资机构和被投企业完成的。投资者先提供资金之后，私募股权投资机构再选取合适的投资企业进行投资，被投资的企业根据所获投资额的数额提供股权资本。整个私募股权投资活动主要围绕出资者的权益保障、私募股权投资机构的职能与激励问题展开。私募股权投资基金是由投资机构管理运行的，一方面投资者和出资机构签订了认购协议，另一方面投资机构和受资企业签订了投资协议，这三个主体之间的利益分配将影响整个投资基金的发展进程。

当前，比较有影响力的私募股权投资形式多是采用募集设立。其中，募集设立的方式包括公司制、有限合伙制以及契约制三种（三种组织形式的区别见表1－1）。采用公司制的方式进行私募股权投资基金投资，主要是对有限责任公司，股东只需以其出资额为限对公司承担责任，降低了自己的风险。若选用有限合伙企业的形式，基金的出资人就当然地成为公司的股东，依据法律规定其可以依法享有股东权利，并以其出资额为限对公司的债务承担有限责任。采取有限合伙的形式，主要是因为这一投资形式可以避免重复征税，降低投资成本，获得最大的投资收益。在实行契约制私募股权投资基金形式的过程中，作为基金的投资人，其既是这一投资组织中的委托人，同时也是投资的受益人，投资机构作为管理者，其根据出资者的委托完成其职责，并最终将收益返还给出资者。

---

① 具体到不同的国家，其私募股权投资基金采用怎样的组织形式又是各自不同的，是与该国的经济、政治、社会、法律制度等各方面的具体国情分不开的。例如，在欧美主要为合伙制，对公司与合伙实行公平税负的国家（德国、澳大利亚）则以公司制居多。英国、日本等国家和地区的私募基金主要通过信托契约制运作。

表1-1　三种组织形式的区别

组织形式	法律依据	参与投资管理	权利义务
公司制	公司法	不设经营团队，公司股东大会投票选出公司董事后，再由董事会聘请专业投资人士负责投资管理活动	投资者是公司的股东，以出资额为限对公司承担有限责任；公司股东与专业投资人士之间是一种委托代理关系
有限合伙制	合伙企业法	由具有高超投资技巧的专业机构或人士担任普通合伙人，对企业承担无限连带责任，并负责合伙企业的经营管理。有限合伙人仅以其出资额对企业承担有限责任，且不直接参与企业管理	为防止普通合伙人权力过大进而损害有限合伙人的利益，法律赋予有限合伙人一定的权利，对普通合伙人适当施加限制，如表决权、建议权、代理权、查询权等。普通合伙人和有限合伙人之间权利义务明晰，激励约束明确，有利于实现专业投资管理和资金供给的有效协作
契约制	信托法	信托公司负责基金财产的保管清算，基金管理机构负责基金财产的管理运营	在契约制私募股权投资基金中，信托契约明确委托人（信托公司）、受托人（投资管理机构）和受益人三者的权利义务关系，实现资金与专业管理能力的有效结合

四、私募股权投资基金的主要特征及优势

1. 私募股权投资基金的主要特征

（1）非公开募集，但渠道广泛。与公开募集相比，私募股权投资基金的募集渠道相对较窄，但是募集对象都是资金实力雄厚、资本质量较高的机构或个人。

（2）股权投资，但方式灵活。除单纯的股权投资外，也出现了可转换债券、附认股权公司债等其他方式，以及以股权投资为主、债权投资为辅的组合型投资方式。

（3）风险较高，但回报丰厚。由于投资周期较长、流通性较差、被投企业的相关特性，私募股权投资基金的风险较高，一般而言，私募股权投资基金成

功退出后，其获利可能是3～5倍，而在中国，这个数字可能是20～30倍。

（4）参与管理，但不控制企业。私募股权投资机构中有一支专业的投资团队，具有丰富的投资管理经验和市场运作经验，能够为被投企业提供经营管理上的帮助。私募股权投资者大多参与企业管理，不以控制企业为目的。

2. 私募股权投资基金的优势

私募股权投资基金作为一种新兴的投资产业，相比于以往的投资产业来说具有巨大的优势：

首先，它是通过非公开的方式向社会募集资金，这样可以迅速地聚拢资金，形成规模效应，活跃资本市场。

其次，私募股权投资机构的主要投资对象是企业，在进行投资前，投资机构会进行严格的评估以确保投资安全，在投资后还会对企业重新进行改造，以确保该企业能获得长久的发展，提升企业效益。

再次，私募股权投资主要是企业的非公开交易股权，这有利于投资机构与企业进行信息沟通、降低融资成本，避免严格的监管程序带来的不便。私募股权投资机构投资非公开交易的股权的目的，是为了可以将自己拥有的股权通过转股交易获取利益，可以长期投资，长期获得回报。

最后，私募股权投资机构在投资的策略上较为成熟，其会根据投资人的才能、先进的投资理念、熟练的投资运作模式进行投资，以确保自己投资的安全、可靠。

第二节　私募股权投资的流程

私募股权投资的运作是指私募股权投资机构对基金募集、项目投资、投后管理和项目退出的整体运作过程、每个投资机构都有其独特的运作模式和特点，其运作通常低调而且神秘。从某种程度来看，私募股权投资的不同运作模式直接影响了投资的回报水平。虽然我们无法知道每个投资机构的具体投资运作中的许多细节，但通常私募股权投资具有一些共同的基本流程和基本方法。

一、募集资金

私募股权投资的资本来源包括养老基金、保险公司、商业银行、投资银行、大公司、政府、富有的个人及家族等，在融资阶段，最重要的问题是如何解决基金出资方和基金管理人的权利义务及利益分配关系。对于资金的募集，大概需要以下几个过程：

1. 前期准备

对投资者而言，他们更看重的是投资机构或资本家过去的业绩和信誉等，他们不会陷入诸如“先有鸡还是先有蛋”的问题中，他们会充分利用已有私募股权投资管理机构良好的经营记录，并组织优秀的管理团队，进行募集资金的前期准备。

2. 募集说明书

募集说明书是筹资者向投资者发出的要约，也是向投资人的初步承诺。一般而言，募集说明书包括以下内容：

（1）私募股权投资介绍：鉴于一些投资者对私募股权投资这类形式的投资并不熟悉，进行必要的介绍还是有益的。

（2）筹资人或基金管理公司介绍：重点涉及筹资人的背景、经营记录、业绩、管理团队成员以及经历和主要业绩、主要成功案例等内容。

（3）资金募集条款：基金组织形式、资金规模、基金份额、出资方式、存续期限、合伙人会议、投资决策、管理模式、资金监管、报告制度、管理费率、优先回报率和业绩奖励等。

（4）募集资金的运作模式：如设立形式、委托管理、管理报酬、跟投制度和风险控制等。

（5）基金投资的相关内容：包括诸如投资策略、投资分类、投资组合、投资标准、投资程序、投资决策、投资管理和风险控制制度等项内容。

3. 路演

筹资人或投资管理机构向潜在投资人进行路演。对于路演，资料准备要充分，路演对象要认真选择，路演主要参与人要具有业内良好的经历、信誉以及宣讲能力；路演场景也要精心布置等。

4. 投资意向

随着私募募集说明书发出和路演，有意向的投资者将会表达出投资意向，并对他们关心的问题进行详细询问。那么，私募投资者在这个阶段要详尽地答疑和释义，将投资者的投资意向转化为真正参与投资。

5. 签约合伙协议并认缴出资

所有的投资人，包括有限合伙人和普通合伙人，将共同签订合伙协议，并认缴出资。

6. 注册并运行

根据合伙协议，认缴资金到位后，根据法律和工商管理规定进行登记注册。私募投资者根据运行承诺，进行投资运作。

二、项目筛选

由于私募股权投资期限长、流动性低，为了控制风险，投资机构偏好于选择有优秀的管理团队、稳定的现金流、巨大的潜在市场和潜在的成长性等这类企业投资。另外，投资者还要进行法律方面的调查，了解企业是否涉及纠纷或诉讼、产权是否明晰和完整、商标专利权的期限等。私募股权投资的企业有些处于创业早期，特别是科技型企业存在一些法律问题，需要投资机构慎重考虑和解决问题。

对于项目的筛选，最先应该进行项目投资前的项目评估，投资人有必要和企业的管理团队进行多次会面，从而对企业的基本情况（如管理团队能力、产品等）能够做出初步评价，同时也能让投资团队尽早地听取企业提出的反对意见，从而避免不必要的浪费。一般而言，私募投资者要尽可能地了解目标企业的技术优势、商业模式以及在市场中的竞争地位。这个时候，私募投资者应该积极主动地与目标企业的管理层进行深入的沟通，最好能够在自己的关系网中找到曾经与目标企业管理层成员共事的熟人，通常能够从这条渠道中获得最有价值的信息。与此同时，私募投资者必须对各种可能的融资规模、内部人的出资意愿以及剩余股份规模进行预测，从而勾勒出详尽的融资蓝图，包括对不同情形下股权稀释的计算、普通股股东以及优先股股东在不同的退出形式下获得的预期收益。

在国外，有一种项目筛选的金字塔模式，通常在1 000份项目经营计划或可行性研究报告中，第一次的筛选淘汰率为90%，剩余的10%，经与对方约见和会谈，根据筛选标准与所了解的情况再淘汰50%。余下的被认为是有价值的项目，经审慎调查后再进行淘汰，最后真正能够得到资本支持的项目的遴选率仅为1%左右。

三、尽职调查

尽职调查又称谨慎性调查，是指投资人在与目标企业达成初步合作意向后，经协商一致，投资人对目标企业一切与本次投资有关的事项进行现场调查、资料分析等一系列活动。

1. 尽职调查的目的

尽职调查的目的有三方面：价值发现、风险发现、投资可行性分析。

（1）价值发现。即在调查过程中验证企业过去的财务业绩是否属实，是否有出处，更重要的是预测企业在未来的业务、财务方面的安排，在此基础上再根据这些数据对企业进行估值。因为在尽职调查中发现的风险投资人就会对目标公司的估值做调整，然后得出符合目标公司实际估值的结果。

（2）风险发现。在调查过程中确定最后决策，很重要的就是必须提前排查这些风险，这些风险对项目投资的成败非常重要，比如，企业的经营性风向、股权是否有瑕疵、是否有债务、是否有法律诉讼、环保是否存在问题、监管及政策是否完善。这些内容在最终的交易文件中都要进行陈述并呈现出来的，这是尽职调查必需的流程。除此还包括违约条款、交割义务、交割承诺等，都必须列入交易文件。还要做一些签署，比如，目标公司对其知识产权、商标、域名等是否属实、双方的责任的分担，需要有明确的保证。

（3）投资可行性分析。尽职调查还需要判断投资的可操作性，比如，在时间上、在后续的投资过程中是否具有可行性。如果发现大股东有问题等，项目投资在可行性上就会存在障碍。

2. 尽职调查的范围

尽职调查的范围包括三个方面：业务、财务以及法务。

（1）业务尽职调查。这项调查主要包括商业运作过程中的各种事项和市场分析、竞争地位、客户关系、定价能力、供应链，以及监管和政策等方面的问题。

（2）财务尽职调查。这项调查主要包括历史上的经营业绩、未来的一些盈利预测、现金流、营运资金、股权架构、融资架构、资本开支以及财务方面的一些敏感问题。这项调查与一般财务审计验证真实性的目的有些不同，主要目的是评估企业存在的财务风险及投资价值，会更多地运用一些趋势分析、结构分析或其他分析的工具。

（3）法务尽职调查。这项调查一般都会聘请律师事务所或比较知名的有经验的律师进行。提供的法律文件，包括股权架构、公司治理结构、固定资产所有权及税收等；抵押担保、诉讼、产权雇佣关系、社保之类等很多可能与法律相关的一些事项。法务尽职调查的目的主要是评估企业资产的合规性与潜在的法律风险。

尽职调查一般的操作过程是制定一项计划，然后是收集材料、起草报告、内部审核，最后整理成文。法务尽职调查需要与财务尽职调查等业务同时进行，有一些项目是投资方的团队进行调查，有时还有外部团队共同参与。尽职调查的方式和方法呈现多元性，包括对一些文件的审阅、访谈、电话、邮件、现场调查、内部沟通等，最终形成报告，作为基金投资委员会决策的参考依据。

3. 尽职调查的原则

尽职调查的原则有全面原则、透彻原则、区别对待原则以及独立原则。

（1）全面原则。首先是调查内容要全面。就企业组织而言，尽职调查涉及企业的沿革、合法性、股东的构成与变更、内部治理结构、下属机构以及关联企业等；就企业权利而言，涉及企业的所有权益、用益物权、担保物权、知识产权及债权等；就企业的义务而言，其涉及银行贷款、借款、或有负债、正在进行或者面临的诉讼、仲裁或行政处罚以及税收等。其次是材料要全：调查者必须调集所有材料，除了查阅拟投资对象当前的工商执照之外，还要查阅公司章程、股东出资证明书、出资协议、验资报告、股份转让协议、股权变更登记等一系列文件。

（2）透彻原则。调查者不仅要对有关的文件资料进行详尽的审核，还要求调查者与相关当事人、政府机构和中介机构等进行调查和沟通。如若关键员工属于从同行业其他单位跳槽而来，则需要了解其与原单位合同关系是否已经了结，是否与原单位有竞业禁止的约定等。单凭员工个人提供的信息不能确保真实，因此还有必要向其原单位进行调查和了解。

（3）区别对待原则。对于不同的企业，调查的重点也不相同。企业设立之初即为股份制企业的，期（股）权结构相对清晰，因此重点应集中于公司治理结构；对于那些改制为股份公司的企业，改制是否规范，改制文件是否齐全，相关利益主体的利益是否已经妥善解决则是必须关注的；对于民营企业，则要重点关注其内部制度的规范性、公司的股权架构、公司与自然人之间的借贷、关联交易等因素。

（4）独立原则。私募投资机构要独立地进行尽职调查并作出自己的判断，投资机构和尽职调查人员均保持独立。

四、估值与条款

投资机构通常会根据尽职调查的结果设计投资方案，包括估值定价、董事会席位、否决权和其他公司治理问题、退出策略、确定合同条款清单并提交投资委员会审批等步骤。双方根据条款内容进行商榷，形成一致决定后签署正式投资协议。总体来看，财务领域由于侧重企业内在价值的深度发掘，重点考察的是企业自身创造价值的能力，因此主流做法是采取现金流折现；对于相对估值法来说，其理论基础是相似的资产其价值也具有相似性，采用此方法的重要假设前提是市场是有效的。在实践过程中，对现金流量的预测、对折现率的准确估算需要较高的水平。

1. 常用的估值方法

（1）现金流量贴现法。在诸多估值模型中，现金流量贴现模型应用广泛且体系非常健全。该模型的基本思想简单地说就是企业的现时价值等于其未来产生的现金流折现到当前时点的价值，此现金流是根据含有风险因素的折现率计算出的现值。现金流量贴现法的基本原理是指某公司的价值等于其未来现金流折现后的净现值。其基本模型如下：

$$V = \sum_{t=1}^{n} \frac{CF_t}{(1+i)^t} + \frac{TV}{(1+i)^n}$$

式中，V 为目标企业价值；CF_t 为预期内第 t 年的自由现金流；TV 为终值；n 为预测期末期；i 为贴现率。

（2）相对估值法。相对估值法主要是指将企业的主要财务指标乘以根据行业或参照企业计算的估值乘数，从而获得对企业股权价值的估值参考结果，包括市盈率、市现率、市净率和市售率等多种方法。初创阶段和成长早期企业的未来业绩不确定性较大，对这类企业的估值参考标准为相对估值乘数。

运用相对估值法评估目标企业价值的工作程序包括三个步骤：首先，选定相当数量的可比案例或参照企业；其次，分析目标企业及参照企业的财务和业务特征，选择最接近目标企业的几家参照企业；最后，在参照企业的相对估值基础上，根据目标企业的特征调整指标，计算其定价区间。

（3）其他估值方法。其他估值方法主要有成本法、清算价值法和经济增加值法等。其中，成本法包括账面价值法（以资产负债的净值为基础）和完全重置法（现时条件下重新购置一项全新状态的资产所需的全部成本）；清算价值法，即假定将资产直接变卖所获的资产价值代替资产的账面净值，如果企业处于破产清算的阶段，那么企业就缺乏讨价还价的能力，企业价值只能是公司清算时所有财产的变现价值减去负债及清算费用后的净值，企业在正常经营的情况下不会采用这种方法估值；经济增加值（EVA）是一种新型的公司业绩衡量指标，比较准确地反映了公司在一定时期内为股东创造的价值，即企业价值除了资产的账面价值之外，还有管理团队经营成果贡献的价值。

2. 条款清单

对于谈判的签约，也有一些保护性的条款，条款清单（Term Sheet）主要列示了以下各项：

（1）估值调整条款。股权投资基金对于目标企业的估值主要依据企业现时的经营业绩以及对未来经营业绩的预测，因此这种估值存在一定的不确定性。为了应对估值风险，股权投资基金有时会在投资协议中约定估值调整条款。通常的估值调整方法是，在投资协议中约定未来的企业业绩目标，并根据企业未来实际业绩与业绩目标的偏离情况，相应调整企业的估值。

（2）回购条款。回购条款是指当满足事先设定的条件时，股权投资基金有权要求目标企业大股东按事先约定的定价机制，买回股权投资基金所持有的全部或部分目标企业的股权。事先设定的触发条件通常包括目标企业未达到事先设定的业绩目标；目标企业在一段时间内未能成功实现 IPO；目标企业出现了导致实际控制权发生转移的重大事项等。

（3）反摊薄条款。反摊薄条款是一种用来确保原始投资人利益的协定，按照该协定，后来加入的投资者等额投资所拥有的权益不能超过这些原始投资人。这一条款的目的是确保不会因公司以更低的发行价进行新一轮融资而导致投资人的股权被稀释从而投资被贬值。

（4）董事会席位条款。董事会席位这一条款约定目标企业董事会的席位数量、初始分配方案和后续调整规则，是目标企业控制权分配的重要条款。通常，持股达到某一最低比例的投资人有权任命若干名董事。

（5）保护性条款。保护性条款是为保护股权投资基金利益而进行的安排。根据该条款，目标企业在执行某些可能损害投资人利益或对投资人利益有重大影响的行为或交易前，应事先获得投资人的同意，投资人对重大事项具有一票否决权。

（6）竞业条款。竞业条款要求目标公司通过保密协议或其他方式，确保其董事、高管和其他关键员工不得兼职与本公司业务有竞争的职位，同时不得在离职后一段时间加入与本公司有竞争关系的公司（一般锁定 2 年）。通过保证目标公司的利益不受损害，从而保证投资人利益。

（7）优先认购权与优先购买权。优先认购权主要是指目标企业发行新股或者可转换债券时，作为老股东的股权投资人可以按照比例优先于新进投资人进行认购的权利。优先购买权主要是指目标企业的其他股东对外出售股权时，作为老股东的股权投资人在同等条件下有优先购买权。

（8）保密条款。保密条款主要是指除当法律要求或遵守相关监管机构或权威机构的披露要求外，投资协议中规定投资方应对投资中了解的目标公司的商业秘密和其他信息承担保密义务，保证不将这些信息泄露给第三方。此外，对于股权投资基金而言，其所投目标公司也属于商业秘密，所以保密条款也针对目标公司施加保密的义务，因此，保密条款有利于保护双方的利益。

（9）排他性条款。排他性条款一般会约定一个为期几个月的排他期限，在排他期限内，目标企业现任股东及其董事、雇员、财务顾问、经纪人在与股权投资基金进行谈判的过程中不得再与其他投资机构进行接触，从而保证双方的时间和经济效率。同时，投资方如果在协议签署之日前的任何时间决定不执行投资计划，应立即通知目标企业。

总的来说，投资协议书是私募股权投资最重要的文件之一，应该在律师的指导下完成协议的起草和签署。签署协议前，还应就股权交易后新的公司章程、附加条款等先行协定，作为投资协议的附件一并签署，赋予其法律效力。

五、投后管理

投后管理指与被投资企业签署正式投资协议后，基金管理人积极参与被投资企业的重大经营决策，为被投资企业实施风险监控，并提供各项增值服务等一系列活动。投后管理的内容主要包括项目监督和增值服务。

1. 项目监督

基金管理人通过参与被投资企业股东大会（股东会）、董事会、监事会，全面了解与公司发展相关的重要信息，并通过行使相应职权保护股权投资基金的利益，促进被投资企业的良性发展；还可以通过被投资企业提交的经营报告（月度报告、季度报告、半年度报告、年度报告和有关专项报告等）了解企业业务进展情况；在日常联络和沟通方面，可以采取电话或会面、到企业实地考察等方式与被投资企业主要管理人员进行交谈和接触，目的是了解企业的日常经营情况，并对其进行指导或接受咨询。

2. 增值服务

增值服务的作用在于提高投资回报和降低投资风险。主要内容为完善公司治理结构，规范财务管理系统，为企业提供管理咨询、再融资、外部关系网络等服务、上市辅导及并购整合。比如，摩根士丹利等投资公司投资蒙牛乳业，为蒙牛乳业提供了两大方面的增值服务：其一是提高了蒙牛公司的信誉，私募股权基金为蒙牛获取政府的支持和其他资源提供了渠道和方式，使其能够在一定程度上摆脱原本劣势的地位。在无形中，私募投资基金的进入也提高了蒙牛的整体信誉和无形资产的价值。其二，私募机构为蒙牛带来了更加科学合理的管理方法和体验。摩根士丹利等资金进来后，帮助蒙牛重组了企业法律结构和财务结构，并帮助蒙牛在财务、管理、决策过程等方面实现了规范化，管理较以前更加科学合理。

六、资本退出

常见的资本退出渠道有股权出售（被其他公司合并或是收购）、IPO（被投公司在履行必要的程序后向公众发行股票）、股权转让（将被投企业的股份转让给其他私募股权投资机构或其他机构投资者）、清算（一般为被投资企业的破产清算）。

1. 首次公开上市（IPO）

IPO 是私募股权投资基金最希望实现的退出方式，它可以为私募股权投资基金人和被投资企业带来巨大的经济利益和社会效益。此外，它也表明了资本市场对公司业绩的认可，维持了公司的独立性，还使公司在证券市场上获得持续融资。IPO 除了上述优势之外，IPO 退出也有一定的局限性。在公司 IPO 前的一段时间，必须做大量的准备工作，尤其是要求对公司财务、战略等信息进行公开披露。相比于其他退出渠道，IPO 的手续较为烦琐，退出成本较高，IPO 之后存在禁售期，这加大了企业收益不能变现或推迟变现的风险。随着我国新三板市场的兴起和相关交易制度的日趋完善，新三板挂牌退出也成为私募股权投资基金的重要退出方式。

2. 股权出售

股权出售主要是指私募股权投资将其所持有的企业股权出售给任何其他人，包括二手转让给其他投资机构、整体转让给其他战略投资者、所投资企业或者该企业管理层从私募股权投资机构手中赎回股权（即回购）。若企业达不到上市要求，投资机构往往选择股权出售方式退出。

3. 企业清算

企业清算主要是指私募股权投资基金在投资企业无法继续经营时通过清算公司的方式退出投资，这是投资退出的最坏结果，往往只能收回部分投资。清算包括自愿性清算与非自愿性清算两种形式：自愿性清算是指当出售一个公司的资产所得超过其所发行的证券市场价值时，清算对股东来说可能是最有利的资产处置方式；非自愿性清算是指公司濒临破产边缘，公司发生严重的财务危机而不得不出售现有资产以偿还债务，由清算组接管，对企业财产进行清算、评估、处理和分配。

和海外市场类似，并购和IPO是我国PE/VC机构两大退出方式。尤其是创业板推出后，IPO退出案例数量明显增加。近几年，并购退出的规模增长较快；同时，PE/VC机构支持中小企业挂牌新三板、IPO重启，均起到缓解机构退出压力的作用。图1－1、图1－2和图1－3是我国2008—2017年我国PE/VC市场的退出情况。

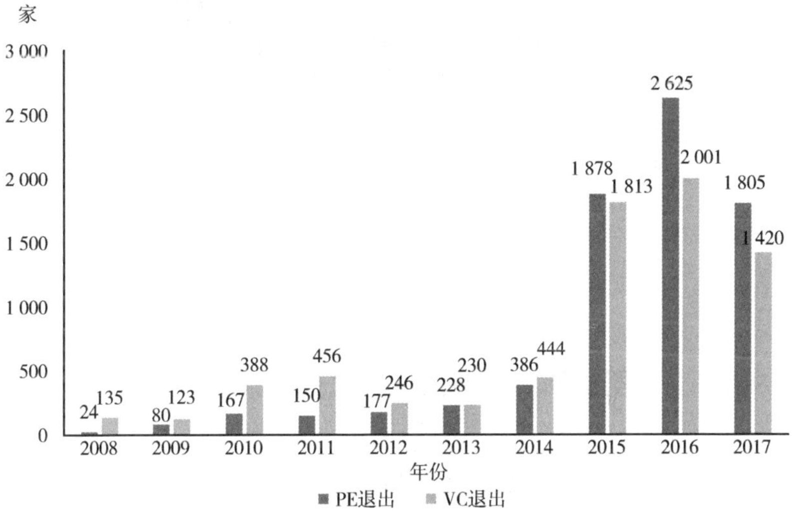

图1－1　我国PE/VC退出案例数情况（2008—2017年）

数据来源：清科研究中心

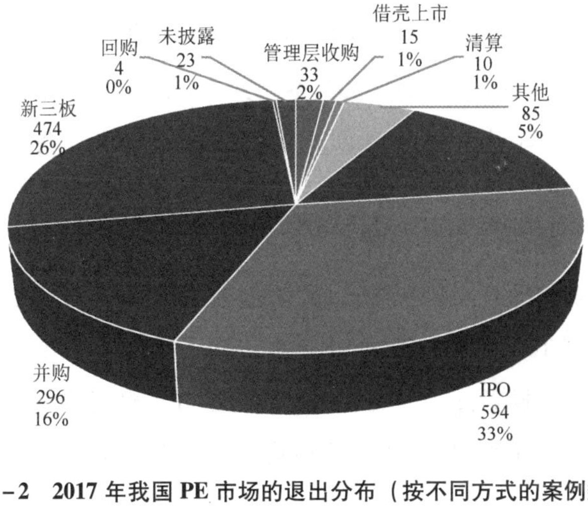

图1－2　2017年我国PE市场的退出分布（按不同方式的案例数）

数据来源：清科研究中心

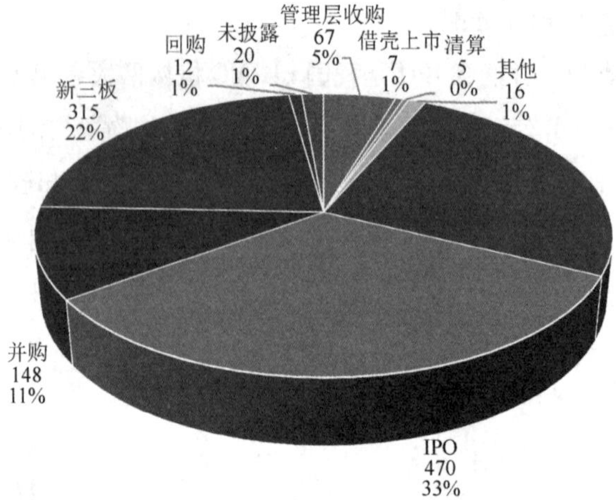

图 1－3　2017 年我国 VC 市场的退出分布（按不同方式的案例数）

数据来源：清科研究中心

第三节　私募股权投资的发展历程

对于私募股权投资的发展历程，从国际方面来看，大致经历了从兴起到两次浪潮的发生，那些早期投资资本对现代私募股权投资的产生与发展具有重要的意义。这些投资推动了现代企业制度的诞生和发展，经由这种投资方式，资本所有者可以获取资本的保值和增值，并承担相应责任，这种经营制度的变革为私募股权投资以及自由资本的分化创造了制度条件。然而，对于我国来讲，2001—2011 年的 10 年间，创业生态不断变化，各种优惠政策激励着创业者与资本的结合；私募股权投资市场更是受到政策的直接影响，募资门槛不断放开，投资空间逐渐释放，退出渠道更加通畅，而随着证券公司、保险公司等相继获批进入 PE 市场，私募股权投资行业已成为中国经济体最活跃的组成部分。2001—2011 年这 10 年来，除了在政策法规层面逐步走上正轨，中国私募股权投资行业发展最为瞩目的是市场规模的快速增长，无论是基金募资、投资还是退出，中国 PE 市场都呈现出急剧扩张态势，甚至出现“全民 PE”的疯狂景象。

一、国际私募股权投资基金的发展历程

1. 私募股权投资基金的兴起

19 世纪末、20 世纪初的美国，摩根和洛克菲勒等商业巨头已经开始频繁进行收购兼并活动，这就是西方并购历史上的“第一次并购浪潮”。第一次并购浪潮中的绝大部分交易属于产业并购，其中很多已经大量使用融资杠杆，因此催生了最早的专门进行私募股权投资业务的公司。

1901 年，摩根大通（JPMorgan）斥资 4.8 亿美元从安德鲁·卡内基（Andrew Carnegie）和亨利·菲普斯（Henry Phipps）手中买下卡内基钢铁公司，这应该是美国最早的私募股权并购交易。1907 年，亨利·菲普斯拿出这宗买卖中所获得收益的一部分建立了家族企业贝西默信托（Bessemer Trust），主要从事私募股权投资业务，这可能是美国最早的私募股权投资公司。直到今天，Bessemer Trust 公司依然进行着该项业务。1929—1933 年“大萧条”后，美国加强了对银行等金融机构的监管，从商业银行分离出来的投资银行逐渐建立了专门从事收购业务的部门。此后，并购逐渐成为大型投资银行的主要业务之一。20 世纪 50 年代，一些从事并购业务的投资银行家从“卖方”转到“买方”，募集资金创立了专门从事收购业务的投资公司。1959 年 DGA（Draper Gaither & Anderson）公司成立了可能是美国最早的有限合伙制基金。由于较好地处理了信息不对称条件下的委托代理和激励机制问题，有限合伙制逐渐发展成为私募股权投资基金的主导组织形式。

杠杆收购是最典型的私募股权投资基金业务，杠杆收购的演变历程最能体现私募股权投资基金的发展历史。20 世纪 60 年代，沃伦·巴菲特（Warren Buffett）的伯克希尔·哈撒韦公司（Berkshire Hathaway）和维克托·波斯纳（Victor Posner）的 DWG 公司等纷纷开始从事杠杆收购业务，也正是 Victor Posner 创造了“杠杆收购”（Leveraged Buyout，LBO）的名词。美国历史第一次系统地、成功大规模地从事杠杆收购业务的私募股权公司是 KKR。1964 年，当时还在美国投资银行贝尔斯登（Bear Stearns）工作的亨利·克拉维斯（Herry Kravis）和杰罗姆·科尔伯格（Jerome Kohlberg）运用杠杆收购手法购买了奥肯公司（Orkin Exterminating Company）。此后，KKR（Jerome Kohlberg，

Herry Kravis 以及后者的堂弟乔治·罗伯特（George Roberts）三人姓氏的首字母）通过一系列杠杆收购案例，创造了一套完整的杠杆收购程序和成熟的杠杆收购技术，形成了杠杆收购的基本模式。但由于并不为贝尔斯登的高层所赏识，加上 1974 年美国《雇员退休收入保障法案》禁止退休基金参与任何有风险的投资，市场筹集资金困难。1976 年，三人离开贝尔斯登公司，创建了专门从事杠杆收购业务的私募股权机构——KKR 公司。

2. 第一次私募股权投资浪潮的发生

前几次并购浪潮的推动，大都出于产业发展的需要，而新一轮的并购浪潮则是由提升公司治理引起的。在这次并购浪潮中，以杠杆收购为主要操作手段的私募股权投资基金成为主要推动力量。

从 1979—1989 年，交易金额超过 2.5 亿美元的杠杆收购至少有 2 000 宗。今天活跃在资本市场上的很多私募股权投资基金巨头，很多都是那个时代的产儿。CVC 资本（CVC Capital Partners）成立于 1981 年，贝恩资本（BAIN Capital）成立于 1984 年，黑石集团（Blackstone Group）以及帕米拉资本（Permira）成立于 1985 年，凯雷集团（Carlyle Group）成立于 1987 年。由于杠杆收购需要大量借债融资，垃圾债券市场应运而生。垃圾债券大王迈克尔·米尔肯（Michael Milken）和他所在的德崇证券公司（Drexel Burnhan Lambert，DBL）为杠杆交易者发行了大量的高收益债券（即垃圾债券），使后者可以在短时间内筹集到巨额的收购资金，从而对目标公司发起难以抵挡的收购袭击。

20 世纪 80 年代后期，杠杆收购的繁荣出现过度狂热征兆，垃圾债券市场的膨胀和敌意收购的负面影响，引起了公众和政府的广泛关注。1986 年的沃特（Walter Industries）、瑞克（Revco Drug Stores）和 FEB Trucking 以及 1988 年的联邦百货（Federated Department Stores）等多宗杠杆收购案流产。1989 年，KKR 敌意收购 RJR Nabisco 公司就因为过高的财务杠杆陷入了财务困境。1991 年，德崇证券公司（Drexel Burnhan Lambert，DBL）被法院指控证券欺诈等六项罪名成立，最终公司破产，米尔肯银铛入狱。第一次私募股权投资浪潮的繁荣时代宣告结束。20 世纪 80 年代的杠杆收购（第一次私募股权投资）浪潮中，最有代表性也最富戏剧性的莫过于 KKR 发起对 RJR

Nabisco 公司的收购案。

3. 私募股权投资基金的二次繁荣

私募股权投资基金的二次繁荣也是其行业历史上的“第二次浪潮”。21 世纪初互联网泡沫破裂后，风险投资市场迅速萎缩，但投资于中后期私募股权市场却异军突起。2002 年 8 月，凯雷联合其他收购基金以 75 亿美元收购了科罗拉多州的电话号码簿经营商 Dex Media 公司，开启了私募股权投资的复兴序幕。据汤姆森风险专家数据库的统计，2002—2007 年，全球私募股权投资基金年度募资额分别为 943 亿美元、978 亿美元、1 470 亿美元、2 923 亿美元、3 856 亿美元、3 946 亿美元。另据美国风险投资协会公布的数据，2002—2012 年募集金额总额较之前 10 年有了明显的增加，其中，2007 年 502 只基金共募集了 2 638. 63 亿美元，达历史最高点（见图 1 -4，表 1 -2）。迄今为止，历史上最大的 15 只私募股权投资基金都是在 2005—2007 年募集的。其中，2007 年 4 月封闭的高盛资本 6 号基金的规模达到 200 亿美元，是截至当时全球最大的私募股权投资基金。2003　2007 年，私募股权投资基金收购了包括 Metro - Goldwyn - Mayer、SunGard、HertzCo. 等在内的一大批大型公司。单宗交易金额的记录不断被刷新，历史上最大的 10 宗收购交易有 8 宗发生在这段时间。

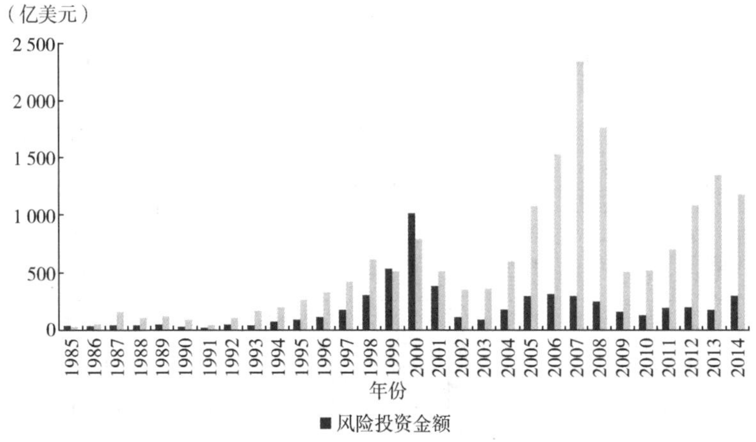

图 1 -4　美国私募股权投资基金的资本规模（1985—2014）

表 1 - 2 美国私募股权投资基金的资本规模和基金数量（1985—2014）

年份	风险投资金额			狭义私募股权金额			私募股权投资基金（广义 PE）	
	金额（亿美元）	占比（%）	基金数量（只）	金额（亿美元）	占比（%）	基金数量（只）	金额（亿美元）	基金数量（只）
1985	37. 599	55. 85	118	29. 718	44. 15	21	67. 317	139
1986	35. 845	41. 54	101	50. 437	58. 46	32	86. 282	133
1987	43. 791	21. 24	116	162. 346	78. 76	47	206. 137	163
1988	42. 097	27. 78	104	109. 464	72. 22	54	151. 561	158
1989	49. 188	28. 96	106	120. 685	71. 04	78	169. 873	184
1990	30. 775	25. 84	85	88. 315	74. 16	64	119. 090	149
1991	19. 003	30. 94	40	42. 421	69. 06	27	61. 424	67
1992	52. 231	32. 69	80	107. 525	67. 31	58	159. 756	138
1993	44. 892	20. 93	93	169. 617	79. 07	81	214. 509	174
1994	76. 367	27. 48	136	201. 570	72. 52	99	277. 937	235
1995	93. 873	25. 85	161	269. 279	74. 15	106	363. 152	267
1996	115. 500	26. 05	168	327. 894	73. 95	104	443. 394	272
1997	177. 419	29. 62	242	421. 653	70. 38	134	599. 072	376
1998	306. 417	33. 21	290	616. 364	66. 79	172	922. 781	462
1999	534. 202	50. 90	428	515. 232	49. 10	165	1 049. 434	593
2000	1 014. 269	56. 16	632	791. 648	43. 84	170	1 805. 917	802
2001	389. 234	43. 10	324	513. 883	56. 90	137	903. 117	461
2002	116. 077	24. 62	203	355. 483	75. 38	125	471. 560	328
2003	93. 405	20. 63	160	359. 464	79. 37	123	452. 869	283
2004	178. 846	23. 01	210	598. 374	76. 99	158	777. 220	368
2005	300. 719	21. 82	233	1 077. 466	78. 18	206	1 378. 185	439
2006	311. 076	16. 91	236	1 528. 997	83. 09	219	1 840. 073	455
2007	299. 937	11. 37	235	2 338. 689	88. 63	267	2 638. 626	502
2008	250. 549	12. 46	214	1 760. 604	87. 54	229	2 011. 153	443
2009	160. 872	24. 30	161	501. 121	75. 70	147	661. 993	308
2010	132. 720	20. 26	175	522. 328	79. 74	179	655. 048	354
2011	190. 605	21. 32	191	703. 372	78. 68	211	893. 977	402

续表

年份	风险投资金额			狭义私募股权金额			私募股权投资基金（广义 PE）	
	金额（亿美元）	占比（%）	基金数量（只）	金额（亿美元）	占比（%）	基金数量（只）	金额（亿美元）	基金数量（只）
2012	198.382	15.44	218	1 086.334	84.56	229	1 284.716	447
2013	177.020	11.63	208	1 345.616	88.37	234	1 522.636	442
2014	299.697	20.28	257	1 178.409	79.72	238	1 478.106	495

数据来源：根据美国风险投资协会（NVCA，2015）的资料整理而得。

相比第一次私募股权投资基金的浪潮，第二次私募股权投资基金的浪潮有六个明显的新特征：一是建立了投资行为的友好形象。“私募股权投资”逐渐取代了“杠杆收购”的称谓。包括 KKR 在内的私募股权投资机构纷纷举起“友好收购”的大旗。二是非上市公司成为主要投资对象。针对上市公司下市的 PTP 交易大幅度下降，只占全部收购交易价值的 10%，目标企业的平均收购价值也大幅度下降。而针对非上市公司（包括独立企业和大型公司的分支机构）的收购显著增加，成为私募股权投资基金收购的主体，占到全部交易价值和交易数目的 80%。三是投资领域有所创新。收购对象进入了信息技术、传媒、电信、基础设施、金融服务、健康医疗等新兴行业，而传统的收购对象制造业、零售业的比重显著下降。四是跨国并购行为增加。大型私募股权投资机构加快了全球化的步伐，在中国、印度、巴西、俄罗斯“金砖四国”和其他新兴市场地区，私募股权投资基金十分活跃。五是二次收购成为并购市场的重要现象。二次收购即私募股权投资基金将其投资的企业出售给其他私募股权投资基金，从而实现自身的退出。在 2000—2004 年，二次并购占全部收购交易价值的 20%。六是私募股权投资机构走向公众化。2007 年 6 月，全球最大的私募股权投资机构黑石集团（代码 BX）在纽约证券交易所挂牌交易；2009 年 10 月，KKR（代码 KKR）也在欧洲证券交易所（Euronext）上市；2012 年 5 月，凯雷在美国纳斯达克全球精选市场上市（李曜，2010）。

二、中国私募股权投资基金的发展历程

1. 第一阶段：外资私募股权投资基金迅速涌入中国市场

1995年中国政府通过了《设立境外中国产业投资基金管理办法》，鼓励国外风险投资公司来华投资。借着互联网热潮，大批外资私募股权投资机构纷纷进入中国。红杉资本（Sequoia）等选择设立中国投资基金，德丰杰（Dragon Fund China，DFJ）则采取了合资基金的模式。很多外资风险资本在中国内地雇人建立联络办公室，如恩颐投资（NEA）、DCM（Doll Capital Management）、红点风险投资（Redpoint Ventures）等；还有一些基金的基金通过作为有限合伙人间接投资中国市场，如3I、Sierra Ventures、光速（Lightspeed Venture Partners）、梅菲尔德（Mayfield）等著名外资风险资本分别投资了联想投资、鼎晖投资、戈壁资本和德同基金等。

除了外资私募机构外，一些大型科技、金融机构的直接投资部门也开始孵化出专注于中国的投资基金。它们最初是大公司的附属部门，但慢慢地通过管理层收购等方式从集团中独立出来，成立了合伙制的投资基金。比如，赛富资本（SAIF Partners）就是脱胎于软银亚洲，由于此前母公司大多都有中国业务，随后母公司也把一部分人民币基金交给赛富做投资。这些内部转型而来的合伙制私募股权投资机构往往都有美元、人民币两种币种的投资基金。

以2004年4月《中华人民共和国信托法》的颁布为契机，私募股权投资基金和信托公司合作推出诸多信托合作计划，标志着中国私募股权投资基金正式开始阳光化的运作。此后，私募股权投资基金继风险投资之后成为国内私募股权投资行业的主流。

美国最大的私募股权投资基金之一的华平投资（Warburg Pincus）是最早进入中国的私募股权投资机构，主要是和其他风险投资机构一起投资创业阶段的高科技企业和成长型企业。华平基金在中国的第一单投资就是和中创、富达基金共同持有亚信公司30%的股权。近些年，它先后投资了广州富力地产、亚商在线、哈尔滨药业、国美电器和鄂武商等企业。

中国内地第一起典型的外资私募股权投资收购案例，是2004年6月美国著名的得州太平洋集团（Texas Pacific Group，TPG）旗下的新桥资本

（Newbridge Capital）以 12.53 亿元人民币，从深圳市政府手中收购了深圳发展银行 17.89% 的控股股权。从此开始，很多类似的私募股权投资收购案例接踵而来，PE 投资市场渐趋活跃。

2004 年年末，美国华平投资等机构联手收购了哈药集团 55% 的股权，创下第一宗国际并购基金收购大型国企的案例。进入 2005 年后，国际著名私募股权投资机构开始介入国内金融机构的改制重组，它们分别参与了中国银行、中国建设银行、中国工商银行等商业银行的引资工作。2005 年 9 月 9 日，凯雷投资集团对太平洋人寿公司注资 4 亿美元获得 24.975% 的股权，这也是当时中国最大的私募股权投资交易。另外，2005 年凯雷集团收购徐工机械、2006 年高盛收购双汇发展等案例，无论最终是否成功，都在国内形成了很大影响。如今，全球最大的 4 家私募股权投资基金——黑石（Black Stone）、凯雷（Carlyle）、KKR 以及得州太平洋集团（TPG）都设立了针对中国市场的办公室。目前在国内活跃的外资 PE 一般有四种类型：一是专门的独立投资基金，如凯雷、黑石、华平、新桥、红杉资本等；二是大型的多元化金融机构下设的直接投资部，如摩根士丹利亚洲（Morgan Stanley Dean Witter Private Equity Asia Ltd.）、JP 摩根亚洲（CCMP Capital Asia）等；三是大型企业的投资基金，服务于其集团的发展战略和投资组合，如通用资本（GE Capital）、英特尔投资（Intel Capital）、IBM 风险投资部等；四是政府背景的投资基金，如新加坡淡马锡（Temasek）公司及管理着新加坡外汇储备的新加坡政府投资公司（Government of Singapore Investment Corp.，GIC）等。

2. 第二阶段：中国本土私募股权投资基金的兴起和发展

中国私募股权投资市场经过 10 多年的发展，无论是活跃的投资机构数量还是投资规模都发生了天翻地覆的变化。2000 年之前，仅有为数不多的知名外资私募股权投资机构较为活跃，而目前，含外资机构在内的活跃机构已经超过 6 000 家。图 1 -5 显示，新募基金数量逐年增加，2012 年年度募资额有所下降，主要是受到 2011—2013 年外部投资环境不稳定以及国内 IPO 市场趋紧的影响，导致一些有限合伙机构信心受挫而不能及时将资金入账，影响基金募资总额。截至 2015 年，中国股权投资市场的 VC/PE 机构超过 13 000 家，管理资本约 8.7 万亿元人民币，市场规模较 20 年前实现了质的飞跃。

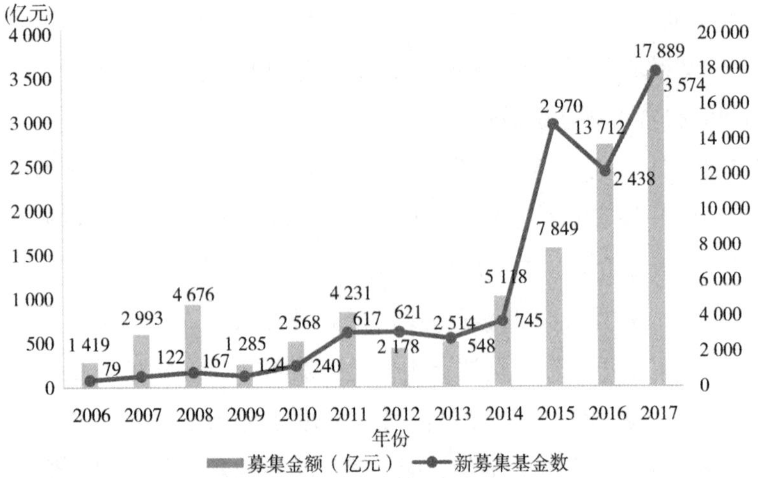

图 1－5　中国私募股权投资年度新增规模（含天使、PE/VC）

数据来源：根据清科研究中心（2007—2017）的资料整理而得。

2017 年，在“双创”“互联网＋”的背景下，开创了包括天使投资、VC/PE 在内的股权投资行业呈现出新的发展局面。《2017 年政府工作报告》明确提出发展多层次资本市场，加大股权融资力度，完善主板市场基础性制度，积极发展创业板、新三板，规范发展区域性股权市场，无不彰显出政府为股权投资市场健康有序发展正在创造有利条件。在热门行业方面，互联网、电信、IT、生物医疗、金融、房地产等领域较为活跃，就投资地区而言，2017 年北京、上海、深圳三地的投资案例数和投资总金额均位列全国三甲。东南沿海地区如广东（除深圳）、浙江、江苏、福建等地也由于拥有政策、资源、人才等优势，吸引了大量 PE/VC 投资，且投资金额处于国内前列（清科研究中心，2017）。

从最初的中外合资私募股权投资，到如今市场上各种不同背景的投资机构，中国私募股权投资机构走过了一条与众不同的发展道路。目前国内活跃的私募股权投资主体主要有以下八股力量：

第一，中外合资基金机构。在中国的私募股权投资市场上，合资基金机构是继外资基金之后的第二支生力军。1995—1996 年，外资私募股权投资机构逐渐找到了离岸控股公司一类的投资模式。该种模式就是外资基金以境外控股公司作为投资标的，而这个境外控股公司在境内设立的独资企业（Wholly Owned Foreign Enterprise，WOFE）则是真正的业务经营实体。

2002 年，中外合资组建股权投资基金的数量和规模出现历史新高，共有 13 家合资私募股权投资机构成立，合资基金成立背后的一个重要原因是很多行业对外资仍有限制。例如，橡子园（Acorn Campus）与上海市政府合资，中外方各筹集一只基金，然后将它们统一管理，对一个项目同时投入美元和人民币；新加坡大华银行和深圳创新投资集团的合资模式颇为相似，只是在海外控股项目由美元投资，境内项目则用人民币投资；台湾地区的和通投资有限公司则把美元换成人民币汇入境内与广东省风险投资集团合作，双方建立了合资的基金管理公司。

2005 年，软银赛富和天津创业投资有限公司合资成立赛富成长（天津）创业投资管理有限公司。2007 年又一轮合资基金崛起，很多外资私募股权投资机构建立了非法人制的外商投资创业投资公司，如美国博乐公司与泰达科技风险投资公司合资成立了博乐（中国）生命技术创业投资基金等。

第二，产业投资基金。2006 年 12 月 30 日，拟募集规模 200 亿元的渤海产业投资基金在天津挂牌，它是在国内“产业投资基金管理办法”等相关法律法规尚未出台的前提下获得国务院特批的产业基金。之后，国家又陆续批准筹建广东核电新能源基金、上海金融产业基金、山西能源基金、四川绵阳高科技基金以及中新高科产业投资基金等。每只基金的融资规模约在百亿元规模以上，目的是为各地的能源、创新制造业和高科技产业提供金融支持。

第三，国家开发银行主导的基金。长期以来，国家开发银行主要对“两基一支”（基础设施、基础产业和支柱产业）等领域的大企业、大客户发放中长期开发贷款。从 1998 年开始，国开行以更加直接的方式介入并推动了中国股权投资的发展。国家开发银行分别参与成立了 1998 年的中瑞合作基金、2004 年的东盟—中国投资基金和中国—比利时直接股权投资基金、2007 年的中意曼达林基金和中非发展基金等。

第四，主权财富基金。主权财富基金（Sovereign Wealth Fund，SWF）是以一国外汇储备或国家财政资金集中的基金，为国家特定战略目的进行长期投资。目前我国的主权财富基金主要是国务院批准设立的中国投资有限责任公司（以下简称“中投公司”）和国家外汇管理局在香港的全资子公司中国华安投资有限公司。其中引人注目的是2007年9月29日成立的中投公司，成立伊始就以30亿美元认购黑石部分股权、50亿美元入股摩根士丹利，这些案例都在当时有很大影响。

第五，券商直投背景的私募股权投资。早在2006年证监会就要求创新类券商上报直投业务方案。近年来，中信证券、中国国际金融公司等众多券商取得了直接股权投资的试点资格。

第六，大型国有企业出资设立的私募股权投资机构。一直以来，国有企业都在积极介入发展产业链和整合上下游资源的考虑，也都在设立集团内部的私募股权投资基金，只是这些投资主要集中在相关行业内，所以不那么引人关注。国企私募股权投资基金的一个代表模式是招商局富鑫基金。该基金由中国香港招商局集团旗下的招商局科技集团与中国台湾富鑫创业投资集团合资成立，利用招商局集团及招商局科技集团的资金和人脉优势进行投资，目前该基金已经投资了分众传媒、中芯国际、展讯通信、久游等项目。最近两年，上海国际集团接连募集了数只规模庞大的产业投资基金，从2009年7月的200亿元规模、主要投资金融产业的上海金融发展投资基金，到2011年2月底发起成立规模为50亿元的上海国和现代服务业股权投资基金，再到2011年12月成立的规模为70亿元的上海新兴产业投资基金等，上海国际集团旗下的私募股权投资基金逐渐摸索出一条市场化运作的道路。

第七，民营企业出资设立的私募股权投资机构。2008年6月底，深圳市南海成长创业投资有限合伙企业正式运作，成为国内首家有限合伙制创投机构，首期募集的1.62亿元全部来自民营企业，50%以上的资金将重点投资深圳市“创新型企业成长路线图计划”中的拟上市企业。2008年7月，由8家温州当地民营企业出资作为LP与北京杰斯汉能资产管理有限公司组建的“温州东海创业投资合伙企业”挂牌。

第八，政府背景的私募股权投资机构。1986年9月，经国务院批准，国家科技部（持股40%）、财政部（持股23%）共同出资成立中国新技术创业投资公司，公司成立之初目的是配合“火炬计划”的实施，中创公司在中国香港与渣打银行、亚洲开发银行、获多利公司等合资成立的中国置业基金于

1991 年以“中国基金”名义在香港上市，这是中国境内第一只在海外上市的创投基金。另外，类似的具有政府背景的投资公司还有上海联合投资有限公司、深圳市创新科技投资有限公司、天津创业投资有限公司、广州科技风险投资有限公司等。

21 世纪以来，以各地方政府、保险公司、券商、国有企业等带有“国”字号背景的有限合伙人，成为本土私募股权投资机构中最引人关注的群体。继投资渤海产业投资基金之后，全国社保基金理事会提出“社保基金要加大对私募股权投资的投资比例”；保险资金也早已进入私募股权投资领域，包括中国人寿在内的保险业巨头都在积极筹建直接股权投资部门或团队。2006 年 12 月，中国人寿以财务投资人的身份收购南方电网 192 亿股股份，成为南方电网第二大股东，这是中国人寿在金融领域之外的首例股权投资。2010 年 9 月，《保险资金投资股权暂行办法》出台，保监会正式放开保险资金参与 PE 投资。在短短两年内，中国人寿及平安集团各投资了两只具有政府背景的产业基金；2012 年初，中国人寿出资 16 亿元投资弘毅旗下的二期人民币基金。

根据中国基金业协会数据显示，截至 2018 年 2 月底在协会备案的私募基金已达到 23 097 家，而在 10 年前还不足 10 家，10 年间私募基金数量增加了 20 多倍，平均每年增速超过 40%。在如此高速发展的期间，又以 2014 年和 2015 年的新增数量最为惊人，2014 年新成立私募基金 6 000 余家，2015 年新设立私募基金公司超过 10 000 家。

第四节　其他投资形式

本章前三节主要对私募股权投资进行了详细介绍，然而，对于风险投资来讲，还有一些其他投资形式，比如，大公司参与风险投资、天使投资以及政府风险投资等。

一、公司风险投资

1. 公司风险投资的基本概况

所谓公司风险投资就是大公司参与风险投资，它与普通风险投资存在着一定的相似性，但也并非完全相同，CVC 投资项目仍具有自己鲜明的特征。

（1）从全球范围来看，大公司开展的风险投资具有明显的地域分布特征，主要集中于资本活跃的发达国家，其中，美国是大公司参与风险投资的“领头羊”，欧盟是第二大领导者，以色列和中国位居第三，而其他亚非发展中国家则几乎没有。然而，从一个国家内部来看，参与风险投资的大公司区域内聚集现象仍然存在，以美国为例，在加州的硅谷和马萨诸州的“128”号公路上集中了最多的公司附属创业投资机构，而其他区域则分布较为稀少。

（2）大公司风险投资与传统风险投资一样存在着行业集中的现象，并且集中行业与普通风险投资基本相同，但大公司参与的风险投资项目的行业分布更为广泛，某些非热门的民生性行业的新技术和创意也有大公司风险投资的支持和参与。总体来看，生物、软件、通信、半导体和制药等高科技行业和生命周期较短的行业仍是公司型风险投资参与的热点。

公司参与风险投资之所以会出现这一现象，主要是因为生物、电子、通信等高科技行业的飞速发展以及日益普及；同时，由于这些行业的技术更新也是最为迅速和频繁的，那些逐渐步入成熟阶段的大企业集团，能否跟上时代的步伐、是否掌握走在前沿的高新技术往往决定了它日后的前途和命运，这也是大企业集团积极投资于这些高科技行业的原因。比如，以著名的英特尔投资案为例，它的重点投资领域即为全球范围内向创新型科技公司进行资本投资，主要包括软硬件研发类企业、技术服务公司，涉及家庭、企业、移动通信、医疗卫生、互联网设施和应用、半导体设计和生产及环保科技等领域。再比如，国内知名企业联想投资的案例，联想投资参与的项目大部分集中在大 IT 领域，重点投资互联网应用与服务、无线应用与服务、外包、数字媒体、芯片设计及关键元器件。

（3）从趋势上来看，随着技术创新和投资机会双重压力加剧以及投资回报高等因素，大企业集团利用其自身优势，更愿意投资于处于中间阶段和成熟阶段的风险企业，并不倾向于对初创期和导入期的风险企业进行投资，原因之一是为了缔结更多的战略盟友，以保持其竞争优势；原因之二是为了寻求项目的成功，降低单独投资时所面临的巨大潜在风险。

2. 公司风险投资的组织模式

公司风险投资的组织模式也称为组织结构或投资渠道。从执行过程看，大企业集团开展风险投资的组织形式可以分为两种基本类型：一是公司内部风险投资，即公司可以通过在内部设立专门的事业单位进行投资；二是公司外部风险投资，又称间接投资，是指独立创业投资专家和投资机构进行间接投资。大企业集团风险投资组织形式的大致框架如图 1－6 所示。

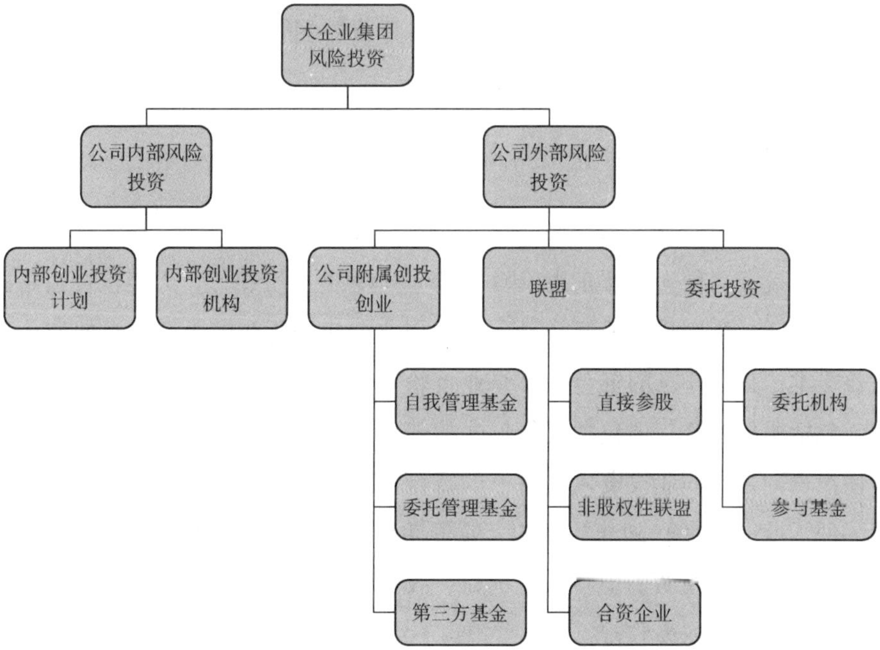

图 1－6　大企业集团风险投资的组织形式

3. 大企业集团开展风险投资组织模式的选择

大企业在何时应该选择何种模式，应该是由企业自身的资源、能力及风险投资的目的共同决定的。总体来看，不同组织模式在帮助大企业集团创造战略和财务收益的效率上是有差异的。Winters & Murfin（1998）研究认为，公司发展附属创业机构是最大化战略收益的方式，而如果财务回报是唯一的目的，那么创业基金就是最好的工具。Gompers & Lerner（1998）认为，直接投资为公司提供了更多的将它们的投资组合向着自己的特殊需求培养的机会。

迈尔斯和科威（Miles&Covin）（2002）建议，当公司对控制新创企业的要求不高时，不论公司投资的目标是获得战略收益还是快速的财务回报，都应该采取间接的外部投资模式。

对于只有有限创业投资经验并需要能直接对风险投资项目进行掌控，其风险投资是以日后收购等的大企业，可以采用内部风险投资模式；对于那些有足够的资金实力和较强的创业投资管理能力的企业，则完全可以成立自己的附属创业企业，由外部的子公司完成创投业务；对于那些资金有限，宣布承担能力弱，其投资的目的是为了获得财务收益的企业来说，委托投资或联合投资可能是最好的选择。

二、天使投资（非正规风险投资）

1. 天使投资的含义及特征

天使投资又称为“非正规风险投资”。与风险投资相似，天使投资也是向非上市企业，特别是种子期（早期）的创业企业进行非控股性投资的非公开权益资本；是以自己的资金从事企业首轮外部投资，以期获得利润的投资行为，包括股权投资，也包括任何形式的债权投资。狭义的或更严格意义上的天使投资则是指职业投资人以自己的资金，对具有巨大发展潜力的企业所进行的种子期（早期）的非控股的、投资期限相对长的、具有高风险、高潜在回报的权益资本投资。值得注意的是，投资者喜爱风险，他们热衷于追逐高收益，而为了获取高收益，投资者不得不承担高风险。如同风险投资家一样，天使投资家投资的目标项目不是高风险，而是高增长，他们投入那些具有发展潜力大的项目，以期获取高收益。天使投资具有四个方面的特征：

（1）投资额度偏小。首先，由于天使投资家是一种分散的、个体的、小规模的投资模式，它的投资规模往往比较小。以美国天使投资为例，2006 年，美国天使投资总规模为 256 亿美元，和当年美国的风险投资总规模几乎一致。不同的是，天使投资共投入了 51 000 个项目，而同等额度的风险投资却仅仅投了 3 146 个项目。前者平均每个项目的投资额约 50 万美元，而后者则为 750 万美元，是前者的 15 倍。由于每笔投资额度较小，同样的资本金，天使投资可以支持更多的初创企业，对于种子期的企业来说，天使投资不是“锦上添花”而是真正的“雪中送炭”。

（2）投资风险偏高。对于天使投资来讲，它的投资期限偏早，一般而言，投资期限越早，投资风险就越高。在企业创立的早期，尤其是在种子期，企业的技术还没有进入中试阶段，其产品还没有得到市场的认可，其经营模式还没有经过商业竞争的洗礼，其管理团队还没有受到各类的考验，一切都还在尝试阶段。在这个阶段投资，天使投资者所承担的高风险是可想而知的。

（3）投资成本偏低。之所以说天使投资的投资成本偏低，是因为天使投资家的投资是自己的钱，若换别人的钱来投资，自然会受到别人的监督和控制，而监督与控制会提高以代理成本为主的交易成本，而用自己的钱投资，代理成本趋于零，交易成本也可大大降低。仅此一点，就使得天使投资的投资成本相对较低。

（4）投资决策较快。由于天使投资家投入的是自己的资金，自己觉得项目可行即决定投资，决策时没有中间环节，自然投资速度也相对较快。他们不必对于一个项目反复推敲，尽职调查，也不必多次与合伙人协商、讨论。天使投资家可以在对所投项目具有较大把握的情况下，迅速做出投资决策。

近些年来，天使投资在我国蓬勃发展。它不仅为我国企业早期融资“雪中送炭”，更是推动早期权益资本投资的中坚力量。近两年，“双创”浪潮助推天使投资市场的发展，越来越多的高净值人群开始投资早期的创业企业，利用自己的经验和资源帮助创业企业发展壮大。与此同时，天使投资协会/联盟、天使投资俱乐部、天使投资培训机构等各类组织成立，在投资人教育、联合投资机会、营造行业氛围等方面发挥了积极作用。

2. 天使投资和风险投资的区别

天使投资作为非正规风险投资和作为“正规军”的风险投资存在着一定的区别，诸如融资渠道、投资环节、代理关系、投资额度、投资风险、投资成本、投资决策和社会关系等（见表 1－3）。目前，中国有大量的“天使投资基金”，采取的是有限合伙制的组织形式，从本质上来看属于风险投资范畴，比传统风险投资介入的阶段更早，投资规模也相对较小。由此可见，这类基金兼具“天使投资”和“风险投资”的双重特性。

表 1-3 天使投资与风险投资的区别

阶段	天使投资	风险投资
融资	投资自己的钱，基本上不需要向他人融资	投资其他人的钱，需要向富有的个人、家庭，主要是向机构投资者融资
投资	投资于种子期、初创期及初创后期，以投资种子期和初创期为主	投资于种子期、初创期、初创后期、扩张期、成熟期，以投资于扩张期为主
	一次投资，往往缺乏后续资金投入	多轮投资，往往有后续资金投入
	投资工具以普通股、优先股为主	投资工具以可转换优先股为主
	投资工具中很少附加风险控制条款	投资工具中往往附加各种风险控制条款
	一般不以分期投资作为减少代理成本的手段	以分期投资作为减少代理成本的手段
	一般较少利用投资附加条款，以在清产时保护自己的利益	利用投资附加条款，以在清产时保护自己的利益
	一般不再投资时进入反稀释条款	在投资条款中附加各种类型的反稀释条款
投资后管理	积极参与管理	积极参与管理
	很少进入董事会，不认为这是参与被投企业管理的主要手段	进入董事会，并作为参与被投企业管理的主要手段之一
	投资后，创业者往往仍然保持对企业的绝对控制权	投资后，创业者可能会失去对企业的绝对控制权
退出	股权赎回、转让、出售、被并购，首次公开上市、清产，但一般很少参与 IPO	股权赎回、转让、出售、被并购，首次公开上市、清产，一般而言，IPO 是投资者退出战略的首选

三、政府风险投资

风险投资能够提高高科技中小企业所需的资金和管理支持，促进高科技中小企业的发展，进而间接对技术创新具有推动作用，也即具有正外部性。风险投资活动中的正外部性会导致风险资金供给不足，出现所谓的“市场失灵”，风险投资机构和新兴企业都会按照私人收益最大化原则选择自己的投资决策和创新决策，而由于两者的行为均存在正外部性，即私人边际收益低于社会边际收益，因此，风险投资机构选择的投资水平会低于社会最优的投资水平，新兴企业选择的创新活动也将低于社会最优的创新水平，从而引起整个社会范围内创新活动和风险投资供给不足，因此需要政府介入。

1. 政府介入风险投资的形式及其作用

（1）政府直接投资。风险投资的正外部性导致在实际的风险投资运行中，投资对象主要集中于研发风险和市场风险较低而短期收益较高的项目和产业。而那些研发风险较高、短期收益不明显的高新技术产业获得的投资相对不足，以及处于种子期和初创期的企业获得的风险投资不足，对偏远地区、经济不发达地区的投资较少。而长远来看，高新技术产业对促进技术进步乃至国民经济发展和经济增长具有重要意义，种子期和初创期对于企业新技术的研发和新产品的开发意义重大，欠发达地区更需要通过风险投资的带动作用实现经济发展。

因此，短期收益不明显的高新技术产业、种子期和初创期的企业以及欠发达地区，需要由政府直接投资供给风险资金。政府直接投资是政府作为投资主体直接出资创办的风险投资公司，它可以增加风险投资的资金来源，并对投资对象、投资阶段、投资区域向依靠市场机制过渡时资金不足的高新技术产业、种子期和初创期企业、经济欠发达地区倾斜。从政府直接投资的风险投资来看，如深圳创新投资集团，其公司成立于1998年8月，注册资本为42亿元人民币，深圳市政府于1999年投资5亿元成立，截至2017年10月底，该集团投资企业已投资项目801个，累计投资金额约316亿元；此外还有广东省风险投资集团，该公司成立于1999年，现注册资本为42亿元人民币，广东省人民政府于1999年出资7亿元，2000年增资到12亿元，集团公司拥有8家风险投资和实业公司。显然，政府直接风险投资可以在一定程度上对正外部性带来的有效投资不足进行弥补，有利于新兴企业的发展和技术创新。

（2）政府风险投资引导基金。政府直接投资创办风险投资公司虽然能够在一定程度上弥补正外部性引起的风险资金供给不足，但是政府资金毕竟有限，政府作为风险投资的投资主体在实际的风险投资运行过程中也存在着诸多问题，而政府风险投资引导基金既能发挥政府在弥补正外部性方面的功能，相比政府直接投资的优越性也更加明显。

政府引导基金对创业投资基金的支持包括三种模式：一是参股，主要是指政府引导基金主要通过参股的方式，吸引社会资本共同发起设立创业投资企业；二是融资担保，主要是指政府引导基金对历史信用记录良好的创业投资基金提供融资担保，支持其通过债权融资增强投资能力；三是跟进投资，主要是指产业导向或区域导向较强的政府引导基金，通过跟进投资，支持创新创业。

我国政府出台了一系列文件、规定，以确保风险投资引导基金发挥应有的作用。比如，我国在2010年出台了《关于豁免国有创业投资机构和国有创业投资引导基金国有股转持义务有关问题的通知》，为了提高国有创业投资机构的积极性，政府鼓励和引导国有创投机构加大对中早期项目的投资。我国当前部分风险投资引导基金汇总如表1－4所示。

表1－4 我国风险投资基金汇总

基金名称	资金规模（亿元）	成立时间
苏州工业园区创业投资引导基金	10	2006年3月
海淀区（北京市）创业投资引导基金	5	2006年9月
上海浦东新区创业风险投资引导基金	10	2006年10月
山西省创业风险投资引导基金	8	2007年6月
科技型中小企业创业投资引导基金	1	2007年7月
成都市创业投资引导基金	5	2007年9月
生物技术创业投资引导基金	1.5	2008年3月

资料来源：邢恩泉．政府对创业投资的融资引导作用：一个经济学分析模型［D］．博士学位论文，天津财经大学，2008：114。

2. 财政税收政策

政府采取适当的财政政策可以使风险投资的正外部性内部化，从而更好地促进风险投资的发展。我国在这方面的财政政策支持主要包括政府贷款、政府补贴、政府担保和政府采购等。就政府担保来看，1992年，沈阳市建立的科技风险开发投资基金是国内首个对高新技术企业实施贷款担保的基金，随后两年成立的中国经济技术投资担保公司是国内首家以信用担保为主要业务的全国性专业担保机构。这两家专业担保机构的具体情况如表1－5所示。

表1－5 专业担保机构

担保机构	成立时间	机构性质	介入形式	发起单位	注册资金（亿元）
沈阳市科技风险开发中心	1992年	地方性金融担保机构	贷款担保、贴息垫息、入股分红	沈阳市科委	0.8
中国经济技术投资担保公司	1994年	全国性专业担保机构	信贷支持、信用担保	财政部和国家经贸委	5

除此之外，还有国家对企业实行优惠的税收政策。目前我国的风险企业主要是高新技术企业。调节高新技术风险企业生产经营、对风险投资决策起主要作用的税种主要有增值税、营业税等。相关的税收法律规定如下：

（1）增值税。主要规定是：一般纳税人销售其自行开发生产的计算机软件产品或自产的集成产品含单晶硅片，按照法定税率征收，对实际税负超过的部分实行即征即退；属生产企业的小规模纳税人，生产销售计算机软件按照征收率计算缴纳增值税；属商业企业的小规模纳税人，销售计算机软件按照征收率计算缴纳增值税，并可由税务机关分别按不同的征收率代开增值税专用发票；对列入科技部、外经贸部《中国高新技术商品出口目录》的出口产品，在产品出口后，经国家税务总局核准，凡出口退税率未达到征税率的，可按征税率退税；直接用于科学研究、科学实验和教学的进口仪器设备免征增值税。

（2）营业税。主要规定是：对单位和个人包括外商投资企业、外商投资设立的研究开发中心、外国企业和外籍个人从事技术转让、技术开发业务和与之相关的技术咨询、技术服务业务取得的收入，免征营业税；对科研单位和大专院校服务于各业的技术成果转让、技术培训所取得的技术性服务收入暂免征收营业税等。

上述增值税和营业税的相关政策不仅可以降低风险投资公司的成本，还可以增加其利润，使其私人边际收益趋近于社会边际收益，正外部性将得到一定程度的纠正。同时，我国政府还出台了关于激励风险投资发展的主要法律法规，在一定程度上对于风险投资业的健康发展发挥了重要作用。

思考题

1. 简述私募股权投资的定义。
2. 简述私募股权投资的运作流程。
3. 简述天使投资与风险投资的区别。
4. 简述公司风险投资的定义及组织模式。
5. 政府介入风险投资的形式有哪些？

第二章　股票和首次公开发行

第一节　股票的概述

一、股票的概念及特征

股票是股份证书的简称，是股份公司为筹集资金而发行给股东作为持股凭证并借以取得股息和红利的一种有价证券。每股股票都代表股东对企业拥有一个基本单位的所有权。股票是股份公司资本的构成部分，可以转让、买卖或作价抵押，是资金市场的主要长期信用工具。

股票代表着其持有者（即股东）对股份公司的所有权，购买股票也是购买企业生意的一部分，即可与企业共同成长发展。这种所有权为一种综合权利，如参加股东大会、投票表决、参与公司的重大决策、收取股息或分享红利差价等，但也要共同承担公司运作失误所带来的风险。获取经常性收入是投资者购买股票的重要原因之一，分红派息是股票投资者经常性收入的主要来源。

根据股票的定义，可以归纳出股票具有以下特征：

1. 不可偿还性

股票是一种永不偿还的有价证券，股份公司不会对股票的持有者偿还本金。一旦购入股票，就无权向股份公司要求退股，股东的资金只能通过股票的转让而收回，将股票所代表着的股东身份及其各种权益让渡给受让者，而其股价在转让时受到公司收益、公司前景、市场供求关系和经济形势等多种因素的影响。所以说，投资股票是有一定风险的。

2. 参与性

股东有权出席股东大会，选举公司董事会，参与公司重大决策。股票持有者的投资意志和享有的经济利益，通常是通过出席股东大会来行使股东权。股东参与公司决策的权利大小，取决于其所持有的股份的多少。从实践中看，只要股东持有的股票数量达到左右决策结果所需的实际多数时，就能掌握公司的决策控制权。

3. 收益性

股东凭其持有的股票，有权从公司领取股息或红利，获取投资的收益。股息或红利的大小，主要取决于公司的盈利水平和公司的盈利分配政策。股票的收益性，还表现在股票投资者可以获得价差收入或实现资产保值增值。通过低价买入和高价卖出股票，投资者可以赚取价差利润。

以美国可口可乐公司股票为例。如果在 1983 年年底投资 1 000 美元买入该公司股票，到 1994 年 7 月便能以 11 554 美元的市场价格卖出，赚取 10 倍多的利润。在通货膨胀时，股票价格会随着公司原有资产重置价格上升而上涨，从而避免了资产贬值，股票通常被视为在高通货膨胀期间可优先选择的投资对象。

4. 流通性

股票的流通性是指股票在不同投资者之间的可交易性。流通性通常以可流通的股票数量、股票成交量以及股价对交易量的敏感程度来衡量。可流通股数越多，成交量越大，价格对成交量越不敏感（价格不会随着成交量一同变化），股票的流通性就越好，反之就越差。

股票的流通，使投资者可以在市场上卖出所持有的股票，取得现金。通过股票的流通和股价的变动，可以看出人们对于相关行业和上市公司的发展前景和盈利潜力的判断。那些在流通市场上吸引大量投资者、股价不断上涨的行业和公司，可以通过增发股票，不断吸收大量资本投入生产经营活动，获取优化资源配置的效果。

5. 风险性

股票在交易市场上作为交易对象，同商品一样有自身的市场行情和市场价格。由于股票价格要受到诸如公司经营状况、供求关系、银行利率及大众心理等多种因素的影响，其波动有很大的不确定性。正是这种不确定性，有可能使股票投资者遭受损失。价格波动的不确定性越大，投资风险也越大。

因此，股票是一种高风险的金融产品。

6. 永久性

股票所载有的权利的有效性是始终不变的，因为它是一种无限期的法律凭证。股票的有效期与股份公司的存续期间相联系，两者是并存的关系。

二、股票的分类

由于股票包含的权益不同，股票的形式也就多种多样。一般来说，股票可分为普通股股票和优先股股票。

1. 普通股股票

所谓普通股股票，就是持有这种股票的股东都享有同等的权利，他们都能参加公司的经营决策，其所分取的股息红利随着股份公司经营利润的多寡而变化。而其他类型的股票，其股东的权益或多或少都要受到一定条件的限制。普通股股票的主要特点如下：

（1）普通股股票是股票中最普通、最重要的股票种类。股份公司在最初发行的股票一般都是普通股股票，由于它在权利及义务方面没有特别的限制，其发行范围最广且发行量最大，故股份公司的绝大部分资金一般都是通过发行普通股股票筹集而来的。

（2）普通股股票是股份有限公司发行的标准股票，其有效期限是与股份有限公司并存的，此类股票的持有者是股份有限公司的基本股东。

（3）普通股股票是风险最大的股票。持有此类股票的股东获取的经济利益是不稳定的，它不但要随公司的经营水平而波动，且其收益顺序比较靠后，这就是股份公司必须在偿付公司的债务和所发行的债券利息以及优先股股东的股息以后才能对普通股股东分红。所以，持有普通股股票的股东其收益最不稳定，其投资风险最大。

对股份公司而言，持普通股股票的股东所处的地位是绝对平等的，在股份有限公司存续期间，他们都毫无例外地享有下述权利：

第一，通过参加股东大会参与股份公司的重大经营决策。一般来说，股份公司每一年度至少要召开一次股东大会，在遇到重大事件时还要召开临时股东大会。在股东大会上，股东除了听取公司董事会的业务和财务报告外，还可对公司的经营管理发表意见，参加公司董事会和监事会的选举。如果认为公司的账目不清时，股东还有权查阅公司的有关账册。如果普通股股东发现董事违法失职或违反公司章程而损害公司利益时，其有权将之诉诸法庭。

第二，具有分配公司盈余和剩余资产的权利。在经董事会决定之后，普通股股东有权按顺序从公司经营的净利润中分取股息和红利。在股份有限公司解散清算时，有权按顺序和比例分配公司的剩余资产。

第三，具有优先认股权。当股份公司为增加公司资本而决定增资扩股时，普通股股东都有权按持股比例优先认购新股，以保证普通股股东在股份有限公司中的控股比例不变。如我国的上市公司在配股时，都是按比例先配给现有的普通股股东。当普通股股东不愿或无力参加配股时，可放弃配股或按相应的规定将配股权利转让他人。

2. 优先股股票

所谓优先股股票是指持有该种股票股东的权益要受一定的限制。优先股股票的发行一般是股份公司出于某种特定的目的和需要，且在票面上要注明“优先股”字样。优先股股东的特别权利就是可优先于普通股股东以固定的股息分取公司收益并在公司破产清算时优先分取剩余资产，但一般不能参与公司的经营活动，其具体的优先条件必须由公司章程加以明确。一般来说，优先股有以下四项优先权：

第一，在分配公司利润时可先于普通股且以约定的比率进行分配。

第二，当股份有限公司因解散、破产等原因进行清算时，优先股股东可先于普通股股东分取公司的剩余资产。

第三，优先股股东一般不享有公司经营参与权，即优先股股票不包含表决权，优先股股东无权过问公司的经营管理，但在涉及优先股股票所保障的股东权益时，优先股股东可发表意见并享有相应的表决权。

第四，优先股股票可由公司赎回。由于股份有限公司需向优先股股东支付固定的股息，优先股股票实际上是股份有限公司的一种举债集资的形式，但优先股股票又不同于公司债券和银行贷款，这是因为优先股股东分取收益和公司资产的权利只能在公司满足了债权人的要求之后才能行使。优先股股东不能要求退股，却可以依照优先股股票上所附的赎回条款，由股份有限公司予以赎回。大多数优先股股票都附有赎回条款。

如果将优先股股票细分，它还可以分为如下类型：

（1）累积优先股股票和非累积优先股股票。累积优先股股票是指在上一营业年度内未支付的股息可以累积起来，由以后财会年度的盈利一起付清。非累积优先股股票是指只能按当年盈利分取股息的优先股股票，如果当年公司经营不善而不能分取股息，未分的股息不能予以累积，以后也不能补付。

（2）参加分配优先股股票和不参加分配优先股股票。参加分配优先股股票是指其股票持有人不仅可按规定分取当年的定额股息，还有权与普通股股东一同参加利润分配的优先股股票。不参加分配优先股股票，就是只能按规定分取定额股息而不再参加其他形式分红的优先股股票。

（3）可转换优先股股票和不可转换优先股股票。可转换优先股股票是指股票持有人可以在特定条件下按公司条款把优先股股票转换成普通股股票或公司债券的股票；不可转换优先股股票是指不具有转换为其他金融工具功能的优先股股票。

（4）可赎回优先股股票和不可赎回优先股股票。可赎回优先股股票是指股份有限公司可以一定价格收回的优先股股票，又称可收回优先股股票；不附加有赎回条件的优先股股票就是不可赎回优先股股票。

（5）股息可调整优先股股票。它是指股息率可以调整变化的优先股股票，其特点是优先股股票的股息率可随相应的条件进行变更而不再事先予以固定。

除了普通股股票和优先股股票外，根据股票持有者对股份公司经营决策的表决权，股票可分为表决权股股票和无表决权股股票；根据股票的票面是否记载有票面价值，股票可分为有额面股股票和无额面股股票；根据股票的票面是否记载有股东姓名，股票可分为记名股票和不记名股票。

第二节　上市融资的动机

首次公开募股（Initial Public Offerings，简称 IPO）是指一家企业或公司（股份有限公司）第一次将它的股份向公众出售。首次公开发行是指股份公司首次向社会公众公开招股的发行方式。在这个过程中企业将经营公司的全部资本等额划分，表现为股票形式，经批准后上市流通，公开发行。投资者可以在市场上直接购买，成为企业能在短时间内可筹集到巨额资金。

一、上市融资的益处

公司的股票发行和上市交易是公司资产证券化的一种典型模式，意味着这个公司从私人公司转变成为一家社会型的公众公司，是与全社会共同分享其价值和利益的具体表现。上市将为公司带来巨大的经营变革和资源优势，将促使公司更快、更稳、更强地发展和壮大。上市融资的益处主要体现在以下五个方面：

1. 开通优质的融资渠道

中小企业在发展的过程中，融资困难是常见的事情，存在严重的“麦克米伦缺口”（Macmillan Gap），这也是小企业发展的世界性难题。中小企业进行上市融资等于开通了未来在公开资本市场上融资的通道，使更多的社会资金通过股市流入公司的经营中，扩大再生产，从而产生更高的收益，这就是一个典型的“把蛋糕做大”的过程，体现的是资本集聚的规模效应。从 IPO 到股票增发，这个持续融资过程使公司获得每次重大经营性投资所需的资金，这是非上市公司所无法比拟的一个优势。万科在 1998 年首次上市融资后，通过五次再融资筹集了 31 亿元的资金，也正是凭借这几次的再融资资金，使得万科从一个默默无名的小公司发展成为房地产行业的领头羊。

2. 增强公司的竞争优势

上市融资有利于企业明确主营业务，保持良好的成长性，提升科技含量。上市公司要求有高度集中的业务范围，严密的业务发展计划和清晰的业务发展战略，较大的业务增长潜力，准备上市的企业应提出具体的经营策略，让投资者相信企业的确有经营能力和发展前景，拥有良好的成长性。对于业绩优良、成长性好、讲诚信的公司，其股价会保持在较高的水平上，不仅能够以较低的成本持续筹集大量资本，不断扩大经营规模，而且可以将股票作为工具进行并购重组，进一步培育和发展公司的竞争优势和竞争实力，增强公司的发展潜力和发展后劲，进入持续快速发展的通道。

3. 完善公司内部治理结构

中小企业，特别是民营企业大多是有限责任制或合伙制，普遍存在产权关系不清、治理结构不合理、家庭化管理等问题。企业改制上市的过程，就是企业明确发展方向、完善公司治理、实现规范发展的过程，企业改制上市前，要分析内外部环境，评估企业优势劣势，找准定位，使企业发展战略清晰化。在改制过程中，保荐人、律师事务所和会计师事务所等诸多专业机构为企业出谋划策，通过清产核资等一系列过程，帮助企业明晰产权关系，规范纳税行为。因此在 IPO 准备阶段，企业必须建立起产权明晰、管理科学的现代企业制度，明确发展目标，夯实企业的发展基础。同时，上市有一系列严格的要求，特别是对公司的治理结构、信息披露制度等方面都有明确的规定，为了达到这些要求，企业必须提高运作的透明度，提升企业的法人治理结构水平，使得企业从一个“草莽企业”“家族公司”逐渐演变为现代企业。

4. 提升企业的知名度

公开发行与上市具有很强的品牌传播效应，直接提升了公司的行业知名度，使公司得到更多的社会关注。招股说明书和路演提供了企业展示形象的舞台，让社会公众更了解企业的潜力和发展战略，从而增强潜在投资者对企业的信心。企业上市后的每日交易行情将受到无数的投资者的关注，各大媒体也会追踪报道公司的新业务和新动向，证券分析师和投资机构会对企业进行实时分析，进一步挖掘企业的潜在价值。同时，公司上市后要履行严格的信息披露制度和其他法律要求，公司运营的透明度增加，有利于提高企业的经营管理效率，提升企业的品牌价值和市场影响力，提升公司在客户、供货商以及各类金融机构心目中的地位。

5. 股权交易和变现场所

对于大股东来说，上市公司的股票转让交易是实现其经营发展战略的一个重要工具。如果需要战略转型，则可出售自己的股票，从而退出现有的产业经营领域；如果需要战略扩张，则可通过股市进行公司收购，从而实现便利拥有一个规范的公司并进入该产业领域。从这一点来看，也更证实了上市公司的公众性，公众公司充当着社会资源和价值不断重新配置的重要载体。无论是大股东、小股东，还是持股的员工、众多类型的投资者，都可以在股票交易所随时将其所拥有的股票出售变现，从而实现其价值。股票交易所为股东提供了一个合法的、规范的、可靠及便利的价值变现场所。

二、上市融资的弊端

公开上市在企业家面前描绘了一幅美好的前景，从中获得的巨大利益让人兴奋不已，甚至盲目地推进公司的上市进程。在有些人眼中上市非常简单，认为只要企业能上市，就能坐等资金的流进了。其实事情远非这么简单，公司上市也是一把双刃剑，既能为企业带来好处，同时也存在弊端。

1. 公司透明度提高

上市公司必须向公众披露其市场策略、主营业务、利润率、竞争地位以及管理人员的薪酬水平等各项重要的财务状况。私人企业的资本风险是由所有者个人承担的，而上市公司的资本来源于社会公众，其风险也相应地会分散到社会公众各个股东身上。为了减少因上市公司经营失败的风险对社会公众的影响，监管当局要求上市公司定期进行信息披露，以提高企业的透明度。从根本上来说，信息披露的目的是确保管理层如实履行受托义务，切实追求股东利益最大化。但有时主营业务、市场策略和财务等方面的信息披露会对竞争对手有利。另外，如果上市公司被要求披露的财务数据中的盈利状况达不到市场的预期水平，投资者往往会抛售公司的股票，造成市场价格下挫。

2. 控制权分散

公司首次公开募集资金后，原有主要股东持有的股份将被大大稀释，导致公司控制权的部分丧失，尤其是那些第一大股东的持股份额在 IPO 之后所占比例较小的公司，很可能在二级市场上被他人大量收购股票，从而丧失控制权，这必然会影响公司的经营管理。

股票意味着产权和控制权，投资者购买股票也就拥有了影响公司决策的投票权利。企业一旦上市，其重大经营、管理决定，如净利润保留、增资或兼并，都需要在年度股东会议上表决通过，这意味着在上市后经营者对企业的控制力有所减弱。

3. 费用成本昂贵

公开上市的费用是相当高的，这不但表现在争取上市的过程中，也表现在公司成功上市之后的持续经营。比如，聘请券商、会计师和律师三方中介机构，不管在上市前后这都是一笔不小的开支。但无论从争取上市的短期效应，还是从帮助公司规范经营的长期需要来看，这些费用的支出都是十分必要的。另外，上市也会增加一定的维护成本，如设立独立董事、监事的薪酬营运成本，以及在媒体披露信息所增加的广告费等。因此，上市公司在规范经营管理及信息披露方面的支出也远远高于非上市公司。

4. 经营压力加大

上市公司比一般的非上市公司需要履行更多的义务，承担更多的责任，上市公司有义务向政府监督部门和社会公众公开其经营活动。信息的披露也会影响公司的日常经营决策。在股票市场上，投资者对业绩和回报有一定的要求，特别是短期收益。虽然上市公司做出的一些长期战略规划有利于公司的长远发展，但这些规划往往会影响到公司的短期盈利，如果短期内经营不佳、业绩下降，公司股票会遭到投资者冷遇，造成股票价格的短期下跌。公司的管理者常常面临各方面的压力，要求公司保持持续和快速的高成长。

第三节 IPO发行程序与制度

一、发行的基本程序

企业改制上市一般需要经过三个阶段：一是上市前的准备；二是上市申报；三是上市发行股票。在这三个阶段中，上市前的准备工作极为重要，从某种角度讲，这一阶段将是决定企业上市成功与否的关键。

1. 上市前的准备工作

上市前的准备工作主要从心理准备、实务准备、财务会计准备、制度建设准备四个方面进行。

（1）心理准备。企业想要争取上市，控股股东和管理决策层首先要做好充分的心理准备。心理准备主要包括如下四个方面：

第一，要有上市决心和信心。在企业经营发展良好、业绩增长稳定、行业发展健康等情况下，企业的决策层，特别是控股股东，应树立上市的决心和信心。管理决策层坚定的上市决心和足够的上市信心，是企业上市工作得以顺利进行的根本保证。那么应该从哪些方面进行上市考虑呢？一是弄清楚为什么要上市，细致分析上市的利弊，得出结论；二是自查家底，产权是否明晰，股权结构是否合理，管理团队是否稳定，经营是否目标一致；三是确定募集资金规模、标的、盈利预测以及风险控制；四是选择上市地点和时间，并估计上市费用；五是选择中介机构及合作伙伴，整合上市资源，防范风险，突出上市优势。

第二，要有战略发展视野。公司决策层应对本企业的成长与发展有一个清晰、长远的目标，认真分析本企业现有各方面的条件，权衡利弊，合理规划，选择企业成长的最佳时机，结合本公司特点，选择最合适的资本市场，以最经济、最有效的形式到公开的资本市场发行股票、募集资金，以壮大企业的实力。

第三，要有风险承受能力。众所周知，企业上市都面临一个严格的审批程序，并不是每家企业都能通过审批而如期上市的，因此，企业必须做好上市不成功的心理准备，同时也要对上市准备过程中以及上市申报阶段所花费的成本有一定的承受能力。

第四，要具备上市的基本知识。要对企业的大股东及主要高管人员进行有关上市基本知识的培训。根据我国资本市场相应板块的上市要求，仔细对照本企业的各项基本情况，并以发展的眼光进行分析，判断本企业通过努力能否达到上市的基本条件。同时，要对上市过程中的投入产出进行对比权衡，以判断是否值得上市，从而最终做出上市的决定。一旦通过认真研判后做出上市决定，管理层就要义无反顾地积极创造上市条件，做好各个方面的上市准备，为成功上市奋力拼搏。

（2）实务准备。实务准备包括企业的组织准备、业绩准备、财务会计准备和制度建设等方面的工作。

第一，组织准备。上市工作纷繁复杂，涉及面广，工作量大，周期长，一般需要 2 ~ 3 年的长期工作，因此，企业必须调配专门人才，成立专门的组织机构，如上市委员会从事这项工作。一般应该包括股东代表、主要董事会成员、主要高管成员，也可以聘请上市顾问加入上市委员会。上市委员会的主要职责是负责整个上市进程中所有重大问题的决策，领导、指挥上市工作小组实施上市工作计划。上市委员会下设上市工作小组，该日常工作机构一般由总经办、人事行政部门、财务部门及其他相关部门选派3～5人组成，在上市委员会的领导下开展上市的各项具体工作，主要包括配合上市顾问、券商、律师、会计师、评估师等中介机构工作，按照要求提供系列详尽资料，完成各机构安排的各项工作。

另外，董事会秘书的选择对企业上市也非常重要。董事会秘书是企业上市的先行官及上市计划的具体执行者。在企业上市前，董事会秘书要接受专业的培训，熟悉相关法规政策，理清思路，找准方向，审时度势，为企业拟订上市规划并报企业决策层审议通过后操作实施，同时配合中介机构进场协同作战，确保上市计划的有效实施。

第二，业绩准备。良好的经营业绩是企业成功上市的重要保证，也是企业成功上市后其股票定价的主要因素。因此，企业在上市过程中必须对业绩有其精细的筹划。首先，拟上市企业必须做到主营业务突出。主业突出是获准上市的重要前提条件。因此，企业应对其近期内的经营结构及其业绩进行分析，如果企业的经营较为多元且不同性质的业务经营规模差异不大，就必须征求上市顾问的意见，在其指导下调整经营范围，突出主业并强化其经营，剥离或弱化非主业，保留1～2项主营业务。其次，关注企业经营的规模。经营规模是决定企业上市的一个主要指标，应保持每年有一定幅度的增长。企业应根据所经营产品的市场份额、市场潜力以及市场生命周期情况进行合理规划，最好能够做到每年增长30%以上。再次，关注企业的盈利能力。企业的盈利能力是企业上市的关键指标，直接影响上市后股票的价格。企业的盈利能力主要是指主营业务的盈利能力，具体表现为企业经营产品的毛利率。企业应减少毛利率的异常波动，保持一定时期内的相对平稳。同时，企业每年剔除非经常损益后的税后净利也要保持一定幅度的增长，上市前每年30%以上的增长幅度较为理想。

（3）财务会计准备。企业成功上市的前提是必须保证企业申报期内的财务报表能顺利通过有上市审计业务资格的会计师事务所的审计，获得会计师事务所出具的无保留意见的审计报告。企业一旦决定上市，就必须聘请专业的会计师对其会计账务进行清理和规范，使其符合上市要求，以便顺利通过有上市业务职业资格的会计师事务所的上市审计。同时，企业上市前必须对本企业近几年的所有涉税事项进行清理，确认是否存在偷漏税或其他违反税法的行为。这项工作也可以通过聘请专业的会计师或税务师协助完成。因此，企业的财务管理、会计核算是否规范，涉税事项的处理是否规范，是企业能否成功上市的重要的条件。

（4）制度建设准备。企业必须建立健全适合企业自身发展特点的管理制度体系，实现规范化经营，以保证上市工作的顺利完成。如果没有一套规范化的制度体系，企业运作无所依据。因此，为了企业的稳步发展，建立起一套完整、规范的管理制度体系是非常重要的。就一般企业而言，完善的制度体系主要包括组织体系、行政管理体系和人力资源管理体系、财务管理体系、市场营销管理体系和下属机构管理体系等。完善规范的管理制度体系的建立以及贯彻实施，必然对企业的经营发展产生积极的影响。

2. 上市申报工作

上市申报的工作一般分为三个阶段。

第一，改制阶段。成立改制小组，由公司各部门主要负责人牵头。券商和其他中介机构向发行人提交审慎调查提纲，由企业根据提纲的要求提供文件资料，确定改制方案。发行人与券商将召集所有中介机构参加的分工协调会，由券商主持，就发行上市的重大问题，如股份公司设立方案、资产重组方案、股本结构、财务审计、资产评估、土地评估和盈利预测等事项进行讨论。各中介机构按照上市时间表开展工作，主要包括对初步方案的进一步分析、财务审计、资产评估及各种法律文件的起草工作。企业筹建工作基本完成后，向市体改办提出正式申请设立股份有限公司。工商行政管理机关批准股份公司成立，颁发营业执照。在创立大会召开后30天内，公司起草并向省工商行政管理局报送省政府或中央主管部门批准设立股份公司的文件、公司章程、验资证明等文件，申请设立登记。工商局在30日内做出决定，获得营业执照。

第二，辅导阶段。在取得营业执照之后，股份公司依法成立。按照中国证监会的有关规定，拟公开发行股票的股份有限公司在向中国证监会提出股票发行申请前，均须由具有主承销资格的证券公司进行辅导，辅导期限为1年，辅导有效期为3年。即本次辅导期满后3年内，拟发行公司可以提出股票发行上市申请，超过3年，则须按本办法规定的程序和要求重新聘请辅导机构进行辅导。辅导内容主要包括九个方面：股份有限公司设立及其历次演变的合法性、有效性；股份有限公司人事、财务、资产及供、产、销系统独立完整性；对公司董事、监事、高级管理人员及持有5%以上（含5%）股份的股东（或其法人代表）进行《公司法》和《证券法》等有关法律法规的培训；建立健全股东大会、董事会、监事会等组织机构，并实现规范运作；依照股份公司会计制度建立健全公司财务会计制度；建立健全公司决策制度和内部控制制度，实现有效运作；建立健全符合上市公司要求的信息披露制度；规范股份公司和控股股东及其他关联方的关系；公司董事、监事、高级管理人员及持有5%以上（含5%）股份的股东持股变动情况是否合规。

辅导工作开始前10个工作日内，辅导机构应当向派出机构提交所需材料：辅导机构及辅导人员的资格证明文件（复印件）；辅导协议；辅导计划；拟发行公司基本情况资料表；最近两年经审计的财务报告（资产负债表、损益表、现金流量表等）。

第三，申报材料制作及申报阶段。这一阶段的工作分为四个步骤。

首先，申报材料制作和上报。股份公司成立运行1年后，经中国证监会地方派出机构验收符合条件的，可以制作正式申报材料。申报材料由主承销商与各中介机构分工制作，然后由主承销商汇总并出具推荐函，最后由主承销商完成内核并将申报材料报送中国证监会审核。会计师事务所的审计报告、评估机构的资产评估报告、律师出具的法律意见书将为招股说明书有关内容提供法律及专业依据。

其次，初审。中国证监会收到申请文件后，在5个工作日内做出是否受理的决定。未按规定要求制作申请文件的，不予受理。同意受理的，根据国家有关规定收取审核费人民币3万元。中国证监会受理申请文件后，对发行人申请文件的合规性进行初审，在30日内将初审意见函告发行人及其主承销商。主承销商自收到初审意见之日起10日内将补充完善的申请文件报至中国证监会。

再次，发行审核委员会审核。中国证监会对按初审意见补充完善的申请文件进一步审核，并在受理申请文件后60日内，将初审报告和申请文件提交发行审核委员会审核。

最后，核准发行。依据发行审核委员会的审核意见，中国证监会对发行人的发行申请做出核准或不予核准的决定。予以核准的，出具核准公开发行的文件；不予核准的，出具书面意见，说明不予核准的理由。中国证监会自受理申请文件到做出决定的期限为3个月。

发行申请未被核准的企业，接到中国证监会书面决定之日起60日内，可提出复议申请。中国证监会收到复议申请后60日内，对复议申请做出决定。

3. 发行及上市工作

股票发行申请经发行审核委员会核准后，取得中国证监会同意发行的批文；刊登招股说明书，通过媒体巡回进行路演，按照发行方案发行股票；刊登上市公告书，在交易所安排下完成挂牌上市交易。

二、上市发行制度变迁

首次公开发行制度直接体现的是股票市场的资源配置功能。一个国家采用何种新股发行制度，是由其法律基础、证券市场发展的成熟程度以及文化传统等多重因素所决定的。纵观全球，新股的发行监管制度经历过三种主要的模式：审批制、核准制和注册制。每一种发行制度都对应于一定的市场发展状况。其中，审批制是完全计划发行的模式，核准制是从审批制向注册制过渡的中间形式，注册制则是目前成熟资本市场普遍采用的发行体制。

1. 审批制

在审批制度下，IPO公司的选择和推荐均由地方和主管政府机构根据每年上市额度所决定的；按计划确定企业发行股票的规模；发行审核直接由证监会审批通过；在股票发行方式和股票发行定价上有较多行政干预。

审批制是一国在股票市场的发展初期，为了维护上市公司的稳定和平衡复杂的社会经济关系，采用计划分配股票发行的指标和额度的办法，由地方或行业主管部门根据指标推荐IPO企业的一种发行制度。在这一制度下，公司发行股票的首要条件是取得指标和额度。取得了上市指标和额度，就等于取得了的保荐。因此，审批制下公司发行股票的竞争焦点主要是争夺股票发行的指标和额度。证券监管部门凭借权力行使实质性审批职能，证券中介机构的主要职能是进行技术指导，无法避免发行公司通过虚假包装甚至伪装、做账达标等方式达到发行股票的目的。

目前，中国的证券发行工作也正从额度制和严格审批制向国际上普遍实行的核准制过渡。所以，中国现行的核准制度其实是有中国特色的核准制度，本质上还是具有审批制的色彩。

2. 核准制

IPO 发行核准制是指发行人在发行股票时，不需要各级政府批准，只要符合《中华人民共和国证券法》（以下简称《证券法》）和《中华人民共和国公司法》（以下简称《公司法》）的要求即可申请上市。依照核准制的要求，证券的发行不仅要以真实状况的充分公开为条件，而且必须符合证券监管机构制定的发行若干实质条件。证券主管机关根据《证券法》和《公司法》有权否决不符合规定条件的股票发行申请。而符合条件的发行公司，经证券管理机关批准后方可取得在市场上发行证券的资格。证券发行核准制也称实质管理原则，即核准质量好的公司公开发行股票。

3. 注册制

注册制是指证券发行申请人依法将与证券发行有关的一切信息和资料公开，制成法律文件，送交主管机构审查，主管机构只负责审查发行申请人提供的信息和资料是否履行了信息披露义务的一种制度。注册制是在市场化程度较高的成熟股票市场所普遍采用的一种发行制度，证券监管部门公布股票发行的必要条件，只要达到所公布条件要求的企业即可发行股票。其最重要的特征是，在注册制下证券发行审核机构只对注册文件进行形式审查，不进行实质性判断，即仅对申报文件的真实性、准确性、完整性和及时性做合规性的形式审查，而将发行公司的质量留给证券中介机构进行判断和做出决定。如果企业公开的方式适当，证券管理机构不得以发行证券价格、发行者提出的公司前景不尽合理等理由拒绝注册。证券发行注册的目的是向投资者提供据以判断证券实质要件的形式资料，以便做出投资决定，但不能成为投资者免受损失的保护伞。因此，注册制对发行人、证券中介机构和投资者的要求都比较高。

4. 我国股票发行制度经历的四个阶段

（1）额度管理阶段（1993—1995 年）。这一阶段的主要做法是，国务院证券监管部门根据国民经济发展需求及资本市场的实际情况，先确定融资总额度，然后，根据各个省级行政区域和行业在国民经济发展中的地位和需要进一步分配总额度，再由省级政府或行业主管部门选择和确定可以发行股票的企业（主要是国有企业）。

1992 年，邓小平南方谈话发表后，党的十四大正式确立了中国建立社会主义市场经济新体制的目标，中国改革进入了全面的制度创新阶段。这一阶段的主要特点是从突破旧体制到建立新体制，由政策调整转到制度创新，由单项改革转到整个制度安排和制度环境的变革。全面制度创新为新股发行制度正式确立和发展创造了外部条件。从新股发行方式来看，该阶段的新股发行采取了包括“无限量发售认购抽签表”“与储蓄存款挂钩”“全额预缴款”“上网竞价发行”及“上网定价发行”五种方式。

1993 年的第一只新股——青岛啤酒，首次采取了无限量发售认购表的方式，成为这一年公开发行股票的主要形式。它规定在限定的期限内，投资者可随时购买申请；发售期限结束后，根据申请表实际发售数量和股票发行数量计算出中签率，再通过抽签决定中签号；中签者可凭借中签表购买股票。1993 年下半年以济南轻骑、青岛海尔两只股票首次发行为标志，开始采取与银行储蓄存款挂钩的方式发行，在规定期限内，无限量发售专项定期定额储蓄存单，按存单号码抽签发售。从 1994—1998 年，与储蓄存款挂钩的发行方式又衍生出全额预缴款发行方式，包括“全额预缴款、比例配售、余款即退”和“全额预缴款、比例配售、余款转存”两种方式。1994—1995 年，以海南金盘首次发行为代表曾经出现了上网竞价发行方式，即通过证券交易所的交易系统向所有认购者竞价发售。底价事先确定，所有有效申购从高价位向低价位累计，直到累计额达到发行量为止，此时的价位为实际的唯一发行价格。采取这种方式的公司有 4 家，但是由于当时个人投资者缺乏判断公司价值的能力和信息，在新股上市首日超额收益率的吸引下，为竞得股票竞相抬价申购，导致发行价格过高，增加了发行承销风险。因此只试行了 4 家后就没有继续采用。1995 年 1 月仪征化纤首次发行成为上网定价发行方式的发端，这种方式由主承销商作为股票的唯一“卖方”，投资者在指定时间内，按现行委托买入股票的方式进行股票申购，主承销商在上网定价发行前应在证券交易所设立股票发行专户和申购资金专户。申购结束后，根据实际到位资金，由证券交易所交易系统主机确认有效申购。在五种发行方式中，与储蓄存款挂钩方式、全额预缴款方式和上网定价发行方式成为这一阶段的主流发行方式。前两者的优势在于既能激活人气，又可以吸引游资，活跃当地资金市场，容易得到当地政府的支持和鼓励；后者则充分利用高科技成果，有效降低交易成本，在五种发行方式中最终成为效率最高、交易成本最低、最有利于广大投资者参与的发行方式。

（2）指标管理阶段（1996—2000 年）。这一阶段实行“总量控制，限报家数”的做法，由国务院证券主管部门确定在一定时期内发行上市的企业家数，然后向省级政府和行业主管部门下达股票发行家数指标，省级政府或行业监管部门在上述指标内推荐预选企业，证券监管部门对符合条件的预选企业同意其上报发行股票正式申报材料并审核。

（3）通道制阶段（2001 年 3 月至 2004 年 12 月）。2001 年 3 月起实行核准制下的通道制，也就是向综合类券商下达可以推荐拟公开发行股票的企业家数。只要具有主承销商资格，就可获得 2～9 个通道，具体通道数主要以 2000 年该主承销商所承销的项目数为基准，新的综合类券商将有两个通道数。主承销商的通道数是其可以在同一时点推荐申报的拟公开发行股票的企业数量。通道制下，股票发行“名额有限”的特点未变，但通道制改变了过去行政机制遴选和推荐发行人的做法，使主承销商在一定程度上承担起股票发行风险，同时也获得了遴选和推荐股票发行的权力。

（4）保荐制度阶段（2004 年 12 月至今）。保荐人是根据法律规定为公司申请上市承担推荐责任，并为上市公司上市后一段时间的信息披露行为向投资者承担担保责任的股票承销商。保荐人制度则是由保荐人负责发行人的上市推荐和辅导，核实公司发行文件和上市文件的真实性、准确性和完整性，协助发行人建立严格的信息披露制度，并承担风险防范责任，在公司上市后的规定时间内继续协助发行人建立规范的法人治理结构，督促公司遵守上市规定，完成招股计划书中的承诺，同时对上市公司的信息披露负有连带责任。

2003 年末中国证监会发布的《证券发行上市保荐制度暂行办法》和 2004 年 5 月第一批保荐机构和保荐代表人的公布，拉开了我国证券发行审核制度革命性变革的序幕，证券保荐制度正式在我国推行。2005 年 10 月 27 日颁布并在 2006 年 1 月 1 日实施的我国新《证券法》，更是以法律的形式确定了我国发行上市阶段对保荐人的要求，并授权国务院证券监督管理机构对保荐制度进行管理。

实施证券发行上市保荐制度是中国证监会深化发行制度改革的一项重大举措，是对证券发行上市建立市场约束机制的重要制度探索，其目的是通过连带责任机制把发行公司的质量和保荐人的利益形成直接挂钩，防范市场风险，规范上市公司行为，保护投资者利益。具体地说，保荐人承担的责任大体上可分为两方面：一是公司上市保荐责任；二是上市后信息披露保荐责任。这项制度的推行必将对提高上市公司质量和促进证券市场健康发展产生重大影响。

第一，有效地保护投资者利益。保荐人制度加大了保荐人的责任认定，在公司上市以后的相当长的一段时期内，投资者仍可获得经过审查的披露信息，客观上得到了充分真实的信息，减小了信息披露带来的风险。同时，保荐人有责任协助公司健全法人治理结构，规范运作，这在一定程度上起到稳定市场、降低投资者投资风险的作用。此外，保荐人制度对投资者自身素质的提高也有明显的促进作用，投资者充分了解证券发行人的资信、证券的价值和风险状况，便能够比较正确地选择投资对象。保荐人制度的实施将进一步提升投资者的地位。

第二，有利于政府与市场各归其位。全球证券监管模式主要体现了两种思路，即以美英为代表的成熟市场的“披露为本原则”和政府监管为主的“优劣判断原则”，由监管部门进行实质性判断，将可能危害投资者的信息和行为拒绝在外，将“好”的公司或证券推向市场。这两种监管思路的目标都是致力于培育、构筑强有力的中介屏障。保荐制在这一点上为专业人士认同。引入保荐人制度，有利于金融监管机构加强对资本市场的监管，使监管真正到位。通过保荐人制度，很大部分监管职责将从证监会转移到券商的自律监管方面，有利于进一步形成政府监管、行业自律监管、公司内控三重监管体系，从而使得证券监管的质量和效率得到切实提高。以前政府对市场的介入比较深，一方面承担了过多的责任和风险，另一方面也在某种程度上造成了市场的低效率。现在市场风险由市场主体承担，政府的监管职能得到明确和强化，对双方而言都回归到了它们在市场中本来的位置。

第三，将推动各类中介机构执业水准的提高。长期以来，我国一些市场主体的诚信意识和自律观念比较薄弱，对承销商的责任追究缺乏可操作的制度安排。保荐人制度的推行将落实证券公司等中介机构及其从业人员的责任，使中介机构切实发挥约束上市公司的职能。实施保荐制度的主要目的之一便是通过落实证券公司等中介机构及其从业人员的责任，加强市场诚信建设，培育市场主体，强化市场约束机制，提高上市公司质量。但保荐制度并不意味着保荐机构和保荐代表人可以替代发行人和其他中介机构的工作，也不能减轻或免除发行人和其他中介机构的责任。实施保荐制度要求保荐机构作为中介机构牵头人，协调律师事务所、会计师事务所、资产评估机构等相关中介机构在各自的职责范围内勤勉尽责，诚实守信，本着对证券市场负责、对投资者负责的态度，推荐优质公司发行上市。因此，保荐制度的实施将推动各类中介机构执业水准的提高。

第四，改善资本市场结构和提高上市公司整体质量。保荐人制度是一种更为市场化的方式，它把市场风险由监管部门转移到了市场主体（上市公司及中介机构）身上。因为保荐工作存在多层面的连带责任风险，迫使保荐代表人必须具有很高的业务素质和严谨的工作作风，并为上市保荐业务建立起合适的内控体系和操作流程。结果是投资银行更加注重公司的质量，从而促进一批质量好、规模小的企业特别是民营企业上市，最终有助于资本市场的结构改善和上市公司整体质量的提高。

第四节　股票定价方式

一、股票定价制度演变

我国新股发行定价机制的变迁大致分为四个阶段：行政定价阶段、放宽发行市盈率定价阶段、管制发行市盈率定价阶段以及现行的询价阶段。

1. 行政定价阶段（1991—1999 年）

1994 年以前，拟上市企业的新股基本按面值发行，其发行数量和价格主要由证券监管机关决定。自 1994 开始，我国证券市场进行发行价格改革，曾试行竞价发行。当时只有 4 家公司试点，市场规模太小，普通投资者缺乏理性判断，投机性太强，所以这种方法之后再没有被采用。

从 1995 年开始，我国采用相对固定市盈率定价方式，发行价格由每股税后利润和一个相对固定的市盈率来确定。其中，市盈率一般定在 12 ~ 15 倍，并以 15 倍为上限。其中，关于每股税后利润的计算方法经历了多次调整：早期上市企业主要以盈利预测为依据，也有的以上一年的每股税后利润或过去两年的加权每股税后利润作为依据，由于多种方法共存，使发行市盈率失去了可比性。1996 年 12 月，《中国证券监督管理委员会关于股票发行工作若干规定的通知》规定："1996 年新股发行定价不再以盈利预测为依据，改为按过去三年已实现每股税后利润算术平均值为依据"。1997 年 9 月，《中国证券监督管理委员会关于做好 1997 年股票发行工作的通知》提出，按发行前一年每股税后利润与发行当年摊薄后预测每股税后利润的加权平均数及核定的市盈率计算新股发行价格。1998 年 3 月，《中国证券监督管理委员会关于股票发行工作若干问题的补充通知》规定，按发行当年加权平均的预测每股税后利润及核定的市盈率计算新股发行价格。同时规定，年报利润不得比预测利润低 20% 以上。

2. 放宽发行市盈率定价阶段（1999 年 7 月至 2001 年 6 月）

1999 年 7 月，为配合《证券法》的实施，证监会发布了《股票发行定价分析报告指引（试行）》，明确由发行人和承销商协商确定发行价格，逐步放开了对市盈率的行政管制，新股发行定价可以超出发行价格区间，但证监会仍掌握着对上市企业发行价格的控制权。在发行方式上，1999 年 7 月发布的《关于进一步完善股票发行方式的通知》引入了法人配售机制，该通知规定，公司股本总额在 4 亿元人民币以上的公司可采用上网发行和对法人配售相结合的方式发行股票，用于配售部分的股票，不得少于公开发行量的 25%，不得多于公开发行量的 75%。之后，2000 年 4 月公布的《关于修改〈关于进一步完善股票发行方式的通知〉有关规定的通知》取消了发行后总股本在4亿元以上方可进行法人配售的限制，也取消了配售中关于25%和75%的限制。发行人和主承销商可自主确定对法人配售和对一般投资者上网发行的比例。

在放开对法人配售的使用范围的限制后，因一、二级市场价差的存在，市场上出现了利用法人配售机制进行利益输送的现象。2000年8月，中国证监会公布了《法人配售发行方式指引》，规定发行量在8 000万股以下的，在目前市场条件下，原则上不建议使用法人配售方式。由于发行量在8 000万股以上的公司较少，此通知实质上是收紧了法人配售的试点范围。

3. 管制发行市盈率定价阶段（2001年7月至2004年12月）

由于国有股减持等原因，股市大幅下挫并持续低迷，出现新股跌破发行价的情况。为控制市场风险，监管部门对新股发行重新采用限制发行市盈率上限的方法，调整了原有的市盈率定价方式：一是发行价格区间的上下幅度约为10%；二是发行市盈率不超过20倍。券商和发行人只能在严格的市盈率区间内，通过累计投标询价，并考虑募集资金的总量而决定股票的发行价格。

4. 询价阶段（2005年至今）

随着我国各类投资机构的发展和成熟，具备了实行累计投标定价方式的条件。2004年底，证监会发布的《关于首次公开发行股票试行询价制度若干问题的通知》规定，从2005年1月1日起开始实行询价制度。通知规定，发行人及其保荐机构在发行价格区间内向询价对象进行累计投标询价，并根据询价结果确定发行价格，监管部门不再对新股价格进行核准，仅在必要时进行行政指导。此后，2006年9月发布的《证券发行与承销管理办法》进一步重点规范了询价、定价以及股票配售等环节，初步建立起新股发行和承销管理制度。

二、股票定价方式

1. 市盈率定价法（P/E）

对于盈利高且保持快速成长的上市公司，市场价格所反映的每股市盈率也呈现高水平。反之，盈利越差，市盈率水平越低，因此可以将市盈率作为股票定价的一种依据。如果能够找到一家上市公司的合理市盈率，就可以从已知的流通股的市盈率和股本结构倒推出国有股的市盈率。

市盈率定价法是指依据注册会计师审核后的发行人的盈利情况计算发行人的每股收益；然后，根据二级市场的平均市盈率、发行人的行业状况、经营状况和未来的成长情况拟定其市盈率，是新股发行定价方式的一种。

以市盈率定价方式是参照拟发新股的所在行业平均市盈率结合拟发新股的收益、净资产、成长性、发行数量、市场状况以及可比上市公司二级市场表现做出确定。目标公司的价值按照以下公式计算确定：

发行价格 = 每股收益 × 发行市盈率

市盈率定价法作为近年的主要新股发行定价方法在市场化定价趋势中具有不可替代的作用。这种定价方式由于考虑到发行风险，因此，定价时通常会留有一定的空间。合理市盈率定价法是有一定适用范围的，有些公司就不能采用这种方法定价，如业绩太差甚至亏损的公司、流通股市盈率已经低于合理市盈率的公司以及在该定价方式下国有股价格低于每股净资产的公司等。

2. 现金流量贴现定价法

现金流量贴现法就是把企业未来特定期间内的预期现金流量还原为当前现值。由于企业价值是它未来盈利的能力的现值，只有当企业具备这种能力时，它的价值才会被市场认同。因此，理论界通常把现金流量贴现法作为企业价值评估的首选方法，在评估实践中也得到了大量的应用，并且已经日趋完善和成熟。

3. 经济增加值定价法

经济增加值（EVA）指标是由美国思腾思特咨询公司在 1991 年提出的，其理念是指一个企业投资项目的收益高于该企业所有的运营成本和资本成本时，项目才能创造价值。经济增加值是指企业税后净营业利润与该企业加权平均的资本成本间的差额，是为出资人创造的“真正的利润”。

EVA 不同于普通的会计评价指标，它更加真实地反映出企业的资本使用效率和创造价值的能力。从算术角度说，EVA 可通过以下公式表达：

EVA = 税后经营利润 − 债务 − 股本成本

经济增加值不仅剔除了债务成本，还考虑了股权投资的机会成本，消除了在传统会计利润下企业认为“股东资本免费”的弊端。换而言之，一家企业如果不能获得超出资本成本的利润，即使其会计报表利润为正，对股东而言实际上也是处于亏损状态。因此，EVA 还可以表示为：

$$\text{EVA} = \text{税后净营业利润} - \text{调整后资本} \times \text{平均资本成本率}$$

式中，税后净营业利润 = 税后净利润 + 利息支出部分。也就是销售收入减除利息支出以外的全部经营成本和费用后的净值。

企业的投资者可以通过股票市场自由地将其投资企业的资本加以变现，进而转作其他投资。因此，投资者至少应从企业获得投资的机会成本，也就是加权平均的资本成本。EVA 大于 0，即调整后的净营业利润大于产生此利润的全部资本成本，公司才能产生经济利润，并为股东创造财富。如果 EVA 小于 0，则表示公司虽然有会计利润，但却没有产生经济利润，只是在消耗股东的财富。因此，EVA 是对真正的“经济”利润的评价，其实质是股东考核企业经营水平，进行投资决策时的最好工具，同时也是企业经营者强化公司战略实施等的最佳方式。

第五节　新股发行三大异象

在 IPO 发行过程中经常会出现 IPO 抑价、新股发行后长期弱势表现以及新股发行热市现象，这三种情况被称为新股发行的三大异象。这三大异象在学术研究领域中备受关注，也在世界许多国家的 IPO 市场中得到证实。

一、IPO 抑价

IPO 抑价（IPO underpricing）现象是指新股上市首日收益率显著为正的现象，即首次公开发行定价明显低于上市初始的市场价格。由于发行方以低于股票自身价值的价格进行销售，可能会使现有股东遭受损失，而新股东则能够从他们购买的股份中获得更高的报酬率。因此，IPO 抑价对于现有股东而言是一种上市成本。这一现象在世界范围内广泛存在，作为一种金融异象广受实务界和理论界的重视。

国外在 IPO 抑价领域的研究大致基于信息不对称理论、制度理论以及投资者情绪理论三个派别。

1. 信息不对称理论（asymmetric information）

信息充分传播是有效市场的特征之一。信息不对称理论正是以挑战市场的有效性为切入点，对 IPO 抑价进行分析研究，发现可以从以下三大分支入手解释 IPO 抑价异象：

（1）承销商理论（banking theory）。学者巴纶（Baron）在 1982 年首先提出了承销商理论，该理论假设发行人与承销商之间存在信息不对称。在缺乏有效监督的情况下，承销商为了建立良好的声誉往往倾向于用较低的发行价补偿投资者，以确保发行成功。比蒂（Beatty）和里特（Ritter）（1986）、卡特（Carter）和曼纳斯特（Manaster）（1990）等的研究进一步指出，声誉良好的承销商为维护自身形象，倾向于选择更安全的 IPO，从而使那些风险较大的 IPO 转向声誉不太高的承销商。

（2）“赢者诅咒”（winners’ curse）理论。在 Baron 的假设基础上，洛克（Rock）（1986）提出了“赢者诅咒”理论。洛克认为，信息不对称不仅存在于发行人与承销商之间，也存在于不同的投资者之间。他将投资者分为完全信息获得者（informed investors）和不完全信息获得者（uninformed investors）。由于完全信息获得者只会对优质 IPO 进行投资，而不完全信息获得者对将要上市的所有企业都是无区别对待，所以不完全信息获得者会面临在投资优质 IPO 过程中来自完全信息获得者的激烈竞争，使前者在购买到劣质 IPO 企业的股票的几率大大增加。在之后的交易中，不完全信息获得者会逐渐发现这一问题，为了保护自身利益他们会选择退出 IPO 市场，而不完全信息获得者是 IPO 市场发展和保持流动性的一个重要因素。因此，为了保证发行成功，必须采取抑价措施，对不完全信息获得者进行补偿。许（Koh）和沃尔特（Walter）（1989）的研究证明了该理论，他们发现，在新加坡 IPO 市场中的平均抑价率为 27%，但不完全信息获得者的认购中签率加权后仅为 1%。

（3）信号理论（signaling theory）。安伦（Allen）和福尔哈贝（Faulhaber）（1989）所提出的基于发行人、承销商和投资者三方的信息配置问题的信号理论进一步拓展了信息不对称理论的研究框架。信号理论有三层假设：其一，发行人比投资者拥有更多的新股内在价值信息，IPO 抑价是发行人向投资者传递内在价值的信号，体现出发行人有能力承受上市发行的成本，是一家优质企业；其二，除了采取抑价发行外，发行人还通过委托声誉卓越的承销商为其承销股票，从而向投资者传递风险较低的信号；其三，对于那些 IPO 后有再融资增发

（SEO）需求的企业，IPO 抑价是对再融资参与者的补偿。

2. 制度理论

从制度理论出发，对于 IPO 抑价原因的分析可以从以下三方面入手：

（1）诉讼规避理论（lawsuit avoidance explanation）。在借助 Baron 承销商理论分析框架的基础上，蒂尼奇（Tinic）（1988）使用诉讼规避理论来解释 IPO 抑价现象。蒂尼奇假设，承销商对发行人的相关信息了解得更加充分。对承销商而言，在努力工作争取发行成功之外，还要保证发行人所提供给投资者的信息准确可靠。如果发行人和承销商在招股说明书中夸大了潜在收益或低估了潜在损失，这将会触发对他们的法律诉讼。劳里（Lowry）和舒（Shu）（2002）估计，由于违反 IPO 各种相关规定，1988—1995 年中有 5.8% 的美国上市公司被起诉，平均成本达到 400 万美元（近 13% 的 IPO 融资额）。由于诉讼费用的昂贵，所以管理者有强烈动机避免这种费用的产生，抑价就为避免诉讼风险的提供了一种具有吸引力的保障方式。实际上，博尔顿（Boulton）等人（2010）和班内吉（Banerjee）等人（2011）发现，上市公司使用抑价减少未来被起诉的风险，这种情况尤其是在具有发达法律保护体系的国家的公司中显得尤为突出。

（2）价格支持理论（price support theory）。许多证券市场允许承销商在新股上市后稳定价格。在该制度背景下，吕德（Ruud）（1993）提出价格支持理论，即认为当新股首发跌破发行价时，承销商会采取一定程度的托市行为，进行价格支持，从而导致平均意义上的首日超额回报率。吕德认为，与抑价发行相比，承销商倾向于把发行价格确定在上市后的期望市场价值上。只有对于上市后可能跌破发行价格的新股，承销商才会采取抑价行动。

（3）控制权理论（ownership dispersion theory）。布思（Booth）和蔡（Chua）（1996）在固定价格发行机制下建立了 IPO 抑价与企业控制权之间的关系模型。他们认为，抑价发行是内部人为实现股权分散而吸引投资者超额认购的重要手段。布伦南（Brennan）和弗兰克斯（Franks）（1997）对英国 69 个 IPO 样本的实证研究表明，IPO 抑价与上市之后的股权分散程度之间存在正相关关系，与管理层持股份比例之间存在负相关关系。这一实证结果验证了控制权理论的假设。

3. 投资者情绪理论（investor sentiment theory）

厄勒（Oehler）和朗默（Rummer）（2004）提出“狂热投资者假说”，即投资者的情绪波动对 IPO 抑价也有影响。永奎斯特（Ljungqvist）等（2006）假定情绪投资者对 IPO 公司的前景持有乐观信念。对于情绪投资者向下倾斜的需求曲线，发行人的目的就是尽可能多的去攫取他们的消费者剩余，即最大化股票基本价值之上的超额价值。当新股分期销售被严厉禁止时，发行人（或承销商）为让机构投资者配合其分销策略，必须给他们一定的补偿。因此，IPO 抑价是发行人（承销商）对机构投资者配合其分销策略所承担风险的一种利益补偿。

二、新股长期弱势

在许多股票市场上，新股普遍存在着长期弱势现象，该现象是指新股上市后较长一段时期一般指年至年，投资新股的收益要低于市场平均收益或投资其他同类型的非新股的收益，总体表现出长期弱势。里特（Ritter）（1991）首次完整地提出了新股长期弱势问题，由此引起了学术界的广泛关注，之后在 1995 年又与洛克伦（Loughran）合作，对弱势问题进行研究。他们在研究中选取了美国 1970—1990 年 4 753 只 IPO 股票，并计算从交易首日以收盘价买入并一直持有 3 年和 5 年的投资收益率分别为 8.4% 和 15.7%，同时选取用以进行对比的非 IPO 股票，虽然这些股票在公司规模、公司所处行业与对应的 IPO 股票均相同，但累积投资收益率却分别高达 35.3% 和 66.4%。

实际上，IPOs 长期表现不佳的现象并非美国所特有。表 2－1 列示了不同国家和地区 IPOs 长期异常收益率的研究结果。

表 2－1　国际 IPOs 长期异常收益率比较

研究者	国家或地区	平均异常收益率（%）	样本容量（只）	样本期间（年份）
Ritter&Loughran	美国	－20.0	4 753	1970—1990
Levis	英国	－8.1	712	1980—1988
Ljungqvist	德国	－12.1	145	1983—1993

续表

研究者	国家或地区	平均异常收益率（%）	样本容量（只）	样本期间（年份）
Leal 等	巴西	-47.0	62	1980—1990
Cai&Wei	日本	-27.0	172	1971—1990
Mcguiness	香港特别行政区	-18.26	72	1980—1990
Loughran 等	瑞典	1.2	162	1980—1988
Lee 等	澳大利亚	-46.5	266	1976—1989
Kim 等	韩国	2.0	99	1985—1988

注：平均异常收益率指新股上市后若干年内的累计收益率超出市场指数收益率或具有可比性公司的股票收益率的部分，期限一般取 3 年或 5 年，表中都选用 3 年期异常收益率

关于新股上市后长期弱势现象的原因，国外的经济学家主要从三个角度进行了解释。

1. 早期股票价格的“高估”

例如，里特（Ritter）（1991）、洛克伦（Loughran）（1995）提出了“机会窗口”假说。该假说指出，许多公司会刻意选择公司价值被明显高估的时机发行，这样便可以用较低的成本融得更多的资金。但是，股票在长期有向其真实价值回归的趋势，因此会表现出长期弱势现象。与此类似的还有张（Teoh）、韦尔奇（Welch）和王（Wong）（1998）提出的“盈余管理”假说。该假说指出，公司管理者会有意地操纵收入，从而促使投资者对即将发行的新股产生过于乐观的预期，并以高估的价格买入新股。

同样，长期弱势也能从信息不对称理论出发进行解释。米勒（Miller）（1977）认为，由于新股发行前关于该股票的信息并不充分，加上许多市场缺乏对新股的卖空机制，所以造成只有那些对该股票抱有非常乐观预期的投资者才愿意购买，因而客观上导致了新股价格被高估。

2. 后期公司业绩不良

从“后期公司业绩不良”的角度进行解释中最具代表的是由詹森（Jensen）（1986）提出的“代理成本”假说。他认为，由于公司管理者同股东的利益目标存在差异，管理者会倾向于以牺牲股东的利益为代价，将发行

股票获得的资金或多余的现金流投到不良的项目中。麦克劳克林（Mclaughlin）、萨费安汀（Safieddine）（1996）等人的研究也提出了相近的观点。他们发现，具有较多现金流的上市公司的长期业绩出现下滑的情况。

3. 小规模企业上市跟风效应

舒尔茨（Schultz）（2001）认为，许多小规模的公司倾向于紧跟那些已经成功发行的大公司后面实行新股发行，因为这样可以提高它们股票成功发行的可能性，而一旦发行成功，虽然这些小公司的业绩往往在长期表现不佳，但在数量上却占据了新股的很大比例，这便导致了被赋予相等权重的新股异常收益率在整体上呈现负值。不过，Schultz 的这种解释仅仅是一种逻辑上的推测，并没有获得市场数据的支持。

尽管许多学者一直致力于解释 IPO 股价长期弱势的问题，但该现象的存在在金融领域中仍然是一个谜。

三、IPO 热销市场现象

IPO 热销发行指的是股票在某一时间段内聚集上市的现象，伊博森（Ibbotson）和杰富（Jaffe）（1975）最早开始对热销发行现象进行探讨。他们发现，如果预期未来的经济发展变缓，准备上市的公司为了追求利益最大化，会尽可能地加快发行上市的节奏，以迎合目前的市场气氛。还有学者认为，新股发行热销现象是指股票发行数量与股票发行抑价率之间存在的显著的正相关关系，即当出现一段时间内新股发行抑价率相当高时，股市会出现狂热的现象，股票发行的数量也会随之增加。如里特（Ritter）（1984）研究了 1980 年 1 月到 1981 年 3 月期间 15 个月的 IPO 热销现象，发现这 15 个月的平均首日收益率为 48.4%，而 1977—1982 年 5 年新股发行的平均首日收益率仅为 16.3%（不包括上述 15 个月），据此，里特（Ritter）认为，1980 年 1 月至 1981 年 3 月这 15 个月为典型的热销市场。对于 IPO 热销现象的原因分析主要从以下五个角度进行：

（1）市场经济状况。当整个市场经济状况好转时，资金需求会加大，资本市场会相对更为活跃，IPO 数量会增加，从而产生 IPO 热销现象。

（2）IPO 价值被高估。当市场处于上升阶段时，投资者会过度高估 IPO

的价值，使得 IPO 的市场价值超过其自身的价值，导致 IPO 抑价率的上升。在这种情况下会引发更多上市公司利用这一机会上市，从而产生热销现象。

（3）信息不对称。由于投资者与发行人之间存在着信息不对称问题，当市场处于熊市时，企业知道此时上市会使 IPO 价值被低估，IPO 定价达不到他们的盈利要求，因此会将股票发行推迟到牛市的到来。当市场处于牛市时，优质企业会争相上市，信息外溢的结果是较高的市场价格信号显示企业获得更多的增长机会，从而使得劣质公司也会选择在这一时期上市。

（4）控制权问题。对于不愿意失去公司控制权的管理层来说，他们似乎更愿意在股票发行价格偏高时上市，因为价格更高，外界想要获取公司的控制权就需要支付更多的资金购买公司的股份，才能实现控制公司的目标。

（5）发行制度的影响。发展中国家 IPO 市场抑价率明显高于发达国家，这在很大程度上是由于发展中国家股票市场不完善和发行制度相对落后引起的。所以很多学者将 IPO 热销现象归因于特定的发行制度。

第六节　IPO 财务透视

A 股市场上，为达到上市资格，同时获得较高的发行价格，IPO 企业对盈余信息进行操纵或者包装，甚至财务作假并非个别现象。IPO 市场上，上市前有限的公开信息使得以盈余信息为核心的财务报告信息成为达到上市标准的核心指标，也是投资者判断公司价值的最重要依据。为了取得上市资格，获得更高的发行价，最大化个人或股东的利益，IPO 公司有动机通过盈余管理行为对盈余信息进行粉饰和包装，从而“误导”投资者的价值判断。而会计准则的灵活性也为企业留下了盈余管理操作的空间。

一、盈余管理概述

盈余管理的研究兴起于 20 世纪 80 年代，是会计研究中的一个重要领域。最早由席佩尔（Schipper）（1989）在《盈余管理述评》（Commentary on Earnings Management）中提出，盈余管理是企业管理层通过有目的地干预和控制对外财务报告的过程，以获取私人利益（而不是保持外部报告的中立性）的“披露管理”（disclosure management）。席佩尔（Schipper）强调，盈余管理的手段是披露管理，并且强调其目的是获取私人利益。斯科特（Scott）（1997）认为，盈余管理是企业管理者在公认会计原则 GAAP 许可的范围内，通过会计政策的选择实现自身效用最大化或公司价值最大化的行为。以上两位学者都认为，盈余管理是在会计范畴内通过会计政策、会计估计和会计时点选择等手段实现的，这是一种相对狭义的理解。

希利（Healy）和瓦伦（Wahlen）（1999）在《盈余管理文献回归及其对准则制订的启示》中对盈余管理也给出了明确的定义：盈余管理是企业管理者运用职业判断编制财务报告，或通过安排交易改变财务报告的内容，从而达到误导以会计报告数据为基础的企业潜在利益相关者的决策，或者影响契约的经济后果。与席佩尔（Schipper）（1989）和斯科特（Scott）（1997）相比，希利（Healy）和瓦伦（Wahlen）（1999）的定义更加广义和宽泛。首先，他们认为盈余管理不应局限于会计范畴，还应包括规划交易等真实盈余管理活动，如减少研发支出、削减广告费用以及过量生产等多种方式。其次，他们指出盈余管理通过误导利益相关者决策和影响契约结果，其目的不仅仅是获取私人利益，还要达到效用最大化或企业价值的最大化。

因此，盈余管理是指为实现自身效用最大化或企业价值最大化，企业管理者在公认会计原则范围内进行会计选择或安排真实交易行为来调整或粉饰企业财务报告信息，进而影响财务报告使用者决策的行为。

盈余管理的主体是企业的管理者；盈余管理的客体即盈余管理的直接对象，是以盈余信息为核心的整个财务报告信息，包括会计估计、会计披露、会计政策选择的管理，也包括构造交易以及交易条款和时间等的安排。

权衡盈余管理的利与弊应该从不同利益相关者的立场出发进行分析：如果盈余管理的目的是为了实现企业管理者的利益，在这种情况下可能是以损失股东的利益为前提的；如果调减盈余以避税或调增利润以实现股东或部分股东价值最大化，那么这时的利益可能会违背管理者或者是广大市场投资者的利益。因此，对于盈余管理的利弊分析应站在不同立场上来看，而不能一概而论。多数学者认为，机会主义的盈余管理在短期内通常会使部分人受益，其他利益相关者受损。但从长期上来看，是对真实财务会计信息的扭曲，降低了信息的可靠性，最终会使各方利益相关者整体利益受损，进而降低整个社会资源的配置效率。

二、盈余管理的类型

1. 按盈余管理的方向分类

按照对盈余调整方向的不同，可以将盈余管理划分为调增利润、调减利润和利润平滑三大类。调增利润是指企业管理者通过提前确认收入、延迟确认费用的方式提高利润，或者通过资产重组、关联交易等方式调高利润。例如，以实现契约目的的盈余管理通常就属于调高利润的类型。调减利润指的是管理者通过各种会计方法多确认损失、少确认利润。例如，上市公司为了达到避税的目的而采取调减当期利润的做法。利润平滑指的是企业管理者通过行使职业判断权精心策划，在年度之间微调利润，使得企业利润保持稳定、连续的增长，通过给予投资者企业良好发展的前景预期，使企业股价保持良好的水平。与调增利润和调减利润相比，利润平滑是相对稳健的盈余管理策略，在实践中应用很普遍，也容易被人们所接受。例如，银行和企业签订的债务契约通常与企业的某些财务指标挂钩，管理者往往会努力采取多种办法使得企业利润显示出相对平滑的趋势以满足契约的要求，从而获得良好的信用等级并继续维持银行的债务契约。

2. 按盈余管理的手段分类

按照盈余管理手段的不同，可以将盈余管理划分为应计盈余管理、真实盈余管理和归类变更盈余管理三种类型。应计盈余管理是企业管理者通过改变会计政策、变更会计估计实现的，其本质是通过会计处理，对资产、负债与收入、费用项目等的调整和相互转化以实现对利润的调整。调整方式包括改变年限、改变残值的估计方法，调整存货管理、计价或折旧方法，改变收益和费用的确认时点，变更坏账准备或摊销费用的计提方式等。从长期来看，应计盈余管理并不改变公司的利润，而是改变总体利润在不同会计期的分布。对应计盈余管理的研究，学术界一直以来都比较重视，也取得了比较丰硕的研究成果，其理论模型和研究方法也都相对比较成熟。真实盈余管理是通过规划正常交易活动、构造交易、控制交易时间来调整盈余进而误导利益相关者的行为。

三、IPO 企业盈余管理的影响因素

企业在 IPO 过程中使用盈余管理，主要有以下四方面的原因：

1. 承销商因素

在新股发行时企业内部人和外部人之间存在信息不对称，为了解决投资者可能存在逆向选择问题，发行企业通过承销商声誉对企业价值与股票价格一致进行认证，所以承销商声誉与 IPO 企业质量之间存在正相关的关系。而盈余管理水平是反映企业质量高低的重要指标之一，盈余管理程度越高，企业的质量越差。

2. 审计师因素

在首次公开发行的市场中，投资者和企业之间存在信息不对称，企业所选择的审计师质量向市场提供了有关企业价值的信号。企业价值越高，越愿意选择质量高的审计师。因此，审计师质量与企业的质量正相关，从机会主义观点的角度看，与 IPO 企业的盈余管理负相关，审计师质量可以抑制企业机会主义盈余管理行为。

3. 风险资本因素

在新股发行中，风险资本因为拥有股权，积极地参与 IPO 企业的经营管理，其在监管和投资方面的专业技术、知识和经验可以有效地抑制企业的盈余管理行为，提高公司的治理水平。

4. 发行与监管制度因素

大多数学者认为，近年来各项法律制度的出台提高了 IPO 公司的治理水平，对 IPO 公司盈余管理行为起到了抑制作用。

基于盈余管理动因理论的视角，学界对于 IPO 盈余管理与市场异象之间关系的研究一直存在两种不同的观点：机会主义盈余管理观和盈余管理信号观。机会主义盈余管理观从利己的机会主义目的的角度出发，认为 IPO 企业管理者为实现短期利益最大化的机会主义目的，可能通过实施盈余管理行为对企业的财务报告信息进行粉饰和包装。这一行为误导了资本市场对公司价值的判断，降低了市场资源配置的效率。随着公司信息的逐步披露，盈余管

理行为长期内无法保持，因此在 IPO 后公司业绩出现长期低迷。与机会主义盈余管理观不同的是，盈余管理信号观更多地从积极的一面看待盈余管理行为，认为盈余管理行为向投资者传递有价值的信号。

四、盈余管理与财务舞弊

财务舞弊是指公司不遵循财务会计报告标准，有意识地利用各种手段，歪曲反映公司某一特定日期财务状况、经营成果和现金流量，对公司的经营活动情况做出不实陈述的财务会计报告，从而误导信息使用者的决策。

盈余管理与财务舞弊既有联系又有区别。二者的联系主要在于：两者都因为管理者的主观意图和特定需要的影响而产生，都扭曲了企业的真实经营业绩，都降低的会计信息的可靠性，都对会计信息的使用者产生了误导。而财务舞弊具有四方面的特征：有意性，财务舞弊是一种故意的行为；隐蔽性，财务舞弊随着技术的发展隐蔽性越来越强，采用的手段很难被发现；违法性，财务舞弊违反一定的会计制度和会计准则；危害性，财务舞弊对于投资者、公司自身以及社会经济都会造成严重的影响。

根据对我国公司常用的财务舞弊手段的分析，可以归结为会计手段和非会计手段两大类。其中，发生在会计确认和会计计量阶段的是会计手段，而非会计手段发生在经济业务发生阶段。

1. 财务舞弊的会计手段

会计政策是公司在会计核算时遵循的具体原则以及公司采纳的具体会计处理方法。由于会计准则和会计制度不可能面面俱到，加之会计准则和会计制度的灵活性，对同一交易和事项的会计处理可能给出多种可供选择的会计处理方法。因此，公司可以通过选用不当的会计政策进行财务舞弊。

（1）利用收入。目前，我国大多数公司是利用收入进行财务舞弊的。一方面是未满足收入确认标准的却确认收入，其手段主要是提前确认收入和不适当确认收入两种情况。前者针对收入确认的进程，后者针对确认收入的质量。另一方面是伪造收入，包括伪造原始凭证虚构收入和将非经营收入虚构为营业收入。

（2）利用费用。利用费用手段主要表现在两方面：一方面是提前或递延确认费用，进而提高以后年度或当期年度的利润；另一方面是将不恰当费用资本化，会计准则明确了资本化、费用化的条件，然而公司却将当期应该作为费用化支出作为资本支出，这种做法隐蔽性强，在虚增利润和资产的同时还向投资者传递虚假的信息，比如，利用公司的在建项目较多虚构公司具有良好的发展趋势等。

（3）随意变更会计政策、会计估计方法。公司采用的会计政策，必须前后各期保持一致，不得随意变更。由于在同一交易或事项的会计处理中，人们通常很难判断哪一种会计政策更能真实地反映公司的财务状况、经营成果和现金流量，因此，一些公司就利用会计政策变更这一特征随意变更会计政策从而做出财务舞弊的行为，主要体现在折旧政策变更、长期股权投资核算方法的改变、合并政策的改变以及会计估计方法的变更。

基于以上三种财务舞弊行为，投资者在分析企业财务状况时，需要特别关注以下各项会计科目：

第一，应收账款。应收账款大幅增长，且增长幅度超过同期收入增长，应收账款周转率低于同行业水平，或者呈现下降趋势。这些信息往往预示着两种操纵可能：一是公司可能临时放宽了信用政策，短期内促进了收入增加；二是公司可能存在提前确认收入或虚构收入的情况。

第二，预付账款。预付账款大幅增长，尤其是预付工程款或预付专利或非专利技术的采购款不合理增长，则可能存在通过预付款流出资金，最终以流出资金虚增利润的情况。

第三，存货。存货，尤其是数量和价值不易确定的存货大幅增长，且增长幅度超过同期成本增长，存货周转率低于同行业水平，或者呈现下降趋势，往往预示着三种操纵可能：一是可能通过虚构存货采购流出资金，最终用于虚增利润；二是通过虚减生产中的单耗，降低产品单位成本并虚增产品数量，并最终形成虚构利润；三是存货积压，应提但未计提大量的跌价准备而形成利润虚计。

第四，在建工程。由于在建工程往往具有总造价高、工程进度难以确定，以及实际造价难以计量的特点，成为虚计利润的一个常见的隐藏科目。在建工程大幅增加，尤其是与生产经营规模和发展规划不相适应的在建工程的持续增加，往往预示着两种操纵可能：一是通过在建工程的采购将资金转出，并最终形成虚构利润；二是将应予当期费用化的支出包装成在建工程成本。

第五，无形资产。无形资产采购，主要是指外购专利或非专利技术等的采购，具有交易无实物形态、作价公允性不容易确定、外购后使用情况不容易确认的特点，是虚计利润的一个常见隐藏科目。外购技术大幅增加，尤其是与目前生产经营相关性不强的外购技术的持续增加，往往预示着通过外购无形资产将资金转出，并最终形成虚构利润。

第六，商誉。根据会计准则，只有在非同一控制下的收购才会形成商誉。由于商誉不用摊销而只需要进行减值测试，其是否需要计提减值往往难以确定，因此成为虚计利润的一个常见隐藏科目。商誉的金额取决于收购价与被收购方可辨认净资产的公允价值，而被收购方账面未予记载的无形资产是否确认为可辨认净资产对可辨认净资产的公允价值影响巨大，未予记载的无形资产是否应确认的关键则是其是否可单独区分并可单独计量。确认的无形资产通常需要在收购后分期摊销，故在同样的条件下，确认的未予记载的无形资产的公允价值越高，确认的商誉价值越小，由于无形资产需要摊销，因而对收购后利润的影响超大。商誉大幅度增加，甚至收购价格大部分形成了商誉，往往预示着两种可能：一是通过与出售方串通提高收购价，将虚高的资金转出并用以虚构利润；二是可辨认净资产的公允价值确认过低，尤其是故意不确认或压低确认并购资产中的无形资产公允价值，以通过不摊销或少摊销而虚增利润。

第七，递延所得税资产。会计准则规定，递延所得税资产的确认应以未来期间很可能取得的用来抵扣可抵扣暂时性差异的应纳税所得额为限，而未来期间的应纳税所得额涉及到较多的会计估计。递延所得税资产的虚计常见于对可抵扣亏损未来是否可以得到弥补的估计，一般理解，确认可抵扣亏损产生的递延所得税资产在会计方法上较为激进，常常属于一种业绩粉饰行为。

第八，毛利率。综合毛利率取决于不同产品的销售结构和不同产品的毛利率，毛利率取决于单位售价和单位成本，单位成本包括材料成本、人工成本及费用成本。其中，材料成本往往占比较大，材料成本受制于原料单耗水平和原料单位成本两个因素。毛利率异常，可以细分为销售结构异常、单位售价异常、原料单位成本异常和原料单耗水平异常，是否存在异常，主要是以不同期间相关指标的连续对照、同行业之间的毛利比较、单位售价或单位采购价与市场价格的比较等进行判断。无法合理解释的毛利率异常，通常代表可能存在财务操纵。

第九，期间费用率。期间费用率，主要是指销售费用和管理费用两项期间费用占主营业务收入的比率。不同行业的费用率水平不同，但同行业之间通常存在可比性。如果期间费用率低于同行业水平，或者期间费用持续下降，往往预示着可能存在财务操纵。有些费用项目，与收入存在线性关系，比如，销售收入与运输费、销售收入与销售佣金、出口收入与海关费用等。如果相关费用项目与收入不存在相对稳定的关系，往往预示着可能存在财务操纵。

2. 财务舞弊的非会计手段

（1）对现金流的操纵。传统的会计信息欺诈的目标是会计盈余，因此多表现为对利润表和资产负债表相关科目的调控，但由于应收账款与虚构收入容易被发现，因此对现金流的操纵成为财务舞弊的另一种形式。具体而言，伪造现金流主要是银行存款与流动资产、非流动资产之间的转换。

经营性现金净流量持续为负，或与净利润严重背离，往往预示着可能存在业绩操纵；经营性现金流量在最后一个年度突然大幅提升，则可能预示着最后一年通过加速收款和推迟付款粉饰现金流量；经营性现金流量持续优于同行业水平，但同时投资性现金流量持续为大额负数，则可能存在配合收入舞弊，现金先包装成投资性现金流出再包装成经营性现金流入的情况。

（2）关联方交易。关联方交易广泛地存在于我国公司的生产经营活动中，这是由我国国有企业改制的特殊情况决定的。如果关联方交易确实以公允价格定价，则不会对交易双方产生异常的影响。但事实上，有些公司关联方交易采取了协议定价的原则，定价的高低取决于公司的需要，造成大量的控股股东和上市公司之间不公平的关联交易产生，无论是否收取价款使得利润在公司之间转移。这样，关联方交易就成为一种十分重要和常见的财务舞弊的手段。

（3）地方政府援助。在地方政府看来，利用公司客户筹集资金对推动区域经济有着非常重要的作用。这样，地方政府援助也就成为不少公司客户操纵利润、进行财务舞弊的重要手段。主要体现为税收优惠、财政补贴、利息减免及资产优惠四种形式。

（4）掩饰交易或事实。掩饰交易或事实包括利用财务报表项目进行掩饰和在表外披露两种。一些公司通过其他应收款和其他应付款科目进行财务舞弊，使两科目余额巨大与应收账款、预付账款、应付账款和预收账款等科目的余额不相上下，甚至超过这些余额。其原因是其他应收款科目隐藏了潜亏，从而高估了利润。其他应付款科目隐藏了收入，从而低估利润。在表外披露方面许多公司对于关联方关系及交易事项不披露或不明确披露。

五、万福生科财务舞弊案例分析

1. 万福生科公司概况

万福生科（湖南）农业开发股份有限公司主要经历了四个发展阶段：前身为成立于2003年的湖南省桃源县湘鲁万福有限责任公司；2006年3月，公司更名为湖南湘鲁万福农业开发有限公司；2009年10月经股东会审议通过，整体变更设立万福生科（湖南）农业开发股份有限公司，并在湖南省常德市工商行政管理局登记注册，法人代表为龚永福；2011年9月27日，该公司正式在深圳证券交易所挂牌上市，使公司注册资本增至6 700万元。其挂牌上市的保荐机构为平安证券，审计机构为中磊会计师事务所。

该公司自成立以来一直从事稻米深加工系列产品的研发、生产和销售，主要生产大米淀粉糖、大米蛋白粉、食用米等产品。该公司在工艺技术、产品结构、管理水平不断升级，成为我国南方最大的稻米精深加工及副产品高效综合利用循环经济型公司。

2. 万福生科财务舞弊事件回顾

万福生科公司在上市后还没有渡过一个完整的会计年度就被发现一系列财务舞弊行为。该公司在2011年9月27日上市，而在2012年9月14日该公司就发布公告称收到中国证券监督管理委员会湖南监管局《立案稽查通知书》，随后接受湖南监管局的立案稽查。2012年10月25日，该公司承认2012年中报存在虚假记载和重大遗漏，并遭到公开谴责。

2013 年 3 月 2 日，该公司自查发现 2008—2011 年定期报告的财务数据存在虚假记载，随后收到当地公安机关调取财务、营业执照等相关资料的通知，3 月 15 日接受深圳证券交易所的公开谴责。

证监会最终公布对万福生科及当事人、涉事保荐机构、保荐代表人、律师以及注册会计师的处罚决定。其中，责令平安证券纠正违法行为，没收其业务收入 2 555 万元，并处以 5 110 万元罚款，暂停保荐业务许可 3 个月；撤销中磊会计师事务所证券服务业务许可资格。

3. 万福生科财务舞弊的分析

（1）财务报表分析。财务报表分析是以公司的财务报表和其他资料为基本依据，采用专门的分析工具和方法，从财务报表中寻找有用的信息，有效地寻求公司经营和财务状况变化的原因，从而对公司的财务状况、经营成果和现金流量进行综合与评价的过程。本案例通过分析万福生科公司 2008—2012 年披露的资产负债表、利润表与现金流量表中的数据作为依据，进而分析万福生科公司财务舞弊的行为。

第一，资产负债表分析。资产负债表是反映公司在某一特定日期财务状况的报表。因此，通过分析资产负债表中项目的具体构成以及总量和结构变动的趋势，从而加深对公司的全面了解。表 2－2 和表 2－3 分别对万福生科公司披露的资产负债表简表与资产结构趋势表中所占比重较大的项目及环比趋势进行分析。

表 2－2　万福生科公司 2008—2012 年 6 月资产负债简表　　单位：万元

项目 \ 年份	2008	2009	2010	2011	2012－06
资产	31 516	38 228	50 608	105 306	100 289
其中：流动资产	19 843	26 139	28 588	79 359	65 624
非流动资产	11 673	12 089	22 020	25 947	34 664
负债	24 435	22 285	29 109	38 299	32 636
所有者权益	7 082	15 944	21 499	67 007	67 652
负债和所有者权益	31 516	38 228	50 608	105 306	100 289

表 2－3 万福生科公司 2010—2012 年 6 月资产结构趋势表 单位：万元

项目 \ 年份 / 数据	2010		2011		2012－06	
	金额	占资产比例（%）	金额	占资产比例（%）	金额	占资产比例（%）
资产总额	5 007.87		10 505.6		10 088.51	
其中：应收账款	809.34	1.60	3 99.27	3.51	188.3	1.28
预付账款	272.72	4.29	11 37.88	11.34	1 469.55	14.53
存货	1 913.24	37.57	2 408.58	23.27	2 956.4	29.37
固定资产	1 487.56	28.03	1 430.01	13.51	1 363.93	13.52
在建工程	442.59	9.37	875.01	8.24	1 797.54	17.95

从表 2－2 可以看出，万福生科公司中流动资产在资产结构中所占的比重较大，并且呈不断上升的趋势。其中，在 2011 年流动资产达到 79 359 万元；同时在资产结构趋势表中可以看出，应收账款与预付账款较前一年有明显的增加，增加的幅度高达 357% 和 449%，显然，这两项资产出现异常波动。2012 年半年的时间在建工程占资产的比重由 8.24% 上升至 17.95%，上涨了两倍多，并且存货也出现了相对较大的增长。因此，从这两个表中可以看出应收账款、预付账款在 2011 年出现异常，在建工程与存货在 2012 年半年间出现异常。

第二，利润表。利润表是反映公司在一定会计期间经营成果的报表，是公司经营业绩的综合体现。因此，通过分析万福生科利润简表及利润表中的重点项目（见表 2－4）进而判断公司盈利能力与经营管理状况。

表 2－4 2008—2012 年 6 月万福生科公司利润简表 单位：万元

项目 \ 年份	2008	2009	2010	2011	2012－06
一、营业收入	22 824.42	32 764.58	43 358.85	55 324.00	26 990.52
减：营业成本	17 624.62	24 684.75	32 985.00	42 894.97	21 596.12
营业税金及附加	3.68	36.47	138.68	160.30	121.28
销售费用	273.62	1 025.91	1 217.02	1 406.42	497.25
管理费用	491.86	1 860.41	2 368.37	2 919.64	1 065.29
财务费用	1 152.55	1 048.61	1 197.68	1 725.90	914.18
资产减值损失	12.69	－91.20	39.62	211.88	237.42
加：公允价值变动损益			－122.94	122.94	

续表

年份 项目	2008	2009	2010	2011	2012－06
投资收益			53.76	－217.00	
二、营业利润	3 265.39	4 199.62	5 343.33	5 910.85	2 554.86
加：营业外收入	58.00	255.46	778.34	869.62	327.49
减：营业外支出	3.27	54.72	3.49	104.78	8.33
三、利润总额	3 320.12	4 400.36	6 118.16	6 675.68	2 874.01
减：所得税费用	754.30	443.87	562.71	648.82	218.69
四、净利润	2 565.82	3 956.39	5 555.40	6 026.86	2 655.32

农产品加工的公司盈利能力并不是很强，很多农业类的公司资金的周转依赖于国家的财政补贴。从表2－4可以看出，首先，该公司在2008—2011年营业收入和净利润出现明显增长，营业收入从2008年的22 824.42万元增加到2011年的55 324万元，增长幅度为142%，因此从利润简表中明显看出营业收入的增长速度有些特殊。其次，该公司2011年的营业收入较前一年增加了近30%，但通过该公司年报发现装卸运输费用却下降49%，因此可以看出，该公司通过低估部分期间费用达到虚增利润的目的。还有近些年来该公司不断加强技术的研发，但该公司的科研费用却出现降低的现象，由此也可以看出该公司通过降低费用虚增利润。

第三，现金流量表分析。现金流量表是以现金为基础编制的，反映公司一定期间内现金和现金等价物流入和流出的会计报表。该报表便于会计报表使用者了解和评价公司获取现金和现金等价物的能力。表2－5是万福生科公司披露的2008—2012年6月的现金流量简表。

表2－5　万福生科公司2008—2012年6月现金流量简表 单位：万元

年份 项目	2008	2009	2010	2011	2012－06
经营活动净现金流	205	1 263	7 163	3 340	－2 859
投资活动净现金流	－3 781	－931	－11 160	－13 616	－5 883
筹资活动净现金流	3 481	2 383	5 439	43 386	－11 102
现金净流量	－95	2 715	1 442	33 110	－19 844

从万福生科的现金流量简表中可以看出，首先，经营活动产生的现金流量净额在上市前大幅稳定增长，但上市后出现了回落，这并不是公司经营不善所致，而是大规模融资之后进行资产改良与投资，进而从逐步成熟的中小企业跨越成为长期的上市公司，与现金流量变化规律并不矛盾。投资活动的现金流变化趋势主要是由于规模经营水平滞后于投资支出。其次，筹资活动净现金流在 2012 年 6 月出现 -11 102 万元，较前一年出现明显下降是由于公司上市后通过首次公开募股获得了大量资金。

（2）财务比率分析。比率分析法是以同一期财务报表上的若干重要项目的相关数据进行相互比较求出比率，进而分析与评价公司的经营活动与公司历史和目前状况的一种基本分析方法。可以通过偿债能力、盈利能力、营运能力财务指标（见表 2 -6）分析万福生科公司造假案。

表 2 -6　财务指标

一级指标	二级指标	计算公式
偿债能力	资产负债率	负债总额/资产总额
	速动比率	速动资产/流动负债
盈利能力	销售净利率	营业收入/净利润
	资产净利率	净利润/平均资产总额
营运能力	存货周转率	营业成本/平均存货
	应收账款周转率	营业收入/平均应收账款

第一，偿债能力。偿债能力是指公司清偿到期债务的现金保障程度，当公司的资本利润率高于借入款项的利率时，举债经营就能够通过财务杠杆作用获得杠杆收益，即利用负债融资获取高收益，举债还需偿还。因此，公司的偿债能力至关重要。偿债能力包括短期偿债能力和长期偿债能力。表 2 -7 选取资产负债率和速动比率两个指标说明万福生科公司的偿债能力。

表 2 -7　万福生科公司 2008—2012 年 6 月偿债能力指标

指标 \ 年份	2008	2009	2010	2011	2012 -06
资产负债率（%）	77. 53	58. 29	57. 52	36. 37	32. 54
速动比率	0. 25	0. 31	0. 41	1. 64	1. 45

其中，资产负债率是负债总额与资产总额的比率，它表明在资产总额中债权人提供资金所占的比重，用于衡量公司利用债权人资金进行财务活动的能力，以及在清算时公司资产对债权人权益的保障程度，它是衡量公司负债水平和风险程度的重要标志。该值越高，说明公司通过借债筹资的资产越多，风险越大；该值越低，公司偿还债务越有保障，贷款越安全。从表 2 -7 中可以看出，该公司 2008 年资产负债率高达 77.53%，说明公司的负债比较多。

速动比率是速动资产与流动负债的比率，用于衡量公司流动资产中可以立即用于偿付流动负债的能力。通常认为正常的速动比率为 1。从表 2 -7 中可以看出，该公司在上市前短期偿债能力是不足的，上市后速动比率大幅增加，2011 年达到 1.64，2012 年为 1.45。

第二，盈利能力。盈利能力是指公司在一定时期内获取利润的能力，体现公司运用其所支配的经济资源，开展某些经营活动，从中赚取利润的能力。表 2 -8 选取资产净利率和销售净利率两个指标说明万福生科公司的盈利能力。

表 2 -8 万福生科公司 2008—2012 年 6 月盈利能力指标 单位:%

年份 指标	2008	2009	2010	2011	2012 -06
资产净利率（%）	8.14	10.34	10.98	7.73	2.65
销售净利率（%）	11.28	12.08	12.87	10.89	9.84

其中，资产净利率又称为资产报酬率，是公司一定时期内的净利润与资产平均总额的比率，反映公司资产利用的综合效果。在表 2 -8 中可以看出，万福生科公司在上市前资产净利率一直上升，但上市后出现下降，说明公司盈利能力下降。销售净利率是营业收入与净利润的比率，它是用来衡量公司一定时期销售收入获取利润的能力。对该指标进行分析，可以促进公司在不断扩大销售的同时改进经营管理，提高盈利水平，该指标越大盈利能力越强。从表 2 -8 中可以看出，万福生科公司在上市前销售净利率一直上升，上市后突然下降，到 2012 年上半年仅为 9.84%，下降幅度较明显，说明公司盈利能力下降。

第三，营运能力分析。营运能力是指公司充分利用现有资源创造社会财富的能力，它用来评价公司对拥有资源的利用程度和能力。这一指标通过存货周转率和应收账款周转率说明万福生科公司的营运能力（见表2－9）。

表2－9 万福生科公司2008—2012年6月营运能力指标

年份 指标	2008	2009	2010	2011	2012－06
存货周转率	1.56	1.46	1.71	1.97	0.26
应收账款周转率	56.20	46.11	62.49	24.54	3.11

存货周转率是一定时期营业成本与存货平均余额的比率，用于衡量公司的销售能力和存货周转速度。该指标越高，说明公司存货周转速度越快，存货的占用水平越低，流动性越强。从表2－9中可以看出，万福生科公司的存货周转率并不高，并且在2012年上半年仅为0.26。然而从前面的利润表中可以看出该公司主营业务收入2008年为22 824.42万元，2011年达到55 324万元，主营业务收入急剧增长，但存货的周转速度却不高，甚至出现下降的趋势。显然，万福生科公司通过虚增收入或虚增存货实施了财务舞弊行为。

应收账款周转率是一定时期商品赊销收入与应收账款平均余额的比率，它反映应收账款的变现速度，用于衡量公司管理应收账款方面的效率。一般来说，应收账款周转率越高，平均收现期越短，说明公司收回应收账款的速度越快，资产管理水平越高，可以避免发生坏账损失，而且还能提高公司的偿债能力。从表2－9中可以看出，万福生科公司2008—2010年应收账款的周转率很高，但存货周转率却很低，存货、应收账款的周转率出现矛盾。同时，2011年与2012年应收账款周转率出现大幅下降，与销售收入不断增加形成矛盾。

4. 万福生科财务舞弊的手段

万福生科公司在上市前后连续几年发生了财务舞弊行为。为达到上市的标准，该公司在股票首次公开上市前，利用会计法规、准则的灵活性，虚报数据甚至凭空捏造，使之显示出对其有利的公司上市的各种数据。该公司在上市后继续实施财务舞弊行为，直至被披露。可见，该公司财务舞弊的手段多样化，隐蔽性强并且情节严重。根据该公司各年度报告和更正报告列示的2008—2012 年中期财务数据的虚假实际对比可以看出，万福生科公司明显虚增了营业收入和营业利润。下面具体分析万福生科公司财务舞弊采用的手段。

（1）虚增收入。

第一，虚增产品收入。万福生科公司主要经营优质米、蛋白粉、麦芽糖浆、葡萄糖粉以及麦芽糊精等产品，其中，麦芽糖浆、葡萄糖粉以及麦芽糊精是精深加工产品。该公司为了配合“稻米精深加工和循环经济模式”资本市场的需要，虚增产品收入主要集中在精深加工的产品上。从表 2－10 可以看出，该公司在 2012 年中期更正前后的报告中麦芽糖浆和葡萄糖粉分别虚增了 6 倍和 32 倍，麦芽糊精根本没有销售额却虚增了 1 124 万元，该公司的优质米和蛋白粉也出现了大幅虚增的现象。由此，万福生科公司通过虚增产品收入且虚增数额巨大实现虚增公司的收入，进而虚增公司的利润。

表 2－10　万福生科公司 2012 年半年报主要产品收入调整前后情况　单位：万元

产品＼收入	收入（调整前）	收入（调整后）	虚增倍数
优质米	5 112	1 120	4. 56
蛋白粉	2 754	352	7. 82
麦芽糖浆	12 200	2 000	6. 10
葡萄糖粉	1 400	43	32. 56
麦芽糊精	1 124	—	—

第二，虚构客户及销售额。万福生科公司主要进行农产品加工，其客户很难集中并且多为较小的公司或个体经营者，因此，该公司通过虚构客户进而虚增收入的手段隐蔽，不易被发现。万福生科公司在其招股说明书中公布的 2008—2011 年各年度客户前五名的情况与实际调查的情况存在很大差距，其中最典型的是东莞市樟木头华源粮油经营部每年千万元的销售额都是虚构的。同时，在 2012 年半年财务数据中提到的客户也存在很多伪造的信息，并且销售额也是虚构的。根据该公司 2012 年半年报调整前后五大客户的情况可以明显看出，湖南傻牛食品厂和小丫丫食品有限公司调整后消失，更正后排

名第五的焦作市菲爱诗农业发展有限公司的销售额约为 90.70 万元，说明湖南傻牛食品厂和小丫丫食品有限公司的实际销售额远远低于 90.70 万元，而调整前的数据分别为 1 380.39 万元、1 340.64 万元，调整前后相差很多。前五大客户中的祁东佳美食品有限公司和津市中意糖果有限公司的虚增销售额也数量巨大（见表 2－11）。

表 2－11　万福生科公司 2012 年半年报前五大客户销售额调整前后情况　单位：万元

客户单位（调整前）	客户单位（调整后）	销售额（调整前）	销售额（调整后）
湘盈粮油经营部	湘盈粮油经营部	1 694.20	1 694.20
祁东佳美食品有限公司	亿德粮油贸易行	1 415.61	634.00
湖南傻牛食品厂	祁东佳美食品有限公司	1 380.39	222.80
津市中意糖果有限公司	津市中意糖果有限公司	1 341.95	118.73
小丫丫食品有限公司	焦作市菲爱诗农业发展有限公司	1 340.64	90.70
合计		7 172.79	2 760.42

第三，虚构业务合同。万福生科公司为了使虚构的销售收入更加真实，在销售合同方面也进行了虚构。根据该公司在 2011 年的财务报告的重要事项中披露的年度金额较大的销售合同，其中两份与东莞市樟木头华源粮油经营部签订的合同以及 3 份与湖南省傻牛食品厂签订的合同都是虚构的。

（2）虚增资产。万福生科公司巧用虚增预付账款与在建工程的手段虚增资产进而虚增公司的利润，该手段隐蔽，不易被发现。该公司的预付账款和在建工程涉及虚增的金额巨大，下面就这两种手段进行具体分析。

第一，预付账款。万福生科公司的预付账款余额一直不多，该公司上市前的 2011 年年报只有 2 000 多万元，上市后该科目余额才迅速上升，2011 年末就达到 1.2 亿元。当时未发现公司预付账款异常，重要原因是其中有近亿元是预付设备款，因为当时该公司刚上市，预付设备款较多也属正常。然而，万福生科公司在 2012 年中报中预付采购款仍未减少，出现了明显异常。该公司实际上是通过下属粮食的经纪人而不是工程与设备供应商，利用往来科目制造虚假账目。

第二，在建工程。该公司 2011 年全年在建工程仅 8 700 万元，然而从

2012 年的中报得知，在建工程余额达到 1.8 亿元，仅半年时间在建工程就增加了上亿元。原来，该公司将刚刚上市的募集资金谎称用于大量在建工程，达到了虚增资产的目的。

表 2－12 列示了该公司在建工程项目中 2012 年中报调整较大的项目，根据 2011 年该公司年报显示，淀粉糖扩改工程的投入金额为 208 万元，然而在 2012 年中报显示上半年投入资金 2 809 万元，但工程进度反而降低了。同时，公司 2012 年半年报中披露了“污水处理工程”但招股说明书中披露的“在建工程”并没有包含该项目，进而虚增了“固定资产”。

表 2－12　万福生科公司 2011—2012 年上半年更正在建工程变动情况

单位：万元

	2011 年报		2012 半年报	
	工程进度（%）	期末金额	工程进度（%）	期末金额
供热车间改造工程	80	5 439	50	7 369
淀粉糖扩改工程	90	208	30	2 809
污水处理工程	50	201	50	4 201

（3）隐瞒重要经营事项。首先，万福生科公司在上市前虚构销售繁荣景象，赢得投资者与公众的信任，伪造销售额。其次，万福生科公司在上市后有关其经营规划与政策变动方面并没有及时对外公布。调查发现，该公司在 2012 年由于技术有限使经济型稻米加工项目长期处于停产状态，停产给公司带来了巨大的损失，但该公司在信息披露中没有说明，对社会各界也没有告知。由此，万福生科公司通过隐瞒重要经营事项，对外掩盖真实信息。

5. 万福生科财务舞弊产生的原因

近些年来，从蓝天股份、绿大地再到万福生科公司财务舞弊案件的发生，对社会经济造成了严重影响，因此，有必要对财务舞弊案件发生的原因进行分析。

（1）内部因素。

第一，利益驱动。公司财务舞弊的根本原因是经济利益的驱动。近些年来，证券市场上的融资能力对于公司具有巨大的吸引力，许多公司就是为了达到上市目的通过虚增利润进行财务舞弊。万福生科公司为了达到上市的标准也是通过虚增利润等手段实施财务舞弊。同时，万福生科公司作为农业公司具有农业行业的特点，农业行业受资源限制很难扩张发展，因此，通过保证一定的收益利用上市筹集到资金。

第二，公司内部控制制度不完善。万福生科公司是家族公司，龚永福与杨荣华夫妻共占80.38%的股份，权力过于集中导致内部治理失衡。此外，龚永福同时担任公司的董事长和总经理职务，这也明显的不符合公司分权制衡的原则。因此，该公司利用不健全的内部控制制度为财务舞弊行为的发生创造了条件。

（2）外部因素。

第一，中介机构同公司合谋。公司除了接受内部审计的监督，同时也接受外部的监督。中介机构主要包括会计事务所、保荐机构以及律师事务所。万福生科公司进行上市的保荐机构是平安证券，平安证券没有发现该公司供应商信息的虚假并且也未发现该公司的停产项目，更重要的是没有发现该公司虚假的收入。因此，平安证券作为保荐机构的失职，为该公司舞弊行为的发生提供了客观条件。同时，中磊会计事务所担任该公司各年报的审计工作，在2008—2011年，该公司财务数据出现明显的虚假，却做出无保留意见的审计报告，对社会公众造成了严重的误导。中介机构不但没有及时揭示该公司的舞弊行为，而且出于各自利益与该公司合谋。

第二，政府监管不力。万福生科公司设在湖南省常德市，当地政府为了通过上市公司带动地区经济的发展，为该公司上市创造了各种条件，比如，实施优惠政策鼓励该公司上市，同时，对该公司的不良行为有意忽略，形成监管不力，为该公司的舞弊行为创造了条件。

思考题

1. 简述股票的定义。
2. 简述企业上市融资的好处和弊端。
3. 简述企业首次公开发行股票的基本程序。
4. 股票定价方式有哪几种？
5. 新股发行三大异象是哪些？

第三章　股票价值投资

第一节　资料收集与分析

对于投资者来讲，要想做出正确的投资决策，首先学会搜集与分析各种相关资料。这些资料主要包括上市公司的各类公告、公司投资者互动平台的交流信息、券商研究报告等。资料的收集是投资的前提，而分析能力决定了投资的效果。这一节将通过实际案例论述如何分析上市公司公告。

上市公司公告的获取可以通过三条途径：一是上海证券交易所与深圳证券交易所官方网站；二是证监会指定上市公司信息披露网站——巨潮资讯；三是相关财经门户网站与证券投资软件。上市公司公告按照巨潮资讯的标准分为七大类（见图3-1），本节选取其中最为重要的内容进行讲解。

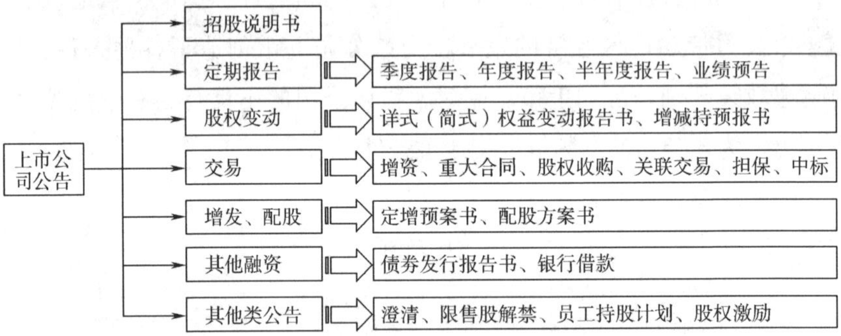

图3-1　上市公司公告分类

一、招股说明书

公司首次发行股票（IPO），在所有的文件中，招股说明书的作用是最为重要的。首先，它是一份法律文件。它必须详细和真实反映公司的信息，以便投资者全面了解公司的情况，并作出相应的投资决策。招股说明书中任何不真实的披露和隐瞒重大事项都是违法的，其中的内容不允许存在任何似是非是或疏漏之处，发行人、上市保荐人、律师、会计师都应对局部或全部内容承担相应的法律责任。其次，它是对公司形象的一个全方位的展示。展示内容包括公司的发展历史、主要产品和服务、原材料供应、生产营销、竞争、新产品开发、员工管理、主要资产和财务报表等。招股说明书提供公司各方面的信息，是投资者重要的分析资料之一。

在阅读招股说明书时要懂得抓住关键的线索，建立关键的逻辑。要能够摆脱诸多细节的干扰，直达企业分析的核心。在证券投资的视角下企业分析无非回答五个问题：

（1）它有怎样的盈利模式？

（2）它的发展空间有多大？

（3）它的历史经营业绩如何？是否具有竞争优势？

（4）它的发展规划如何？可预见的增长怎样？

（5）它的主要风险是什么？

如果带着五个问题阅读招股说明书，一定可以获得事半功倍的效果。下面以安图生物（603658）为例，针对上述五个问题对其招股说明书进行简单的分析。

1. 它有怎样的盈利模式？

招股说明书的“第六节 业务与技术”详细介绍了公司的相关情况。公司安图生物所在行业为体外诊断。体外诊断是指在人体之外，通过对人体样本（各种体液、细胞、组织样本等）进行检测而获取临床诊断信息，进而判断疾病或机体功能的产品和服务，具体包括免疫、微生物、生化、分子、血液学等多个诊断领域。

体外诊断行业是由上游原材料、体外诊断试剂和仪器以及下游需求共同组成。上游的关键原材料主要包括抗原、抗体等；下游的消费需求主要来自医学检测和血液筛查，医学检测是体外诊断产品最主要的消费去向，包括医院检验科、体检中心、独立实验室、疾病预防控制中心、计划生育指导站等，而血液筛查主要是采供血部门对于血液的检测，包括各类血站和血制品厂家，如图 3－2 所示。

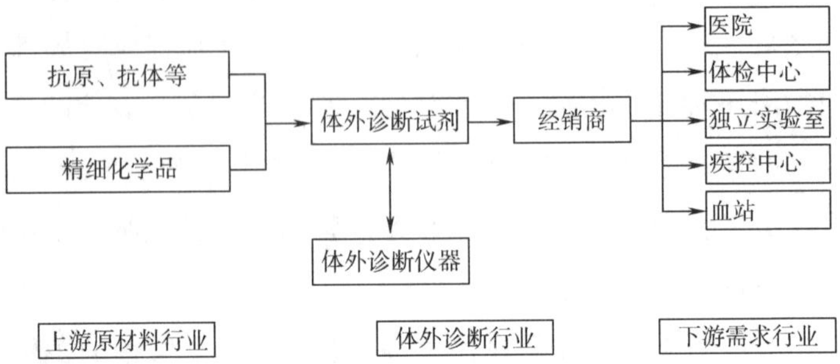

图 3－2　体外诊断行业上下游企业

体外诊断仪器的使用寿命较长，而体外诊断试剂是一次性耗材，因此，体外诊断试剂在整个体外诊断市场中占据着绝大部分的份额。我国实力较强的体外诊断产品生产企业，一般都是坚持仪器与试剂共同发展的经营模式，其外购或自产的高端全自动仪器，一般通过免费或者低毛利销售等方式提供给经销商或大型医疗机构，通过此方式降低销售门槛，实现更广阔的市场覆盖，利润则主要通过配套的体外诊断试剂获取。因为在封闭的免疫诊断系统中，试剂与仪器的唯一匹配性，保证了试剂检测的准确性，同时也保证了此种方式不会侵害企业利益。国内大部分中小型企业由于仪器与试剂研发生产配套性差，往往只单独生产试剂或中低端半自动仪器，规模效益发展严重受阻，不少国内原本有相当市场份额的企业甚至被国外企业所收购。因此，为了提高企业的规模效益，增强企业抗风险能力，通过设计具有自主知识产权的配套仪器，实现试剂与仪器一体化也就成为必然。这样不仅可以共用已有仪器或试剂的销售渠道，而且还增加了新的利润来源，并以持续的客户技术服务保证收入的持续增长。

我国体外诊断行业的营销模式主要有经销和直销。经销是目前多数企业采用的方式，生产厂商通过经销商销售产品；直销则是生产厂商直接向终端用户销售产品。直销模式的优点在于厂商可更为直接地接触客户，但其缺点是在企业风险和财务资金的控制方面存在压力，因此行业内厂商基本以经销模式为主要营销模式。

安图生物采用“技术 + 产品线 + 渠道”全方位发展的模式，坚持仪器和试剂共同发展的经营模式，形成以免疫诊断产品为主、微生物检测产品特色发展的格局，并向产业链上游核心原材料领域拓展。公司的境内销售主要采用“经销为主，直销为辅”的销售模式，大部分销售通过经销商实现，少部分直接销售给各级医院、体检中心、第三方检测机构等终端客户。

2. 它的发展空间有多大

体外诊断产品是医疗领域用来诊断、监测和预防疾病的重要工具，其检测原理或方法涉及免疫学、微生物学和分子生物学等学科，且产品品种繁多，制造技术涉及医药、机械、电子、复合材料等多个技术领域，其发展水平代表了一个国家的综合实力。近年来，生物工程与医药产业作为继信息产业后的又一个新的经济增长点已经取得了长足进展，而体外诊断产业作为其重要分支和组成部分，在我国更是保持着较高的增长速度。

McEvoy & Farmer 的数据显示，2009 年我国体外诊断试剂市场规模已达 99 亿元，2010 年突破百亿元，到 2011 年已有 139 亿元的市场规模。根据 Kalorama Information 的分析，预计未来这一市场规模仍将保持 16.6% 的年均增速，即 2013 年我国体外诊断试剂市场规模将接近 200 亿元，2015 年将达到 257 亿元。目前，我国仍然是体外诊断试剂人均消费最低的国家之一，即使 2011 年我国体外诊断试剂市场规模达到了 139 亿元，与 2010 年全球体外诊断市场 430 亿美元的规模相比，也占全球市场不足 5% 的份额（按美元兑人民币 6.622 7 元计算），而我国人口占全球人口的 20% 左右，体外诊断市场总量明显偏低。无疑，我国体外诊断行业面临着广阔的发展前景。

3. 它的历史经营业绩如何，是否具有竞争优势

近年来安图生物营业收入保持持续快速增长的态势，2013—2015 年其主要财务指标如表 3 - 1 所示。

由表 3 - 1 可以看到，安图生物的毛利率比较高，并且基本保持稳定，连续 3 年稳定在 70% 以上，净利润率水平在 35% 左右。如果按照申万三级行业分类，这两项指标排名在前 10 之内为表现比较优秀。在毛利率稳定的基础上，费用率持续下降，从三项费用率结构来看，管理费用率下降较快，销售

费用率比较稳定，而财务费用率由正转负，说明公司基本不存在财务上的压力，资产负债率指标较低也证实了这一点。

表 3－1 2013—2015 年安图生物主要财务指标

年份 指标	2013	2014	2015
净资产（亿元）	3.40	5.01	7.19
营业总收入（亿元）	4.09	5.63	7.16
归属于母公司股东的净利润（亿元）	1.24	2.08	2.78
毛利率（%）	70.59	73.07	72.77
三项费用率（%）	36.06	30.20	27.60
其中：销售费用率（%）	16.98	14.69	15.22
管理费用率（%）	19.05	15.75	12.93
财务费用率（%）	0.01	－0.245	－0.546
净利润率（%）	30.31	36.96	38.80
资产负债率（%）	17.05	23.17	24.01
净资产收益率（%）	42.35	49.97	46.36
总资产周转率	1.18	1.06	0.89
经营性现金流净额/净利润	0.83	1.23	1.11
营业收入增长率（%）	28.67	37.60	27.20
净利润增长率（%）	29.08	67.82	33.52

安图生物现金流状况良好但够不上优秀，经营性现金流净额超过同期净利润幅度并不太大。一般认为超过同期净利润 30% 以上为优秀水平。

安图生物 2013—2015 年净资产收益率分别为 42.35%、49.97% 和 46.36%，显著高于同行业上市公司的水平。招股说明书对此的解释是：由于公司尚未公开募集股份，净资产规模相对较小所致，公司 IPO 之后每股净资产将大幅增加，将对净资产收益率形成较大的摊薄影响。但是仔细分析会发现，公司上市之后即便收益率摊薄明显，其 2016 年净资产收益率水平仍然能够保持在 24% 左右的水平。一般而言，刚上市的公司获得了大额的募集资金导致净资产一下子膨胀太多，这时净资产收益率通常是公司的历史性的低点。

在这种情况下如果还能获得将近24%的净资产收益率，那么就说明这个公司的盈利能力特别好，公司对形成超额收益具有竞争优势。

这种竞争优势如何体现的呢？招股说明书在“第六节 业务与技术”之“三、发行人在行业中的竞争地位及竞争优势”部分对这一问题做出了详细阐述。公司认为自身具体有五大优势，如表3－2所示。

表3－2　安图生物竞争优势

<table>
<tr><td rowspan="3">产品优势</td><td>传染病诊断试剂与非传染病诊断试剂领域均衡发展</td><td>已获得228项产品注册证书，并取得了17项产品的欧盟CE认证</td></tr>
<tr><td>形成了以免疫诊断产品为主、微生物检测产品特色发展的格局</td><td>是我国业内提供免疫诊断产品较多的企业之一，也是国内能够提供全面免疫诊断解决方案的企业之一</td></tr>
<tr><td>诊断试剂与配套仪器共同发展</td><td>体外诊断仪器和自动化检测系统集成的技术水平处于国内领先地位</td></tr>
<tr><td rowspan="3">研发创新优势</td><td>高素质的研发团队及持续的研发高投入</td><td rowspan="3">公司拥有研发人员283人，占员工总数的21.57%，已成为业内研发人员较多、新产品上市活跃的企业之一。2011—2013年，公司研发投入占当期营业收入的比重分别为10.11%、10.61%和11.64%</td></tr>
<tr><td>在一些关键领域取得技术突破</td></tr>
<tr><td>强大的技术开发平台</td></tr>
<tr><td>营销优势</td><td>完善的营销网络；灵活丰富的营销策略；有力的售后服务和技术支持</td><td>目前公司产品已进入二级医院及以上终端用户4 000多家，其中三级医院1 037家，占全国三级医院总量的63.85%</td></tr>
<tr><td>品质价格比优势</td><td colspan="2">凭借较高的产品品质，公司的产品定价高于国内同类产品，但与国际巨头相比，公司产品的价格更具有竞争力，“品质价格比”优势较为显著</td></tr>
<tr><td>管理优势</td><td colspan="2">引入了OEC（全方位、全事件控制）绩效考核管理系统</td></tr>
</table>

4. 它的发展规划如何，可预见的增长怎样

招股说明书在“第十二节 业务发展目标”中对公司的发展规划与发展目标做出了详细的阐述。

发展规划方面，公司未来3年将继续专注于体外诊断产品的研发、生产和销售，将继续按照仪器和试剂共同发展的模式，在免疫诊断、微生物检测

领域进一步提升产业技术，提供更多产品品种，在不断提高产品品质的同时，把分子诊断作为下一步多元化的发展方向，并向产业链上游核心原材料领域拓展，提高产品自动化程度，以取得更大的产品竞争优势。安图生物将通过打造更强有力的营销队伍提升国内市场营销力，以更具竞争力的产品全面进军国际市场；更加注重学术研讨与技术推广的促销活动，也将进一步提升安图生物的品牌影响力。

发展目标方面，一是提升产业技术，丰富产品种类，提高产品品质，参与行业标准制定，为临床提供更多自动化的解决方案；二是扩大现有产能，高效完成安图生物体外诊断产业园项目建设；三是进一步建立健全国内营销体系，加大国际市场营销力度；四是加强高端人才的引进和培养。

招股说明书在“第十三节 募集资金运用”中对公司重点发展目标“安图生物体外诊断产业园项目”做出了详细的说明。公司 IPO 募集项目为安图生物体外诊断产业园，该项目投资 7.8 亿元，包括 5 个子项目，分别为微孔板免疫诊断试剂产能扩大项目、微生物检测试剂产能扩大项目、磁微粒化学发光法检测试剂产能扩大项目、体外诊断试剂研发中心建设项目和全自动化学发光免疫分析仪研发及产业化项目。公司已经运用自有资金对募集资金投资项目进行了先期投入。上述项目建设期均为 2 年，建成后 1 ~3 年逐步完全释放产能，达到预期产量。

（1）微孔板免疫诊断试剂产能扩大项目，从投资财务指标分析，项目实施达产后年均可实现销售收入 33 276.56 万元，净利润 11 514.61 万元。微孔板免疫诊断试剂受益于体检市场和第三方检验中心的迅速扩张。

（2）微生物检测试剂产能扩大项目，从投资财务指标分析，项目实施达产后年均可实现销售收入 30 073.24 万元，净利润 8 018.43 万元。微生物检测试剂受益于相对理想的竞争格局和限抗政策的助推作用。

（3）磁微粒化学发光法检测试剂产能扩大项目，从投资财务指标分析，项目实施达产后年均可实现销售收入 54 661.75 万元，净利润 21 369.93 万元。磁微粒化学发光检测剂受益于市场扩容、进口替代和渠道下沉。该项目建成后，“安图生物体外诊断产业园”将有可能成为我国最大的体外诊断产业园；产能满产满放之后，理想的情况下将会为公司每年带来 11.7 亿元的销售收入，近4.1亿元的净利润，将极大地提升上市公司的经营业绩。

5. 它的主要风险是什么？

风险因素是各公司进行投资决策时必须认真考虑的问题，招股说明书专门在“第四节 风险因素”中列示了公司在经营过程中可能面临的风险，如表3－3所示。

表3－3 安图生物公司经营风险因素

风险因素	风险内容
一、市场风险	
二、经营风险	新产品研发风险；核心技术泄密风险；核心技术人员流失风险；原材料采购风险；产品质量风险
三、行业政策变化风险	税收优惠政策变化风险；行业监管政策变化风险
四、管理风险	实际控制人控制风险；快速扩张风险
五、募集资金投资项目风险	募集资金投资项目实施及市场销售风险；投产期较长的风险
六、每股收益、净资产收益率下降风险	

从表3－3中可以看出，招股说明书对“风险因素”详尽列示了公司可能面临的一切风险，但其缺点是重点不够突出。招股说明书在“重大提示”之“七”部分中提醒投资者要在认真阅读“风险因素”全部内容的基础上特别关注一些重点风险，我们对这些重点风险进行精炼，归纳出必须考虑的以下三项风险：

第一，市场风险。从竞争环境来看，国际跨国公司在我国体外诊断的高端市场中占据相对垄断地位，它们利用其产品、技术和服务等各方面的优势，不断加大在华投资力度，尤其在国内三级医院等高端市场中拥有较高的市场份额，而国内多数企业以生产中低端诊断产品为主，尚未形成稳定的市场格局，国内龙头企业也在加快实施产品多元化发展策略，积极与高端市场接轨，参与高端市场或国际市场竞争。国内体外诊断行业正处于由培育期进入快速成长期的过渡阶段，较高的行业利润率水平、广阔的市场发展空间，将吸引更多的厂家进入本行业，市场竞争将进一步加剧。如果将来公司不能继续保持在行业内的技术、市场、品牌、客户信任等方面的优势，激烈的市场竞争环境将可能对公司生产经营和盈利能力造成不利的影响。

第二，新产品研发风险。体外诊断新产品的研究、开发和生产是一种多学科高度综合相互渗透、知识密集、技术含量高、工艺复杂的高技术活动，需要长期的基础研究、技术工艺积累和高额的资金投入。同时，新产品研发从立项到上市一般需要 3 ~5 年的时间，整个流程包括立项、小试、中试、上市和售后评价，研发过程中的任何一个环节都关系着研发的成败，研发风险较高。新产品研发成功后还需经过产品标准（技术要求）制定和审核、注册检测、临床试验、质量管理体系考核和注册审批等阶段才能获得国家、省食品药品监督管理部门颁发的产品注册证书，申请注册周期一般为 1 ~2 年，任何一个过程未能获得药监部门的许可均可能导致研发活动的终止。因此，新产品的整个研究开发过程受到种种因素的影响，虽然公司有着良好的研发基础、高水平的研发团队，但由于体外诊断产品研发具有周期长、技术难度大、风险高的特点，研究结果存在较大的不确定性，公司可能面临新产品研发失败或进展缓慢的风险。

第三，募集资金投资项目风险。公司发行募集资金项目建成后，产品生产车间将形成具备年产41 135.02万人份体外诊断试剂产品的生产能力。公司在体外诊断领域发展多年，已建立了较为完善的营销网络和服务体系，市场范围已基本覆盖全国，并积极开拓国际市场，形成了较强的市场营销能力。为及时消化本次募投的新增产能，公司在现有营销网络和营销能力的基础上，结合项目达产计划和产能释放进度制定了相应的产品营销计划。虽然公司已针对募集资金投资项目制定了完善的市场开拓计划，确保募集资金投资项目新增产能的消化，但若项目建成投产后，宏观经济形势和市场竞争环境发生重大变化，公司仍存在因产能扩大而导致的市场销售风险，将对公司经营计划的实现和持续发展产生不利影响。此外，上述项目分为建设期和投产期，建设期均为 2 年，建成后 1 ~3 年左右才能逐步完全释放产能，达到预期产量。在此期间，若行业市场环境、技术水平或产业政策等方面发生重大变化，可能影响募集资金投资项目顺利达产以及项目效益的充分实现。

以上是通过阅读招股说明书试图回答证券投资视角下的五个主要问题。当然也必须认识到招股说明书仍然具有一定的局限性，投资者还需要通过互动平台、实地调研、券商报告等多种渠道完善这些答案，从而有助于做出正确的投资决策。

二、定期报告

定期报告主要包括季报、中报和年报。在定期报告中，公司会公布报告期的财务报表。值得注意的是，在公布定期报告之前，部分公司将提前对该报告期的业绩进行预测，并且所有公司都会公布业绩快报。

根据深交所的规定，上市公司预计全年度、半年度、前三季度经营业绩将出现下列情形之一的，应当及时进行业绩预告：（一）净利润为负值；（二）净利润与上年同期相比上升或者下降50%以上；（三）实现扭亏为盈。在一份公开对外披露的“业绩预告”中，一般包含四项核心披露事项。一是业绩预计统计数据；二是审计情况；三是说明业绩变动的原因；四是其他相关说明。业绩预计数据方面，在上市公司“业绩预告”中，该数据往往是以区间或粗略预算的方式展现，同时将上年度同期的数据与预期数据进行对比。“业绩预告”范例如表3－4所示。

表3－4　业绩预告范例

芜湖长信科技股份有限公司2016年前三季度业绩预告公告

一、本期业绩预计情况

1. 业绩预告期间：2016年1月1日至2016年9月30日。

2. 预计的业绩趋势：上升。

3. 业绩预告情况：预计2016年1～9月归属于上市公司股东的净利润盈利22 262.11万～27 399.52万元，比上年同期增长30%～60%。

二、业绩变动原因说明

本报告期内，公司销售规模持续增长，中小规格产品的产销继续保持较大增幅增长；车载触控SENSOR产品满产满销，高毛利产品占比不断扩大；TFT面板减薄加工订单量有所反弹，加之设备稼动率提升明显。综上因素致公司2016年前三季度预计净利润较上年同期上升。本期非经常性损益对净利润的影响金额预计为1 300万～1 500万元，上年同期非经常性损益对净利润的影响金额为1 321.47万元。

说到“业绩预告”，围绕该项披露公告而来的是“业绩预告修正”。部分上市公司会在发布当年度第三季度报告时，在正式报告中对全年度的业绩进行“业绩预告”，而当第四季度过去之后，由于诸多因素，第三季度报告所作出的预期可能与实际估算的数据差别较大，业绩或增长超出预期，或下滑低于预期。因此，为保障投资者利益，上市公司即需要重新发布一份修正后的业绩预告，是为“业绩预告修正”。“业绩预告修正”范例如表 3 – 5 所示。

表 3 – 5　业绩预告修正范例

杭州海康威视数字技术股份有限公司 2015 年度业绩预告修正公告

一、本期业绩预计情况

1. 业绩预告期间：2015 年 1 月 1 日至 2015 年 12 月 31 日。

2. 前次业绩预告情况：公司于 2015 年 10 月 20 日披露的 2015 年第三季度报告中预计的业绩为：2015 年度归属上市公司股东的净利润变动幅度为 30% ~50%，2015 年度归属于上市公司股东的净利润变动区间为 606 497.93 万 ~699 805.31 万元。

3. 修正后预计业绩：比上年同期增长 25% ~35%，归属于上市公司盈利为 466 536.87 万元，股东的净利润盈利为 583 171.08 万 ~629 824.77 万元。

二、业绩变动原因说明

1. 由于受宏观经济大环境等因素影响，国内行业市场项目有所延缓，增长低于预期；国内市场竞争激烈，毛利率有所下降。

2. 国家规划布局内重点软件企业申请尚未开始，公司尚无法预期准确申请及获得批准时间。若在公司 2015 年报披露之前获得批准，则上市公司 2015 年度所得税将由高新技术企业 15% 的所得税税率减按 10% 计缴，公司 2015 年度全年归属于上市公司股东的净利润增长预计将在 30% ~40% 之间。

另外，为了提高信息披露的及时性和公平性，上市公司在会计期间（年度）结束后、定期（年度）报告公告前初步披露未经注册会计师审计的主要会计数据和经营指标，这便是业绩快报。根据规定，上市公司应当确保业绩快报中的财务数据和指标与相关定期报告的实际数据和指标不存在重大差异。若有关财务数据和指标的差异幅度达到 20% 以上的，公司应当在披露相关定期报告的同时，以董事会公告的形式进行致歉，并说明差异内容及其原因、对公司内部责任人的认定情况等。在披露业绩快报后，如出现实际业绩与业绩快报存在重大差异，上市公司应时发布“业绩快报修正公告”。

业绩预告、业绩快报和盈利公告都是有关公司经营业绩的信息，从信息质量特征来看，业绩预告的可靠性最差，但及时性最好；盈利公告的可靠性最好，但及时性最差；业绩快报介于二者之间。

在实际的投资过程中，利用业绩预测或快报构建盈利模式一定要注意三个问题：一是注意基数问题，在低基数基础上，一定幅度的业绩增长意义不大；二是注意扣非问题，如果业绩增长不可持续，则对股价影响小很多，只有扣除非经常性损益的业绩增长才有意义；三是注意估值问题，公司估值不能透支未来业绩太多。

三、详式（简式）权益变动报告书

权益变动是指公司持股5%以上股东股权的变动情况，包括增持、减持、股权转让等情况，通常要披露权益变动报告书（见表3－6）。在做资本运作相关标的选择时，分析上市公司权益变动报告书不失为一种较为可行的方法。

表3－6　权益变动报告书

收购比例	收购主体	报告书类型
5%～20%	非上市公司的第一大股东或实际控制人（仅持有被收购上市公司的股份）	简式权益变动报告书
	上市公司第一大股东或实际控制人（持有其他上市公司的股份）	详式权益变动报告书
20%～30%	非上市公司的第一大股东或实际控制人	详式权益变动报告书
	上市公司第一大股东或实际控制人（持有其他上市公司的股份）	详式权益变动报告书

在阅读权益变动报告书时要重点把握三个问题：一是信息披露义务人的基本情况，特别是手中持有那些资源；二是权益变动的目的及后续安排；三是权益变动方式。下面以天马股份（002122）为例，对其2016年10月18日公布的详式权益变动报告书进行分析。

1. 信息披露义务人的基本情况

本次权益变动的信息披露义务人为喀什星河创业投资有限公司，法定代表人为徐茂栋，主要股东为北京星河世界集团有限公司。喀什星河实际控制人控制的核心企业且有可能注入公司的几家主要企业如表3－7所示。

表3－7 喀什星河实际控制人控制的核心企业

公司名称	注册资本（万元）	持股比例（%）	主营业务
北京星河世界集团有限公司	5 000	100	技术开发、技术转让、技术咨询、技术服务、技术培训（不得面向全国招生）；企业管理咨询；经济贸易咨询；设计、制作、代理、发布广告
星河互联集团有限公司	10 298	64.53	投资管理、技术开发
北京星河融快科技有限公司	5 000	100	技术开发、技术转让、技术咨询、技术服务；企业管理咨询；计算机系统服务；基础软件服务；数据处理（数据处理中的银行卡中心、PEU值在1.5以上的云计算数据中心除外）；经济贸易咨询；软件开发；销售自行开发后的产品
北京闪惠信息技术有限公司	11 765	49.00	技术开发、技术推广、技术转让、技术咨询、技术服务；销售自行开发的产品；计算机系统服务；基础软件服务；应用软件服务；软件开发；软件咨询；产品设计；经济贸易咨询；文化咨询；投资咨询；项目投资；投资管理；企业管理咨询；企业策划；设计、制作、代理、发布广告

2. 权益变动的目的及后续安排

信息披露义务人认为天马股份具备长期投资价值，看好其未来发展前景，故收购上市公司股份。同时，信息披露义务人拟通过本次交易，建立优质上市公司平台，进一步完善上市公司的法人治理结构和内控制度，进一步提高上市公司的持续盈利能力，在条件成熟时使用上市公司平台对优质资产进行有效整合。本次权益变动后，信息披露义务人不排除继续增持上市公司股份的可能。若今后进一步增持上市公司股份，信息披露义务人将严格按照相关法律法规的要求，依法履行相关批准程序和信息披露义务。

在权益报告书的“第六节 后续计划”中信息披露人表示，从增强上市公司的持续发展能力和盈利能力，以及改善上市公司资产质量的角度出发，信息披露义务人不排除在符合资本市场及其他相关法律法规的前提下，在未来12个月内筹划针对上市公司或其子公司的资产和业务进行出售、合并、与他人合资或合作的事项，或上市公司拟购买或置换资产的重组事项。

3. 权益变动方式

本次权益变动标的股份的每股价格为8.25元，股份转让价款合计为29.37亿元，转让完成后信息披露义务人直接持有上市公司股份356 000 000股，约占上市公司股本总额的29.97%，为上市公司第一大股东。

从以上的分析中发现，信息披露人以每股8.25的价格成为公司的控股股东，并且很有可能在条件成熟时使用上市公司平台对优质资产进行有效整合。8.25元是大股东的成本价，相应的支撑性会很强。

四、交易信息

按照巨潮咨询的分类，交易主要包括七项内容：对子公司增资公告、重大合同公告、股权收购、关联交易、担保贷款、中标公告及其他。对各类别解读的关键点见图3－3。

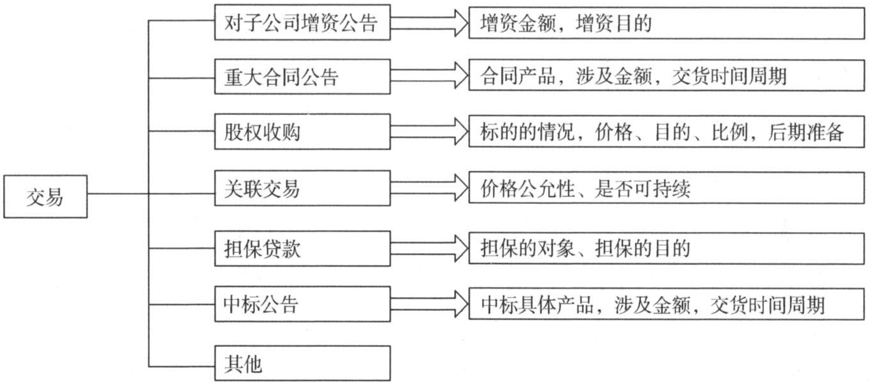

图3－3　交易的具体内容及关注要点

这里主要分析股权收购。

股权收购是企业重组的形式之一，是指一家企业（收购企业）购买另一家企业（被收购企业）的股权，以实现对被收购企业控制的交易。收购企业支付对价的形式包括股权支付、非股权支付或两者的组合。股权支付，是指企业重组中购买、换取资产的一方支付的对价中，以本企业或其控股企业的股权、股份作为支付的形式；非股权支付，是指以本企业的现金、银行存款、应收款项、本企业或其控股企业股权和股份以外的有价证券、存货、固定资产、其他资产以及承担债务等作为支付的形式。

上市公司进行股权收购需发布收购报告书，如果购买资产达到一定标准（具体参考上市公司重大资产重组管理办法）则要发布重大资产购买报告书。

收购报告书与重大资产购买报告书的分析方法类似于上文分析的招股说明书。在此基础上，还应注意三个问题：一是注意收购的具体手段，如果牵涉到定向增发则会增加公司股本，从而摊薄每股收益；二是注意是否有业绩承诺，如果有则注意承诺的增速，可以通过业绩承诺推测收购资产的质量与成长性；三是注意收购失败的风险，有些收购需要经过一些部门的审核，A股历史上曾出现过多次审核无法通过的现象。

五、非公开发行预案

已经上市的公司，如果为了融资而发行新股，被称为再融资。定向增发是被广泛采用的一种再融资手段，意为：上市公司向符合条件的特定投资者非公开发行新股，募得资金通常被上市公司用来补充资金、并购重组、引入战略投资者等。

定向增发的三个特征为：投资人不超过 10 名；定向增发股票的价格相比二级市场价格一般有一定的折让；投资者通过定向增发持有的新股一般 12 个月内不得转让，控股股东及其关联方认购的，36 个月内不得转让。

直接参与上市公司定向增发具有一大优势，就是能够享受折价。折价包括两部分：首先，定向增发的价格通常以董事会决议公告日前 20 个交易日均价的 9 折为底价；其次，定向增发方案公布后股价往往上涨。因此待定向增发实施完毕时，股票在二级市场的价格有可能已经远高于定向增发的价格。

根据统计的历年定向增发的结果分析，大部分年份的平均折价率在16%以上，这就意味着只要参与定向增发就有16%左右的浮盈在手，非常诱人。但是，直接参与上市公司定向增发也有一个劣势，即参与者往往会有一年的限售期，参与者的最终收益取决于解禁后的股票价格。2011—2012年，受熊市影响，很多定向增发项目的折价被磨平甚至破发。因此，投资时有必要对定向增发方案进行仔细分析。定向增发具体程序与解读如图3－4所示。

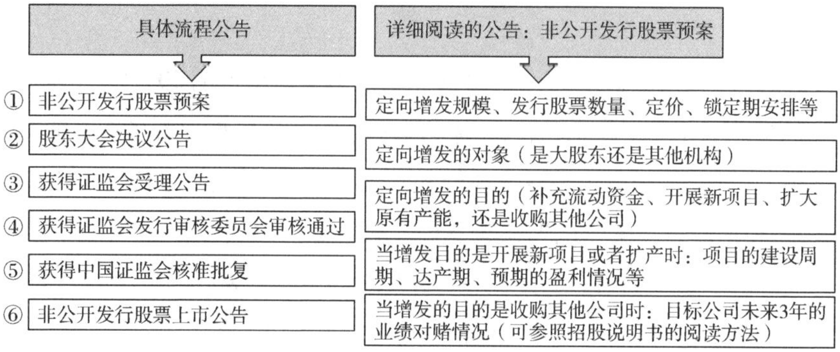

图3－4　定向增发具体程序与解读

定向增发从制定预案到最终实施是一个比较复杂的过程，图3－4左侧给出了定向增发具体流程公告。定增程序全部完成大约需要1年的时间，并有可能中途“流产”。在分析定向增发的相关标的时需要详细阅读的公告是非公开发行股票预案，在阅读时重点关注图3－4右侧列示的要点。下面以中来股份（300393）为例对其定向增发进行分析。

1. 定向增发项目的基本情况

上市公司中来股份研制出了全球先进的离子注入法制备N型单晶双面高效电池的技术及工艺，拟发行不超过6 203万股发行底价、23.64元/股募集相关资金用于年产2.1GWN型单晶双面太阳能电池项目。其中，大股东现金认购77.6%，所有认购人锁定3年。电池项目总投资16.58亿元，建设期1.5年，财务内部收益率33.10%（税后），定向增发后股本升至2.41亿元。

2. 项目的相关保障

与英利中国达成合作协议，使用先进的离子注入技术工艺对英利中国现有单晶太阳能电池生产线进行技术改造和升级，合作三方将共同搭建高效电池的技术和产品服务平台，引领市场对高效电池组件的需求。

与隆基股份及全资子公司乐叶光伏签署了战略合作协议，各方围绕太阳能光伏产业，在单晶硅片、单晶电池、单晶组件、背板等领域进行战略互补合作。

（1）隆基股份承诺将给予中来股份单晶硅片优惠价格；基于隆基股份价格承诺，中来股份 2016—2018 年将优先向隆基股份采购所需大部分单晶硅片。

（2）乐叶光伏承诺 2016—2018 年采购中来股份生产的 50% 以上的单晶电池片用于组件生产，具体单晶电池片的采购数量及价格根据市场情况确定。

（3）乐叶光伏配合中来股份进行 BOM 认证，在中来股份背板与其他厂商背板价格相同的情况下，优先采购中来股份背板。

（4）中来股份可以采购乐叶光伏制造的组件或者委托乐叶光伏进行组件加工制造，采购价格或代加工费用根据市场价格确定。

（5）N 型单晶硅片厚度按照目前约定的标准执行，随着技术提升，硅片厚度可能会进一步降低，如硅片厚度降低采购价格相应降低。

（6）中来股份、隆基股份、乐叶光伏共同推广高效、可靠性强的产品，在高效单晶 可靠背板材料领域强化市场合作。隆基股份认为，N 型单晶电池代表高效晶硅产品的发展趋势，掌握光伏先进技术的企业将抢占市场先机，中来股份的产品对隆基具有良好的互补性。

3. 产能释放节奏

项目建设期 1.5 年，在本次发行募集资金到位之前，中来股份可根据项目实施进度的实际情况以自筹资金先行投入，并在募集资金到位后予以置换。中来股份设立了全资子公司——泰州中来光电科技有限公司作为项目主体，该子公司已于 2016 年 2 月 19 日完成了工商注册登记手续。项目将于 2016 年上半年开工，一年之后全面建成投产。计算期 12 年（含建设期），计算期第 1 年为建设期尚未投产，计算期第 2 年达到设计产能的 25%，计算期第 3 年达到设计产能的 65%，计算期第 4 年达到设计产能的 90%，计算期第 5 年完全达产。中来股份定向增发项目达产后的具体情况如表 3－8 所示。

表 3－8　中来股份定向增发项目

项目	达产后年均金额
营业收入	466 200.00 万元
营业税金及附加	2 318.00 万元
总成本及费用	394 800.00 万元
利润总额	69 082.00 万元
税后利润	51 811.00 万元
内部收益率（税后）	33.10（%）
静态投资回收期（税后，含建设期 1.5 年）	4.83 年

从以上的分析中发现，中来股份定向增发项目的吸引力还是比较强的，如果能够按规划实现预期效益将极大增厚上市公司的业绩。但是需要注意的是，由于各种原因，很多项目往往无法达到预期收益，因此需要深入分析项目的潜在风险，谨慎决策。

六、股权激励相关草案

股权激励是对员工进行长期激励的一种方法，是企业为了激励和留住核心人才而推行的一种长期激励机制。有条件的企业给予激励对象 部分股东权益（见图 3－5），使其与企业结成利益共同体，从而实现企业的长期目标。

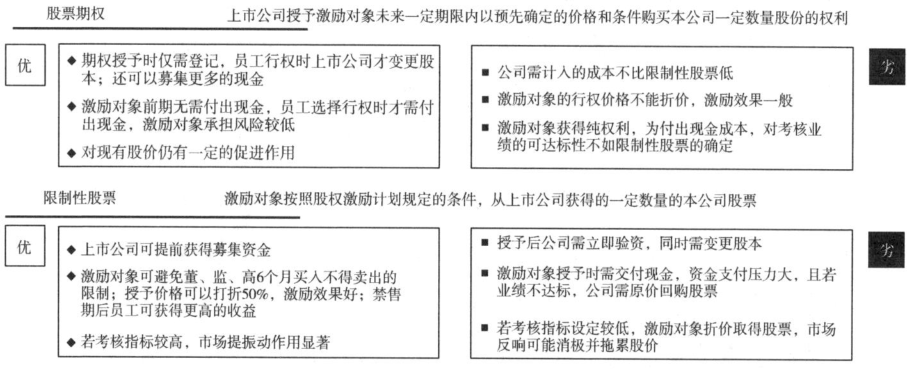

图 3－5　股票期权与限制性股票

资料来源：华泰联合证券。

传统的股权激励方案主要包括限制性股票和股票期权，如图 3 – 5 所示。上市公司在选择两种方案进行激励时需要发布相关公告，阅读的重点是第一时间发布的股票期权/限制性股票激励计划（草案）。在具体分析中，需要重点关注解锁的要求即绩效考核目标。高水平的业绩考核目标往往是公司对未来发展有强烈信心的表现，有助于市场形成对公司业绩的一致性预期，在没有被证伪的情况下往往会提振公司股价。股权激励范例如表 3 – 9 所示。

表 3 – 9 股权激励范例

上海东方明珠新媒体股份有限公司 A 股限制性股票激励计划（草案）
行权对象：本计划首批授予的激励对象总数为 574 人，占员工总数的 9.3%。
行权价格：首批的授予价格为 12.79 元，折价率为 50%。
解锁期：锁定期为 3 年，分别为解锁期满的次日及该日的第一个、第二个周年日；解锁比例为 33%、33% 和 34%。
解锁条件：2018 年、2019 年和 2020 年的第一个、第二个和第三个解锁期分别较 2015 年度的营业收入复合增长率不低于 10%、11% 和 12%；2018 年、2019 年和 2020 年度扣非每股收益不低于 0.91 元、1.01 元和 1.12 元。同时，解锁条件在满足以上经济指标的基础上仍然要确保考核年度内未发生任何政治性、技术性和泄密等事故在内的社会效益指标。

创新的股权激励方案类型较多，例如：管理层参与上市公司定向增发模式、员工持股计划模式、资产管理计划直接对接员工激励模式、事业合伙人激励模式等，目前在 A 股市场运用较多的是员工持股计划。

员工持股计划是指通过让员工持有本公司股票和期权而使其获得激励的一种长期绩效奖励计划。2014 年 6 月，证监会正式发布《上市公司实施员工持股计划试点指导意见》，员工持股计划可以通过薪金所得以及法律法规许可的其他形式筹措资金，通过二级市场购买、认购非公开发行股票等合法合规的形式持有上市公司股票，达到持有上市公司股票的目的。持有期满后，持有人根据预先设定的条件进行兑付。实行员工持股计划时需要披露员工持股计划（草案），通过阅读该计划可以了解有关内容。

第二节　价值投资概述

社会上有不少反对政府干预市场的声音，因为股票市场有其自身的规律，政府干预会使市场发展依赖于政府，就像“吸毒”一样。当然，当股市真的出现流动性危机时，救市是必须的。但是，政府不断干预股市是一条不利于股市长远发展的路径，不利于我国建立完善的市场经济制度。政府的使命在于为科学的股市治理创造条件，确保公平、公正、公开的市场环境。而本书所倡导的价值投资理论将为科学治理股市提供重要的思想与方法。

一、价值投资的基本思想

对于股票价格是否可以被预测，西方国家中存在激烈的争论。诺贝尔经济学奖获得者认为价格是随机的，无法预测；行为金融学者等认为有限理性、羊群效应等使金融市场失效时可以获得超额利润；价值投资者认为当价格远远低于股票基本价值时可以获得超额利润，因为证券价格最终要回归基本价值。证券的基本价值可以被勤勉的投资者估计出来，如沃伦·巴菲特 Warrn Baffett。

是不是投资者都是价值投资者呢？哥伦比亚大学价值投资研究院给出了答案：不是。首先，他们认为，市场是有效的投资者，其主要采取分散投资、资产配置、成本最小化等方法。其次，短期投资者也不是价值投资者，包括技术派和基本面分析派。技术派有动量投资（追涨杀跌）、价格成交量范式、K 线分析等，基本价值分析则要分析宏观和微观方面的变化，依据市场价格及预测价格的变化做出投资决策。最后，长期投资者进行基本价值分析，比较证券的内在价值与价格，这是价值投资。

但是，美国的价值投资者到了中国也会变成投机者。比如说，巴菲特并没有长期持有中石油股份，中石油上市后很快就抛售。中国的股市投机性太强，价格变化太快。基本面没有变化，但是，价格已经在几个月内上涨了 1 倍。价值投资主要比较股票内在价值与价格，如果价格太高，中国的股市又没有资本利得税，巴菲特自然就售出中石油股票了。证监会所希望的慢牛，必然投资者将定价确立在公司股票内在价值基础之上，随着经济形势逐渐好转，公司盈利不断增加，股价不断上扬。但是，我国的投资者主要是投机者。

1. 我国股市投机文化的社会文化基础

我国股市盛行的投机文化，是当代社会文化思潮的真实写照——浮躁。教师、科研工作者、学生、企业家普遍浮躁，重量不重质。人们做事，首先想走捷径，想多捞钱，而不是认真负责地把事情做好。西方市场经济的“金钱崇拜”与我国土生土长的“权力崇拜”二者的结合，必然摒弃我国勤俭节约的优良传统。

我国的精神文明建设实际上是很疲弱的。没有强大的精神支柱，中国要在美国的C形包围圈中冲出重围，要成为一流的世界民族，充满变数。我们在经济上大而不强，社会矛盾也较多，还不是成熟的社会。从大国向强国转变，任重而道远。所以，“慢牛”只是一种美好的愿望，实现愿望的过程中还困难重重。

2. 价值投资的吸引力在于赚得更多

为什么要进行价值投资呢？业绩统计表明，价值投资赚得更多。而且，一些杰出投资者投资成就突出，是难得的常青树，以沃伦·巴菲特为代表。历史是最好的试金石，而技术派却难有最后的成功者。

其他投资方法不能产生持续的超额回报。其一，宏观基本面分析者相信，理解宏观经济基本面有利于产生超额投资回报。但是，股市与经济基本面并不总是同步的。其二，技术原教旨主义者通过数据处理获得回报，但是，强化这些策略可能导致对信息十分敏感。技术指标总有失灵的时候，而模型回测时的赢利，可能仅仅是因为运气。一种情形下赢利，在另一种情形下就可能亏损。至于波浪理论，主观色彩非常强，是技术与艺术的结合，稍有不慎就会亏损。技术派试图将这些技术实证化，但任重道远。其三，市场效率信仰者相信回报是对风险的补偿，因而集中于交易成本的效率，但当市场发生系统性风险时，交易者会发生亏损，回报是负的。此时，如果亏损比股票指数小，则称为跑赢大盘。

3. 价值投资违背了人的心理天性

其一，寻找不显眼的、不被别人看好的公司，回避光环四射的公司。前者往往价值低估，后者往往价格高估。价值投资者有时会选择正处在危机中的昔日辉煌的公司，只要团队强大，就有希望。巴菲特投资 IBM、可口可乐等，都是在公司危机中“捡到了便宜货”。其二，别人都不敢投资时，你去投资。其三，需要耐心和不作为。当市场很热闹时，可能并不是好的投资机会，此时要持有现金，做好研究与调查，等待投资机会的出现。其四，与基金经理比较起来，价值投资者持有头寸时间较长，资金周转率低。当然，在美国这样做有减少税收的好处，还有可以避免频繁操作带来的投资失误。其五，价值投资者愿意持有现金等待好的投资机会，而市场交易此时可能非常火爆。其六，价值投资者承认人的心理缺陷，不断地审视自己的投资决策，谦虚而且自律。

价值投资经理人具有三个特点：低的资金周转率；高的资产集中度；高的现金水平。

4. 价值投资者认为市场会犯错误，但只是偶尔犯错误，最终它会正确

$$P = F + O$$

式中，P 为市场价格；F 为基本价值；O 为市场价格对基本价值的偏离。

价值投资者要求 $P < F$，否则，就等待。因为经济有周期，市场有危机，机会之窗总会打开。

市场犯错误的原因是什么呢？投资者的行为是有偏的，在个体和集体层面都是有偏的。个体有偏是基于心理学，并且专门有“行为金融学”学科在研究这个问题。集体性有偏是因为基金经理人的激励驱动的，导致了错误定价。机构投资者也存在“羊群效应”。经理人厌恶表现不尽如人意，厌恶当别人都在赚钱的时候他们却在赔钱。所以，他们持有相似的股票，也就是个体也愿意持有的股票。机构投资者往往选择追涨杀跌的策略，并不很关心公司内在价值。这些投资行为导致公司股票总存在错误定价的机会，价值投资者就是要抓住这样的投资机会。

个体层面的有偏效应表现在三个方面：其一，抽奖效应使人们对高科技股票追高。例如，IT 股票如果投资正确，奖励巨大，甚至是 100 倍的回报，所以人们愿意忍受在一些 IT 股票上的投资失败，期望一次好运能够弥补多次损失。高科技风险投资确实有这个特点。其二，损失厌恶与不认错的本能使

人们赢小赔大。人们从一笔钱中获得的幸福要小于他损失同样的钱所遭受的痛苦。所以，人们在赢利时倾向于“落袋为安”；而一旦亏损则容易死扛，直到跌破心理承受范围时割肉卖出。其三，过分自信与后视效应使投资者忽视风险，最终酿成重大损失。投资者显示的信心要大于证据所能支撑的，这增加了犯错误的概率。投资者通过回忆过去来认识未来也可能酿成损失。特别是那些不断盈利的人容易骄傲自满，忽视风险，甚至贪婪任性，最终酿成巨大损失。

5. 价值投资方法强调：有形的可靠的信息，并正视风险

其一，价值投资者规避净现金流方法。因为该方法脱离实际，人们无法准确地计算未来的现金流；其二，价值投资者规避乘数倍数法，如市盈率，因为价值投资者不想过于依赖市场；其三，价值投资者强调透彻地分析信息，但也不是无穷无尽地搜集信息；其四，交叉验证，即利用可获得的多种信息来源改善价值评估，如 AV、EPV 等，均提供了不同的价值故事；其五，阅读财务报表，但不让财务报表模糊人们的价值判断。

6. 关键的问题是：如果我买，别人为什么不买？

价值投资者需要思考三个问题：他们知道我不知道的信息吗？为什么他们与我的看法不同？为什么只有我一人看到了投资机会？

7. 规避标准的风险定义

金融学术派的风险定义，概念上是正确的，但不切实际。在 CAPM 模型中，β 是衡量风险的。这个概念依赖于多元化，只有不能多元的东西才有溢价。但是，极端的多元化是对知识的蹩脚的替代，不能带来价值。价值投资为风险给出的定义是：风险是由于错误计算或者运气不佳带来的资本的永久性损失。较高的安全边际能够较好地保障投资本金的安全。

安全边际：安全边际意味着，即使投资错了，或者运气不好，也不至于亏损。在价值评估过程中，人们注意获取充分的保障，即使犯了错误，也能保证本金的安全，投资必须有极大的成功概率。

市场总是波动的，或者是由于与风险相关的新闻，或者是与现金流相关的新闻，或者是与前二者无关的心理学原因。

价值投资者即使计算出了公司股票的内在价值，也要打一个六折。这样，

在市场波动的情况下也能不致亏损。我国的房贷首付为40%，这个40%就是银行信贷的安全边际。如果房价下降幅度不超过40%，银行的信贷资产就是安全的。这就是当房价下跌时，银监会等官方机构发声说，银行不会暴发系统性危机的原因，银行资产是安全的。当然，中央必须保证房价下跌的幅度不超过40%，否则就会发生系统性的金融风险。

8. 群众并不聪明

群众回过头看过去，并据此推断未来。他们假定过去做得不好的公司，将来也做得不好。这为价值投资者创造了一类这样的股票：不被人看好，但却是价值投资者的天堂。这些公司一旦将来做得好，就会给投资者带来更多回报。

那些刚入市的股民极容易犯错误。那些没有经验的投资者，信息处理能力不强的投资者，投资纪律不强的投资者都会亏损。真正的赢家恐怕不足10%。但是，人们依然不断涌向股票市场。只要这个市场公平、公正、公开，就值得人们去冒险。对于有经验的股票投资者，股票投资的回报要远远超过银行储蓄。银行储蓄不能使人们变富，只能为人们准备应急的资金。

二、价值投资的优势

值得价值投资的公司，其账面价值与市场价格之比相对较高；增长型公司的账面价值与市场价格之比相对较低。

1. 价值公司的平均回报更高，风险却并不高

（1）价值投资的方法。6月份，将所有的上市公司按照BE/ME，即Book Equity与Market Equity之比排序，等分成10组，计算每个月的回报（见表3－10）。第二年6月份，清算资产组合，并重新按照BE/ME排序，形成新的组合。

表3－10　1927—2011，按BE/ME排序分组的回报率

BE/ME分组	1	2	3	4	5	6	7	8	9	10
价值为权重	0.86	0.93	0.95	0.93	1.00	1.04	1.05	1.20	1.27	1.36
等权重	0.76	0.96	1.09	1.27	1.29	1.35	1.42	1.51	1.75	1.98
价值为权重的BE/ME	0.25	0.44	0.59	0.73	0.88	1.06	1.28	1.60	2.21	4.88

数据来源：根据COMPUSTAT计算。

（2）投资组合的价值策略。卖出账面价值与市场价值之比较低的股票，买入账面价值与市场价值之比较高的股票，这个组合称为 HML（High Minus Low）。

（3）策略结果分析。为什么 BE/ME 高的投资组合回报率高？回答这个问题的思路有两个：一是高风险对应着高收益；二是市场定价错误，实实在在的低风险、高收益。

思路一：风险高。高收益是高风险的补偿。如果 CAPM 是对的话，那么 BE/ME 高的组，其 β 也应该高，如表 3－11 所示。

表 3－11　1927—2011，按 BE/ME 排序分组，各组溢价与 β

BE/ME 分组	1	2	3	4	5	6	7	8	9	10
溢价	4.55	5.53	6.08	6.16	5.91	6.94	7.67	8.18	9.32	10.83
β	1.07	1.01	0.98	1.00	0.91	0.92	0.87	0.89	0.93	1.07

从表 3－11 可见，β 变化不大，但是溢价变化却很大。这否定了价值投资组合风险更高的说法。

再仔细考察收益。价值投资组合比增长投资组合：①灾难时期表现好，如技术泡沫破裂时俄罗斯危机；20 世纪七八十年代的石油冲击时期；②技术泡沫时期表现差。所以，金融学术圈所说的溢价是风险的补偿并不对，因为 β 不能很好地描述风险。

思路二：市场定价错误。这需要行为金融理论来解释。拉克尼肖克（Lakonishok），施莱费尔（Shleifer），和维什尼（Vishny）（JF，1994）认为，价值组合是由最近收益表现欠佳的股票组成的，投资者据此判断它的未来表现也不好。一旦这些股票表现变好，回报将更高。也许，现在表现太好的股票是有些过头了，终会下滑。

2. 价值投资的过程一：寻找廉价的、丑陋的、被人遗忘的股票

（1）搜寻方法与搜索的公司范围。搜寻方法：①筛查。②新闻、故事对话、行业性期刊。③本地搜寻。④特殊情形（四种搜寻方法将在后文中讲述）。

搜索的公司范围：①不显眼的或被人瞧不上的公司；规模小的、分拆的、

分析师报道有偏见的公司。②别人不想要的公司。财务困难，甚至破产的公司；问题缠身的公司，诉讼、子公司业绩不佳、处于坏年头的公司；行业性困难的公司。坏账困扰、过度扩张、受到监管威胁的公司都是考察的对象。③行业供需不平衡的公司。

（2）投资的依据：这些不起眼的公司投资回报率更高。根据斯塔特曼（Statman），费希尔（Fisher）& 安吉尔（Anginer）（2008）在期刊 Financial Analysts Journal（vol. 64 no. 2）的研究，这些廉价的、丑陋的公司投资回报较高。样本选取是这样的：10 000 位 CEO、分析师、经理人评出他们行业中 10 个最好的公司。Statman 将最高分放在一组，将最低分放在一组，跟踪这两个资产组合 2 ~3 年的投资绩效，其结果如表 3 –12 所示。

表 3 –12　两组资产组合比较表

项目	得分最低的资产组合	得分最高的资产组合
平均年回报（%）	18. 99	15. 65
CAPM 的 alpha（%）	4. 37	1. 94
Alpha 的 t 统计量	2. 43	1. 67
CAPM β	1. 04	. 98
t 统计量	30. 84	44. 82

从表 3 –12 可见，那些得分高的、让人津津乐道的知名企业的资产组合，回报比那些不被别人看好的企业的资产组合的回报率低，15. 65% 小于 18. 99%。而且，后者的 alpha 更高，2. 43 高于 1. 67。

（3）搜寻方法一：筛查。以服装业为例：①范围在 AEO，AFN，URBN，PSUN，ARO，GPS 等公司里挑选。②根据 PE 进行排序，从 Compustat、Capital IQ 等获取所需数据。③其他指标：账面价值与市价之比、ROIC 等。

采取双排序的方法。第一个标准是规模，即公司总市价；第二个标准是账面资本与市价之比。根据规模分成 5 个组；根据账面价值与市价之比，每个组又可细分为 5 个小组。共有 25 个小组。

（4）搜寻方法二：新闻、故事。①阅读。通过杂志挑选趋势和包含信息的故事，如阅读服装杂志和一般新闻杂志，或华尔街日报、金融时报等。

②行业接触。与经验丰富的经理对话是有巨大价值的，他们知道行业趋势、竞争优势；保持在法律的边界内，别触犯红线；行业会议。③财务历史。从过去的危机中学习，了解企业怎样应对银行危机和主权债务危机。国际经历也是无价的。

（5）搜寻方法三：本地搜寻。本地优势是重要优势。在自己的地理范围内的公司，可以更好地接触经理人，更好地检查运营情况。①小公司倾向于有本地客户和分布网络，因为它们有第一手的公司经济与组织效率情报。一旦成为股东，就可以接触董事会成员，经理和参加年会。②本地优势形成超额回报的证据存在吗？科沃尔和莫斯科维茨（Coval and Moskowitz）（2001）的研究支持这个结论。本地投资者比遥远的投资者获得更多的投资回报，差异显著。

（6）搜寻方法四：特殊情形。①分拆、销售处于困难时期的公司，立即着手调查这些公司。②主权债务危机。投资者往往将主权债务危机与公司危机相混淆。希腊有好的投资机会吗？肯定有。③银行危机。对于身陷困境的银行，不对经营良好的公司提供融资是符合其自身利益的。这导致经营良好的公司为流动性所困扰，二级市场的交易价格大打折扣。④监管创新。监管创新对不同的公司有不同的影响。如果具有较好的行业知识与经验，就可以判断这些监管新政对特定的市场的影响是加强还是削弱。这通常会影响公司特定的部门，进而影响公司收益。

3. 价值投资的过程二：评价资产价值 AV、收益能力价值 EPV 与特许权价值 FV

（1）两种不同价值投资方法介绍：比率分析法、净现值法。

第一，比率分析法。现金流测量 × 乘数倍数。现金流可以是 EBIT、EBITDA 等。乘数倍数受到经济形势、周期形势、杠杆、管理质量、资本成本、增长前景等因素影响。简单计算时，可以选择类似上市企业的市盈率作为乘数。

第二，净现值法。

$$value = \sum_{t=0}^{\infty} \frac{CF_t}{(1+r)^t} = \frac{CF_0}{r-g}$$

等式的右边是戈登增长模型的内容。g 为现金流的增长率；r 为贴现率，是常数；CF 为现金流。净现值 NPV 是正的，但是，人们无法精确地执行该计算。

净现值法的分析流程是：收益→毛利润→投资→现金流。分析的因素有客户行为、竞争者行为、成本压力、技术变化、管理绩效、市场规模、市场份额、市场增长、价格与成本之差、存在的技术等方面。

NPV 方法应用了不精确的信息

$$NPV = CF_0 + \frac{CF_1}{1+r} + \cdots + \frac{CF_{20}}{(1+r)^{20}}$$

当期信息是准确的，但是，多少期以后的信息则是没有办法预测的，复杂多变。

假设 g 与 r 是常数，但是并不知道其精确的值。即使 10% 的误差也会显著影响结果。假设 $r=5\%$，$CF=1$，则 Value =20；如果 $r=4.5\%$，则 Value =22.2；如果 $r=5.5\%$，则 Value =18.2。由于 r 和 g 都是在分母的位置上，且接近 0，所以，NPV 对参数值的变化比较敏感。如果公司的增长率 g 较高，特别是当 r 与 g 接近时，价值理论上趋于无穷大。

（2）价值投资方法的优势。价值投资者做投资决策时，一定程度上能够通过安全边际保证资金的安全。但是，价值方法有更丰富的内容，包括三个价值核算：①资产负债表的资产价值。②资产产生的可持续收入能力价值。③特许权价值导致的增长价值。这些优势在后文中还将详细介绍。

价值投资方法的优势表现在三方面：①决策更多地依赖于可靠信息。它依赖于资产负债表上的信息，并对商誉等做较保守处理。而现值法依赖于未来的收益增长率、贴现率等参数的估计，而且估计结果对这些参数极度敏感。所以，价值投资法估算的企业价值更加可靠。②资产价值、可持续赢利能力价值与特许权价值的概念彼此相互支持。这三个概念之间存在清晰的逻辑关系，价值投资偏好这三个价值逐渐加大的企业。③这些概念合成的故事支撑了科学决策：AV = EPV，反映了公司没有竞争优势，或者行业自由进入时的价值；EPV > AV，反映了企业拥有竞争优势；如果资产市场价值 AV > EPV，则市场认为特许权价值 FV 会继续增长。

考察这些概念之间的关系，可以更好地确认投资价值，以及这些价值的源泉是否可持续。①这些概念与公司的竞争形势有关，如 AV = EPV 反映了公司没有竞争优势。②AV 与 EPV 的差异反映了管理的有效性，只有EPV > AV，公司的管理才创造了价值。③AV 与 EPV 的差异是否是由管理质量驱动的？如果管理质量卓越，公司增长潜力巨大，公司价值就大。④AV 与 EPV 的区别是否是由不同寻常的增长前景驱动的？如果客观上存在一个不同寻常的增长前景，则投资价值的保障更加有力，而且定价也会更高。

4. 价值投资的过程三：再审查——关键问题、旁证、个人偏见

更好地理解过程三与过程四，我们在后面的 ARO 的案例中会有体现。

（1）关键问题。对影响价值评估的关键问题进行审查，具体行业并不相同。比如，竞争优势、商誉、会计制度、存货等，以及影响供给、需求的因素，或者一些可能的重大风险等。这样做的目的是使估值结果能够经得起考验，尽量客观。

（2）旁证。尽量寻找更多的证据，交叉验证。其实，技术分析、基本面分析也可以作为旁证。而将价值分析与技术分析、基本面分析、战略分析等结合起来，则可以寻找更好的买入切入点和卖出点。

（3）个人偏见。审查自己是否过于偏好该公司，是否还有未考虑周全的风险点。

5. 价值投资的过程四：风险管理

通过安全边际、多元化、耐心来保证有效的风险管理。

（1）安全边际。安全边际一般选 40%。尽管这个要求比较高，但安全性也高了。这样，价值投资者经常空仓持有现金，但一旦抓住机会，赢利的概率将很大。这是价值投资与动量投资等明显不同的地方。

（2）多元化。多元化并不是价值投资者所推崇的。因为多元化，实际上证明已经拥有的知识或信息不足以带来利润，那么就需要继续“做功课”。对于资金少的散户来说，多元化不是好的投资策略。对于资金多的客户来说，适当的多元化可以降低资金对股票价格的影响。

（3）耐心。价值投资者是不提倡多买多卖的交易策略的。动得越少，赚得越多。价值评估的操作流程见图 3 -6。

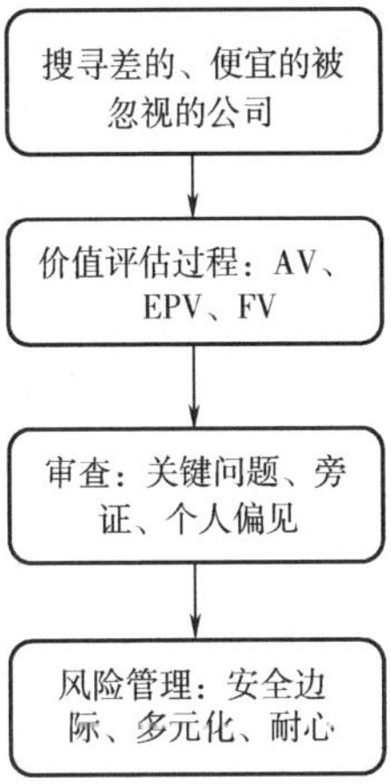

图3－6　价值评估的操作流程

注：FV：Franchise Value，即特许权价值。

三、价值投资的理论

价值投资的主要概念是资产价值（asset value）、收益能力价值（earning power value）、特许权价值（franchise value）。资产价值是有形的，基于资产负债表的，没有外推。收益能力价值基于当前收入，有外推（extrapolation），但没有预测（forecast）。

1. 如何评估资产价值

资产由流动资产、PPE、声誉（goodwill）、延迟纳税组成。负债由流动负债、长期负债、延迟税收、优先股、股东权益等组成。复制一个已经存在的公司需要多少资金呢?

（1）相关概念与计算公式。

①资产复制的价值包括现金与可交易证券，调整后的应收账款与投资、调整后的PPE、调整后的声誉，被忽略的含产品、顾客和员工的无形资产，资本化的政府许可以及调整后的在子公司的投资。

②负债的价值包括可“忽略”的自发负债（spontaneous liability）（应付账款+应付工资+应付税收）、间接负债（诉沧桑、罚款等）、债务。

③净资产的复制价值=整个资产的复制价值－自发负债。

④股权的复制价值 = 权益账面价值 + 调整后的流动资产 + 调整后的 PPE + 调整后的声誉 + 被忽视的无形资产 = 净资产的复制价值 − 间接责任 − 债务。

⑤企业的资产价值 = 股权的资产价值 + 账面债务 − 现金。

这里对资产价值做了调整，因为资产负债表中的某些项目，在进入一个行业时，复制可能需要多付，也可能需要少付；而无形资产虽然不在资产负债表上，但进入一个行业时是需要复制的；负债这一边，自发负债是运营时必须发生的费用，需要减去。

为了更好地表达上述逻辑关系，以表 3 − 13 做出概括。

表 3 − 13 价值投资理论的资产价值计算调整表

调整项目	调整方式
流动资产	
现金与可交易证券	按照面值
应收账款	减去违约的，加上违约后又偿还的
存货	FIFO，或者 LIFO
延迟税收	按照面值
PPE	历史成本减去折旧 市场价值小于历史成本，冲销 土地或建筑物等可以按照市场价计价 特殊设备依赖于特定买方，取决于交易价格
声誉	先前收购时记账的声誉记为 0
延迟税收	
无形资产	产品组合、客户关系、组织资本、许可证、特许权

注：产品组合为生产周期和过去的研发费用。

客户关系与组织资本：雇佣员工需要的费用以及机构的市场价格。

表 3 − 14 对价值投资理论涉及的资产负债表相关的主要概念做出了归纳。

表 3－14　价值投资理论涉及的资产负债表相关的主要概念

负债和股本
流动负债
应付票据
应付账款
应计费用
长期负债的年内到期部分
长期负债
延迟纳税
优先股票
股东权益
资本
留存收益

自发负债
应付工资
应付账款
延迟纳税
其他自发负债
间接负债
养老金负债
环境负债
其他法律负债
债务
长期债务
短期债务

注：自发负债减少了进入时所需要的资本。

⑥格雷汉姆—多德净值：总流动资产－自发负债－间接负债－债务

（2）实例。该公司售价 1.26 亿元。格雷汉姆—多德净值：总流动资产－总流动负债＝160.5－24.6＝135.75（亿元）＞126（亿元）

该方法的缺陷：该清算价值中的存货的价值可能小丁账面价值，应收账款可能存在问题。

现在调整资产价值：①应收账款不再是 500 万元，而是 250 万元。②存货不再是 7 000 万元，而是打八折，即 5 600 万元。③PPE 价值 2 100 万元，打五折，即 1 050 万元。④该公司还有许多无形资产价值，品牌认可度与特许权价值、客户关系、供应链关系、训练有素的工人。假设它为 0。

保守估计的资产价值为 15 450 万元，即调整后的流动资产 14 400 万元与调整后的长期资产 1 050 万元之和，减去流动负债 2 500 万元，得到 12 950 万元，依然比12 600万元多。

这表明，即使这家公司破产清算了，也能获得不菲的回报。当然，风险也是有的，如经理人是否愿意清算该公司？而且，这些资产对于投资来说也未必可控。表 3－15 为资产负债表实例。

表 3 – 15 资产负债表实例 单位：元

项目	金额	项目	金额
现金	44 962 831.90	票据	72 594.26
政府债券	40 498 615.16	应付账款	24 603 137.87
其他证券	4 877.00	总流动负债	24 675 732.13
应收账款	4 939 139.03	股本（优先与普通）	62 352 300.00
存货	70 021 072.57	税收储备	1 837 277.12
总流动资产	160 426 535.57	自保险储备	613 846.38
延迟费用	3 271 851.23	留存收益	95 141 779.64
土地与建筑	4 384 749.82		
设备	16 537 797.56		
声誉	1.00		
资产总计	184 620 935.27	负债与所有者权益总计	184 620 935.27

2. 如何评估收益能力价值（EPV：Earning Power Value）

（1）基本概念。基本公式为：EPV = 收益 / 资本成本

收益：会计收益 + 调整额（其中：会计收益为 EBIT，要考虑周期因素，要用 5 ~ 10 年的期限覆盖周期；EBIT = 毛利 × 净销售额；调整额为会计折旧和资本维持支出的摊销。）

资本成本：WACC（企业价值）

公司 EPV = 业务运营 EPV + 多余的净资产（多余的净资产可以出售）

股权 EPV = 公司 EPV – 债务价值

维持性资本支出 = 实际支出 – 增长性资本支出

增长性资本支出 = PPE / 销售额 × 销售增量

（2）资产价值与收益能力价值的比较。

如果资产价值 > 收益能力价值，公司或者处于夕阳行业，或公司管理不善。

如果资产价值 = 收益能力价值，行业自由进入，或者行业处于平衡状态。

如果资产价值 < 收益能力价值，公司拥有竞争优势，行业有门槛。

3. 以 Aeropostale 公司为例说明整个价值计算过程

Aeropostale，简称 ARO，是基于购物中心的休闲服饰专业零售商。目标客户是 14 ~ 17 岁之间的人群，销售自有品牌。休闲服饰是一个竞争很激烈的行业。ARO 采用的是跟随战略，复制的对象是青少年服装零售商领导者 ANF 公司。由于采用跟随战略，ARO 的产品比 ANF 价低，且省掉了广告费和营销费

用。但是，ARO 的战略将自己的命运绑在了 ANF 的时尚引导能力上，一旦 ANF 引领青少年时尚服饰出现问题，ARO 随之就会出现问题。ARO 并不是一个多元化的零售商。但是，ARO 正在通过 PS 进入儿童服装市场。儿童服饰市场是一个还未开发充分的市场，正在多元化发展。GPS 公司正在进行服饰多元化战略，ARO 也开始了多元化经营。

这里需计算 ARO 的 AV 与 EPV，并决定是否投资 ARO，最后还要从反面立场重新审查 ARO 投资，以免遗漏重要风险。

（1）ARO 的基本情况。ARO 没有债务，已知市值为 20.06 亿美元。

现金等价物 2.66 亿元（见表 3－16ARO 资产负债流量表年末现金与现金等价物栏目数据），一个财政年度净销售 24 亿元（见 ARO 损益表的净销售额栏目数据），运营收入 3.86 亿元（见 ARO 损益表的运营收入栏目数据），最近的毛利在 13% ~16% 之间。

表 3－16 ARO 的资产负债表 单位：千元

项目＼日期	2011/1/29	2010/1/30	项目＼日期	2011/1/29	2010/1/30
流动资产			流动负债		
现金与等价物	265 553	346 976	应付账款	103 014	90 850
商品存货	156 596	132 915	应计费用	113 088	150 990
预付费用	24 533	21 049	总流动负债	216 102	241 840
延迟税收	13 593	21 683	租户津贴	64 736	68 174
其他流动资产	9 290	7 394	递延租金	34 782	27 559
总流动资产	469 565	530 017	非流动退休福利计划负债	10 829	10 060
固定装置与设备	299 242	251 558	其他非流动负债	2 349	6 286
延迟税收	98	6 383	不确定的税务负债	4 298	3 901
其他资产	4 292	4 351	非流动性递延所得税负债	7 464	0
			股东股本		
			普通股	907	1 371
			其他实收资本	195 401	171 815
			累积其他综合损失	－443	－6 993
			留存收益	389 764	922 790
			库藏股	－152 992	－654 494
			总股本	432 637	434 489
总资产	773 197	792 309	总负债	773 197	792 309

竞争对手：AEO（American Eagle），GPS（The Gap），ANF（Abercrombie），URBN（Urban Outfitters）。ARO 的表现不如 S&P 零售指数，市盈率也比竞争对手低。

棉花价格飙涨：织物代表了服装 25% 的生产成本，并在价格变动 6 ~9 个月后影响服装价格。由于 ARO 是 ANF 的低价版本，客户可能对价格更加敏感。ARO 的客户是青少年，他们的预算不多。

商品零售的集中度：85% 的商品是由五大零售商销售的。

宏观经济风险：ARO 的资本资产价格模型的 β 是多少？服装行业对宏观经济条件敏感吗？

（2）价值投资计算过程中的调整与计算。

调整项目一：固定装置与设备，加上 249 267，因为实际状况比账面价值高，故调整为 548 509。

调整项目二：被忽略的无形资产要添加，调整增加 13. 32 亿元。

劳动力价值 1. 32 亿美元。ARO 有 4 160 名全职雇员，13 668 名兼职雇员，全职为平均工资为 6 万美元，兼职雇员平均工资为 3 万美元。全职雇员总工资为 2. 50 亿美元，全职雇员复制成本是总工资的 1/5，需要 5 000 万美元；兼职雇员工资 4. 10 亿美元，兼职雇员复制成本需要 8 200 万美元。二者共计 13 200 万美元。

品牌 12 亿美元。品牌价值是净销售额 24 亿美元的一半。品牌的价值估计需要估计与销售水平相关的销售成本。ARO 是梅西公司在 20 世纪 80 年代后期创建的，1987 年，基于 ARO 专卖店开张了第一家购物中心，后 ARO 扩张到 100 家店。1998 年，梅西公司将 ARO 卖给了经理和贝尔斯登商人银行。2002 年，ARO 进行了 IPO。ARO 客户价值即市值为 0，因为人员流属于购物中心。

调整项目三：股本的资产价值。账面股为 4. 326 亿美元，加上 PPE2. 493 亿美元、无形资产 13. 32 亿美元，共计 20. 139 亿美元。股本的资产价值即市值为 20. 06 亿美元，没有资产保护。

如果投资 ARO，需要更大的赢利能力。

关于租赁。服装零售商的房地产价格暴露限于租赁合约。大多数零售商把租赁当作运营成本，没有在资产负债表中进行资本化。租金与销售指标相联系。需要关注的是，新开店是否在高租金增长阶段，是否在房地产繁荣地区，如果是，则将租赁视为固定负债。

表 3-17 ARO 损益表 单位美元

日期 项目	2011/1/29	2010/1/30	2009/1/31
净销售额	2 400 434	2 230 105	1 885 531
销售成本	1 514 272	1 382 958	1 231 349
毛利润	886 162	847 147	654 182
销售、一般及行政开支	99 368	464 462	405 883
运营收入	386 794	382 685	248 299
利息收入	-118	121	510
税前收入	386 676	382 806	248 809
所得税	155 337	153 349	99 387
净收入	231 339	229 457	149 422
每股收益	2.52	2.3	1.49
稀释后的每股收益	2.49	2.27	1.47
加权股份	91 700	99 629	100 248
稀释后的加权平均股份	92 762	101 025	101 364

表 3-18 ARO 损益表 单位：美元

日期 项目	2011/1/29	2010/1/30	2009/1/31
运营活动产生的现金流：净收入	231 339	229 457	149 422
净收入中产生现金项目的调整			
折旧与摊销	58 719	52 851	45 773
基于股票的补偿	11 485	14 673	16 666
租户补贴摊销	-12 864	-12 348	-11 745
递延租金费用的摊销	7 070	1 366	2 357
养老金支出	7 993	3 361	2 757
递延收入税	18 823	-4 170	3 022

续表

项目 \ 日期	2011/1/29	2010/1/30	2009/1/31
基于股票补偿的税收利益	-5 128	-1 184	-1 482
运营资产与负债的变化			
商品存货	-23 100	-5 599	9 063
预付费用与其他资产	-4 989	-1 308	-5 202
应付账款	11 904	13 210	-21 717
应计费用与其他负债	-37 521	44 131	13 221
运营活动产生的净现金	263 731	334 440	202 135
投资活动产生的现金结算流			
资本支出	-100 807	-53 883	-83 035
投资活动中使用的净现金	-100 807	-53 883	-83 035
融资活动产生的现金流			
库存性股票的购买	-257 485	-174 257	-6 681
股票期权产生的收益	6 978	10 469	3 754
基于股票补偿的税收好处	5 128	1 184	1 482
融资活动中的净现金	-245 379	-162 604	-1 445
汇率变化的效果	1 032	493	-1 052
现金与现金等价物的净增加	-81 423	118 446	116 603
年初现金与现金等价物	346 976	228 530	111 927
年末现金与现金等价物	265 553	346 976	228 530
补充披露现金流信息			
已付收入税	147 700	139 019	112 469
购买物业与设备的应计	5 182	696	785

（3）毛利润率对价值投资的影响。ARO 运营毛利率（EBIT/净销售额）显著。2011 年的运营毛利润率为 383/2 400，即 16%；2010 年的运营毛利润率为 382/2 230，即 17%；2009 年的毛利润率为 248/1 885，即 13%。2011 年，ARO 的毛利润率处在 16% 的高位，但在 2001 年时，毛利润率是 6.5% ~7.5%。

16% 的运营毛利润率是可持续的吗？毛利润率可能要逆转。ANF 的激烈竞争带来压力，毕竟 ANF 品牌更好。ANF 的毛利润率目前是 6.7%，AEO 的运营毛利润率是 10.7%。假设其可持续的比率是 11%。

可持续的收益：0.11 × 24 亿 = 2.64（亿美元）

有效税率 40%（155 337/386 676），投资者可获得的收益 1.584（0.60 × 2.64）亿美元。

ARO 的折旧、摊销、利率支出都不大，不必调整。

P/E = 11.5，故 EPV = 1.584 × 11.5 = 18.21（亿美元），这是市场为 ARO 的定价。

加上现金 2.65 亿美元，股权的 EPV 为 20.86 亿美元（其原理见前述"（一）如何评估资产价值"的"1. 相关概念与计算"的③）。

股本的资产价值为 20.06 亿美元，股本的 EPV 为 20.86 亿美元。由于 AV ≈ EPV，由此得出两个结论：①这个行业是自由进入的；②这个行业处于平衡状态。

所以，购买 ARO 不是价值投资者所看重的，尽管市场价格是公平的。

当假设可持续运营收入 EBIT 能够达到净销售的 15% 时，情况发生了变化：

0.15 × 24 = 3.60（亿美元）

投资者能够获得的税后收益：0.60 × 3.60 = 2.16（亿美元）

运营的 EPV：2.16 × 11.5 = 24.84（亿美元）

股权的 EPV：24.84 + 2.65 = 27.49（美元）

此时，对于股本来说，AV < EPV，此时有投资价值。

（4）其他需要考虑的因素。对于价值投资者来说，ARO 意味着太多风险：一是它不是一个多元化的零售商；二是在经济改善的情况下，它会向高端品牌 ANF 丢失自己的顾客；三是它似乎已经完成了在青少年服装上的发展阶段，正向儿童服装迈进；四是它没有足够的资产保护，价值主要存在于品牌。

2012 年 1 月，ARO 的股价降到 9.25 元，对于价值投资者来说，这是一个可能的投资机会。ARO 的第二季度业绩较差，净销售比同期下降了 5%，商店销售下降了 14%；第三季度，净销售同比下降 1%。但是，毛利率比预期提高得更多，因为价格下降了，稀释后股份的净收益是每股0.27或0.28。这使得第三季度业绩强劲反弹。

第三节 价值投资的拓展分析

一、价值投资的隐性假设

股市不会崩溃，因而灾难投资时投资亏损不是无下限的。

1. 没有战争风险

巴菲特说，美国历史上股市没有长期关闭的，因而，价值投资不会发生流动性冻结的情况。当股灾发生时，往往是价值投资的最佳机会。但是，人们会有顾虑：万一股市崩溃怎么办？此时，股市关闭，资金冻结，所有的投资都打了水漂。至于战争等风险，美国历史上从来没有外国入侵导致股市非正常关闭的。即使是美国内战，也只会使华尔街的重要性更加突出。巴菲特说过，如果战争发生了，那么，你拥有那么多现金又有什么意义呢？

2. 股灾不会导致股市崩溃

香港股市在股灾时曾经关闭了几天，但接着又开放了。中国股市，除非第三次世界大战，否则，股灾不会导致股市关闭。我国股市曾经跌落到800点，也没有关闭。所以，每当股市恐慌的时候，恰恰是价值投资机会来临的时候。所以，此次股灾是股市投资的机会。中国不再是昔日的东亚病夫，任由他人欺凌而毫无还手之力的日子已经远去了。中国的股市是安全的，即使发生2015年6月26日的大践踏，发生流动性危机，对于一个价值投资者来说，那也是一个机会。因为价值投资者对于那么高的泡沫是很警惕的，早就会空仓。

二、价值投资是长期投资，但也可以是中短期投资

1. 当价值投资的对象出现了明显的泡沫时，价值投资者会选择卖出，而不是继续持有

巴菲特卖出中石油即是例证，所以，教条地认为“只有长期投资才是

价值投资”者并没有理解价值投资的真谛。价值投资通过 AV、EPV、FV 等的分析，加上安全边际，主要是为了防范风险，同时增加获利空间与获利概率。对于中国投机性股市来说，每当泡沫严重之时，就是价值投资退出之时。价值投资者投资中国股市，在股市行情发动的早期进入，也比其他投资者更早地退出。价值投资者相信：股市泡沫不会永久存在，泡沫终将破裂。这与做空资产泡沫的金融大鳄们不同，价值投资者的主要精力在于发现做多的机会，金融大鳄们则极力发现价格泡沫，并通过做空刺破泡沫获利。如果说价值投资者是金融市场的“生产者”，则金融大鳄则是金融市场的“分解者”，二者对于一个健康的金融市场来说都是重要的。像生态系统一样，生产者会产生很多排泄废物，这些废物需要被分解。但如果金融大鳄操纵市场价格，则为投资者所痛恨。价值投资者很少挨骂，他们是我国股票市场发展中需要培育壮大的力量。而上市公司治理，则是价值投资赖以生存的土壤。

2. 价值投资者与战略投资者比较，哪个持股的时间更长？

首先，将价值投资者与战略投资者做一个比较。像巴菲特这样的价值投资者，他的投资对象并不多，比较集中。巴菲特会关注投资对象的管理，包括战略管理，但是，对于具体的管理工作，巴菲特不愿意介入，而是让管理层和董事会主导日常管理，他不会越俎代庖。一方面，当投资规模足够大时，价值投资者必然是一个战略投资者，与企业共荣誉，帮助企业成长；另一方面，从风险态度的角度来说，价值投资者相对于战略投资者更加保守。战略投资者可以很超前，愿意承担较大的风险。战略投资者往往拥有行业实业背景，与价值投资者的金融投资毕竟还是有区别的。如果是实业公司性质的战略投资者，持股时间会更长；如果是金融性质的战略投资者，由于其拥有一定的金融运作经验，能够为投资对象的金融运作比如上市、并购、股权投资等带来宝贵经验，创造价值。

其次，二者持股时间的决定因素不同。战略投资者或者是实业投资者，持股时间会较长，或者是金融投资者，以实现金融使命为目的。当价值投资者发现投资对象的价值没有吸引力时就会退出。所以，价值投资者与战略投资者哪个持股时间长，需具体情况具体对待。

3. 价值投资者与风险投资者比较，哪个持股时间更长？

首先，简单比较一下二者。价值投资者一般不进行风险投资，除非对行业十分熟悉。价值投资者拥有资金，拥有财务分析能力，以及有限的行业经验。风险投资者往往是由那些高科技创业者，转而演变成为高科技投资者的。他们拥有成熟的风险投资能力，自身拥有雄厚的资金，也拥有筹集项目资金的良好信誉。巴菲特曾经投资于 IBM，但并没有投资于早期的 Facebook 等公司。但是，价值投资者也可以进行一些自己熟悉行业的风险投资，比如说，巴菲特投资于我国的比亚迪汽车。价值投资者更加强对投资对象的价值和风险防范，这是他的金融本质。

价值投资与风险投资持股时间受许多因素的影响。一是受税收制度的影响。美国股市“牛长熊短”，比如，从 1987 年的股灾到 1999 年的股灾共 12 年，而巴菲特的持股时间往往比这段股灾还要长。即使在股灾的时候，他也没有出售股份。出售股份一来需要缴纳昂贵的税收，二来“牛长熊短”，两三年后股市又涨了回来，没有必要卖，或者说卖不划算。在中国没有征收资本利得的背景下，在股价低迷时买入，股价高昂时卖出是划算的，是符合理性的。二是受投资者对投资对象价值增长空间的判断的影响。例如，Facebook 等的股价回报上万倍，但是，其投资价值是逐渐被市场发现的，而不是一开始就被投资者全部认识清楚的，因而很多投资者在购买之后又抛售了。对于腾讯公司、阿里巴巴，创始人马化腾和马云才是真正的价值投资者，他们拥有这些企业最全面的信息。根据市场公开信息，马化腾已经从香港股市套现 100 亿港元了。这对腾讯公司的股价来说是个利空信号。三是上市公司高管或大股东频繁套现，反映出股市泡沫化已经相当严重了。因为如果股价很低，企业还有很大的成长空间，股东套现就是不理性的。

4. 在中国学习巴菲特等价值投资理念的人大有人在，但能够真正运用价值投资理论的人并不多

首先，中国股市的市盈率比美国高很多，甚至高数倍，一些价值投资的具体理论与技术很难找到合适的购买对象。其次，国内对价值投资的理念与概念理解得比较肤浅，甚至是错误的。不少人将价值投资简化为投资质优股或蓝筹股，这个观念是错误的。价值投资可以选择潜力股、成长股，甚至可

以是 ST 企业。所谓的优质股，其价格往往已经很高，投资价值其实已经不大了。价值投资是谨慎投资，是安全投资，是平时多做功课，留足现金，关键时候迅速抓住机会的投资。

三、价值投资也适用于金融监管

1. 我国经济发展的新时期对证券市场的发展提供了新的机遇，也提出了更高、更新的要求

其一，现有以信贷为主的间接融资体系不利于高科技创新与创业的发展。我国目前在航空航天、互联网、生物医药、新材料等方面拥有一定的优势，这些领域的科技创新需要大量风险投资跟进。而 IPO 作为风险投资首选的退出渠道，需要资本市场特别是股票市场的支持。所以，股票市场的地位有了空前的提升。

其二，我国民间大量财富需要新的投资渠道，股票市场、期货市场的发展正当其时。这些财富用好了，有利于企业降低融资杠杆，优良的企业也会为股民带来财富，从而实现互利双赢。这是股市大力发展的可行性之一。

其三，股市扶持新兴产业发展具有无可比拟的优越性。在一定的条件下，通过股票市场进行结构调整是一种市场自发的行为，要比通过银行信贷调控的效果更好。银行向落后产业的大企业发放大量贷款，而新兴产业的中小企业难以获得贷款。股票市场的体量庞大，优质企业通过优异的经营效果成绩单，获得更多的资金支持和更高的企业定价，快速成长。当然，这种经营效果的衡量标准未必是财务数据。例如，世界巨头亚马孙也只是近年才开始赢利的，以前一直亏损，并一直不断地融资以维持经营的可持续性。这种新经济独特的融资模式，是与传统产业截然不同的，是银行信贷所无法接受的。所以，大众创新，大众创业，高科技创新，都离不开股市的健康发展。

其四，我国的产业结构调整需要借助股票市场的资本运作，国有资本需要借助股市调整产业布局。这里的前提条件是：财务数据真实，股市投资者理性睿智。看看我国的股市结构，存在着艰巨的调整任务。一方面，煤炭、钢铁、有色、冶炼等传统产业在股市中总量庞大。但是，这些行业高污染、高能耗，且产能过剩。这些行业的国有资本占有较大比重。另一方面，IT 产

业、战略新兴产业等民营资本主导的产业，代表经济发展的未来，国有资本的占比则过小，国有资本需要通过股票市场优化产业布局。我国还有大量的国有企业需要进行股份制改造、混合制改革，需要资本市场的监督，以提高运营绩效，完善社会监督机制。

2. *以价值投资为指引的证券行业监管，能够解决股市治理的许多现实问题*

投资者、公司、国民经济多赢的局面在于融资扶持了优质企业，企业不断发展壮大，效益不断提高，在国民经济中的重要性越来越大。所有的国内外股票市场对于上市企业都制定了一定的上市条件，就是要保证这种多赢局面的出现。

一旦资金链条出现松动，就会出现多输的局面。①上市公司违法，如财务造假、虚假重组、虚假消息、操纵股价，或者大股东通过关联交易操纵业绩，通过担保、抵押等方式掏空上市公司等，都会损害投资者的利益。②投资者依据虚假的信息做出了错误的决策，相关人员却逍遥法外，如虚假的财务消息、重组信息、重大信息等。对于相关责任人处分过轻，严重的消极示范效应会损害股市的健康发展。有经验的投资者受到蓄意欺骗，目前却没有有效的机制对其利益予以保护。这种投资者保护机制上的缺陷，严重制约了我国股市的健康发展，却没有得到相关部门的足够重视。造成这种现状的原因是多方面的。其中，联合执法机制与执法能力不足是重要原因。股市需要综合治理的客观需求与我国现有国家部委按条块设置机构的现实产生了矛盾。我们要学习美国《投资者保护法》相关的精神，允许利益受损的投资者通过主动的集体诉讼的形式维护自身的利益。③注册制要做好相关的过渡工作。我国民间拥有让政府包揽一切责任的期望，凡是出了问题就找政府，压迫政府从政治的高度进行处理。这种期望，中短期内不会因为注册制的实施而改变。另外，注册制导致的上市公司的数量供应增多，不利于多方。同时，我国证券公司的人才并不完全拥有对上市公司价值的识别能力，也无法提供科学的投资指引。注册制是重大的制度转变，必须抓好细节，培育有利于新制度成功的积极因素。否则，注册制的全面实施可能会导致明显的副作用，使改革遇阻乃至遭受挫折。

我国现有股票市场相关法律的执行遭遇部门利益破坏与权力协调难的问题。比如，对股票市场的违法犯罪的行政处理就过缓、过轻，如果没有公安、监察、司法机关的介入，这些违法犯罪行为就难以受到震慑。有些上市公司的犯罪在受到行政处罚后，并没有即时移送公安、司法等部门，纵容了违法犯罪。应建立公安、司法、监察与证监会、股票交易所、其他金融监管机构等的高效的日常合作机制，降低跨部门执法的交易成本，为市场提供高质量的监管服务。

在软件行业有一个术语，叫作“面向对象的设计”。我国现有部委的职能改革主要有两个方向：一是由IT革命三网合一引起的，如广电总局与工信部等的职能重组；二是金融混业引起的混业监管。无论是“虚”的金融混业经营，还是“实”的IT革命推动的部门整合，都说明IT革命引发社会管理革命，如免费、跨界、客户体验、快速迭代、管理扁平化等。金融监管、行业监管都涉及巨大的利益调整，其难度不亚于一场革命。如何调整，是未来政府治理革命的重要内容。

无论是政府能力建设，还是政府治理革命，都需要政府利用IT革命，根据市场经济自发的需要，重新塑造职能配置与工作流程，既要管得少，又要管得好。政府抓住流程性权力不放，掐住市场的脖子，实质性管理能力却不能胜任这些重要工作。这次股灾只不过是金融监管能力不足的突出表现，但是，证监会却拥有发放“出生证”的权力。越是金融改革开放，越是需要高质量的金融监管，越是需要能够迎接新监管挑战的人才。一边是快速创新、活力四射的市场，一边是与之难以匹配的政府。简政放权能够释放改革红利，但简政放权本身阻力重重；IT革命为政府治理变革带来历史性机遇。这是一篇划时代性的大文章。

生产力会为自己的前进开辟道路，扫清障碍，将教条主义者扔进历史的垃圾堆中去。谁逆历史的潮流，谁就会在全球制度竞争中败下阵来，美国也不例外。对于生产力革命带来的生产关系与上层建筑方向的调整，真马克思主义者是最清醒的。

如果说大部委制是中央做出的顺应时代潮流的政府管理模式改革的话，那么，金融业的混业监管将是另一个时代潮流。是否混业监管与怎么混业监管是两个不同的问题，不能因为我们不知道怎样更好地混业监管，就否认混业监管的必要性。在确立了混业监管的必要性之后，需要研究混业监管改革的路径。这其中，首要的就是人才的问题，改革需要真人才。

场外配资活动之所以能够大规模开展，与分业金融监管的局限性有关。配资活动中，作为账户提供方的信托公司和配资软件商，以及作为资金提供方的商业银行并不属于被证监会所监管的机构类型，从而这些巨量资金在证券业监管范围之外。

我们从一个金融监管行为来分析，酿成这次股灾的金融监管能力不足是有其必然性的。2007 年前后，大银行的网上银行能够提供股票经纪业务，影响了证券公司的经纪业务收入，证监会禁止银行涉足股票经纪业务，理由是《证券法》有这样的规定。证券业的改革滞后于时代发展的要求，证券公司没有自己的核心竞争力，靠垄断获取丰厚利润，没有进取的动力。

3. 股市的价值创造分析

股市的一级市场，即股票 IPO 是创造价值的；二级市场通过提供流动性，使投资者财富增值，支撑一级市场的发展。如果二级市场出现问题，如股灾、长期熊市，则 IPO 就无法实现。我国股市大多数时间不能实现 IPO，在泡沫化阶段，乘机快速 IPO 一批企业，既抑制泡沫，又为实体经济注入资本。

健康的股市价值链是这样的：上市公司获得 IPO 或 SEO 资金，施行更好的激励机制，提高核心竞争力，提高长期获利能力；投资者获得股息和资本利得；投资银行业务的参与者尽职尽责，获得相应收入，以补偿高级劳动的成本；政府保证这个市场的公正、公平、公开。

美国在 1929 年股灾之后，将内幕消息、操纵股价等行为定义为违法犯罪行为，这是血的教训。对于我国投机型股市，有一种理论“水至清则无鱼”，反对依法治市。这种理论有损于股市的长期健康发展。我国投机型股市有它的成长环境，也有它的必然性，但股市综合治理就是要使股市具有内在的投资价值，使投资者、国家与上市公司互利共赢。股市治理是一项系统工程，必须充分认识到其战略重要性和战略艰巨性。我国的市场经济改革从商品价格改革入手，逐渐到了资金价格市场化改革的阶段。这个阶段的任务包括人民币完全自由兑换，利率市场化与充满活力的资本市场建设。资金价格的改革风险巨大，千丝万缕，改革失误有可能酿成金融风暴乃至经济危机。这些改革与我国上层建筑关系紧密，属于攻坚战。问题更加复杂，需要考虑的因素也更多，路径设计将更加困难，利益调整将惊心动魄。资本市场改革与扩大再生产关系密切，对经济基础的影响更加直接。资本市场改革，就股票市场来说，一句话，就是股市综合治理，保证公平、公正、公开的原则得以实现，为股市健康发展打下制度基础。

4. 金融混业监管日益迫切，是对我国金融分业监管格局的重大挑战，是一个必须解决的时代课题

相对于混业监管来说，制度需求与制度供给的矛盾十分突出。

金融监管的权力被分散到了一行三会、发改委、金融办、国资委等部门。人民银行负责汇率、利率、货币发行、清算、征信等，以及银行间票据、外汇等市场；银监会负责对银行业金融机构等的管理；证监会负责对上市公司、交易所、期货合约、证券期货协会等进行监管；保监会对保险机构、保险产品、从业人员等的监管。人民银行有动力统领混业监管，但法律上没有明确的规定。对于混合型的金融产品创新，目前金融监管除了否定，没有更好的协调机制。虽然国务院牵头一行三会的合作，但是，产品级别的监管协调还不是主要协调内容。

随着全球互联网金融的发展，互联网技术为金融创新打开了一扇大门。互联网金融对传统金融机构带来巨大冲击，也带来新思维、新的业务模式和混合性的金融产品。我国的金融改革被耽误了七八年的时间，也有专家说耽误了 10 年。金融混业监管必须破题，而其改革的成败则在于细节。

5. 价值投资切中了我国股市发展的时弊

股市综合治理是治疗我国投机型股市的一剂良药。

我国投机型股市的形成有多方面的原因。一是税收结构支持短线交易。我国还没有资本利得税，短线交易、高频交易的成本不高。短线交易、波段交易比长线交易更有利可图。在现有的炒股文化中，“炒股炒成了股东”是股民的悲哀。亏损被套的投资者，待股价上涨了就会跑掉，号称解套。二是大量资金沉积在股市，但股市里优秀的企业不超过 30%，特别是在经济下滑时期，优秀企业还要少。三是股票价格“过山车”，值得长期持有的股票并不

多。即使是那些较为优秀的股票，波段操作也获利更多。也就是说，该卖的时候一定要卖，不能砸在手里。股市缺乏公平、公正、公开的环境，内幕交易、虚假信息、欺诈等行为明明已经构成了违法犯罪，但是法不责众，往往是不了了之，即使处罚也是象征性的。四是劣质企业得不到淘汰，反而成了“壳”资源，为投机者带来暴利，造成资源配置的低效率。国有企业在股市中的布局不尽合理，不少资源型企业等夕阳产业亏损严重，拖累大盘。这些问题致使投资者特别是散户投机心理较重。

为此，股市治理需综合施策。一是依法综合治市，为股市投资创造健康的环境。打击财务造假、散布虚假消息等违法犯罪行为，扩大打击力度和打击面。二是从全国优选公司上市，淘汰劣质上市企业，发展新三板和战略新兴产业等板块。我国改革开放近40年，经济实力大增，要把优秀的企业推上股市，调整股市结构。三是增加银行存款与股市资金的综合监测，管好大股东套现、大股东圈钱，使公司良好经营成为股东致富的根源，而不是在投机市场的迅速变现。四是推动公司治理规范化，促使上市公司创造价值。公司犯罪要追究主要管理者的责任，加大自然人的违法成本。五是统一整个金融业的管理手段与政策，步伐协调一致，避免股市泡沫过快膨胀，避免股市泡沫破裂时产生系统性金融风险，降息、贷款、民间配资、杠杆、融资融券等措施统筹兼顾。

价值投资强调投资对象的投资价值，注重风险的事前防范，将会产生多方面抑制投机的效果。一是价值投资指引机构投资者参与上市公司的管理。根据价值投资理论，机构投资集中于部分上市公司，参与公司的治理，推动公司创造价值。这是我国推动机构投资者改革的主要方向。美国20世纪80年代在这方面做了大量工作，形成了美国20年牛市的基础。目前，我国不少基金追涨杀跌，本质就是大散户。这些机构不但不是稳定股市的力量，相反却是加剧波动的力量。二是价值投资注重上市公司的业绩。上市公司通过经营管理创造价值，而不是搞概念炒作、虚假重组等游戏。上市公司有良好的业绩，股价才有基础。三是价值投资注重信息公开、透明、真实，以便做出科学的投资决策，所以，监管者要督促上市公司公布有价值的信息，市场参与者发现和加工有价值的信息。对于利用内幕消息进行交易的从严处罚。证券业既是一个资金密集型、信息密集型和智力密集型的行业，更是依赖于全社会信用和法治治理的行业。四是价值投资者对泡沫很谨慎，一般不会追涨杀跌，从而成为市场稳定的中坚力量。巴菲特在2009年美国股市恐慌的时候大量买入，有利于美国股市的稳定。所以，价值投资策略是投资者、上市公司、国家多赢的投资策略，需要大力宣传与提倡，宣传的重点，不是巴菲特发了多大的财，而是他凭什么发财，以及该投资策略的多赢特性。

四、在国际货币信用化的背景下，价值实际上是动态的

1. 货币价值的波动与股市波动的复杂关系

金本位制下也有资产泡沫，但屈指可数。郁金香泡沫、南海泡沫、密西西比泡沫都有特殊的时代背景，数百年产生一次。当西班牙、葡萄牙发现新大陆后，运回大量的黄金白银，而其资本主义生产力和生产关系却没有得到发展。相反，地主与贵族势力很大，生活奢侈，轻视劳动，生产成本较高。地主与贵族用黄金从荷兰购买生活必需品，从而刺激了荷兰经济发展。而且，荷兰的国际贸易为其带来了巨额财富，财富的膨胀使富人们渴望用价格昂贵的郁金香来证明自己的高贵身份。同时，也有更多的投机者试图抓住这个暴富的投机机会，全欧洲的财富都向荷兰集中。郁金香泡沫破灭后，英国在与荷兰的资本主义竞争中，用军队打败了荷兰。至于南海泡沫与密西西比泡沫，是在资本主义经济发展初期，民族国家英国和法国由于战争欠下了大量债务，国王参与到资产泡沫中来，试图以泡沫抹掉国家债务。它们有一个共同特征，就是都涉及美洲大陆，这些泡沫最后都破灭了。

货币信用化使资产更容易出现泡沫。近些年来，日本、东南亚、美国、中国都发生了资产泡沫，包括股市泡沫和房地产泡沫。由于货币发行数量可以由央行轻易改变，利息高低也可以由央行调整，在低息的时候，房地产需求旺盛，股市资金供应充沛，当通货膨胀上行时，央行加息，导致房地产需求疲软，价格下跌，股市也跌入熊市。

每当利率变化时，股市就要重新估值，汇率也面临重新估值。在美元作为主权信用货币充当世界货币的条件下，利率、汇率、通货膨胀率、商品价格等不断浮动，整个世界处于价格的不断动荡中。

2. 价值投资中的价值是估算，并不是僵化不变的数字

在前面的实例中，根据企业的资产负债表、现金流表、损益表计算出了企业的资产价值 AV，进而计算出持续收入能力 EPV 和特许权价值 FV。由于形势的不断变化，今年算出来的价值，明年可能就变了。所以，要计算 10 年的数据，至少一个经济周期，并加上 40% 的安全边际。这是一个估算。

价值投资中的价值是动态的。随着经济形势的变化，企业的资产负债表等也会发生变化。对于成长型企业，由于可供计算参考的资产负债表的时间较短，很难计算出一个稳定的数据。巴菲特所选取的高科技企业也是有一定年头的，如 IBM，他很少选择成立时间短的高科技企业进行股权投资，也就是说，他一般不进行风险投资，因为巴菲特对风险投资领域不熟悉。

3. 没有静止的不变的价格，也没有一成不变的股票价值

股票的价值是变化的，这是价值投资理论的应有之意。价值投资者在计算出公司的三种价值后还要进行审查，考虑潜在的不利情形，以免过分乐观，给投资带来损失。显然，如果发生了影响公司基本面的意料之外的重大事件，公司的价值就需重新评估。当然，在环境未发生重大变化的情况下，经过周密的价值核算与评估，公司价值计算基本上就是科学的。

公司价值的计算要比商品价格的计算复杂，考虑的因素更多。相对于净现值法来说，价值投资的估值更加接近真实市场，更加客观。对此前文中已经详细介绍过了。

五、巴菲特参与企业重整的价值投资实例

股市投资牵涉天使投资、风险投资、PE、IPO、二级市场交易等。如果参与企业重整，只是纯粹的买卖股票，低买高卖，那还不是真正的价值投资。巴菲特也做纯粹的波段投资，不参与企业的管理，但是，他最值得人们学习的，对我国股市发展最有借鉴意义的是参与企业重整的投资。因为这些管理行为真正体现了价值投资的真谛。巴菲特在纺织、饮料、金融、报业等都有投资，每次投资都是一大笔资金，而不是分散投资。他在投资之前，先做足功课，如与被投资公司的高管很熟悉。集中投资使巴菲特成为公司的董事，甚至成为最大的股东。他在公司股价最低时买入，然后悉心运营，使公司创

造丰厚利润，股价大幅上涨。最终，巴菲特获得的投资收益远远超过那些致力于股市交易的投资公司。

巴菲特这种方法对我们很有启发，那就是机构投资者要能够参与公司运营，使公司扬长避短，走出危机，从而获得巨大的价值增值。但是，像巴菲特这样既懂交易、又懂管理的投资大师并不多。纯粹的机构投资者，并不能为公司直接创造价值，至多是善于选择优秀公司而已。

1. 参股伯克希尔·哈撒韦公司

伯克希尔·哈撒韦公司是巴菲特的大本营，是他自己的公司，他一直持有该公司的股票，从不出售。他收购可口可乐、运通、《华盛顿邮报》等都是通过这家公司进行的。他占有这家公司40%的股份。在巴菲特早期阶段，他通过该公司收购保险公司，利用保险公司提供的现金进行新的收购，从而创造了天价利润。

（1）收购伯克希尔·哈撒韦公司概述。马萨诸塞州的新贝德福德曾经是世界捕鲸贸易中心。1847年，此地成立了第一家纺织厂。后来，北方纺织业逐渐衰败，1940年，纺织工人只有9 000人。哈撒韦制造公司由西伯里·斯坦顿经营，他1915年毕业于哈佛大学，陆军中尉。在当地纺织厂一个个迁往南方的背景下，西伯里坚守本地，10年里共投资1 000万美元。他的合成纤维分厂在二战时用于制造降落伞。1954年，飓风吞噬了整个工厂，1955年，西伯里与蔡斯家族控制的伯克希尔联姻，年销售额1.12亿美元。西伯里·斯坦顿任总裁，马尔科姆·蔡斯任董事长，成为当地唯一存活下来的纺织企业。西伯里一方面与工人有隔阂，另一方面因为要追加投资及削减工人工资等问题与弟弟奥蒂斯关系紧张，奥蒂斯负责销售。此外，西伯里绕开加工批发商，将产品直接销售给服装制造商，触犯了加工批发商犹太人的利益。1962年，公司运营损失高达220万美元，股价跌破8美元/股。由于西伯里想把总裁的职位传给自己的儿子杰克，这造成西伯里与奥蒂斯的矛盾更加激化。1963年，巴菲特合伙公司成为伯克希尔·哈塞韦公司最大的股东，并由丹尼尔·考因代为公司董事，自己不出面。当巴菲特视察公司时，他从杰克手里拿到了公司40多年以来的财务状况的材料。而在巴菲特视察工厂那天，具有总裁竞争潜力的肯·蔡斯陪伴了巴菲特，此人最终被巴菲特指定为纺织厂的总裁。当西伯里与唱白脸的丹尼尔·考因在经营方面发生争吵时，肯·蔡斯准备另谋出路。巴菲特与奥蒂斯谈妥了股份转让的条件，收购了兄弟二人手上的股票，占股49%。杰克·斯坦顿为了争得总裁的位置，赴纽约与巴菲特夫妇见了一面，但没有打动巴菲特。新的董事会会议上，巴菲特掌管了实权。巴菲特分管资金，肯·蔡斯负责与纺织有关的事宜。巴菲特没有给肯·蔡斯股票期权激励，而是给了他贷款18 000美元，买进1 000股股票。肯·蔡斯的年薪当时只有30 000美元。肯·蔡斯接受了巴菲特不再追加投资的要求，担任总裁职务。

巴菲特向肯·蔡斯讲述投资的基本理论，关心利润与投入资本的比率。巴菲特要求蔡斯把存货量和管理费用压至最低，每月把财务报表送给自己过目，并提醒他可能发生的意外事件。

由于两年来纺织品市场繁荣，公司利润丰厚。1967年，巴菲特付了每股红利0.10美元，从此再也没有派发过红利。1969年，纺织厂都停工了。1970年，伯克希尔·哈撒韦从保险业赚取的利润是210万美元，从银行赚取260万美元，从纺织业赚取的利润是4.5万美元，而三者所占用的资金大致是相当的。

（2）收购国民赔偿公司。国民赔偿公司的控股股东是位精明的商人杰克·林沃尔特。他在大萧条时期为出租车司机提供保险："要想挣到钱，就得为别的承保人不敢承保的领域提供保险服务"。杰克的强项是经营高风险的汽车保险业务，而且因为在各城市承办寻宝节目而声名鹊起。杰克将一张10万美元的银行汇票塞到牙膏筒里埋到地下。他提供的线索极为隐晦，通常是不可能找到的。

在与杰克的15分钟会谈中，巴菲特以让杰克满意的条件，花费了860万美元买下了该家位于奥马哈市的保险公司。保险业带来的现金流，即收取保费与偿还债务之间的金额，即浮存金，被巴菲特投资于股市。巴菲特比任何人都更早地领悟到了浮存金的巨大作用。

（3）保险企业浮存金的巨大威力。利用国民保险公司的资金，伯克希尔·哈撒韦并购了奥哈马太阳报业，以及伊利诺伊国民银行和信托公司。

巴菲特收购的企业往往是这样的：创业者白手起家，靠自己的汗水取得了令人瞩目的成就。巴菲特让这些创业者为自己继续经营，创造不菲的价值。例如，伊利诺伊国民银行和信托公司的总裁在把公司卖给巴菲特时，他已经70高龄，却仍然愿意继续为巴菲特工作。国民赔偿公司的总裁杰克也愿意继续经营国民赔偿公司。

巴菲特让他们感觉到自己完全依靠他们，也通过自己的赞赏和充分授权来表达自己的信赖。

2. 收购《布法罗晚报》

（1）收购之前的情况。巴菲特掌握了报纸行业的规律：拥有在所在城市占主导地位的报纸。《布法罗晚报》是下午发行的报纸，生意兴隆。一般来说，下午发行的报纸往往销量不好，而法罗的蓝领工人一般只有下午下班之后才有时间看报。晚报的缺点是没有周日版，而广告商都看好周日版。另外，由于报社的13个工会组织的控制，晚报职工工资相对较高。巴菲特预计人们的阅读短期内很难改变，而晚报在本地的占有率比其他大城市的报纸都要高。另外，布法罗稳定的人口提供了稳定的读者群。晚报成立于1880年，由巴特勒家族经营。1974年，业主去世之后，家族打算出售报纸。

巴菲特询问《华盛顿邮报》是否打算购买，如果邮报不购买，巴菲特自己就想购买。当时，在与邮报多年合作之后，巴菲特想自己拥有一家报纸。由于邮报刚镇压了一场罢工，邮报不打算购买晚报。

晚报税前收益170万美元，晚报报价3 500万美元，巴菲特报价3 000万美元，后来提高到3 200万美元，最后以3 250万美元成交。

（2）收购之后的报社的官司与报社管理。执行主编莫里·奈特问巴菲特一个问题："你觉得办一份周日版的报纸怎么样?"这就牵涉了另一家报纸《信使快报》。这家报纸的东家是康纳家族，该报的生命线是周日版。快报处于不营利的状态，它的周日版发行27万份，周一至周五，每天12.3万份，《布法罗晚报》每天发行26.8万份。除去周日版，晚报的广告收入是快报的4倍。经过思考之后，巴菲特决定办一份周日版的报纸。

布法罗人都知道，布法罗养不活两家报纸。晚报出版周日版的半个月之前，快报控告晚报违反了《谢尔曼反托拉斯法案》，指控巴菲特想用周一到周五赚的钱为赔钱的周日版提供补贴，就像连锁店依仗总店的支持在某一区域进行倾销来抢占市场一样。

在激烈的法庭辩论中，《华尔街日报》上一篇关于巴菲特的文章使巴菲特处于不利地位："沃伦·巴菲特希望拥有一家具有垄断地位或市场主导地位的报纸，就像拥有一座不受约束的桥梁收费站一样，然后他就可以随心所欲地抬高价格，想多高就多高。"

由于三个原因，巴菲特在案件中处于不利的地位：一是快报破产将有上万人失业；二是上述文章显示了巴菲特寻求垄断的明确想法；三是巴菲特是外地人。

法官禁止晚报在尚未结束审判之前发行。最终的审判结果限制周日版的促销与营销。由于法官的强硬表态，晚报失去了一部分公众的支持。

快报认为法官的判决为自己赢得了时间，于是快报加快了自己的现代化步伐，购入了自动排字技术，并改进了设备，扩大了版面，增设了瞭望版，扩大了漫画版和杂志介绍版，在现有规模上扩招了25%的员工。

在激烈的竞争中，巴菲特确保自己的新闻版面要比对手多。巴菲特投入大量精力，他不时表扬精彩的报道，参加职工的野餐会。他希望记者能够挖掘一下话题：很多富豪是多么贪婪和没有良知。他没有要求报社为他赚回多少钱。

报社在新闻方面取得了成绩。但是，周日版仍然亏钱。因为1978年布法罗的经济陷入萧条之中，一些工厂解雇了大量工人。巴菲特亲自会见大的广告商和零售商，亲自审批营销和竞争战略，并成立了特别发行小组。巴菲特利用自己的影响力，动员了《奥哈马太阳报》的发行人每月到布法罗待一周，指导发行工作。

当时处境不妙。法院的判决给晚报的经营带来重重困难。法官要求晚报出示订阅周日版的读者名单，晚报的推销员、高管和工作人员说的每个词句都要经过仔细思量，因为一旦被当成违反法庭判决的证据，后果严重。有一次，快报指责晚报藐视法庭，这顶大帽子若成立，足以让晚报造成更大的损失。1978年，晚报亏损290万美元。官司费时、费钱，且结果不可预测。

1979年4月，纽约联邦上诉法院推翻了对晚报的禁令和对它藐视法庭的指控，布法罗法官还受到了严厉的指责。这时，快报已经卖给了另一家财力雄厚的家族企业。1979 年，晚报亏损 460 万美元。1980 年，太阳报的发行人开始全职打理晚报。

当时晚报与工会的关系紧张。1980 年年底，报社的卡车送报工要求增加人手，并且要求在不工作的时候也拿钱，巴菲特拒绝了。巴菲特决定，“如果晚报再次发生罢工，报社只能进行停业和破产清算。”早上 6 点，司机们开始罢工游行，现场一片混乱，无法进行正常的营业活动。在这场纠纷中，快报趁机拿到了很多订单。

巴菲特知道，如果报纸长期停产，他丢掉的市场将难以恢复。他要么马上复工，要么关门大吉。但他不能妥协，因为如果答应了，其他 12 家工会也会提出类似的要求。早上，巴菲特宣布：“如果报纸不能正常出版，我就不发工资，并解雇全体员工；如果司机们影响了最重要的周日版的出版发行工作，我将取消周日版。”最终，司机们妥协了。星期二下午，晚报正常到了人们的手里。

晚报继续亏损。布法罗确实无法养得起 2 家报社，但是，巴菲特断然否认自己会让报社破产。1982 年 9 月，快报破产了。因为快报的早报业务每年亏损 300 万美元，而且，母公司经营业绩也不理想。

（3）快报倒闭后的好日子。晚报更名为《布法罗新闻报》，并开始发行《晨报》，不到半年，发行量上升到 36 万份，广告收费急剧上升，日进斗金。

快报倒闭后的第一年，巴菲特的报社税前利润为 1 900 万美元。20 世纪 80 年代后期，年均利润为 4 000 万美元。

3. 收购《华盛顿邮报》

在成为最大的外部股东之前，凯瑟琳·格雷厄姆在丈夫自杀后的 1963 年接管了邮报。凯瑟琳起用前《新闻周刊》的华盛顿分部主管担任报纸主编。1971 年邮报上市时，凯瑟琳顶着尼克松政府的施压，发表了“五角大楼文件”，并对水门事件展开调查。当时，这份报纸在华盛顿占据了主导地位，但是利润率只有 10%，电视业务问题缠身。

当时，市场处于熊市。《华盛顿邮报》旗下有 4 家电视，《新闻周刊》杂志以及印刷工厂。巴菲特认为这些价值至少在 4 亿美元，而市价才 1 亿美元。华尔街的分析师也知道邮报股价很便宜，但是，他们抛弃了基本面分析法，而是根据行情做出分析判断。他们认为熊市还会继续下去。

1973 年，巴菲特聘请所罗门兄弟通过出售优先债券为公司筹资 2 000 万美元，为收购邮报筹集资金。2 月，伯克希尔·哈撒韦以每股 27 元买入邮报 18 600 股。5 月，邮报每股跌到 23 美元，又买入 40 000 股。9 月，以每股 20.75 美元买入 87 000 股。此时，巴菲特成为最大的外部股东，持有邮报 10% 的股份。

巴菲特的举动引起了凯瑟琳家族的紧张。邮报的股票有两种：一种是公开交易投票权有限制的 B 股；一种是对公司形成控制权的 A 股。巴菲特给凯瑟琳写了一封信，表达自己没有任何敌意收购的意思。但是，凯瑟琳不敢相信巴菲特。

两人在洛杉矶见了一面，凯瑟琳对巴菲特留下了很好的印象，并邀请巴菲特到华盛顿时参观她的公司。当巴菲特到华盛顿委婉地向凯瑟琳争取董事的职位时，还是大都会董事长汤姆·索菲（巴菲特的朋友）建议凯瑟琳邀请巴菲特进入董事会。对于董事会其他人员的戒心，巴菲特做了许多工作。他将自己的投票权委托给了凯瑟琳家族，并以书面形式承诺将永远持有这些股份。

在取得了凯瑟琳家族的信任之后，巴菲特开始向管理层灌输财务方面的知识。他阐述《新闻周刊》特许经销商的新想法；他教凯瑟琳阅读公司年报，以便教会她财务知识。巴菲特认为，公司整体的业务增长率并不重要，重要的是每股收益率增长率。他说服凯瑟琳回购公司股份，以便提高每股收益率。

他反对与华盛顿排名第二的公司联手经营另一家败下阵来的报纸。理由是邮报已经占领了 66% 的市场份额。结果，该报破产。

巴菲特是寡妇凯瑟琳的最贴心的好朋友，在很多重大问题上都提出建议。巴菲特反对凯瑟琳花很多钱收购有线电视、电话公司，因为需要大量投资。巴菲特收购邮报，是因为它能产生直接的现金流。巴菲特也反对高价开展收购活动。整整 11 年内，邮报没有大的商业运作。但是，邮报的股价不断上涨。

与凯瑟琳的交情和频繁活动改变了巴菲特的生活，改变了他的交友圈，他们相互改变了对方。

4. 挽救所罗门兄弟公司

所罗门兄弟对巴菲特带来的挑战，因为巴菲特全面过人的管理能力和守法经营的强烈意识，终于度过了危机。

（1）所罗门兄弟的变化。费迪南德·所罗门出生于法国阿尔萨斯—洛林。由于儿子要在周六营业，而父亲想要保持犹太人的安息日，周六关门，所罗门兄弟决定单独创业。他们在百老汇大街 80 号开店，经营公司债。1917 年，所罗门成为美国财政部的注册经销商。当大家反对成立美国证券交易委员会并纷纷撤资时，所罗门在股票承销商中站稳了脚跟。但所罗门大额资金的股票承销和投资银行业务还没能入局。

1958 年，第二代所罗门合伙人规定，除了每年拿走 5% 的利润外，必须把利润留在公司。这项规定使所罗门的地位不断上升。1979 年，IBM 要求摩根士丹利放弃独家承销股票的传统地位，与所罗门共同承销 10 亿美元的股票。由于摩根士丹利拒绝共同承销，所罗门成了主承销商。

古特·弗罗因德因为在市政债券和大公司债券业务上出色，34 岁成了公司的合伙人。1978 年，比利·所罗门任命古特·弗罗因德负责公司的运营。1981 年，公司被强制出售给从事商品交易的菲布罗公司，合伙人每人分到 700 万美元。后来，菲布罗的业务垮台了，所罗门又重新获得了独立。20 世纪 80 年代中期，所罗门成为股票承销业务的旗舰，传统的债券承销业务也大大发展了，并被称为“华尔街之王”。当时，德崇证券、摩根士丹利等大投行因为内幕交易而麻烦缠身。

但是，公司机构臃肿，人员太多，古特弗罗因德不得不解雇一些人，并对管理层一再进行调整。管理层内斗的主要原因是年终奖分配问题，中高层想多分红，而古特弗罗因德想少分红。这其实是巴菲特授意古特弗罗因德实施的。

公司的混乱让巴菲特不满，公司甚至连一张最新的资产负债表都没有。1990 年，公司利润锐减了 1.18 亿美元，而古德弗罗因德却把公司的奖金总额增加到了 1.20 亿美元。所罗门的税前每股收益率仅为 10%，比该行业的平均盈利水平低很多。8 年来，所罗门的股价一直在 25 美元左右。股东没有多赚一毛钱，而高管的薪金却逐年增加。

巴菲特是公司 3 名董事组成的薪酬委员会的成员之一。他召见了公司的执行委员会，让他们把奖金下调。但是，自立山头的高管们极力反对，资金额反而提高了 700 万美元。巴菲特对奖励决议投了反对票，但是，其他人投了赞成票。拿到 100 万美元以上年薪的经理人超过了 100 人。套利团队有拿到2 300 万美元的，负责政府债券的保罗·莫舍更是远大于这个数。

保罗·莫舍 34 岁，在西北工业大学获得工商管理硕士学位，1979 年加入所罗门。保罗在 1989 年赚了 400 万美元，1990 年赚了 475 万美元。

（2）公司的大麻烦。保罗·莫舍在美国财政部出售国债时参加投标。这一市场上的大鳄均是纽约联邦储备银行选定的主要经销商，共 39 家。这几家经销商可以代为客户投标。公司的交易商每天都与美联储的官员进行沟通。

经销商想以最低价获得标的，而政府则想得到最高价。保罗·莫舍要调查每个客户的意见以确定需求。在 1 点钟竞标开始前的几秒钟，报价信息会打给守在美联储大楼电话边的员工，报价单会被投入接受报价的木盒。1962 年，摩根的银行家想买下一半要招标的国库券。财政部部长担心摩根有操纵市场的企图，于是规定每家公司最多不能超过国库券总额的 35%。

保罗·莫舍找到了政府规定的漏洞：虽然承销的比例不得超过 35%，但是，招标额没有限制。保罗·莫舍的投标额是招标额的 2 倍，保证他每次都能拿到最大的单子。招标的官员巴沙姆警告保罗·莫舍不能这么干了。当财政部出售 50 亿美元的债券时，莫舍投标 100 亿美元。巴沙姆拒绝了保罗·莫舍的投标，宣布投标不能超过总额度的 35%。莫舍不但威胁巴沙姆要越过他与财政部长对话，还在媒体上引起轩然大波。在公司逼迫保罗·莫舍道歉后，他并没有真心悔改，而是想起了新的办法，假装得到了客户的授权并进行投标，每次又得到了最大的销售额。

1990 年 12 月，在竞拍 4 年期的国债时，莫舍假冒水星资产管理公司提出了 10 亿美元的投标，并让副手做了一些特别处理，仿佛水星资产管理公司真的参加了投标一样。1991 年 2 月，所罗门和“客户”得到了 57% 的竞标债券。

4 月，财政部一位官员例行公事地给水星资产管理公司的一位高管发了封邮件，莫舍也得到了该文件的复印件。莫舍恳请水星资产管理公司不要回复财政部，同时，告诉套利部主管说自己投错了一次标。公司高层开会，准备向美联储或者财政部的巴沙姆报告。公司高管同意公开莫舍的错误行为，但由谁在什么时候公开却没有确定。公司并没有处分莫舍，虽然明知他很可能已经违反了法律。

5 月，竞标两年期国债时，莫舍报出了一个意想不到的高价，拿下了 106 亿美元的额度，即 87% 的额度，由所罗门与两位客户分担。许多经销商没有拿到承销份额，只好高价购买。莫舍从垄断中挣得了 1 800 万美元。但是，提高价格的做法让几家交易商破产了，更多的交易商蒙受了损失。此事也就捅到了华盛顿，特别是巴沙姆秘密通知了美国证券交易委员会。美国证券交易委员会开始与司法部联合秘密调查所罗门在这次抬高价格中所扮演的角色，所罗门的客户收到了传票。财政部受到国会的压力，因为国会听到了交易商的抱怨。

6 月初，古特弗罗因德拜访了财政部副部长。他为公司辩解，且没有提及公司政府债券部的负责人向财政部撒谎的事。由于没有提及公司政府债券部的人向财政部撒谎的事，古特弗罗因德摊上了大麻烦。6 月底，所罗门成了民事与刑事案件调查的对象。古特弗罗因德一直没有向自己的律师透露莫舍虚假投标的事，直到律师发现了证据。

8 月 8 日，古特弗罗因德向巴菲特、纽约联邦储备银行通报了违法情况。9 日，报纸上公布了此事，但报道却轻描淡写。8 月 12 日（周一），《华尔街日报》攻击公司的管理层，认为他们以不知情推卸责任是不能成立的。接着，所罗门股价一路走低，交易商们开始抛售所罗门赖以融资的短期商业票据。纽约联邦储蓄银行给古特弗罗因德写了 ·封信，暗示所罗门的政府债券经销商地位岌岌可危。

公司的高管召开了会议，起草的新闻稿中直接点名古特弗罗因德，他4 月份就已得知非法投标一事，仍然纵容莫舍一错再错。

公司客户开始另投别家，穆迪可能降低信用评级。股价从 37 美元降到 27 美元，中期债券下跌 260 点。而纽约联邦储备银行明确表示将取消所罗门兄弟的主要承销商资格。

古特弗罗因德又给巴菲特打电话，要他施以援手。巴菲特有 7 亿美元的优先股。如果所罗门破产，估计巴菲特不会损失太多。巴菲特处理这个烂摊子是风险很大的决策，若搞不好，名誉就会毁于一旦。

但是，巴菲特不愿意随波逐流遭受那么多损失，决定亲自出马。在公司的经理人大会上，他就莫舍违法的事说道："这不仅是湿鞋的事，连在河边走都不允许。"

（3）巴菲特的努力。纽约联邦储备银行要求彻查非法投标事件，董事会也要进行调整。

套利部经理辞了职，财政部取消了所罗门参加债券竞标的资格。巴菲特不得不与财政部、纽约联邦储备银行联系，恳求法外开恩。因为所罗门的1 500亿美元融资都是靠短期证券进行的，每天经手的交易额高达500亿美元，如果不能重新融资，只能破产清算。古特弗罗因德辞了职。人们将希望集中于名誉、财富、权势和内在能力于一身的巴菲特，期望他能够拯救所罗门公司。但是，巴菲特要等财政部长的消息。如果财政部把所罗门列在财政部的黑名单上，巴菲特就准备让所罗门破产清算。只有所罗门不被列入黑名单，巴菲特才愿意出任CEO。

在记者招待会上，巴菲特向媒体介绍了自己和莫恩，称自己是过渡性董事长，不拿工资；并说财政部长改变了决定，所罗门可以用自己的账户参加竞拍，但还不能代客户投标。巴菲特的记者招待会开得很成功。

（4）所罗门的努力。在华盛顿，管理当局发誓要展开地毯式的清查。所罗门的债券评级遭到了降级，公司不能参加商业票据的市场交易，世界银行和许多州的公共雇员退休金体系都放弃了所罗门。

巴菲特看望了美国证券交易所委员会主席，保证配合调查。巴菲特的诚意打动了他。接着，巴菲特要求古特弗罗因德的首席法律顾问辞职，起用伯克希尔·哈撒韦的法律顾问。

最大的担忧来自司法部的制裁。如果所罗门被控有罪，公司就几乎全垮了。首先，打官司时公司不能营业；其次，客户不愿意与犯罪嫌疑人有业务往来。巴菲特相信，抬手不打笑脸人，只要不发生冲突，与人为善，就终归会有好报。

当时的环境对所罗门不利。因为电影《说谎者的扑克牌》的影响，人们先入为主地认为所罗门已经腐败透顶。因储贷危机而名誉扫地的政府执法人员和议员也力图利用此案展示自己的正面形象。公众对于所罗门冲撞财政部的傲慢十分反感。这一切促使众议院和参议院在9月各举办了一场听证会，并请巴菲特做主要证人。巴菲特事先拜访了主要审讯官员，取得了他们的谅解。

听证会上，众议会议员要求不能给古特弗罗因德一分钱的离职金，一分钱的退休金也不给。巴菲特从来都是主动申报个人所得税的，这样的行为被众议员们看作是可值得信赖的品质。摩根的名言：幸福的基础不是金钱，而是人的品质。

听证会很成功，气氛很温和。听证会后，董事们因为众议会议员的要求取消了古特弗罗因德的离职金、资金、律师费用、办公室和秘书，以及医疗保健支出。

美国证券交易委员会要求巴菲特上交律师事务所的报告，这是本案中最致命的证据。但是，以前的传票并没有这项要求。这是新的没有法院传票支持的要求。所罗门聘请的律师团建议巴菲特拒绝这个请求，但巴菲特拒绝了律师团的建议。“我们要坦白做错了什么事。”

巴菲特解雇了所罗门的有偿政府顾问。他一再警告交易员不要“打擦边球”。接替莫舍的交易员利用税法中的漏洞赢利，也被巴菲特否决了。

但是，麻烦似乎还没有过去。所罗门公司依然是报纸的头条，因为莫舍违规的细节不断见诸报端。5 个联邦政府机构和许多州政府不断宣布展开新的调查，并扩大调查范围，其贷款来源也被切断了。英国电信公司取消了所罗门公司参与一宗巨额承销的权利，债券交易商也退缩了。并且，后来美国电话电报公司的董事长公开宣称所罗门的道德腐败是不可原谅的。9 月 24 日，股票价格跌到了 20.75 美元/股，导致所罗门公司规模萎缩，盈利能力下滑，实力削弱。

10 月 29 日，巴菲特要削减经理人的报酬。因为公司经理人把利润的 3/4 拿回了家，而股东则受到冷落。但是，奖金越高，经理人就越容易纵容自己的部门以低利润率甚至赔本来运营公司。

1991 年，公司利润比 1990 年翻了一番，但是，公司的奖金减少了 1.1 亿美元。经理人的总资金削减了 70%，投资银行家的平均薪酬减少了 25%，此外还解雇了 80 名专业投资人士和 200 名后勤人员。证券部的反抗最激烈，经理辞职。1991 年第四季度，所罗门公司承销的股票从业界的 8% 下降到 2%。当时，华尔街一片欣欣向荣，各家公司的资金都在不断增多。于是，所罗门公司的很多销售商和分析师纷纷离去。

巴菲特试图建立一种将各个部门的奖金和盈利能力挂钩的体制。他认为，所罗门公司从未计算过诸多部门要用多少资金，是一个致使的错误。

接着，《商业周刊》《华尔街日报》等开始猛烈抨击巴菲特。《说谎者的扑克牌》的作者也大肆讽刺巴菲特，说他在投资和道德伦理上都有许多缺陷，认为巴菲特只是运气好罢了。

1992年2月中旬，所罗门恢复了一些生机。股价已经恢复到30美元，世界银行和养老基金这样的客户也回来了。但是，谣言四起，说巴菲特准备重新把公司交给债券交易商，其他一切业务，包括投资银行都砍掉。2月，1/3的证券分析师和1/4的投资银行家转投他家，共有100多名雇员另谋高就。

巴菲特请求财政部早日结案。司法部和证券交易委员会要求所罗门接受重罪的罪名和4亿美元的罚款，律师认为处罚过重。在与检察署谈判时，律师说："巴菲特答应与政府合作，他没有食言。如果制裁所罗门，给别人的暗示就是不要与政府合作。"4月，巴菲特与检察官的谈判很成功；5月，检察官宣布不予起诉，各联邦机构也宣布与所罗门达成民事调解。为此所罗门公司共花费2.9亿美元。美国证券交易所发出了400张传票，但是，除了莫舍的违规，再也找不到一丝违法的证据。6月，巴菲特不再担任董事长。

巴菲特的这些经典实例对人们有多方面的启示：一是价值投资是要参与企业管理的，要具有危机时出手相助的能力。我国最缺乏这样的复合型人才。如果没有管理能力，在企业出现危机时只能亏损割肉避灾，这样的投资就纯粹是金融投资，只能发现价值，不能创造价值。二是价值投资要集中投资，股份达到一定规模就可以进入公司董事会，参与公司的管理。所以，价值投资者要了解所投资的行业，并且拥有相应的人力与财力。三是价值投资需要既懂财务与金融，又懂得管理的复合型人才，这样的复合型人才还很缺乏。四是不参与企业管理的价值投资只是在选股时运用一些技巧和方法，还不是我国股市最需要的。五是股票投资时的价格波动风险与企业管理的经营风险是相连的，要投资管理上有潜力的企业。六是价值投资并不需要复杂的现代金融知识，但需要较强的行业判断能力和管理能力，既简单又复杂。巴菲特的伯克希尔·哈撒韦公司的管理极其简单，但是，巴菲特阅读财务报表的能力却是别人学不会的。

巴菲特的价值投资也有不足之处：巴菲特主要投资那些现金流充沛的行业，最好有垄断实力，如银行、报社、保险公司、纺织厂、超市等；高科技行业、制造业等一般是巴菲特要回避的，因为巴菲特不熟悉这些行业。而从国家利益角度来说，我国特别需要发展现代制造业和高科技产业，所以说，我国价值投资不缺资金，缺的是懂得现代制造业和高科技产业的复合型人才。资产组合、分散化投资，不如价值投资对经济的促进作用大。如果利用专业知识对大众信息进行专业化的分析，就可以降低风险，实际上增加了投资价值。所以，具有特殊的信息加工能力，相对于淹没在信息噪声中的投资者来说，获利能力将更强。这样就从理论上否定了有效市场假说。

从价值投资来说，我国不缺资金，而是缺乏复合型人才。秦始皇统一中国，主要干将不少都不是土生土长的秦国人；第二次世界大战德国战败时，美国从德国抢人才，而苏联则抢物资。这次股灾也反映了政府缺人才，人才是最宝贵的资源。

第四节　其他投资流派及比较分析

一、技术派对顶部的分析

1. 技术分析流派简介

技术分析的要素包括价格、成交量、时间与空间。

道氏理论是技术分析的基础之一。道氏理论是趋势理论，认为市场运动是有趋势的，趋势分为三个阶段，趋势形成后会持续，直到出现明显的反转信号。趋势需要成交量的确认，趋势以价格平均指数作为代表。

技术分析可分为五类。

（1）K 线类。K 线类是根据若干天的 K 线组合情况，推测证券市场中多空双方力量的对比，进而判断证券市场行情的方法。K 线图是进行各种技术分析的最重要的图表。

（2）指标类。指标类是根据价、量的历史资料，通过建立一个数学模型，给出数学上的计算公式，得到一个体现证券市场的某个方面内在实质的指标值，常见的指标有RSI、KD、DMI、MACD、OBV、PSY、BIAS等。

（3）切线类。切线类是按一定方法和原则在据股票价格数据所绘制的图表中画了一些直线，然后根据这些直线的情况推测股票价格的未来趋势，为投资行为提供参考。常见的切线有趋势线、轨道线、黄金分割线、甘氏线、角度线等。

（4）形态类。形态类是根据价格图表中过去时一段时间走过的轨迹形态来预测股票价格未来趋势的方法。主要的形态有M头、W底、头肩顶、头肩底等。

（5）波浪类。波浪理论是把股份的上下变动和不同时期的持续上涨、下跌看成是波浪的上下起伏，认为股票的价格运动遵循波浪起伏的规律，看清楚各个波浪就能准确地预见到跌势已接近尾声，牛市即将来临；或是牛市已到了强弩之末，熊市即将来到。波浪理论较之其他技术分析流派，最大的区别就是能提前很长时间预计到行情的底和顶，而其他流派往往要等到新的趋势已经确立之后才能看到。

对这些技术流派本节不进行教材似的详细介绍。正像前文的综合分析，它展现出来的是能力，而不是纯粹的知识。纯粹性的知识内容很多，这本专著无法进行全面介绍。本书的焦点是将技术分析流派的知识创新性地应用于分析股市动荡，提出价值投资理念和股市治理对策，并为投资者提供分析样板。

2. 顶部的综合分析

图3-7为沪深300指数期货主力K线图。

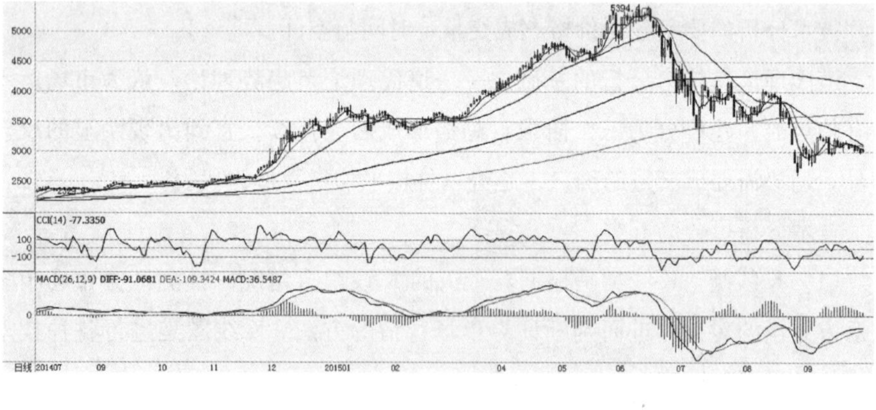

图3-7 沪深300指数期货主力K线图

从这张 K 线图可以获得五方面的信息：

（1）K 线由完整的四浪组成。道氏理论认为，趋势一般由三浪组成。之所以出现了四浪，除了各种利好不断外，配资的超常推动力也是重要原因。

（2）5 月 28 日的大跌一举击穿 3 天的大阳线，只是由于 6 月 1 日的大阳线收复了失地，人们的危机感解除了。

（3）6 月 4 日拉出更大的下影线，振荡幅度 10%，由于多头护盘而化险为夷。这是空头第二次强烈冲击，多头成功护盘麻痹了普通投资者，以为有"神"一样的"护市使者"存在，可以高枕无忧。很多人因为这两次多头护盘，对形势做出了错误的判断。

（4）尽管空头首战失利，证监会的清理配资却帮了空头的大忙。清理配资的不少传闻是谣言，但它们严重影响了市场多方的意愿，改变了多空力量的对比，不少投资者自发地加入空方。

（5）后期无法创新高，加上证监会的泡沫论，使投资者达成普遍共识：股市有泡沫，需要深度调整。股市确实泡沫不小，但身为证券市场监管者，证监会不能像普通投资者那样发言与思考，它应该考虑得更多、更全面。结果导向十分重要。

（6）5 日均线下穿 10 日均线，同时，MACD 线 DIFF 下穿 DEA 线，这是重大的见顶信号。

既然顶部已经确立，底部在哪儿？没有经验的投资者会在 5 000 点、4 500 点、4 000 点等指数位购买股票。他们的依据是：股市处于牛市，每一次下跌都是买入的好时机。这些投资者在高点被套之后，往往又在下降不多的价位重码加仓，导致彻底套牢，亏损严重。有经验的投资者会采取短线交易，每次大跌之后（约跌 30% 甚至更多）买入，每次反弹二三天后卖出。因为利空没有出尽，一旦下跌的趋势形成，不下跌出一定的空间，市场是不会罢休的。大跌后的每次反弹，力度一般不会超过下跌幅度的 50%。

根据以往股灾救市经验，我们不难看出，政府与股票市场的关系是：在股市动荡中政府只能顺势而为，政府如果逆势而为会被市场打败。或者说，政府不能改变市场趋势，尽管可以暂时改变市场运动状态。

如果这些判断都做对了，在这次股市动荡中就会收获颇丰。当然，还有很多信息支撑顶部判断增加旁证。比如，国际形势不妙，乌克兰危机、叙利亚冲突、大宗商品价格持续下滑、石油价格暴跌，美国加息、巴西与俄罗斯经济困难，中国经济“三重叠加”、经济数据不佳等等。

泡沫有可能维持较长时间不破裂吗？有可能。在顶部，多头还很强大。多头在顶部两次成功地击退空头的进攻就是证明。泡沫的维持需要监管部门的呵护和睿智，以及政府各部门之间充分的协调联动。政府需要思考：如果不希望泡沫破灭，又不希望它继续膨胀，该怎么办？应当秉持“四要一小心”：一要保，二要改，三要管，四要治；小心翼翼。一要保，就是保泡沫。政府不主观制造重大负面新闻与利空政策压制股市，要提前预备足够的利多择机释放，帮助多头守住阵地；同时，打击空头的做空实力，消解其做空意愿。保泡沫不代表吹泡沫，所以，也要压制多头吹泡泡的冲动。二要改，就是推进改革。包括混业监管改革、政府治理变革、提升股市内在价值的改革，等等。三要管，就是加强对金融新闻信息的发布与管理，管理市场多空预期。市场广泛流传的重大金融新闻信息，金融监管部门缺乏干预能力。要定期举行监管机构新闻发布会，修正媒体的错误宣传。媒体的“国家牛市”理论是多头生产、供空头使用的摧毁多头的炸弹。四要治，就是推动股市治理。包括股市以法治整治股市投资环境。整治股市环境对多头是一种牵制手段，比清理配资的杀伤力小多了，以抑制多头“吹泡泡”。小心翼翼，就是剑走偏锋，既要防空，又要防多。做到“四要一小心”恐怕是个奇迹。我们认为，股市泡沫的破灭是必然的，正是股灾暴露了政府治理（包括股市治理）与现实需要的巨大差距。

如果我们不进行深刻的反思和分析，暴发股灾的根源没有解决，下次我们还会犯同样的错误。当然，这次股灾的根源得以解决，下次还会暴发股灾，这是资本运动的规律。但是，新的股灾的规模、内容、性质和后果会有改进。事物的发展是辩证的否定，这次改革会释放新的经济潜力，经济会在新的基础上形成均衡，并接着就会在新的基础上产生新的危机。股票市场的发展就是从一场危机走向下一场危机，每一次危机都为新的进步开辟道路。

股市治理和政府治理已经成了一道迈不过去的槛，挑战与机遇并存。

二、价值投资与其他流派的比较分析

1. 价值投资关注股票价值，而其他投资流派不甚关注

动量投资的主要方法就是“羊群效应”。很多基金公司的主要投资方法就是动量投资，投资组合的周期为一个月或一年，周期结束时，卖掉价格下降的，买入价格不断上升的。据华尔街的研究，这样的投资绩效相对较好。

K线理论、波浪理论、道氏理论、形态理论等并不需要知道股票的价值是多少，这些理论从K线等形态、指标出发判断买入还是卖出，并不关心股票的价值。当然，这些理论如果与价值分析结合起来，理论上可以获得更多的收益。但是，由于交易费用不菲，人为判断容易出错等原因，频繁交易所获得的收益往往不佳。在投资界，一般认为，除非程式化交易、量化交易等交易模式排除人为的情感因素影响，多看少动实为上策。买卖越频繁，利益越低，亏损的概率越大。当人们赢利的时候就会骄傲，从而造成新的损失；当人们亏损的时候就会害怕，从而放弃新的赢利机会，这是人之常情。所以，对于专职交易员来说，最大的敌人是自己。这也是近年来各种量化交易、程式化交易、高频交易兴起的原因。

2. 追涨杀跌的动量投资容易导致恐慌与疯狂，其他投资理论能够预测极端行情

追涨杀跌的“羊群效应”可能导致恐慌或疯狂。此时，技术指标会失灵、反应迟钝。技术指标的钝化是技术指标应用的重要弱点，在钝化的时候，它对重要损失或者赢利反应不敏感，从而给投资者带来重大损失，或者使投资者丧失重要的赢利机会。

从技术流派来说，牛市的前三波行情，指数调整的幅度过小，政府有意无意地释放了过多利好支撑股市。指数调整的幅度过小，实际上成为之后大盘上升的风险。这个阶段产生了财富的示范效应，而风险却被抑制住了。投资者感觉不到股市的风险，却收获了惊人的财富。这个阶段后的结果是，大量新手进入股票市场，抱着短线、暴富、赌博的心态，从而使投资者结构质量下降。他们的投资经验不多，识别与抗御风险的能力也不强。牛市的第四个阶段，股市就已经疯狂了，基本上没有调整，直线上升。大量新的融资盘

涌入股市，涌资盘的账面赢利不断增加，而新的资金已经很难再有了，股市无法冲出新高。在这种情况下，有经验的谨慎的投资者就选择逃顶，锁定赢利。

资金是牛市的重要驱动因素之一。我们打这样一个比方。当所有的现金都换成股票时，股票就不值钱了；当所有的货币都转换成房产时，房产价格大跌的时间就来临了。这个道理很简单，不需要什么专业知识。物以稀为贵，货币稀缺则货币值钱，商品稀缺则商品值钱，人力稀缺，则工资上涨。

股市疯狂上涨之后，必然有一波大跌洗盘。否则，趋势性行情就无法形成。指数从 2 200 点涨到 5 200 点，之后下跌，有三种可能：第一种情形是浅跌，跌幅是涨幅的 30% 左右，故 4 300 点左右是支撑；第二种情形是中跌，跌至涨幅的 50% 左右，3 700 点是支撑；第三种是深跌，跌至涨幅的 60% ~ 70%，3 100至 3 400 点。市场跌到了 2 600 点后，迅速被政府救起，稳定在 3 000点以上。

政府调控股市，有没有可能实现这个目标呢？使股指横盘大幅振荡，以时间换空间，最终促使配资安全撤资。有可能，但政府没有动力这么做。即使对于价值投资者，如果不恰当地运用杠杆也会造成损失。除非在股市刚发动时就使用了杠杆，否则，深度的市场调整会无情地将其淘汰出局。所以，投资者要慎用杠杆，在刚开始买入时就要使用杠杆。只要买到了市场安全价，就可以幸存下来。罗杰斯说，不要借债炒股。

我们说过，中国的股市波段操作最有利，而长期持有的收益率一般来说要低于波段收益率。

3. 各流派对股市流动性的影响不同

价值投资鼓励长期持有。对于中国股市来说，在股市筑底时买入，在股市顶时卖出就是成功的投资。持股时间只有长期持有的几分之一。随着股指期货等衍生工具的买卖，下跌的风险可以借此对冲，从而不用出售现货股票。这是价值投资与其他投资的混合投资。

各种投资在股市周期里是多次买卖的。对于资产组合类的动量投资来说，以资产组合重组的周期为准。如每个月初都对资产组合重组，则一年下来就会各买卖 12 次。价值投资规定了买入点，但没有规定何时卖出。何时卖出取决于投资者自己，或者以价格上涨幅度为准，或者以其他技术指标、财务指标为依据。对于技术派，通常由 K 线、指标线等发出买卖指令。不少技术指标适合震荡行情，不适合大涨或大跌行情，碰到单边行情就会犯错误。由于政策救市的行情恰恰是震荡市，因而落入了量化交易的虎口。所以，政策上禁止了高频量化交易。量化交易本身包括程式化交易、高频交易、分时图综合分析等。不少量化交易与技术指标有关系，但与 K 线理论、波浪理论、道氏理论、形态理论的关系不是很大。因为，这些理论很难量化，同样的形态，仁者见仁，智者见智。另外，量化交易所应用的技术要比技术指标的范围宽，套利技术、分形技术、混沌交易等数学工具在交易中不断得到应用。

除了价值投资，其他类型的投资既有增加流动性的可能，也有使流动性枯竭的可能。当恐慌来临时，强平超过了市场的购买容量，市场流动性出现危机。

4. 各流派符合人性的程度不同

（1）追涨杀跌符合人性。普通投资者，甚至毫无经验的投资者都会追涨杀跌，这是本能使然。极端情况下的追涨杀跌，即“羊群效应”，导致市场的无序，是市场价格非线性运动的典型例子。

（2）量化交易通过没有感情的智能机器战胜有感情的人类。在高频交易中，有一些流派就是利用时间序列理论，也就是计量经济学的方法研究股价的走向，以及获利方法。有些人利用线性回归方法研究股票指数，有些人在此基础上加上修正技术，在一定时期，由于某些巧合，数据分析确实可以得出股票指数是线性的结论。但是，这种结论是极其脆弱的，或者是很大程度上是错误的，因为它经不起未来的检验。但是，智能机器冷血无情，没有恐惧，也不会骄傲自满，不知疲倦，没有情绪波动，这是量化交易所看重的。所以，一旦我们找对了工具，这种工具就像机器一样地帮人们赚钱。当然，这样的机器是极其稀缺的。在量化交易的算法中，真正赚钱的算法都是保密的；公开的算法，往往是已经失去赚钱能力的。美国的顶级量化交易团队都是由顶级的数学家、计算机工程师等人员组成的小组。他们设计新颖的算法，先经过严格检测上山下乡上线。如果上线后赢利，就不断追回资金。如果不赚钱，小组就会被逐渐淘汰。这些公司都不愿意曝光自己，不愿意走到聚光灯下，只是专心埋头赚钱。

（3）价值投资也是违反人性的。价值投资的理论也是不符合人性的。价值投资者必须经过训练，才有可能成为价值投资者。耐心是价值投资者的一个基本素质。如果说股市是由许多单元组成的复杂的系统的话，资金的流动会导致价格的变化，而资金之所以会出现流动，是由于各个单元在面对社会乃至全球性各种消息与事件做出的反应不同而导致的。所以，科学家用混沌理论研究股市，得出四个结论：一是投资者面对股市波动，不可能没有心理反应。乐观或悲观的情绪，往往快速转化成行为。只看，不操作，多看，少操作，都是要经过训练才能达到。买卖操作要有理性依据，没有经过大脑深刻思考的，不能行动。二是人们恐惧的时候，正是你应该疯狂的时候；人们疯狂的时候，正是你应该恐惧的时候。这又是违反人性的投资信条。别人恐惧的时候，恰恰也是你恐惧的时候。而别人疯狂的时候，也恰恰是你疯狂的时候。也许有些人不信，说我与众不同。别人疯狂你恐惧，需要经过训练。当从市场上血淋淋的“乐极生悲”的事实观察到“别人疯狂你恐惧”的重大投资价值，理性训练就为自己的行为制定出了规则。这些规则是训练的结果，不是天生的。三是价值投资对于价值的计算需要专业理性知识，是后天习得的。对知识的应用时受到人性的干扰，只有经过训练才可能真正理解价值投资的精髓。四是在股市投资中，赚钱的是少数，一般不超过10%。价值投资要提前做好功课，降低投资的随意性，保证投资的成功率。

（4）技术派试图将蕴含其中的人的感情排除在外。K线、形态理论、波浪理论、道氏理论等没有明显的量化指标，因而对于同样的分析对象，不同的人得出的结论并不相同。这是灵活性，也是不确定性。美国股市有技术分析师资格证书，但是，这些人的总体投资业绩并不好。因而，戴维·阿伦森（David Aronson）等就试图将技术分析实证化，以便计算机能够锁定交易信号①。当然，该书只是抛砖引玉，很多问题还不能彻底解决，还有很长的路要走。

---

① 戴维·阿伦森，实证技术分析：用科学量化方法锁定交易技术信号［M］．北京：机械工业出版社，2015.

技术指标法则可以直接运用于量化投资。它方便投资者利用历史数据进行回测，能够与其他各种指标一起使用，探索交易获利的方式。既可以是其他技术指标，也可以是财务指标，还可以是其他各种数据，如连跌天数等。

技术指标如果不是由程序来自动交易的，则仍然受到交易员的情绪状态等的影响。如果由程序自动交易，则不受交易人员人为情绪等因素的干扰。K线等理论，由于目前还无法量化，只能人为观察，并人为判断交易时点，因而，难免要受到投资者的情绪状态等的干扰。在情绪的影响下，可能随意偏离原定交易计划，否定原交易计划，从而导致深思熟虑的投资计划得不到执行。

5. 各流派并不都适合于期货与外汇交易

（1）技术分析流派投资理论适合外汇、期货等投资。对于外汇、期货等投资，由于要形成价格信息，一定期限的价格信息必然可以运用K线等理论进行分析。因而，K线理论、波浪理论等自然适合于外汇、期货等投资。但是，实际上这些理论往往结合其他投资理论与方法。要提高价格预测成功的概率时，需要运用的辅助方法也是不同的。如在外汇走势中，需要运用外汇决定相关理论与方法。这些概念与技术分析流派的理论相结合，给投资者以更大的自信，从而提高成功率。

以1940年美饮弹自杀的美国投机大家杰西·利莫弗尔（Jesse Livermore）为例，其著作《股票大作手操型术》详细介绍了如何进行股票趋势操作。实际上，在《杰西·利弗莫尔疯狂的一生》一书中，作者理查德·斯密顿详细介绍了利弗莫尔如何在棉花期货中的成功运作。技术分析不只适用于股票，也适合于商品期货。

（2）动量投资理论适合外汇、期货等投资。动量投资理论适合于趋势投资，即只要价格上涨是一种趋势，那么追涨杀跌就是顺势而为，就是正确的。如果行情处于震荡或者行情反转中，那么动量投资就是错误的，就会遭受损失。所谓“一买就跌，一卖就涨”，指的正是震荡行情下，初入股市的投资者面临的情形。对于一个老到的投资者来说，一般不会出现这种情形。但对于投资新手来说，追涨杀跌容易导致损失。

动量投资可以与技术派投资理论相结合。动量投资理论通常运用于资产组合管理，买涨卖跌，本质是追涨杀跌。当投资某只股票时，追涨杀跌可以与波浪分析法结合起来。波浪有上升浪和下跌浪，在上升浪开始时买进，在下跌浪开始时卖出。对艾略特波浪分析法，国内有不少人过于迷信，也就是僵化、夸大或神化波浪理论。

但是，在期货、外汇等交易中，波浪并不是唯一的行情形态。有一种常见的形态是这样的：当行情暴发时，一定阶段内有一个确定的上涨趋势，上涨过快或过度时，有一个整理阶段，也就是震荡阶段，对称三角形整理、上直角三角形整理、下直角三角形整理、矩形整理等等，接着再趋势性上涨，再整理一段时间。这种形态并非标准的波浪形。所以，如果对多种投资理论活学活用，加上价值投资的风险防范理念，想不赚钱都难。价值投资对于投机泡沫高度警惕，安全边际的思想大大降低步入雷区的概率。

（3）价值投资等变形适合外汇、期货投资。价值投资主要在股市中做多，在选股上有一套自己的策略。在期货、外汇等交易上，其实没有自己的成形的策略。以哥伦比亚大学商学院的价值投资研究中心为例，课程主要讲授股票投资，不涉及期货等投资。商学院的 MBA 课程中，讲授期货主要从随机金融角度，也就是衍生金融角度谈定价，通过波动性定价期权；通过期权定价反推期货价格。在这方面，以巴菲特等为代表的价值投资学派没有涉及，价值投资否定现代投资学的风险、市场有效等概念，现代投资也否定巴菲特投资收益的必然性，认为那是运气，这种争论一直没有停止过。

对于外汇，虽然有一些外汇理论对外汇的价值进行了论述，包括购买力平价理论、利息平价理论，但是，汇率的价值难以确定，也只能是一个区间。价值投资理论也没有涉及这些方面的问题。

尽管现有价值投资理论并不涉及到期货和外汇等交易，但是，价值投资的思想可以在这些方面予以运用和拓展。另外，价值投资理论所取得的辉煌成绩以巴菲特为代表，在华尔街是非常靓丽的。这些收入不包括股票做空，以及期货等衍生品投资。与索罗斯那些充满争议的做空、期货投机、外汇投机来说，巴菲特创造的更多是多赢的局面。在亚洲，巴菲特的声誉要远远好于索罗斯。

从价值投资的思想来说，股票价格高估时做空，价格低估时做多，都是价值投资。以巴菲特为代表的价值投资者在投资股票时，基于财务等信息有一整套的策略与方法，这些策略与方法在不同的著作中都有所披露。索罗斯通过外汇市场、股票市场、期货市场做空外汇与股指，是基于外汇高估的判断，至于如何计算外汇高估额，索罗斯并没有公布自己的方法。他在《金融炼金术：理解市场的心灵》《金融市场的新范式》《索罗斯：走在股市曲线前面的人》等著作中畅谈了自己的投资哲学。市场泡沫自我检测、自我强化，直到最终破裂。索罗斯深谙此道，在次贷危机之后，个人财富在 2012 年较 2008 年增长了一倍多。

（4）其他流派适合外汇、期货投资。在华尔街，对冲基金是最有活力、最先利用信息技术和投资思想的。这些基金吸引了世界上最聪明的物理学家和数学家，程序化交易能在几毫秒内对美联储公布的重大信息做出反应，捕捉获利机会。他们利用推特（twitter）分析人们的情绪，做出正确的股票交易决策。这种能力是在一次关于白宫爆炸的假新闻中曝光的，美国股市瞬间蒸发 1 400 亿美元，原因是对冲基金具有对重大事件进行信息分析和自动交易的能力。

中国人不缺少聪明才智。在中国推动金融业等服务业发展的结构调整历程中，随着金融业改革开放步伐的加快，未来 20 年，中国完全可以产生巴菲特与索罗斯级别的投资人才，甚至超过他们。

表 3 – 19 为价值投资与其他流派的比较分析。

表 3 – 19　价值投资与其他流派比较分析表

流派	技术派投资理论	动量投资理论	价值投资	其他流派
流派细分	K 线理论 波浪理论 道氏理论 形态理论 技术指标投资	追涨杀跌，共同基金的主要投资方法	基于价值和安全边际	程式化交易 高频交易 基本面分析 分时图综合分析
对波动性的影响	判断反转，预测趋势	增加波动幅度	缩小波动幅度	不确定
价值基础	不考虑	不考虑	考虑	不考虑

续表

流派	技术派投资理论	动量投资理论	价值投资	其他流派
对流动性影响	不确定	涨停或跌停时恶化流动性	影响小	增加流动性
与股市治理的关系	无内在联系	不利于股市治理	有利于股市治理	无内在联系
是否符合人性	符合	符合	不符合	克服人性弱点
是否适合期货、外汇等交易	适合	适合	需要修正价值计算方法	适合

思考题

1. 投资分析所需的信息渠道有哪些?
2. 价值投资的基本思想是什么?
3. 简述价值投资与其他流派的区别。

第四章　行为金融

第一节　行为金融学的历史与发展

1982 年，卡尼曼（Kahneman）、斯诺维奇（Slovic）和特韦尔斯基（Tversky）在著作《不确定性下的判断：启发式与偏差》中研究了人类行为与投资决策经典经济模型的基本假设相冲突的 3 个方面：风险态度、心理账户和过度自信，并将观察到的现象称为“认知偏差”。在这些学者的努力下，行为金融的理论框架逐渐形成。

20 世纪 80 年代中期以后，学者们将行为金融学的理论与金融市场的实践相结合进行研究，而芝加哥大学的泰勒（Thaler），耶鲁大学的希勒（Shiller）成为该领域的杰出代表。泰勒（Thaler）从人类心理的角度，研究了股票回报率的时间模式和投资者心理账户之间的关系，希勒则研究了股票价格的异常波动、股票市场的羊群行为、投机价格与人群流行心态的关系等。卡尼曼和特韦尔斯基（1992）通过大量的研究表明：投资者对风险的态度并不是按照传统效用理论所假设的以最终财富水平进行考量，而是以一个参考点为基准看待收益或者损失，每次的决策都会因情况不同而改变，决策并不是按照贝叶斯法则进行的，决策时会受到框定效应的影响。奥戴恩（Odean，1998）对于处置效应（disposition effect）的研究、里特（Ritter，1991）对于 IPO 的异常现象的研究、卡尼曼等（1998）对过度反应和反应不足之间转换机制的研究等，对行为金融的进一步发展起到了十分重要的作用。

20 世纪 90 年代中后期，行为金融学更加注重投资者心理对最优组合投资决策和资产定价的影响。谢弗林（Shefrin）和斯塔特曼（Statman，1994）提出了行为资本资产定价理论（behavioral assets pricing model，BAPM），2000 年两人又提出了行为组合理论（behavioral portfolio theory，BPT）。

进入21世纪以后，行为金融学研究领域得到空前拓展，行为公司金融（behavioral corporate finance）作为行为金融学的一个重要分支日益受到学者的重视。在理性人假设和有效市场假说的条件下，1958年莫迪里亚尼（Madigliani）和米勒（Miller）提出了企业价值与资本结构无关的命题。其后，金融经济学产生了一系列新的理论和模型，如詹森（Jensen）和梅克林（Meckling，1976）的代理模型，罗斯（Ross，1977）、利兰（Leland）和派尔（Pyle，1977）的信号模型，迈尔斯（Myers）和麦吉勒夫（Majluf，1984）的信息不对称及优序融资理论等。这些理论和模型都是从资本市场有效性假设角度来论述公司财务行为的。其传统方法体现在"基于价值的管理"（value－based management），即建立在理性行为、资本资产定价模型和有效市场三个基础之上。然而，大量的实践观察和实证分析表明，心理因素会干扰这三个传统的理论基础。行为金融学对公司理财的实践有着重要的含义，行为公司金融也应运而生。行为公司金融认为，公司管理层的非理性与股票市场的非理性对公司投融资行为产生重要影响。谢弗林（Shefrin，2001）是这一领域发展的主要推动者。金融海啸爆发后，行为金融学在"后危机"时代，肩负起解释宏观金融现象及引导政策的重任。谢弗林（Shefrin，2009）、保罗·克鲁格曼（Paul Krugman，2009）、弗拉蒂安尼（Fratianni，2008）在行为金融理论解释宏观金融危机方面做出开创性研究。与此同时，基于行为的金融监管理论也逐渐引起学者及政府的重视。传统的金融监管理论是在经济主体为完全理性人条件下得出的，其前提是理性选择和市场竞争，然而金融市场的宏观整体波动往往依托于微观主体的系统性行为偏差。个体的行为偏差在不完全信息、制度缺陷和社会文化诱因的驱动下，演化成系统性的群体偏差，导致异常的市场表现。这种偏离轨道的市场行为通过正反馈机制反过来影响个体的信念，强化行为偏差，并透过市场情绪和社会传染引发非理性的市场狂热和恐慌，最终将金融市场上的局部偏离演化成系统的、全面的金融危机。因此，基于行为的监管理论才能帮助投资者规避错误并提高市场效率。赫什利弗（Hirshleifer）"心理导向的金融监管理论"、赫什利弗和Hong（2009）基于行为偏差的不同政策制定桑斯坦"助推"政策，设计引领着行为监管理论发展的方向。

我国对于投资者心理的行为金融学研究始于20世纪90年代末。我国学者主要是从我国证券市场交易行为的角度做实证研究，主要对市场有效性进行检验，或针对过度反应、动量策略和反转策略、处置效应、羊群行为、过度自信与过度交易等投资者的心理和行为的偏差进行了实证研究。大量研究表明，我国证券市场投资者存在各种心理和行为偏差。在行为公司金融方面，从融资、投资、并购、股利分配等方面，将行为金融的概念引入公司金融，大量学者从公司经理人的过度自信、短视等角度检验经理人的心理和行为偏差对公司财务决策的影响。也有学者从市场时机的角度对公司经理人利用证券市场的非理性反应，做出有利于公司的财务决策等行为进行实证研究。

总之，目前国内学者进行的研究大多集中在传统金融学与行为金融学的比较分析、行为金融学的实证研究、市场的有效性和非有效性等方面，尚缺乏在国际领域内的自主理论建立、对行为公司金融等分支的系统理论分析，以及强有力的数理分析工具应用等方面的突破性研究。系统研究行为金融学理论、实证与应用，对于构建金融学科发展的新体系，构建健康、均衡、稳定发展的中国证券市场和建立优良的公司治理环境具有重要的理论意义与现实紧迫性。

第二节 行为金融学的相关学科基础

传统上，经济学研究依赖于理性人基本假设，许多经济学家认为研究人的心理、情绪是不科学的，并认为经济学是一种非实验科学。然而，越来越多的学者开始尝试用实验的方法研究经济学，修改和验证各种基本经济学假设，这使得经济学的研究越来越多地依赖于实验和各种数据，从而变得更加可信。这些研究大多数扎根于两个相辅相成的领域，即认知心理学家有关人的判断和决策的研究，以及实验经济学家对经济学理论的实验性测试。与行为金融学的产生和发展有着密切联系的相关学科基础包括心理学、行为学、实验经济学和行为经济学等。

一、行为金融学与心理学

按照阿尔弗雷德·马歇尔（Marshall Alfred，1890）的解释，经济学是一门研究财富的学问，同时也是一门研究人的学问。也就是说，心理学和经济学之间存在着天然的联系。

1902 年，法国心理学家塔尔德（Tarde）出版了《经济心理学》一书。书中强调了经济现象的主观方面，并提出了主观价值论和心理预期的观点，标志着经济心理学的诞生。经济心理学是关于经济心理与行为研究的学科，它强调经济个体的非理性方面及其重要影响。1942 年雷诺（Reynaud）在其著作《政治经济学和实验经济学》中提出：人的行为并不是严格合乎逻辑的，而往往存在非理性因素。然而直到 20 世纪 80 年代，经济心理学的研究并未引起人们的广泛关注，而且综合来看，这段时期的研究主要集中在对消费者心理的研究上，理性心理的观念仍在整个经济界占主导地位。

考察行为金融学、行为经济学与经济心理学，它们的历史根源和发展变迁过程各不相同，并且它们在研究方法和研究视角上存在很大差异，而这种差异来源于西方心理学流派对经济学的影响。其中经济心理学起源于欧洲，更多地受到了传统欧洲式的构造主义心理学流派的影响；行为经济学在美国起源复兴，更多地受到根植于美国的行为主义心理学流派的影响；行为金融理论则更多地受到现代认知心理学的影响，是将心理学作为其研究金融问题的一种工具，它对投资者心理和证券市场效率的研究源于对一般经济主体心理和商品市场价格的研究。

西方心理学对经济学的影响具有悠久的传统，体现在心理行为分析方法在经济研究中的运用。纵观经济学说史，我们可以发现：无论是主流的古典政治经济学和新古典经济学，还是非主流的其他各种经济学流派，都可以发现心理行为分析的影子。尤其是凯恩斯（Keynes）之后的现代经济学各流派，开始适应性地、较多地应用心理行为分析方法，它包括：金融市场中的经济心理与行为、产品市场中的经济心理与行为、劳动力市场中的经济心理与行为、家庭中的经济心理与行为分析等。这些心理学研究发现，现实中人的决策行为与经济学的理性假定存在系统性偏差。对于这些非理性心理的研究几乎与市场效率的研究始于同一时期。

与行为金融学关系最为密切的现代认知心理学是以信息加工为核心的心理学，又可称为信息加工心理学（information processing psychology），或狭义的认知心理学。它是运用信息加工的理论研究、解释人类认知过程和复杂行为的科学。其核心思想是：人是一个信息加工系统，该系统的特征是用符号形式表示外部环境中的事物，或表示内部的操作过程。该系统能对外部环境及自己的操作过程进行加工，也就是说，人通常被看做是以有意识的、理性的方式组织和解释可得信息的系统，但是，其他一些下意识的因素也可以系统地影响人类行为。从这一基本的理论框架出发，认知心理学企图研究人类智能的本质、人类思维过程的基本心理规律和根本特点。比如，认知心理学家认为决策是一个交互式的过程，受到许多因素的影响。这些因素包括按自身法则发挥作用的感知，用以解释其发生条件的信念或心理模式；一些内在动因，如感情或态度，以及对以前决策及其结果的记忆等，也会对当前决策产生重要影响，并构成特定的认知方程。这一复杂观点将人类行为看做对给定环境的适应过程。

认知心理学的研究领域除了认知过程之外，还发展到了人格、情绪、发展心理、生理心理等研究领域，为行为金融学的深入发展提供了心理学基础。

二、行为金融学与行为学

行为学的发展，在20世纪20年代有过飞跃，后来衰落了几乎半个世纪。该领域的杰出代表有乔治·霍曼斯（George Homans）和乔治·阿克罗夫（George Akerlof）。乔治·霍曼斯提出了五条行为学原理，而微观经济学的主要定律，如“需求曲线向下倾斜”定律都可以从中推演出来；乔治·阿克罗夫则把行为学的假设引入经济学分析框架，并在自己的研究论文中大量运用行为学和社会学的核心概念。自此以后，行为学又开始成为经济学家关注的热点。简单地说，行为学的基本原则有三条：

（1）回报原则。那些经常为行为主体带来回报的行为比那些不带来回报的行为更可能被主体重复。

（2）激励原则。那些曾诱发了回报行为的外界激励比那些不曾诱发回报行为的外界激励更容易诱发主体的同类行为。

（3）强化原则。行为主体在没有获得对其行为的预期回报，甚至为此遭到惩罚时会被激怒，进而强烈地要求实施能够补偿损失的行为。相反，如果某类行为为行为主体带来了出乎意料的回报，或没有带来预期的惩罚，行为主体将更主动地实施同类行为。

行为学的基本原理对于人的行为研究，为行为经济学和实验经济学研究中对人类行为实验的设计和行为解释提供了重要的借鉴，同时为行为金融学研究投资者的行为特征提供了重要的方法和思路。

三、行为金融学与实验经济学

当理性人假设无法揭示现实人的经济生活和经济行为时，越来越多的研究人员开始尝试用实验和实验心理学的方法研究经济行为，并试图以此修改和验证已有的经济学假设。这使经济学的研究开始依赖于实验和各种数据的收集，依赖于对人的心理分析和对现实人的经济行为的了解。认知心理学家有关人的判断与决策的分析，以及实验经济学家对经济学理论的实验，就是这种研究最有成就的方面。而这些研究成果为行为金融学的发展提供了研究方法和主体思路。

实验经济学（experimental economics）是在可控的条件下，针对某一现象，通过控制某些条件，观察决策者的行为并分析实验结果，以检验、比较和完善经济理论。目的是通过设计和模拟实验环境，探求经济行为的因果机制，验证经济理论或帮助政府制定经济政策。因此，经济学的实验方法就是对经济学家给定一种直接的责任，即把可控的过程作为生成科学数据的重要来源，而这些过程也可以在其他实验室中重现。

实验经济学的发展经历了以下两个阶段：

第一阶段是20世纪30年代至50年代，有三大标志性的经济实验类别：第一类是个人选择理论实验，试图通过实验手段了解影响个人效用偏好的因素和规律。比如，瑟斯顿（Thurstone）提出的实验，用来研究偏好的无差异曲线，随后其他学者的设计实验检验了以消费者行为为研究基础的效用理论的正确性，阿莱（Allais）提出了“阿莱悖论”（allais paradox）和一般效用理论。第二类是关于博弈论的实验。有关博弈的实验已经格式化为著名的囚徒博弈（Flood，1952，1958）。从著名的囚徒博弈为起点，其他还有信誉效应、公共品抉择、议价过程等方面的博弈研究。第三类是关于产业组织的实验。其主要特征是构建虚拟市场和组织形式，在不同的信息和市场条件下，研究人的行为和组织结构的变化，以及对市场价格的影响。

第二阶段是1960年至今，实验经济学得到了飞速的发展，设计和构思不断创新，方法和根据不断完善，结论和证据与传统经济学的结论相去甚远，对传统经济理论提出了挑战。20世纪50年代出版了第一部对实验经济学的回顾。20世纪60年代末，学者们开始大量思考实验方法中存在的问题。例如，Hogatt，Esherich和惠勒（Wheeler，1969）描述了一个计算机化的实验室。20世纪80年代后，更有弗农·史密斯（Smith Vernon，1982）、普洛特（Plott）和格雷瑟（Grether，1979）等开创了一系列新的研究方向并取得了富有革命性的成果，弗农·史密斯通过经济实验，包括拍卖、公共品提供、航班时刻表设计、能源市场设计、政府采购、国有资产拍卖，以及解规过程的设计等，大大丰富了人们对机制设计过程中的经济关系的认识，他因此而获得了2002年诺贝尔经济学奖。

实验经济学对现象与问题的解释依赖如下过程：构造模型、设计实验、进行实验、归纳统计、得到结果。经济理论的实验是把社会中的人作为被实验者，所要验证的是人的行为命题，自然就需要借助行为和心理分析的方法。一是运用行为理论完善和改进实验。例如，针对行为人对重复行为有厌烦的心理，在实验设计中运用价值诱导方法，并把实验时间控制在3小时内。二是运用行为理论解释实验结果。许多实验结果与理论预测出现差异，其原因是理论假设行为人是理性的，而被实验者的行为却是理性和非理性的统一。因此，运用行为理论分析被实验者的非理性行为，才能很好地解释实验结果。

实验经济学可以把可论证的知识引入经济学领域，使人们了解真实的市场运行模式。同时，实验中的可控过程作为生成科学数据的重要来源，其数据采集的严格标准也日益受到理论经济学家的重视。正因为实验经济学的研究过程是可控的，也就可能为这种研究提出数据采集过程的严格标准，它作为方法论为行为金融学研究提供了研究路径：一是根据实验现象推测假设模型；二是对模型进行实证检验；三是采用合适的模型对异常现象做出解释。目前，人们越来越多地对金融决策，特别是涉及金融市场的有效性和稳定性的决策内容，如金融市场的定价机制进行实验设计和模拟。

四、行为金融学与行为经济学

行为金融学是由行为经济学（behavioral economics）延伸出来的诸多分支学科中成果最为丰硕的领域之一。行为金融学的基本观点和采用的研究方法大都源自行为经济学。行为经济学是一门研究在复杂的、不完全理性的市场中投资、储蓄、价格变化等经济现象的学科，是经济学和心理学的有机组合。

从20世纪50年代起，行为经济学的研究工作在美国等西方国家迅速发展起来。行为经济学具有三个重要的特点：一是其出发点是研究一个国家中某个时期的消费者和企业经理人员的行为，以实际调查为根据，对在不同环境中观察到的行为进行比较，然后加以概括并得出结论；二是其研究集中于人们消费、储蓄、投资等行为的决策过程，而不是这些行为所完成的实绩；三是其更重视人的因素。研究分析经济活动的心理过程，例如，人们进行经济决策时的动机、态度和期望等，因此也可以认为它是管理方面的经济学。

20世纪70年代，以卡尼曼和特韦尔斯基（1974，1979，1984）、泰勒（1980，1981，1985）、希勒（2000）施莱弗（1990）等为代表的行为经济学家，基于现代心理学的启示，分别对传统经济学中“经济人”的无限理性、无限控制力和无限自私自利三个假定进行了修正，并进一步提出了既非完全理性，又不是凡事皆自私的“现实人”假定。以此为立论基础，专门研究人类非理性行为的行为经济学应运而生。如莱布森（Laibson）运用经济学分析工具论述宏观经济问题时加入了一些心理变量；恩斯特·费尔（Ernst Fehr）在分析劳动力市场经济学核心问题时，将非完全理性融入经济模型；雷宾（Rabin，1993）把人的非理性引入博弈理论与经济学中，提出混合公平的概念，即共同最大化或者共同最小化的“公平均衡”，而不仅仅是折中双赢的“纳什均衡”。雷宾（1998）系统地分析了心理和经济的关系，以务实的态度论述了偏好、信任偏差、认知的选择等，向传统经济学的理性概率分析方法提出挑战。雷宾研究的领域还包括为何有的人会入不敷出、会吸毒成瘾、会三心二意等，传统经济学根本无法解释人类为何会做出这些不理性的行为。这些研究为行为经济学的发展提供了实践基础。雷宾等（2001）指出，当存在自我约束（self - control）的局限时，人们会出现“拖延”（procrastination）和“偏好反转”（preference reversal）等行为。雷宾将这些因素纳入传统经济学分析模型，得出了一系列有趣的研究结果，这些结果对储蓄、就业等经济领域具有有益的启示。

行为经济学认为，每一个现实的决策行为人都不是完整意义上的理性人，他们的决策行为不仅受到自身固有的认知偏差的影响，同时还会受到外部环境的干扰。由于理性的有限性，在决策判断过程中，决策者的启发式思维、心理框定和锚定效应往往发挥决定性作用，而在决策选择过程中，对问题的编辑性选择、参考点、风险厌恶和小概率效应也会产生关键性影响。

行为经济学通过将心理学引入经济学，增加了经济学对现实生活中各种经济现象的解释能力。特别是自从互联网将“网络效应”和价值“外部性”突出化以来，随着“认同”的内生化，“信任”的主流化，以及用“交往”定义人的本质等新思潮，直接促进了“社会人”假设的建立。相关的“社会资本”等新范式引入财务报表体系，“经济人”假设在涉及盈利问题上的局限暴露得越来越充分。与此同时，体验经济在各行各业的比重呈主流化趋势，股票市场脱离基本面，非理性繁荣和非理性恐慌的表现都是传统理论解释不清的。

2001 年，美国经济学学会将两年一度的有小诺贝尔经济学奖之称的克拉克奖颁给雷宾，这是第一位研究行为经济学的经济学家获得这奖项。2002 年度诺贝尔经济学奖授予卡尼曼和史密斯。这一举动促进了经济学的后现代转向，经济学体系从以理性为核心的现代性，正逐渐转变为理性之外的后现代性，海市蜃楼般的“经济人”角色也慢慢地被普通的“社会人”所替代。然而，行为经济学对非理性的态度，并不是指口语意义上的非理性，而是指理性不及。其意思是，仍然承认经济人理性在传统解释范围内的有效性，所不同的是把它视为一种特例，理性要与理性之外的其余部分结合起来，才能构成人类行为的整体。所以，卡尼曼（2000）提出，自己的工作并非否认人的理性，而是更科学、更客观地对人的认知过程加以研究，以期达到对人的行为的科学认识，是一种更高理性的表现。

第三节 行为金融学对传统金融理论的挑战

20 世纪 50 年代，冯·纽曼和摩根斯坦（Von Neumann and Morgenstern）在公理化假设的基础上建立了不确定条件下对理性人选择进行分析的框架，即期望效用函数理论。阿罗和德布鲁（Arrow and Debreu）后来发展并完善了一般均衡理论，成为经济学分析的基础，从而建立了现代经济学统一的分析范式。这个范式也成为现代金融学分析理性人决策的基础。1952 年，马克威茨（Markowitz）发表了著名的论文“资产组合选择”（portfolio selection），建立了现代资产组合理论，标志着现代金融学的诞生。此后，莫迪戈里安尼和米勒建立了 MM 定理，开创了公司金融学，成为现代金融学的一个重要分支。20 世纪 60 年代，夏普和林特纳等建立并扩展了资本资产定价模型（CAPM）。20 世纪 70 年代，罗斯（Ross）基于无套利原理建立了更具一般性的套利定价理论（APT）。20 世纪 70 年代，法马（Fama）对有效市场假说（EMH）进行了正式表述，布莱克、斯科尔斯和莫顿建立了期权定价模型（OPM）。至此，现代金融学已经成为一门逻辑严密的具有统一分析框架的学科。

但是，20 世纪 80 年代对金融市场的大量实证研究发现了许多现代金融学无法解释的异象，如阿莱悖论、日历效应、股权溢价之谜、期权微笑、封闭式基金之谜、小盘股效应等。面对这一系列金融异象，人们开始质疑有效市场理论，质疑传统金融理论。有鉴于此，行为金融学开始兴起并对传统金融学发起挑战，其一，市场是否有效，行为人是否果真完全理性；其二，套利原则是否存在。

一、人的行为假设

传统金融理论认为，人们的决策是建立在理性预期（rational expectation）、风险回避（risk aversion）、效用最大化以及相机抉择等假设基础之上的，即将人的理性完全抽象化，把行为人设定为完全意义上的“理性人”，使他们在任何情况下都可以运用理性进行成本和收益比较而做出对自己效用最大化的决策。然而，大量的心理学研究表明，事实并非如此。人们不只是偶尔偏离理性，而是经常以同样的方式偏离理性。入市不久的投资者在多数情况下是按照自己的投资理念买卖股票的，他们的买卖行为之间有很大的相关性，他们之间的交易也并非随机进行，而是经常受到媒体、社会潮流乃至传言的影响，或是模仿他人的投资行为，也就是投资者的偏差具有社会性。投资者的情绪理论论述的就是大量投资者同样的判断失误且他们的失误又具有相关性的现象。当大家彼此模仿并且产生行为的趋同和一致以后，就在市场上产生了所谓的羊群效应。羊群效应愈演愈烈，势必导致整个市场的震荡和恐慌，促成泡沫膨胀和崩溃。

个人投资者并非唯一不符合理性要求的市场参与者，事实上影响个人投资者的种种偏差和错误同样也影响到金融机构特别是养老基金和共同基金的职业管理人员。这些管理人员也是普通人，同样受制于这些心理规律和行为偏差。不但如此，他们的代理人角色使得他们在竞争环境中出于职业生涯的考虑而采取随大流的投资策略，或者在近期报表公布前进行窗饰，以图在投资者心目中留下好印象。在现实市场中，机构投资者并非如标准金融学者所设想的那样是“理性”投资者、市场有效性的坚定“捍卫者”，事实上他们在决策时更容易出错。此外，越来越多的证据表明，公司的管理层决策与行为也常常表现出某种程度的非理性，典型的有过度自信和过度乐观，这些心理偏差在很大程度上影响到上市公司的融资、筹资、股利与并购等公司的财务活动和财务行为。因此，行为金融学吸收了社会科学对人类理性和非理性共存的认识，认为证券市场上的投资者由两部分人组成：一部分是完全理性的投资者；一部分是“不那么理性”的投资者，即噪声交易者，市场上的投资行为并非仅由理性的投资者主宰，噪声交易者也能影响股票的价格。

二、套利与套利限制

传统的有效市场理论是由三个逐渐弱化的假设组成：第一假设投资者

是理性的，因此投资者可以理性地评估资产价值；第二假设即使有些投资者不是理性的，但由于他们的交易随机产生，交易相互抵消，不至于影响资产价格；第三假设即使投资者的非理性行为并非随机，而是具有相关性，他们在市场中将遇到理性的套期保值者，后者将消除前者对价格的影响。EMH理论推导逻辑性十分强。当人们是理性时，市场是有效的；当有些投资者不理性时，交易随机产生，对市场不会产生系统的价格偏差；而非理性交易者，以非基本值的价格进行交易，在市场中也不会有生存的空间。但是，行为金融学却论证了“套利限制”这样一个命题，认为套利策略是不完美的，也是不可能充分实现的。金融产品的不完全替代、套利者的风险厌恶以及噪声交易者对价格信号的各种干扰使得套利者无法充分发挥其捍卫市场有效性的作用。

首先，理性投资者构建套利组合会遇到执行成本的问题。经纪费、买卖差价等都是执行成本的构成。此外还有两类重要的执行成本，即卖空成本与发掘套利机会的成本。

其次，理性投资者在构建套利组合时不仅需要支付各种执行成本，还不得不承担基本风险与噪声交易者风险。由于执行成本与风险的存在，理性投资者的套利行为可能不会及时充分消除非理性投资者行为的影响。如果理性投资者都是风险厌恶型的，那么，过于自信的投资者会更倾向于将财富投资于高风险的资产，从而获得高收益。也就是说，虽然理性投资者能通过套利获得一定的无风险收益，但非理性投资者总体上却能因为承担了更大的风险而获得更高的预期收益率，因而并不必然从市场上逐渐消失。至此，行为金融学成功地找到了攻击传统金融学的突破口，投资者心理和套利局限成为行为金融学的两大支柱。

第四节　行为金融学核心理论

一、预期效用理论

预期效用假说（expected utility hypothesis），又称预期效用理论（expected

utility theory)，或期望效用理论，是一个效用理论，是在风险情况下，个人所作出的选择是追求某一数量的期望值的最大化。这个理论最早在 1738 年由丹尼尔·伯努利提出，该假说用于解释赌博和保险中的期望值。

拉姆齐（F. R. Ramsey）1931 年发表反对《真实与概率》一文对效用和概率进行公理化的首创性研究。此后，冯·诺伊曼和摩根斯特思在 1947 年发表的《博奔论与经济行为》一文中提出了预期效用理论。

预期效用理论认为，风险情景下最终结果的效用水平是通过行为者对各种可能出现的结果的加权评价后获得的，行为者谋求效用的最大化。

行为者的选择与他的风险态度密不可分，预期效用理论建立在行为者偏好理性的一系列严格的公理化假设体系基础上，包括独立性、完备性、确认性、传递性、连续性等。通过确定性的预期效用和可计算的主观概率构造了一个完整的与个体理性相容的分析体系，然而理论体系的完美并不意味着它的实际价值，一系列彩票选择实验对之提出了挑战，尤其是阿莱悖论（allas paradox）和埃尔斯伯格悖论（ellsberg paradox），该实验与偏好的独立性、传递性等相违背，埃尔斯伯格实验结果也与标准的主观概率不符；心理学中还有著名的偏好颠倒（preference reversal）实验等显示偏好颠倒的存在。

从偏好的独立性、传递性受损，到偏好颠倒，理性人进一步受到沉重打击。埃尔斯伯格实验发现，人们偏好具体的清晰事件而对模糊事件不太关心，常常出现概率小于 1 的情况；并且发现后视偏差（hindsight bias）和锚固效应（anchor effect）问题——后视偏差显示个体在面对不确定性事件的新信息时往往对先前获得的信息估价过高，锚固效应是指人们常常将第一眼看到的东西作为目标的最重要维度，而闪光灯记忆（flash—bulb memory）则突出重要的公众事件的影响，与贝叶斯法则进一步扩大距离。

针对出现的问题，预期效用理论作了修正，针对偏好颠倒提出非传递性效用模型、非加性效用模型；针对埃尔斯伯格悖论，卡涅曼和特维斯基提出了价值函数和决策权重替代预期效用和主观概率，价值函数的一个重要特征是收益状态的正向凹性（风险规避）和损失状态的反向凸性（风险偏爱），即偏好确定性收益和不确定性损失。

理论研究表明，在不确定性环境中，预期效用和主观概率与一般的效用和概率有很大的区别。阿莱悖论促使人们在贝努利方程中加入了风险偏好的特殊项，以说明整个基数效用的分布。同其他许多观点一致，我们并不认为完全不存在由原因所支配的确定性行为，但是反对所有行为基本上都是由理性计算所支配的观点——在社会运行和人的行为中不确定性的出现使确定性的、简单的数学计算失去效力。

二、资产定价、市场效率及代理关系

1. 资产定价

资本资产定价模型简称 CAPM，是由威廉·夏普和约翰·林特纳一起创造发展的，旨在研究证券市场价格如何决定的模型。资本资产定价模型假设所有投资者都按马克维茨的资产选择理论进行投资，对期望收益、方差和协方差等的估计完全相同，投资人可以自由借贷。基于这样的假设，资本资产定价模型研究的重点在于探求风险资产收益与风险的数量关系，即为了补偿某一特定程度的风险，投资者应该获得多少的报酬率。

（1）模型假设。CAPM（capital asset pricing model）是建立在马科威茨模型基础上的，马科威茨模型的五个假设自然包含在其中：

第一，投资者希望财富越多越好，效用是财富的函数，财富又是投资收益率的函数，因此可以认为效用为收益率的函数。

第二，投资者能事先知道投资收益率的概率分布为正态分布。

第三，投资风险用投资收益率的方差或标准差标识。

第四，影响投资决策的主要因素为期望收益率和风险两项。

第五，投资者都遵守主宰原则（dominance rule），即同一风险水平下，选择收益率较高的证券；同一收益率水平下，选择风险较低的证券。

CAPM 的八个附加假设条件如下：

第一，可以在无风险折现率 R 的水平下无限制地借入或贷出资金。

第二，所有投资者对证券收益率概率分布的看法一致，因此市场上的效率边界只有一条。

第三，所有投资者具有相同的投资期限，而且只有一期。

第四，所有的证券投资可以无限制的细分，在任何一个投资组合里可以含有非整数股份。

第五，税收和交易费用可以忽略不计。

第六，所有投资者可以及时免费获得充分的市场信息。

第七，不存在通货膨胀，且折现率不变。

第八，投资者具有相同预期，即他们对预期收益率、标准差和证券之间的协方差具有相同的预期值。

上述假设表明：第一，投资者是理性的，而且严格按照马科威茨模型的规则进行多样化的投资，并将从有效边界的某处选择投资组合；第二，资本市场是完全有效的市场，没有任何摩擦阻碍投资。

（2）计算方法。当资本市场达到均衡时，风险的边际价格是不变的，任何改变市场组合的投资所带来的边际效果是相同的，即增加一个单位的风险所得到的补偿是相同的。按照β的定义，在代入均衡的资本市场条件下，得到资本资产定价模型：$E(r_i)=r_f+\beta_{im}[E(r_m)-r_f]$。

资本资产定价模型有三点说明：一是单个证券的期望收益率由两个部分组成，即无风险利率以及对所承担风险的补偿－风险溢价；二是风险溢价的大小取决于β值的大小。β值越高，表明单个证券的风险越高，所得到的补偿也就越高；三是β度量的是单个证券的系统风险，非系统性风险没有风险补偿。

资本资产定价模型中：$E(r_i)$为资产i的预期回报率；r_f为无风险利率；β_{im}为［Beta 系数］，即资产 i 的系统性风险；$E(r_m)$为市场m的预期市场回报率；$E(r_m)-r_f$为市场风险溢价（market risk premium），即预期市场回报率与无风险回报率之差。

以资本形式（如股票）存在的资产的价格确定模型。以股票市场为例，假定投资者通过基金投资于整个股票市场，于是他的投资完全分散化（diversification）了，他将不承担任何可分散风险。但是，由于经济与股票市场变化的一致性，投资者将承担不可分散风险。于是投资者的预期回报高于无风险利率。设股票市场的预期回报率为$E(r_m)$，无风险利率为r_f，那么，市场风险溢价就是$E(r_m)-r_f$，这是投资者由于承担了与股票市场相关的不可分散风险而预期得到的回报。考虑某资产（如某公司股票），设其预期回报率为 R_i，由于市场的无风险利率为 Rf，故该资产的风险溢价为 $E(r_i) - r_f$。资本资产定价模型描述了该资产的风险溢价与市场的风险溢价之间的关系：$E(r_i) - r_f = \beta_{im}[E(r_m) - r_f]$ 式中，β 系数为常数，称为资产 β（asset beta）。

β 系数表示了资产的回报率对市场变动的敏感程度（sensitivity），可以衡量该资产的不可分散风险。如果给定 β，就能确定某资产现值（present value）的正确贴现率（discount rate）。这一贴现率是该资产或另一相同风险资产的预期收益率贴现率，即 $R_f + \beta(R_m - Rf)$。

（3）两种风险。系统性风险是指市场中无法通过分散投资而消除的风险，也被称为市场风险（market risk），如利率、经济衰退、战争，这些都属于不可通过分散投资而消除的风险。

非系统性风险也被称为特殊风险（unique risk 或 unsystematic risk），这是属于个别股票的自有风险，投资者可以通过变更股票投资组合消除。从技术的角度来说，非系统性风险的回报是股票收益的组成部分，但它所带来的风险是不随市场的变化而变化的。现代投资组合理论（modern portfolio theory）指出，特殊风险是可以通过分散投资（diversification）消除的，即使投资组合中包含了所有市场的股票，系统风险亦不会因分散投资而消除，在计算投资回报率的时候，系统风险是投资者最难以计算的。

（4）模型意义。CAPM 给出了一个非常简单的结论：只有一种原因会使投资者得到更高回报，那就是投资高风险的股票。不容怀疑，这个模型在现代金融理论中占据着主导地位。

在 CAPM 里，最难以计算的就是 Beta 的值。当法玛（Eugene Fama）和弗兰奇（Kenneth French）研究 1963—1990 年期间纽约证交所、美国证交所以及纳斯达克市场（NASDAQ）中的股票回报时发现：在这一期间 Beta 值并不能充分解释股票的表现。单个股票的 Beta 和回报率之间的线性关系在短期内也不存在。他们的发现似乎表明了 CAPM 并不能有效地运用于现实的股票市场内。

事实上，有很多研究也表示对 CAPM 正确性的质疑，但是这个模型在投资界仍然被广泛利用。虽然用 Beta 预测单只股票的变动是困难，但是投资者仍然相信 Beta 值比较大的股票组合会比市场价格波动性大（不论市场价格是上升还是下降）；而 Beta 值较小的股票组合的变化则会比市场的波动小。

对于投资者尤其是基金经理来说，这点是很重要的。因为在市场价格下降的时候，他们可以投资于 Beta 值较低的股票，而当市场价格上升的时候，他们则可投资 Beta 值大于 1 的股票。

对于小投资者来说，没有必要花时间计算个别股票与大市的 Beta 值，因为据笔者了解，现时有不少财经网站均有附上个别股票的 Beta 值，只要读者细心留意就可以发现。

CAPM 模型在证券理论界已经得到普遍认可。投资专家运用其进行资本预算或其他决策；立法机构运用其规范基金界人士的费用率；评级机构运用其测定投资管理者的业绩。但是，该模型主要对证券收益与市场组合收益变动的敏感性做出分析，而没有考虑其他因素。

（5）模型限制。一是 CAPM 的假设条件与实际不符。①完全市场假设：实际状况有交易成本、资讯成本及税赋，为不完全市场。②同质性预期假设：实际上投资人的预期非为同质，使 SML 信息形成一个区间。③借贷利率相等，且等于无风险利率之假设：实际情况为借款利率大于贷款利率。④报酬率分配呈常态假设：与事实不一定相符。二是 CAPM 只适用于资本资产，人力资产不一定可买卖。三是估计的 β 系数只代表过去的变动性，但投资人所关心的是该证券未来价格的变动性。四是在实际情况中，无风险资产与市场投资组合可能不存在。

（6）影响因素。模型的影响因素主要有通货膨胀、风险回避程度的变化以及股票 β 系数的变化。

（7）结论。CAPM 不是一个完美的模型，但是其分析问题的角度是正确的。它提供了一个可以衡量风险大小的模型，帮助投资者决定所得到的额外回报是否与其中的风险相匹配。这一模型也暗合了马克思主义经典政治经济学原理，资产价格围绕资产价值波动，并具体细化为相关性。

2. 市场效率

资本市场因其关键作用，对经济体的发展和运作至关重要。正是通过有效和正常运作的资本市场，资源才能达到最优分配，各尽其用。在理想状态下，市场通过利好的投资机会，将资金从存款人手中转移到借款人手中。借款人或许有报酬丰厚且与风险挂钩的投资机会，但是资金不足，无法进行该项投资。在有效的资本市场中，放款人能够获益，获得更高的、调整了风险的收益，借款人也能够获益，不放弃赚钱的机会。当然也会有“错误”发生，它们会被详细地记录下来，诸如20世纪90年代后期的互联网泡沫，以及近年来发生的次贷金融危机。一直有人争论，那些资本提供者，基于他们当时了解的信息所做出的这些投资决策是否明智。

（1）市场有限性和信息。尤金·法玛对于有效市场（efficient market）的详细描述，在金融业界和学术界具有持久的影响力。根据法玛的理论，资本市场的主要任务是分配经济体资本储备的所有权。从广义上来说，在有效市场中，价格为资源分配提供准确信号。公司能够做出生产—投资的决策，投资者可以选择代表公司所有权的证券（假设证券价格总是“充分反映”一切可获得的信息）。如果市场中的价格总是“充分反映”所有可获得的信息，那么这个市场就是“有效”的。

正因为价格总是准确反映信息，所以才能很好地反映价值，推动资本最优分配。假如市场是有效的，那么信息就能立即通过价格充分传达。信息在有效市场的定义中扮演了非常重要的角色。法玛给出了三种市场有效性的定义，以阐明“一切可获得的信息”的含义。在弱式（weak form）有效市场中，价格反映了历史收益中的所有信息。在半强式（semi - strong form）有效市场中，价格反映了所有公开的、有效的信息，包括过去的收益和对未来收益的预测，公布的财务报表（不论公布时间）中的所有内容，商业报道中的所有相关内容，以及其他任何相关的信息。在强式（strong form）有效市场中，价格甚至反映了非公开信息，如内部消息。价格总能反映所有信息的前提是，信息的获取和生成不需要任何花费。这当然是不可能的。因此，EMH的一个更准确的定义是，价格反映了所有的信息，并且从这些信息中得到的边际收益不超过获取信息的边际成本。换而言之，没有投资者能够永远获得超额收益（excess return）。

在这样的设定下，有必要注意“超额”意味着已经考虑到所有的成本。除了显而易见的交易成本，还应考虑到获取信息的费用和分析（或雇人分析）的费用。例如，一个共同基金的（总体）利润高于市场1.5%，但是对投资者征收的管理费用率（MER）为1.5%，那么投资者的收益率也就与市场收益率相同，这和EMH并不矛盾。考虑到“风险调整”的需求，“超额”的含义就更为复杂，这点我们将在联合假设问题中谈及。

（2）市场有效性的意义。对于大多数人而言，信息就是知识，但在金融学领域，人们所说的“信息”是完全没有预料到的消息。如果公布说，失业率已经上升到6%，而大多数人已经预料到这种情况，那么就称不上是真正的信息。按照定义，信息的出现是不可预测的，所以股价的变化如果仅受信息的影响，也一定是不可预测的。这是“股价服从随机游走（random walk）”一说的基础。在随机游走时，下一步总是无法预料的，只有以当前的位置才能最准确地预测下一步会到哪里。假如股价是随机游走的，那么股票收益率中高于风险调整后收益率的部分就是随机的，是不可预测的。

EMH的拥护者认为，不管利用历史数据进行技术分析，还是利用可公开获取的财务信息进行基础分析，都不能成功地获取超额收益。他们通常提倡被动投资策略，其目标是追踪而非跑赢市场。根据这种策略，投资者应该避免持有单只股票，而是应该投资于指数共同基金或是交易所交易指数基金（ETF），例如，标准普尔存托凭证（SPDR，亦称“蜘蛛”）或是欧澳远东指数基金——它是交易所交易的最大的国际股票标杆。

（3）对市场有效性的误解。市场有效性并没有指出投资者投资于股票是不明智的，也没有说明所有股票的预期收益率应当相同，EMH并没有表明所有的股票或投资组合都是一样的。虽然一名经理不可能有计划地获得高于预期风险调整后收益率的回报，但是股票在有效市场中的价格仍然是公平的。投资者对风险的态度不同，他们就可能有不同的投资组合。

除此之外，尽管EMH表明获得超额收益的机会是无法预测的，它也并不是说价格水平就是随机的。股价是基于可获取的市场信息，对公司做出的合理估值。这些信息包括管理层的行动，以及公司的投资和融资决策。

（4）联合假设问题。如前所述，超额收益率超过了扣除所有费用的收益率，但在给定的风险水平下也是公平的。因为超额收益率和风险调整回报率相关，它需要通过收益率模型求得。例如，假设 CAPM 是最适合的收益率模型，第 Z 只股票产生超额收益的条件为：

$$R_i - [R_f + \beta_i (R_m - R_f)] > 0$$

这表明，第 t 只股票的收益率高于其风险水平所要求的收益率，其中风险由贝塔系数（$a|$）表示。联合假设问题（joint – hypothesis problem）之所以会出现，是因为需要通过特定的风险调整模型得到所需的收益率水平，即进行风险调整。假如确定的风险调整模型是正确的，那么进行风险调整并无害处，遗憾的是我们并不知道。如果检验拒绝了 EMH，那是因为 EMH 本身不成立呢，还是因为测算超额收益率时用错了方法？我们不知道答案。早期对 EMH 的实证检验基本都支持该假说。检验表明，不能通过机械化交易持续得到超额收益，价格也随着新信息的出现，迅速而合理地变化着。此外，资金经理人不太可能在扣除所有费用（包括交易费用和管理费用）后仍然获得正的超额收益。然而，较近期的研究则反映了一系列持续出现的异常现象，也就是说，研究结果与 EMH 相悖。

下面谈谈价值溢价（value premium）。从历史数据来看，投资于价值股（即较之以账面价值和利润而言，价格被低估的股票）一直是一种必胜策略，这种简单的策略似乎构成了 EMH 的反例。但是试想，如果价值股的风险更大些，或者价值股的风险没有充分地被 CAPM 反映出来又会如何？那样的话，可能根本就不存在异象，仅仅是资产定价模型不准确而已。

3. 代理问题

一旦一方（委托人）与另一方（代理人）订立契约，两者之间就建立了代理关系（agency relationship）。代理人可以代委托人行事，并具有代表委托人的利益。

在代理关系中，委托人授权代理人替他做出决定。如果代理人和委托人的利益不一致，那么就会出现代理问题（agency problem）。

举例来说，假设房屋所有权人想卖房。他（委托人）和房产中介（代理人）签订了售房合同。他希望合同能激励房产中介尽快以最高的价格卖出房子，那么通常就要付给房产中介出售房价某一固定比例的佣金，而不是一笔恒定不变的佣金。中介费和售房价挂钩，就能够激励房产中介加倍努力，以最高的价格卖出房子，努力使双方利益达成一致。但是，房产中介这种自私的代理人并不一定为售房者谋求最大利益。例如，有人想以30万美元买委托人的房子，假设房产中介的提成率是5%，他就能得到1.5万美元。如果委托人坚信房屋的价值更接近32万美元，不同意30万美元就卖出，并且后来以32万美元售出，委托人的收入将增加1.9万美元，而中介的佣金只会增加1 000美元。即便房产中介也认同房子能卖到32万美元，他也可能劝说委托人30万美元就脱手——新增的1 000美元未必能补偿他为了获得更高售房价做出的额外努力。也许你的目标是把房子卖出最高的价钱，但他的目标可能是让花的每分力气都得到最高的报酬。这是一种典型的利益冲突。公司中的利益冲突，通常出现在公司所有者和管理层之间。

在当今的美国，公司很受关注，这是因为公司结构的组织非常普遍。大公司的所有权和管理权通常是分离的。公司中通常存在着所有者建立的合法团体。股东是公司的所有者，他们选出董事会任命公司管理层。代理理论和公司的结构有很大关系，这是因为委托人—代理人问题就出现在公司管理层和股东之间。

委托人—代理人问题会产生直接和间接的代理成本。其产生的原因是管理层的利益驱动力并非使公司价值达到最大。直接成本包括对管理层有益却对公司无益的开销，例如，购买一架用于旅行的豪华喷气式飞机。为监督管理层会产生其他的直接成本，例如，从外部雇人审计的花费。间接成本是由于失去机遇产生的，所以较难计算。举例来说，有人想收购一家公司，即使公司股东能从中获益，该公司管理层也会担心失业而坚决反对。

如今公司结构庞大，股东成千上万，公司所有者和管理层不可能每日都有沟通。比如可口可乐公司，它生产全世界最著名的产品之一。2008年，可口可乐的市值超过1 000亿美元，拥有超过30万名股东。显然，经理层不可能经常与所有股东会谈。机构投资者持有可口可乐公司近一半的股票，然而管理层也不可能经常与这些机构沟通，因为单是机构的数目就超过了 1 000 个。所有权和管理权分离，可以促进公司蓬勃发展，但前提是管理层把股东利益最大化作为其目标。许多金融理论着重于如何设计最优补偿合同（optimal compensation contract），把股东和管理层的利益联系在一起。最优的设计取决于许多因素，诸如管理层的行为是否可以被观察，管理层和股东间信息不对称的程度，绩效评估是否充分，以及管理层和股东差异的程度。委托人为了激励代理人，在补偿合同中设立了奖惩机制，我们称为“胡萝卜加大棒”。

有效的公司管理，包括最优的补偿合同设计，决定了是否能使公司价值达到最大、经济体中的资本能否得到最优分配。本书后面章节将介绍其他环境中的委托人—代理问题，例如，资金经理人（委托人）代投资者（委托人）进行投资。此外，我们还将考虑行为因素如何影响对委托人—代理人问题的理解，以及如何使成本达到最低。

三、视界理论

前景理论（PT）首先由国外学者卡内曼（Kahneman）和阿莫斯·特沃斯基（Amos Tversky）（1979）（用 KT 代表两个作者）明确的提出。他们认为个人在风险情形下的选择所展示出的特性和冯·纽曼和摩根斯坦的效用理论的基本原理是不相符的。

一是他们发现和确定性的结果相比个人会低估概率性结果，他们称之为确定性效应（certainty efffect）。KT 还指出确定性效应导致了当选择中包含确定性收益时的风险厌恶以及当选择中包含确定性损失的风险寻求。

二是他们还发现了孤立效应（isolation effect），即当个人面对在不同前景的选项中进行选择的问题时，他们会忽视所有前景所共有的部分。孤立效应会导致一个前景的描述方法会改变个人决策者决策的变化。

三是 KT 发现了反射效应（reflection effect），当正负前景的前景绝对值相等时，在负前景之间的选择和在正前景之间的选择呈现镜像关系。为了补偿这些 VMUT 所不能解释的关于个人行为的特征，KT 提出了新模型 PT。

1. 基本内容

前景理论引申出了四个基本结论：一是大多数人在面临获利的时候是风险规避的（确定效应）；二是大多数人在面临损失的时候是风险喜好的（反射效应）；三是大多数人对得失的判断往往根据参考点决定（参照依赖）；四是大多数人对损失比对收益更敏感（损失效应）。

简言之，人在面临获利时不愿冒风险；而在面临损失时人人都成了冒险家。损失的痛苦比获得所带来的喜悦更敏感，而损失和获利是相对于参照点而言的，改变评价事物时的参照点，就会改变对风险的态度。

前景理论认为，人的决策过程分为两个阶段：随机事件的发生以及人对事件结果及相关信息的收集与整理为第一阶段；评估与决策为第二阶段。为了评估决策的需要，人们通常在第一阶段对事件进行预处理，包括数据的整合、简化，但是不同的整合、简化方法会得到不同的事件及其组合，并导致人的非理性行为和框架依赖效应，即人对同一问题的最后决策的不一致。前景理论通过大量的实验和效用函数的运用，概括起来基本内容主要有四项：

（1）人们不仅看重财富的绝对量，更加看重财富的变化量。

（2）当人们面临条件相当的获得前景时更加倾向于实现风险规避，而面临条件相当的损失前景时更加倾向于风险趋向。

（3）人们对损失和获得的敏感程度是不同的，人们对损失比对获得更敏感。即财富减少产生的痛苦与等量财富增加带给人的快乐不相等，前者要大于后者。

（4）前期决的策的实际结果会影响后期的风险态度和决策。前期盈利可以使人的风险偏好增强，还可以降低后期的损失；而前期的损失会加剧以后亏损的痛苦，风险厌恶程度也相应提高。

2. 前景理论二定律

前景理论有两大定律：一是当人们在面临获得时，往往小心翼翼，不愿冒风险，而在面对损失时，人人都变成了冒险家；二是人们对损失和获得的敏感程度是不同的，损失的痛苦要远远大于获得的快乐。

第五节 行为金融学典型案例分析

一、大盘指数分析

自2016年1月1日起，A股增添新制度“指数熔断机制”。在1月4日的首个交易日便造成千股跌停，接连触碰5%和7%阈值提前收盘。1月7日，A股开盘28分钟便因沪深300指数跌穿5%和7%的熔断阈值而收盘，也创造了A股的历史。其中，1月4日和7日两个交易日总市值蒸发8万亿元，人均亏损近16万元。2016年4个交易日两次熔断，上证指数20个交易日由3 539跌至最低2 737点，跌幅接近20%，造成了又一次的股灾。

1. 基本面情况

（1）经济因素分析。

第一，经济周期。2015年市场处在繁荣与衰退的转折点，所有的经济指标数据都指向当时经济处在下滑探底周期，2016年将继续宏观经济调整探底进程，经济下行压力将进一步加大。世界银行发布的全球经济展望报告显示，世界银行将2016年全球经济增长预期下调至2.9%，其中，中国经济增长下调至6.7%。我国经济增速下滑与结构性通缩是周期性的，但更是结构性矛盾所致。投资增速持续放缓主要源于产能过剩、房地产库存压力等结构性问题。

第二，汇率。由于美元进入加息周期导致人民币出现暴跌，从而引发人民币资产抛售造成资金面紧张的恐慌。2016年1月6日人民币汇率大幅贬值，在岸人民币跌至近400点，离岸人民币跌进500点，人民币一度跌破不断，创历史新低。随着人民币贬值的加剧，导致国内资金出现出逃流出的现象，人们不愿意持有手中的人民币价值标的产品，使得包括A股在内的人民币资产遭到集中抛售，股市受到负面影响，加剧了股市风险，使得国内的投资市场受到了不小的冲击。

（2）政策分析。

第一，货币政策。2015年，我国执行相对宽松的货币政策，货币供应量和信贷量超预期，频繁使用降准降息工具。2015年12月18～21日举行的中央经济工作会议指出，“稳健的货币政策要灵活适度，为结构性改革营造适宜的货币金融环境。”因此，2016 年货币政策从“松紧适度”转为强调“灵活适度”：灵活运用调整基准利率传递央行货币政策信号，灵活降准以对冲基础货币缺口，灵活运用结构性金融工具补充流动性。

第二，减持禁令的解除。2015 年 7 月 8 日，中国证监会发布公告，未来 6 个月之内，股东及高管不得减持股份。时隔半年，2016 年 1 月 8 日起，股东高管的减持解禁令到期，给市场带来了很大的不确定性，市场面临巨大的抛售压力。根据中金公司的估算，本次股东高管减持解禁规模可达 1.1 万亿元左右，占流通股市值的 5.2%。同时，本次减持潮临近，市场并没有出现相关配套政策的制约，因而产生了市场恐慌，市场信心严重不足。

第三，注册制的袭来。2015 年 12 月 9 日，国务院常务会议审议通过了拟提请全国人大常委会审议的《关于授权国务院在实施股票发行注册制改革中调整适用〈中华人民共和国证券法〉有关规定的决定》。在获得授权后，国务院将对证券法中有关“核准制”的规定进行调整，为注册制的实施清除法律障碍。所谓注册制，主要是指发行人申请发行股票时必须依法将公开的各种资料完全、准确地向证券监管机构申报。证券监管机构的职责是对申报文件的全面性、准确性、真实性和及时性进行形式审查，不对发行人的资质进行实质性审核和价值判断，而将发行公司股票的良莠留给市场判定。短期而言，加速推进注册制将会对市场情绪造成波动。因此，当 2016 年 1 月 7 日有消息称注册制具体实施方案将于本月落定时，注册制对股市整体短期呈现重大利空消息。注册制的袭来利空股市，一是由于大量 IPO 新股发行，将会使两市的壳资源受到重大的冲击，炒作起来的壳资源容易受到冷落；二是股价是需要有资金推动的，上市公司逐步增加，但股市资金并未同步增加，那么对整个股市的价值评估都会受到影响。因此，注册制也将对市场产生强烈冲击。

第四，熔断机制。2015 年 12 月 4 日，经中国证监会同意，上交所、深交所、中金所正式发布指数熔断机制的相关规定，并将于 2016 年 1 月 1 日起正式实施。三个交易所将沪深 300 指数作为指数熔断的基准指数，拟设置 5%、7% 两档指数熔断阈值，涨跌都熔断，日内各档熔断最多仅触发一次。

社会各界对这项指数熔断机制的引入均持看好意见，认为这项熔断机制能为市场在大幅波动时提供“冷静期”，有助于市场稳定，保护投资者权益；认为引入股指熔断机制，可在市场出现急剧暴跌之前抑制过度看空投机行为，缓解投资者极度恐慌情绪的蔓延。从境外市场实施熔断机制的效果来看，熔断机制就是“安全阀”，可以应对突发情况、缓和市场情绪，有效改善交易氛围。这一预期造成市场的过度乐观预期。

在实行该机制后的 1 月 4 日、1 月 7 日连续触发了两次熔断，于 1 月 8 日起暂停实行，这一制度总共实施了 4 个交易日。

2. 技术面分析

（1）上证指数分析。由图 4 – 1 可知，2016 年 1 月上证指数跌幅为 22.65%，指数直线下跌近 801.58 个点。在 1 月 4 日至 7 日实行熔断期间，沪指跌幅为 11.7%，指数下降了 414.18 个点。在 MACD 图 4 – 1 中可以看出，在 2015 年 12 月底时出现死叉，即出现卖出信号；同时，柱体 MACD 由红变绿，表示由多头开始转向空头，盘中缺乏向上动力主因。由图 4 – 2 可以看出，2015 年 12 月 31 日跌幅为 0.94%，大盘高开低走，收盘于 3 539.18 点，尾盘资金流出量增加，大盘走势收盘只有分时级别的底背离结构，所以大盘周一继续下行是大概率事件。图 4 – 3 为 2016 年 1 月 4 日的上证指数分时图。

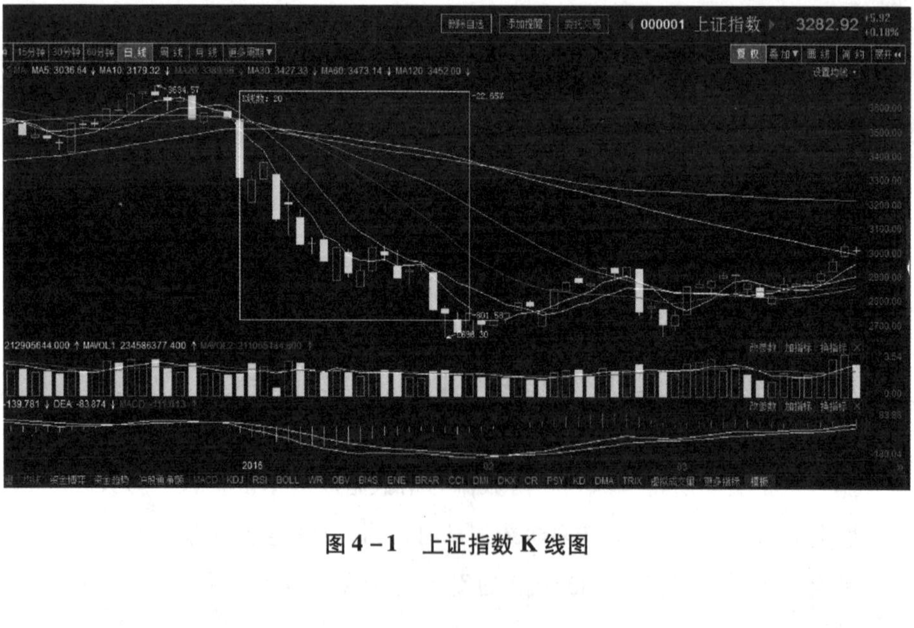

图 4 – 1 上证指数 K 线图

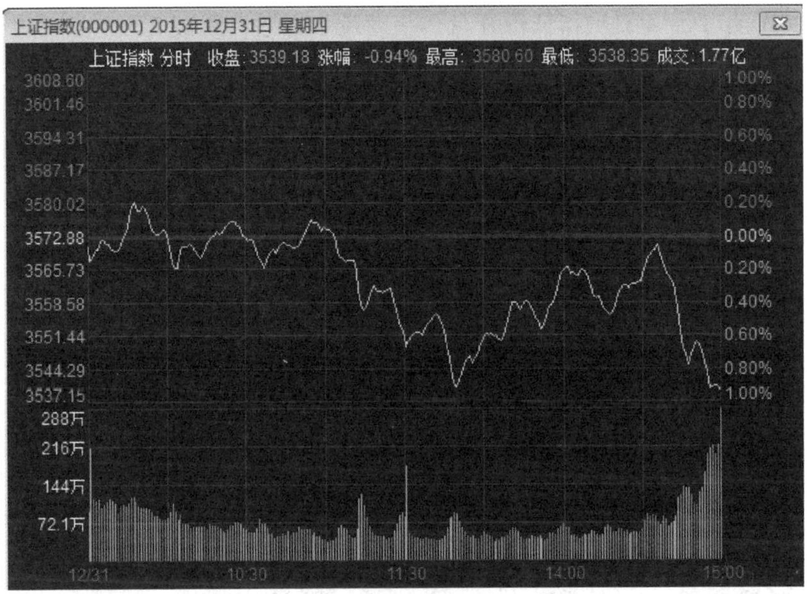

图 4－2　2015 年 12 月 31 日上证指数分时图

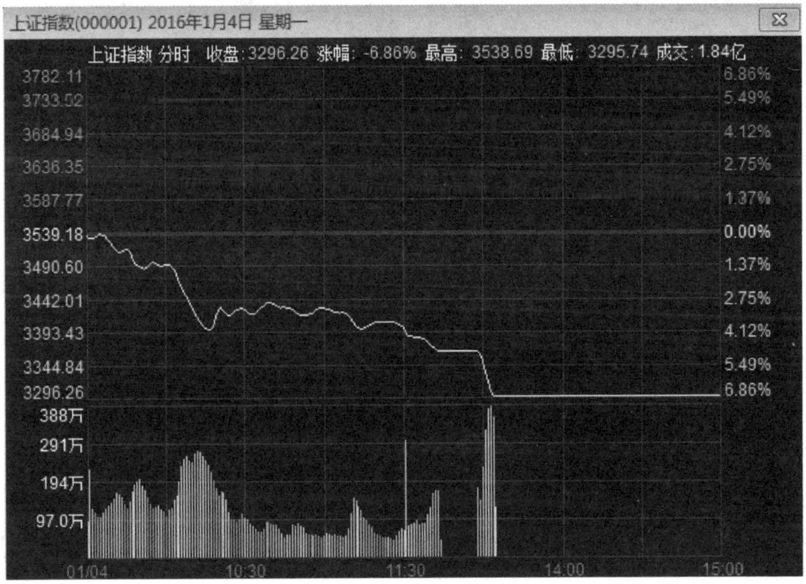

图 4－3　2016 年 1 月 4 日上证指数分时图

2016 年 1 月 4 日沪指低价开盘，一度跳水大跌，跌破 3 500 点，10 点开始，市场近 20 分钟呈现资金面流出的情况跌破 3 400 点。午后，沪深 300 指数在开盘后继续下跌，并于 13 点 13 分超过 5%，引发熔断，使两市暂停交易 15 分钟。恢复交易之后，沪深 300 指数继续下跌，并于 13 点 34 分触及 7% 的关口，熔断停市。图 4－4 为 2006 年 1 月 7 日上证指数分时图。

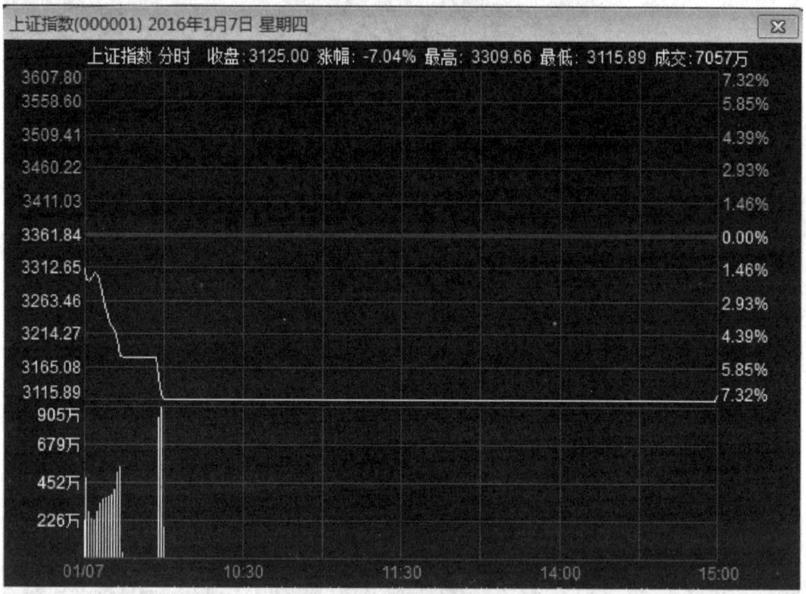

图 4－4　2016 年 1 月 7 日上证指数分时图

2016 年 1 月 7 日，早盘 9 点 42 分，沪深 300 指数跌幅扩大至 5%，再度触发熔断线，两市在 9 点 57 分恢复交易。开盘后，沪深 300 指数再度向下，最大跌幅达 7.21%，二度熔断触及阈值。自 9 点 42 分开始指数熔断，自 9 点 57 分起结束本次指数熔断，当日不再恢复交易。

自取消熔断机制后，沪指持续呈现直线下跌状态。1 月 11 日沪指开盘后处在低位震荡，随后在 1% 处震荡整理。11 点时沪指再次大幅下挫跌逾 3%，一度失守 3 100 点关口。从图 4－5 中看出，接近尾盘时卖出成交量均保持在 130 万以上，盘中沪指大跌逾 5%，再现千股跌停局面，以 3 016.70 收盘。

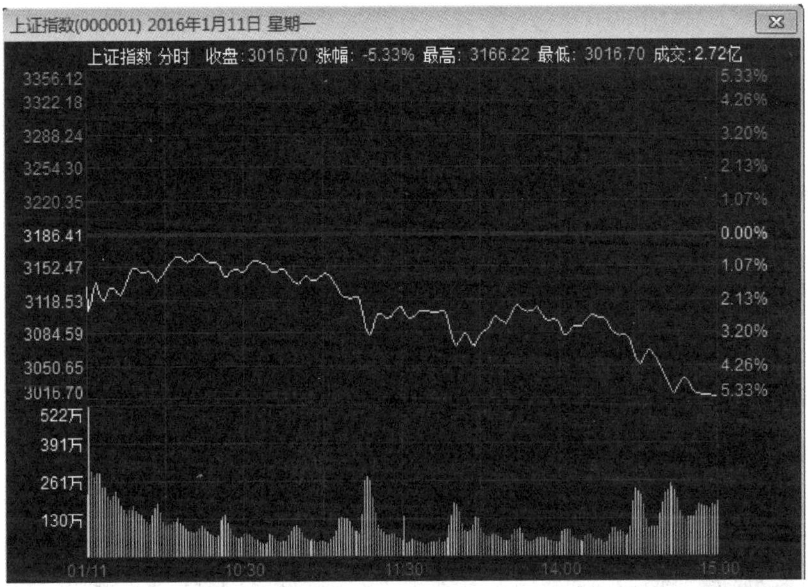

图 4-5 2016 年 1 月 11 日上证指数分时图

在经过一段时间稳定后，1 月 26 日沪指跌破婴儿底 2 850 点，再创新低（见图 4-6）。主要在原油价格再度大跌、外围股市大幅收低的影响下，沪深两市再度低开，盘中虽在国资改革等板块的活跃带动下两市跌幅有所收窄，但成交量始终维持低迷态势，显示出市场资金追涨欲望不强；临近中午收盘，指数再度有所回落。从盘面上看，早盘股市总体呈现出弱势震荡走势，热点较为匮乏。午后开盘沪指跌幅再度扩大，跌破 2 850 点婴儿底后又跌破 2 800 点，创 13 个月以来新低。

（2）深证成指分析。由图 4-7 可以看出，2016 年 1 月深证成指跌幅为 25.64%，指数下跌 3 246.69 个点。在 1 月 4 日至 7 日实行熔断期间，深指跌幅为 15.04%，指数下跌 1 904.62 个点。在 MACD 图中可以看出，同沪指情况相近，在 2015 年 12 月底时出现卖出信号，柱体 MACD 由红变绿，表示由多头转向空头，盘中缺乏向上动力主因。

3. 分析总结

面对 2016 年 A 股熔断的股灾发生，投资者的行为是影响股市的重要原因之一。熔断制度成为“短命政策”，是它仅持续了 1 个多月的时间，2015 年 12 月

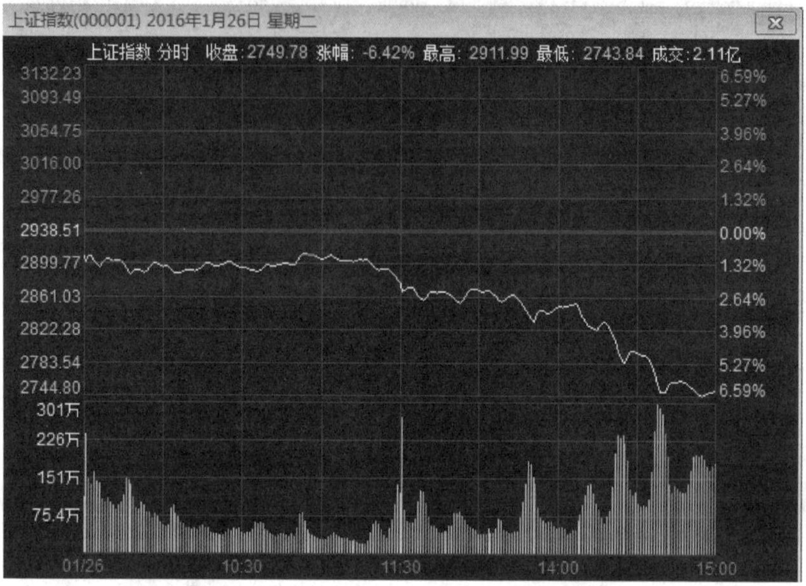

图 4－6　2016 年 1 月 26 日上证指数分时图

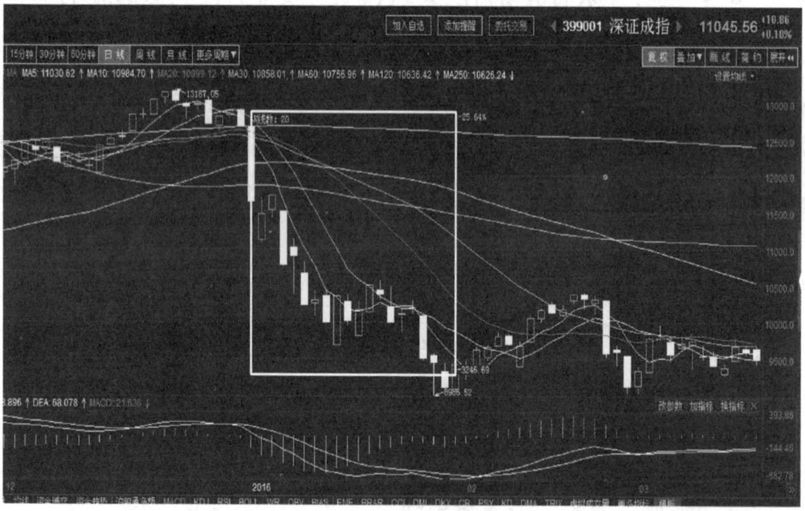

图 4－7　深证成指 K 线图

4 日，上交所、深交所、中金所正式发布指数熔断的相关规定，熔断基准指数为沪深 300 指数，采用 5% 和 7% 两档阈值，于 2016 年 1 月 1 日起正式实施，并于 2016 年 1 月 8 日暂停。熔断被暂停后，市场并未因此“刹车”，而是一路单边下跌。从熔断政策发布到指数筑底，上证最大跌幅接近 25%。图 4 – 8 至图 4 – 11 为 2016 年 1 月 4 日、7 日、11 日、26 日深证成指分时图。

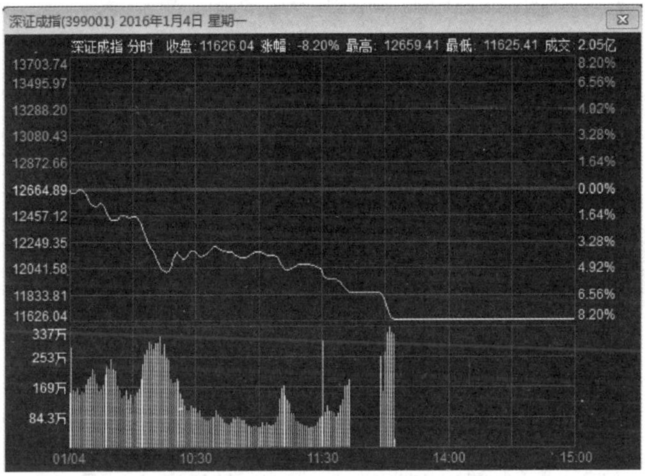

图 4 – 8　**2016 年 1 月 4 日深证成指分时图**

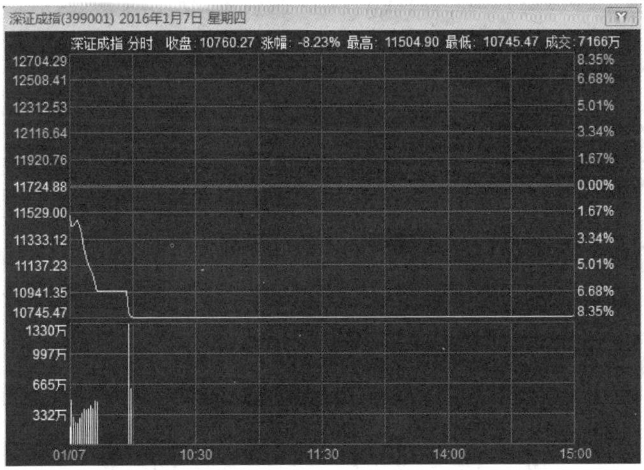

图 4 – 9　**2016 年 1 月 7 日深证成指分时图**

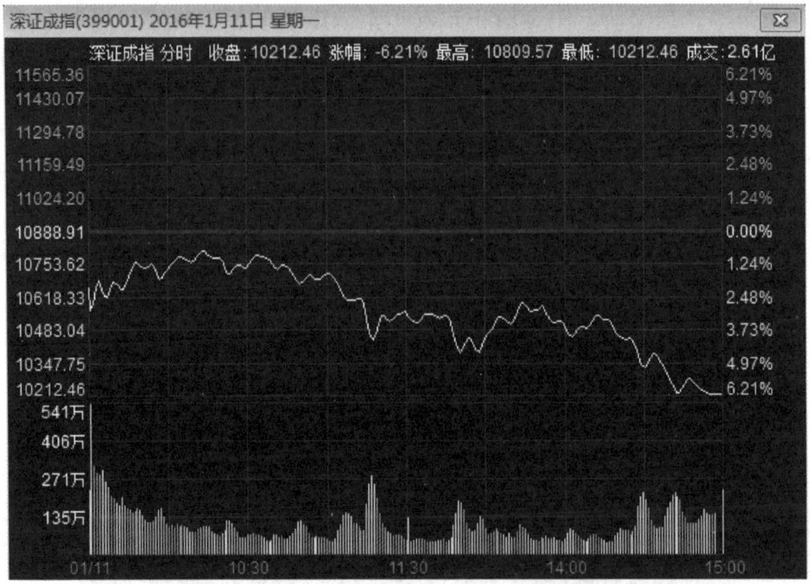

图 4-10 2016 年 1 月 11 日深证成指分时图

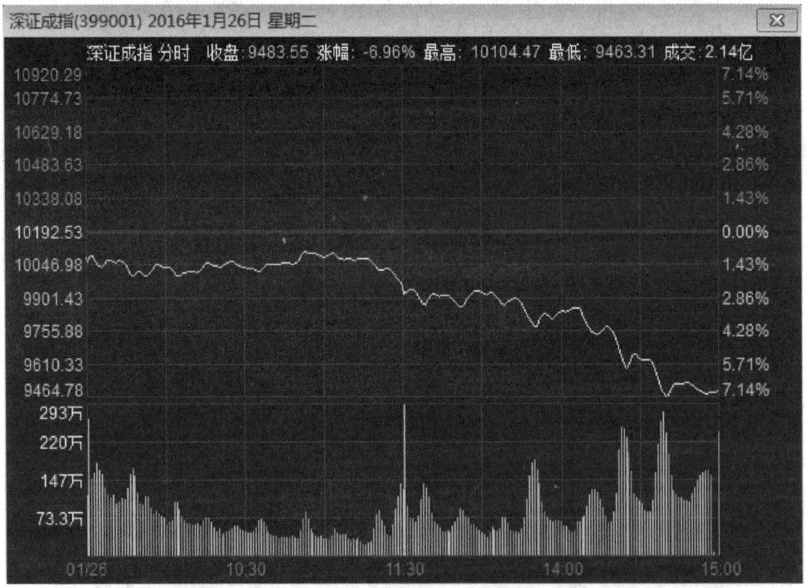

图 4-11 2016 年 1 月 26 日深证成指分时图

（1）基于行为金融学的知识，针对2016年1月4日至8日熔断造成的股价波动这一现象有如下三方面的原因分析：

第一，投资者的认知偏差。投资者的认知偏差主要表现为反应不足与反应过度。反应不足是在证券价格的变动上表现为当影响价格的消息出现后，在最初价格反应的基础上，证券价格没有调整到其应有的水平。过度反应是：在熔断政策正式实施的一个月前，相关部门已经发布了这项政策规定。也就是说，市场有一个月的反应时间应对这一影响。但实际情况是，这期间市场并未走坏，市场参与者没有对熔断可能造成的后果做出充分预期。当1月4日发生熔断后，出现资金持续逃窜流出的现象，即投资者的过度反应，这种过度反应导致熔断的再次发生。

第二，是投资者过度自信和自我归因偏差。过度自信会导致投资者夸大对股票或是消息的准确判断，没有做好坏的预期，而一旦事件向不利方向发展，就容易造成极端的过度反应。鉴于国外熔断机制的作用，我国政策制定者、专家或是市场参与主体的相关人员，对于A股实行熔断政策也抱有相当的自信，认为是有助于市场稳定的政策，没有深层次地运用行为金融学的原理分析市场资金应有的反应。

第二，羊群效应。行为金融学中的羊群效应是指人们不再亲自收集市场相关信息并进行分析，其行为受其他投资者影响，即人们行为的趋同性。在这次熔断导致的市场下跌中也存在着羊群行为。在面对急速的下跌熔断后，理性的投资者也会盲目跟风，失去自我判断能力，做出非理性跟随，形成羊群效应，加速市场的波动。形成羊群效应的原因有很多，主要有两个方面：一是由于人们开始忽略放弃自身对市场信息搜集加工的过程，倾向于根据他人的行为进行投资决策；二是公众媒体的渲染引发了人们的情绪。在熔断出台前媒体的报道相对乐观，给予了政策积极的一面，对投资者强化了消息的正面影响，而对负面影响预期不足。市场投资者也不愿过多地关心政策出台后可能造成的影响，以媒体的观点为主，形成乐观预期。而当熔断真正触发后，媒体报道也开始偏向了磁吸效应等不利后果的影响，所有人的态度由之前的普遍乐观转变为普遍悲观。投资者真正开始重视了政策的不利影响，这样导致了市场的极度恐慌，形成了新一轮的股灾。公众媒体对于事件的恐慌起到了推波助澜的作用，间接诱导了羊群效应的发生。

（2）基于行为金融学的知识，针对2016年1月8日至29日股价波动这一现象的原因分析如下：

第一，继1月4日、1月7日熔断跌停、暂停熔断机制后，股价仍呈下降趋势；1月11日、1月26日又连续出现了“千股跌停”的情况，致使恐慌情绪蔓延。因熔断机制的原因，股价杀跌趋势过猛，空头短期惯性较强，众多个股的破位不是一时能扭转的，造成人们受股市冲击，对股市产生恐慌情绪，继续资金出逃或持币观望态度。人们的过度悲观造成1月11日股价持续下跌。

第二，随着大股东减持平稳过渡、人民币汇率企稳、央行积极投放流动性，国内方面的下行压力已有所缓解。但在缺乏利好催化的情况下，A股市场信心可能会继续受到全球风险偏好下降的抑制。在基本面影响作用较小的条件下，投资者情绪波动是造成1月26日股价又一次下跌的主要原因。

二、创业板个股分析

案例4－1：乐视模式

乐视视频，原名乐视网，2004年成立于北京，打造基于视频产业、内容产业和智能终端的“平台＋内容＋终端＋应用”的完整生态系统，被业界称为“乐视模式”。乐视垂直产业链整合业务涵盖互联网视频、影视制作与发行、智能终端、应用市场、电子商务、互联网智能电动汽车等；乐视旗下公司包括乐视网、乐视致新、乐视移动、乐视影业、乐视体育、网酒网、乐视控股等。

乐视2010年8月12日在中国创业板上市，股票简称乐视网，股票代码为300104，是行业内全球首家IPO上市公司、中国A股最早上市的视频公司，并正在向自制、体育、综艺、音乐、动漫等领域发力。

1. 基本面分析

（1）宏观经济分析。2016年以来，全球经济形势相对动荡，主要发达国家经济复苏艰难，新兴国家经济增长有所放缓，英国脱欧事件引发市场恐慌，对全球经济复苏的进程产生更为不利的影响。从主要经济体来看，美国经济温和复苏，年底加息预期增强；欧元区经济复苏仍然脆弱，内部分化比较明显，卢森堡、荷兰经济向好趋势明显，德国、法国、比利时增长稳定，意大利下行风险较大；新兴国家中印度经济增长状况良好，巴西处于继续衰退中。

2016 年中国经济运行总体平稳，结构调整呈现积极变化。消费平稳增长，投资缓中趋稳，进出口降幅收窄，工业企业效率改善。消费价格涨幅温和，就业形势基本稳定。

（2）行业分析

第一，国内行业环境及发展状况概要。互联网网民规模持续增长，宽带普及率提高，手机上网增长突出。中国互联网信息中心于 7 月份发布的《第 30 次中国互联网络发展状况统计报告》显示，中国网络视频用户规模增至 3.5 亿个，半年内用户增量接近 2 500 万人，在网民中的使用率提升至 65.1%。而手机端视频用户超过 1 亿人，在手机网民中的占比由 2011 年年底的 22.5% 提升至 27.7%。

我国互联网经过长期的培育和商业化开发，网络广告市场已初具规模，并获得网络用户和广告主的认可。艾瑞网数据显示，2011 年国内网络广告市场规模达 511.9 亿元，约占我国广告市场整体规模的 18%，预计未来占比还将快速扩大。在 2011 年中国各网络媒体形式中，视频网站经过近两年的快速发展，网络广告细分市场规模达到 42.5 亿元，较 2010 年增长 98%。

第二，主要视频网站运营商。目前，优酷土豆占据了最大的市场份额，其主要收入来自广告业务；酷六的规模相对较小；乐视最主要的收入是版权分销，通过获得独家版权再分销给其他视频网站而获得利润。

表 4-1　国内主要视频网站运营商的基本信息

基本信息比较			
网站	乐视网	优酷土豆	酷六
上市年份	2010，深交所	2011，纳斯达克	2010，纳斯达克
主要收入来源	网络高清视频服务、网络视频版权分销、网络超清播放服务；视频平台广告发布、视频平台用户分流	视频平台广告发布、手机视频业务、网络视频版权分销	视频平台广告发布
主要资源	电视剧，电影	用户视频，电视剧，电影	用户视频，电影

乐视已经成为整个行业的焦点，携手百余家分理中心，不断创新应用，市场持续热卖，品牌狂热升温，令人瞩目。乐视企业 TV 能够在企业网站上将企业的产品、形象、文化、服务、品牌等宣传内容，用影像节目视频进行传播，使客户能够清楚地看见真实的企业、真实的产品和真实的服务。通过超级电视热卖而受到广泛关注的乐视网，在视频业务上取得突破。凭借《我是歌手》第三季的热播，乐视网在收视率、百度关注度和微博话题量等核心指标上均保持明显的领先优势。

（3）公司财务分析。乐视网财报中的数据显示，截至 2016 年 9 月，乐视网应收账款（合并报表）为 50.61 亿元，存货 18.48 亿元，与上年同期相比都有大幅增长，增幅分别为 58.96% 和 242.3% 。乐视在财报中解释称，增长主要是因为未结算款项增加，以及销售模式从“预约 + 现货”逐步转变为以现货销售为主。但同时，较高的应收账款余额导致公司流动资金出现了一定程度的短缺。另外，存货的大幅提升也提高了对流动资金的占用。在乐视网的融资手段中，股权质押是使用最多的一种方式。财报数据显示，截至 2016 年 3 季度末，贾跃亭有 5.71 亿股仍未解押，占其所持股份的 83.63% 。乐视网前四大股东质押的股票总数达到 6.5 亿股，占总股数的 32.8% 。乐视在 2016 年 8 月刚刚完成定增股份上市，增发价为 45.01 元/股，现在乐视股价已经跌破增发价。

从资产负债率来看，乐视一直都是处于高负债率（见表 4 – 2），2016 年第三季度期末即便负债率下降，也依旧在 65.72% 的高位，其流动比率（流动资产/流动负债）小于 2 的现状，也反映出乐视偿债能力较弱。

表 4 – 2　2014—2016 年 3 季度末乐视资产负债比率

年/季	2016Q3	2016Q2	2016Q1	2015	2014
资产负债率	65.72%	79.67%	72.34%	77.53%	62.22%
流动负债比率	104.24%	178.51%	183.53%	189.74%	139.06%
流动比率	1.38	1.5	1.25	1.22	0.81
速动比率	1.20	1.26	1.04	1.07	0.65
现金比率	0.55	0.65	0.38	0.49	0.12

截至 2016 年第三季度末，乐视网的货币资金为 56.11 亿元，同比增长 105.54% ，主要原因是深圳市乐视并购基金投资管理企业（有限合伙）并表，

以及收到定向增发募集资金。就负债的结构而言，截至 2016 年第三季度末，乐视的短期借款是 29.86 亿元，应付账款是 43.83 亿元，应付票据为 7.51 亿元，这些资金是乐视网比较快会遇到的偿债部分。

乐视网的现金流量表显示，从 2015 年开始，乐视网筹资活动和投资活动产生的现金流量净额都呈现急剧扩张的趋势（见表 4－3），而业务经营活动产生的现金流量净额却出现同比下跌的状况。

表 4－3　2014—2016 年 3 季度末乐视现金流量净额与同比变化情况

年/季	2016Q3	2015	2014
经营活动产生的现金流量净额（亿元）	5.43	8.76	2.34
同比变化（%）	－32.89	273.94	33.17
投资活动产生的现金流量净额（亿元）	－72.57	－29.26	－15.26
同比变化（%）	－243.87	－95.63	－69.96
筹资活动产生的现金流量净额（亿元）	72.06	43.65	11.53
同比变化（%）	77.67	278.52	3.46

2014 年、2015 年和 2016 年前三个季度，乐视的利润总额、营业利润和主营业务利润，相比 2013 年下降幅度较大。甚至 2015 年和 2016 年前三个季度，主营业务利润还出现了亏损的情况（见表 4－4）。

表 4－4　2014—2016 年 3 季度末乐视利润表　　单位：亿元

年/季	2016Q3	2015	2014	2013
主营业务利润	－0.02	－0.09	0.48	2.38
营业利润	0.25	0.69	0.48	2.37
利润总额	0.49	0.74	0.73	2.46
净利润	1.39	2.71	1.29	2.23
归属于母公司股东	4.93	5.73	3.64	2.55

在 2016 年 11 月 6 日的公开信里，贾跃亭在反思乐视资金承压问题时认为，乐视利润亏损主要是扩张速度太快，“烧钱”追求规模的同时，资金和资源没能跟上，而且融资能力不强，方式单一。但实际上，乐视融资已经把中国多层次资本市场利用得很充分了。Wind 资讯数据显示，自 2010 年上市以来，乐视通过 IPO、定增和发债直接融资 92.89 亿元；通过借款间接融资 52.56 亿元；到 2016 年三季度末，贾跃亭股权质押 5.71 亿股，融得资金超百

亿元；此外，乐视汽车等7大子生态公司先后通过VC/PE渠道累计融资215亿元，融资金额超过500亿元。就截至2016年三季度末的现金流量表来看，乐视通过筹资产生的现金流量净额为72.06亿元，而投资产生的现金流量净额是-72.57亿元，还要略高于前者。

表4-5分别统计了2016年乐视网月度、季度、年度的回报率和深证成指回报率。

表4-5 2016年乐视网市场表现 单位：%

统计周期	乐视网回报率	深证成指回报率
3个月	70.68	-15.39
6个月	170.56	-19.86
1年	134.19	-19.41

每股净资产是指股东权益与总股数的比率，计算公式为：每股净资产=股东权益÷总股数。这一指标反映每股股票所拥有的资产现值。每股净资产越高，股东拥有的每股资产价值越高；每股净资产越少，股东拥有的每股资产价值越低。通常，每股净资产越高越好。从图4-12中我们可以看出，乐视网的每股净资产位于行业第8位，为17 501元。

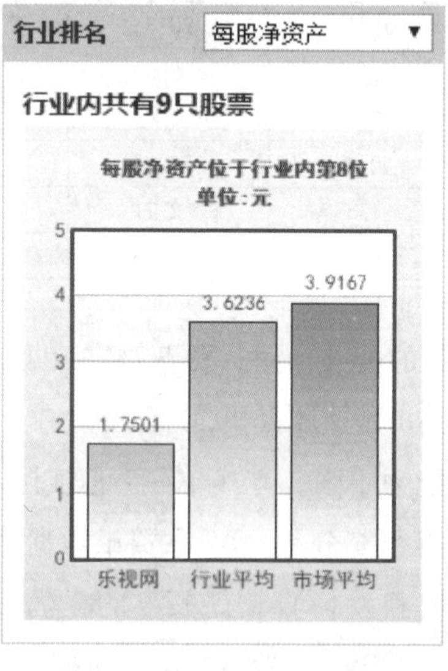

图4-12 乐视网每股净资产行业排名

每股现金流是指企业在不动用外部筹资的情况下，用自身经营活动产生的现金偿还贷款、维持生产、支付股利以及对外投资的能力，它是一个评估每股收益“含金量”的重要指标。乐视网的每股现金流位于行业内第 3 位，为 0.033 6（见图 4－13）。

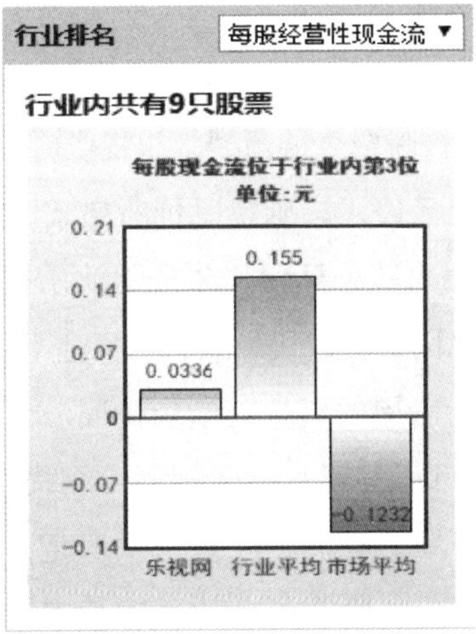

图 4－13　乐视网每股经营性现金流行业排名

每股公积金即公积金除以股票总股数。从图中我们可以看出，乐视网的每股公积金进为 0.140 9，在行业内的就只股票中排行第 7 位（见图 4－14）。

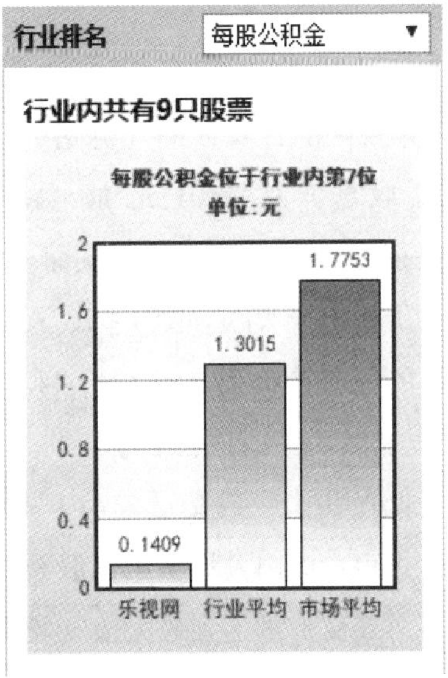

图 4－14　乐视网每股公积金行业排名

2. 股价波动时的基本面情况

作为中国股市奇迹的代名词，乐视网从2010的40亿市值，一路狂飙到2015年的1 500亿市值。2016年6月3日复牌之后，从跌停板拉起来一度上涨了3%以上，尾盘有轻微回落。首日复牌成交量116亿，换手将近20%，很多资金在被锁定5个月后成功出逃。这些资金在当天下午进行了调仓，换到了低位的其他创业板股票，这也导致创业板下午启动了一波小攻势。

2016年11月，乐视被曝资金链断裂，乐视供应商纷纷上门讨债，乐视超级汽车法拉第未来工厂也已停工，乐视股价断崖式下跌。2016年11月6日，乐视网董事长贾跃亭发表内部公开信，公开承认乐视目前资金链紧绷，并对手机业务造成影响，反思因节奏过快导致公司资金不足，宣布要停止“烧钱”扩张。这终结了持续接近一周的资金链断裂传闻。但是从乐视网6月3日复牌后最高点的60.98元，到37.55元，乐视网已经跌了近三成。乐视的新危机带来的连锁反应是不断下跌的股价。自11月2日起，乐视网股价迎来新一轮急跌，在短短3个交易日内，股价重挫10.42%，市值蒸发91.48亿元。乐视网股价从开盘价的44.24元/股，断崖式下跌了7.48%，随后继续阴跌。经过4天的连续下跌，直到11月8日有所回升，涨幅3.01%，但11月9日又开始下跌，收盘价是38.12元/股。连续一周的股价下跌，已经让乐视市值蒸发超过百亿元。

3. 技术面分析

从2016年11月2日乐视网的日K线图（见图4-15）来看，乐视网股票的开盘价为44.26元/股，收盘价为41.01元/股，跌幅为7.49%。市场传闻资金链的断裂使大量的投资者处于恐慌之中，从而会做出不理性的判断，导致大量抛售股票，使股票价格出现大跌。图4-16为乐视网月线图。

从2016年11月2日的分时图来看，开盘价44.26元/股，收盘价41.01元/股，2日的日成交量达到了近几日的最高水平，为5 338万手，跌幅为7.49%。开盘后资金面处低迷状态，成交量较小，投资者处于观望状态，市场一直处于低迷水平，11：30，机构大量卖出该股票，随着价格走势的降低，其他投资者相继抛售股票，成交价量达到最大值（见图4-17）。

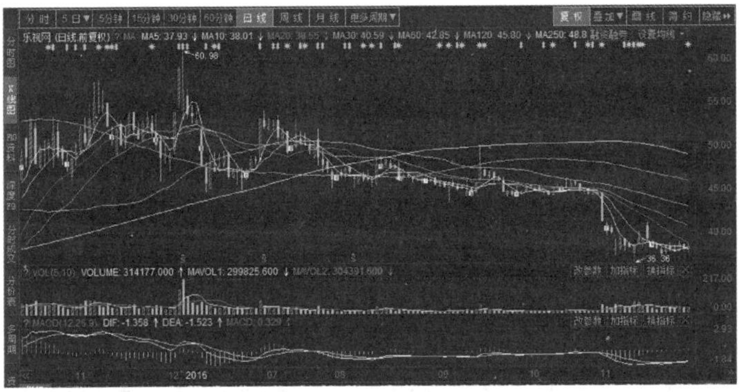

图 4－15　乐视网 2016 年日 K 线图

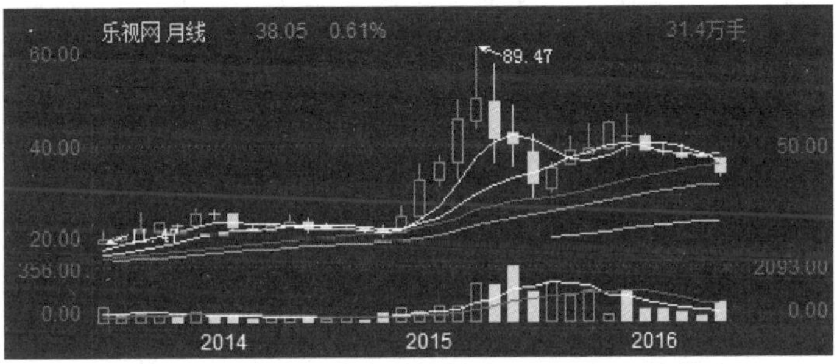

图 4－16　乐视网月线图

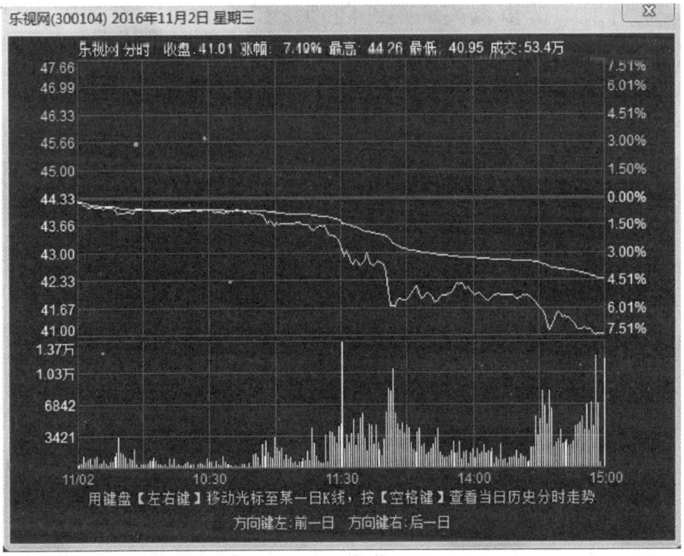

图 4－17　2016 年 11 月 2 日乐视网分时图

4. 分析总结

行为金融学主要通过质疑市场参与者的理性预期和理性决策过程，以心理学对市场参与者实际决策过程的研究成果为基础，重新审视证券市场的价格行为，很好地回答了传统金融学无法解释的问题。下面试图用行为金融学的观点解释乐视网股市波动的异常现象。

（1）有限理性。有限理性是指由于人们的精力、能力和信息等方面的有限性，在面临选择时，通常不可能对各种选择方案进行全面、详尽的计算和评估，因而无法达到经济学等公理假设的完全理性，是相对于标准金融理论的理性概念。从2016年11月2日乐视网股票异常波动可以看出，乐视网股票的断崖式下跌所表现出的一大特征就是信息的传播和引导，而投资者也正是在这样的舆论环境中不断提高股票下跌的预期，悲观情绪持续累积。而价格的大幅度下跌在短时间内造成投资者恐慌情绪的爆发，也从侧面反映出前期股价上涨基础的脆弱性。信息对我国股票市场投资者情绪的形成造成了重要影响。

乐视网股票的疯狂下跌背后表现出投资者对待不确定性信息时是有限理性的。面对不利消息时，投资者表现出规避风险和过分悲观。这种恐惧和有限理性已经使投资者失去了理智，放弃原来既定的投资策略和原则，结果导致股价对基本价值的严重偏离，最终将泡沫越吹越大，直到破灭导致市场价格下跌。

（2）从众心理。人们对相对经济地位的追求在空间上表现为与他人相比，人们的相互比较对个人决策行为有很大的影响，而追求时尚与从众心理是其中最突出的表现。这种偏好选择因素在股票市场常常表现为显著的非理性的从众心理特征和行为，从而整个市场上的投资策略会趋于一致。这种现象在极度的牛市或熊市时表现得最为明显，即大家都在追涨或杀跌。在消费领域，人们也会出现相互攀比的心理，人们的相互影响对个人消费行为有很大的作用。当存在信息不充分或不对称的情况时，投资者会放弃自己对信息的收集分析与处理，倾向于简化或省略判断或选择过程，直接投资于他人投资的证券。

乐视网股票在11月2日的大量抛售行为就是投资者简单听从媒体、证券分析师等他人意见，从而采取模仿他人的羊群行为。当机构大量卖出股票时，个人投资者失去自制力而卖出，这就造成不断地卖出行为导致股票价格下跌，而价格的下跌带来的损失又促使他人卖出更多，这样就产生了跟风行为。

从投资角度来看，由于投资者行为的存在和作用，金融资产的市场价格会出现长时间对基础价值的偏离，完全理性和完全盲从的交易者都可能在市场博弈中失败。在市场出现群体非理性的时候，基本分析方法就会失效：在非理性繁荣下，价值投资缺乏高成长性的光彩；在非理性恐慌下，价值投资无法抵挡恐慌下的抛售。因此，在投资决策过程中，既要保持个人理性，也要了解市场的非有效性和非理性；既要进行基于价值投资的分析，也要观察投资者行为，这样才能获得市场回报。同时，在投资管理过程中，投资者应充分认识到自身的各种心理偏差和偏好，及时调整情绪和心态，树立正确的投资习惯和投资理念，保证投资过程的有效性和合理性

三、小盘股、新股及次新股

案例 4 – 2：世纪游轮

1. 公司介绍

重庆新世纪游轮股份有限公司（世纪游轮）成立于 1994 年，由重庆新世纪游轮有限公司整体变更设立，其前身为重庆新世纪游船旅游公司，是一家以长江三峡高端涉外豪华游轮为主的公司，现已拥有世纪之星、世纪天子、世纪辉煌、世纪钻石、世纪宝石、世纪神话、世纪传奇 7 艘系列豪华游轮，主营内河涉外豪华游轮运营和旅行社两项业务。2002 年 4 月，经公司股东会批准，公司更名为重庆新世纪游轮有限公司。2006 年 11 月，根据公司股东会批准，公司以 2006 年 9 月 30 日为变更基准日，整体变更为重庆新世纪游轮股份有限公司。公司于 2011 年 3 月 2 日在深圳证券交易所上市，股票代码为 002558。

（1）内河涉外豪华游轮运营业务。公司从事的内河涉外豪华游轮运营业务是集星级酒店管理、观光旅游、轮船运输为一体的复合型旅游业务，是以长江沿岸名胜景观、景点、城市等自然人文环境为依托，以休闲、观光旅游、

餐饮、住宿、购物等为服务方式，以国际同行业高端专业品质为标准，向国际、国内游客提供的旅游综合服务业务。

公司致力于高端休闲旅游业务的拓展，目前拥有的 7 艘大型游轮全部为五星级标准豪华游轮，主要开通了重庆至宜昌、重庆至武汉、重庆至南京、重庆至上海航线，航线已覆盖长江中下游。经过 10 多年的经营，目前公司在游轮硬件设施、服务管理、市场占有率、载客率和单船年载客数等方面均居行业领先地位。

（2）旅行社业务。公司的旅行社业务主要包括入境游、出境游、国内游、票务代理和签证等传统业务以及旅游电子商务、商务会奖旅游等新兴业务和专项旅游业务。新世纪国旅 2006、2007、2008、2009 年度均为全国百强旅行社及重庆旅行社行业前 5 强，并被重庆商报、重庆市社会科学院、腾讯网联合评为“影响重庆、推动重庆经济发展杰出贡献的旅游品牌”。

2. 基本面分析

（1）国外经济形势分析。2016 年，在 IMF 下调全球经济增长率的同时，世界贸易组织（WTO）把 2016 年度全球贸易增长率下调至 2.8%，与 2015 年全球贸易增长率持平。从国际因素看，强美元是把双刃剑，美国的积极财政政策力度可能低于预期而货币政策也难以快速收紧，美元指数有望阶段性回调。从国内外汇市场供求看，外债偿还压力下降而海外官方机构增持人民币资产需求上升有助于进一步改善外汇供求关系。更具挑战的是，特朗普赢得美国总统大选。由于美国实行议会制，虽然理论上短期不会影响经济平稳发展，但是，特朗普的言论充满了未知性的机遇和挑战，引起了世界范围内投资者的内心恐慌，干扰了正常的投资行为，从长期来看，特朗普的经济策略值得高度警惕。

（2）国内经济形式分析。2016 年国内宏观经济出现了增长乏力的迹象。非金融企业的资产负债率居高不下，导致很多企业的利润空间被快速压缩，部分企业游走在“倒闭”与“盈利”的临界点附近，债务周期仍然是影响宏观经济的重要推手。国内经济继续处于长周期的底部，经济仍有下行压力，但供给侧改革的深入推进有助于压缩下跌空间。去产能改善供需关系，工业部门走出货通紧缩，企业盈利持续改善；去库存大幅降低房地产市场存销比，提升地产商补库存冲动；去杠杆推动货币政策趋于保守，抑制资产价格泡沫，缓解金融风险。

（3）行业分析。世纪游轮所属行业为旅游业，旅游业作为一个朝阳产业，目前已被列为世界第三大产业。随着我国经济的快速发展和人民生活水平的提高，人们对旅游消费的需求也进一步提升。近年来，我国的旅游业一直保持平稳较快增长，有力地拉动了我国国民经济的提升。

2016 年上半年我国旅游业在经济大环境不佳的情况下逆势上扬，国内游、出境游以及入境游增速同比分别增长 10.5%、4.3% 及 3.8%。旅游市场稳定，旅游板块营收增长 21%，业绩增长 13%，较上同期持续改善。由于近两年板块公司并购活跃，并表业绩贡献增多，形成整体的收入和净利润规模持续扩张，上半年分别同比增长 22.0% 和 25.0%。图 4－18 至图 4－20 及表 4－6 分别表述了重庆世纪游轮每股净资产、每股现金流、每股公积金位于行业内的排名以及 2016 年前三季度的资产状况。未来 12 个月内，维持旅游业“增持”评级，国内旅游需求持续旺盛，旅游已成为人们的一种生活方式，且旅游消费呈现多样化、个性化、休闲化的消费升级趋势。由此我们看好国内旅游业中长期向好的趋势，支持旅游业“增持”评级。

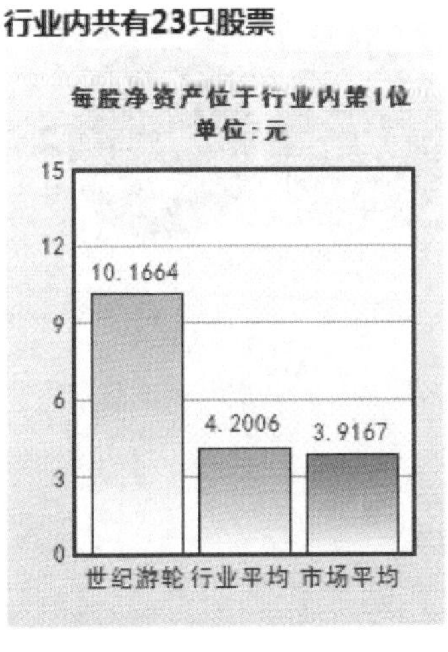

图 4－18　世纪游轮每股净资产行业排名

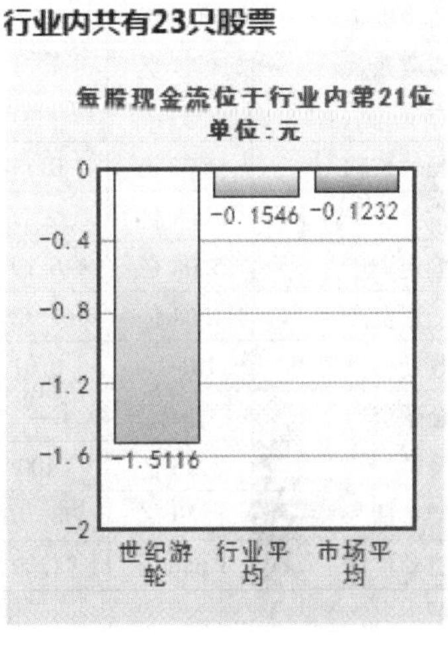

图 4－19　世纪游轮每股经营性现金流行业排名

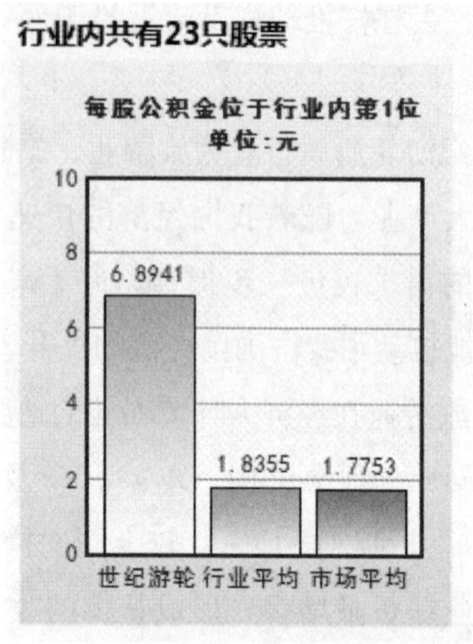

图 4－20　世纪游轮每股公积金行业排名

（4）财务状况。

表 4－6　世纪游轮 2016 年前三季度资产状况

指标　2016－09－30	金额（元）	占比（%）
总资产	81.8 亿	100
流动资产	71.0 亿	86.74
货币资金	58.7 亿	71.74
应收账款	3.44 亿	4.21
存货	—	—
预付账款	5 953 万	0.73
非常流动资产	10.8 亿	13.26
固定资产	5.06 亿	6.19
无形资产	1.08 亿	1.32
长期待摊费用	101 万	0.01
金融资产	—	—
总负债金额	8.46 亿	100
流动负债	8.39 亿	98.01
非流动负债	1 686 万	1.99

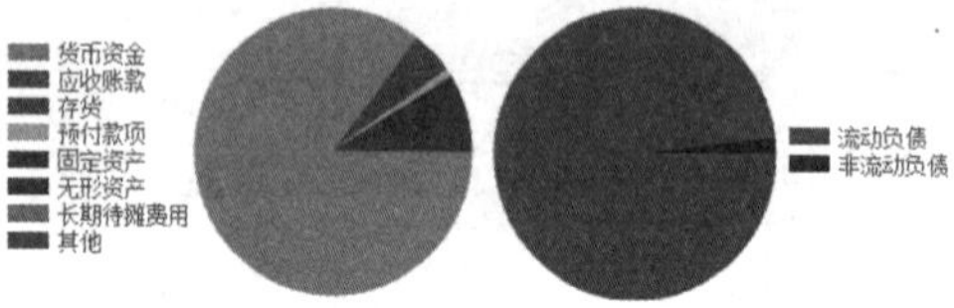

3. 技术分析

（1）历史价格走势。图 4－21 为世纪游轮在 2015 年 10 月 25 日到 2016 年

12 月 2 日的周线走势图。观察走势图可以发现，从 2015 年 11 月 13 日起，世纪游轮股票开始了连续 5 周的跳跃，涨幅接近 500% 左右。观察分析，连续 5 周的股票上涨并未加大投资者的买入量。调查结果得知，世纪游轮与巨人网络达成《重大资产重组意向框架协议》，拟向巨人网络全体股东非公开发行股份购买巨人网络 100% 股权并配套募集资金。两个公司的合并提高了对世纪游轮的估值，使得世纪游轮在停牌数日之后连续暴涨。至2016 年12 月9 日，鉴于股票波动异常，为保护广大投资者权益，世纪游轮公司决定就有关事项进行核查，特向深交所申请股票停牌，待公司完成相关核查工作并公告后复牌。停牌的消息引发了投资者的负面情绪，在 2016 年 12 月 18 日的交易周，股票交易呈现十字线，说明股票换手率较大，股票内部进行调整，而后连续 4 周暴跌，主要原因是最先买入的投资者不断解套，使得投资者积累了负面情绪，导致新入市的投资者很难接盘。其后，世纪游轮新一轮暴涨开始，主要得益于较好的半年报，净利润 5 亿元，同比增长 4 752. 31% ，增加了投资者预期，实现了大幅度增长。

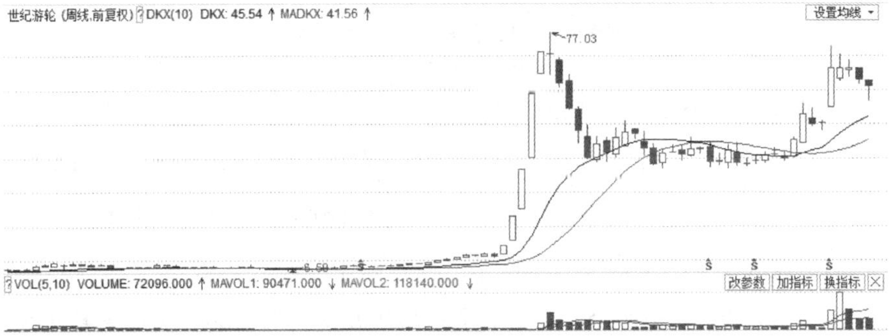

图 4 – 21　世纪游轮周线走势图

（2）近期价格走势。2016 年6 月22 日，世纪游轮实现了连续6 个交易日的上涨，每日的涨幅不大。根据调查，世纪游轮发布了关于公司股东部分股权质押公告，通过控股股东股权质押并不能直接判断是利好还是利空。从通常的情况来看，股东进行股权质押本身不是一件坏事，可能是世纪游轮公司需要现金周转，股东便向银行用股票质押获得贷款，再用这笔贷款完成项目，如果项目完成后带来的利润丰厚，那就是很大的利好。但这并不能决定短时间内股票的走势，也有很多人觉得公司要贷款可能是因为公司经营状况不行，在短时间内股价可能下跌，那就变成了利空。由此看来，我国投资者对于信息的把控很难，投资者对于股权质押有犹豫的情绪，致使股票上涨速度较慢。在 11 月初，世纪游轮实现了连续 3 日的涨停（见图 4－22）据调查，世纪游轮合并巨人股份之后拟 300 收购游戏公司，这一利好消息增加了市场对于世纪游轮的估值，从而实现了 3 日的连续涨停，股价越高，投资者对于股票期望收益越低，由此造成了第 4 日的股票下跌波动。

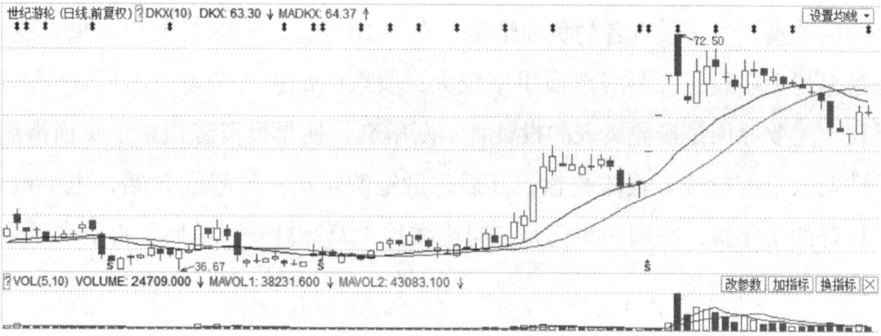

图 4－22 世纪游轮连续 3 日走势图

4. 基于行为金融学的理论分析

（1）羊群效应。羊群行为，是指投资者在风险不确定和信息不对称条件下，其行为受到其他投资者的影响，过多地依赖媒体或投资专家的建议，简单地模仿他人决策的从众行为，这是一种非理性行为。

10 月 30 日，世纪游轮发布重大资产出售及发行股份购买资产并募集配套资金暨关联交易预案，拟向巨人网络的全体股东非公开发行股份购买其持有的巨人网络 100% 股权。根据公告，交易完成后，世纪游轮现有资产、负债、业务和人员等将被剥离出世纪游轮，巨人网络将整体注入世纪游轮。世纪游轮的主营业务从游轮运营和旅行社业务变为一家以网络游戏为主的综合性互联网企业。

在此利好下的刺激下，许多股民都以“进场就能飞来钱”“只要敢买就能赚”的心态冲进股市。在媒体头条，一夜暴富的传奇演绎得惟妙惟肖，市场投资者就如同没有组织散乱的羊群，非理性地追涨杀跌。看到他人的股票大涨就认为自己的也能大涨，跟着持仓。但是好景不长，从 2015 年 12 月 17 日开始股票一路走低。中国投资者尤其是个人投资者股票基础知识薄弱，对于股票无法进行较深入的研究，其行为受到其他投资者的影响，萌发狂热情绪，导致无法进行理性思考。

（2）反应过度。反应过度是由投资决策者在不确定条件下系统性心理认知偏差造成的，投资者面对突然的或未预期的事件时，倾向于过度重视眼前的信息并轻视以往的信息，从而引起股价的超涨或者超跌，待投资者理解了事件的实际意义，股价的超涨超跌就会反转，最终恢复到理性的内在价值区间。

在巨人网络借壳消息的刺激下，2015 年 12 月 8 日世纪游轮开盘后再度涨停并且持续到收盘。这已经是该股自 11 月 11 日复牌以来的第 20 个涨停板，股价已经暴涨了 5.7 倍；从 12 月 7 日开始，成交量、换手率骤增，7 日成交 94 810万元，7 日之后，成交量逐渐被放大。这充分反映了投资者对于最新的情况给予更高的权重推断价格，并且产生集体性反应过度。

案例 4 –3：特力集团

深圳市特力（集团）股份有限公司的前身是成立于 1982 年的深圳市机械工业公司，1993 年通过募集的方式改组成为公众上市公司（股票简称及代码：深特力 A，000025；深特力 B，200025）。总股本 2.2 亿股，深圳市特发集团有限公司持有 1.458 7 亿股，占总股本的 66.22%，是公司第一大股东。近年来，深圳市特力（集团）股份有限公司通过重组、资产整合、投资新项目，逐步形成了适应市场的经营模式，成为深圳市汽车行业的知名企业。公司主营汽车服务市场和房地产物业经营管理，拥有 7 家控股企业和多家参股企业，业务涵盖汽车销售、维修、检测、改装、设备制造、零配件销售和配送、汽车养护产品代理、物业开发和经营管理等。2007 年公司总资产 8.4 亿元，净资产 1.6 亿元，汽车销售收入 10 亿元，汽车相关服务收入 1.3 亿元。曾获评 2004 年、2005 年、2006 年度深圳 100 强企业。深圳市特力（集团）股份有限公司控股企业——深圳市汽车工业贸易总公司（持股 100%）是深圳市汽车行业协会会长单位；深圳市特力新永通汽车发展有限公司（持股 100%）是深圳市汽车摩托车维修行业协会常务副会长单位，一类汽车维修企业，拥有两条车辆检测线，承担福特、绅宝、通用系列的特约维修工作。深圳市特发华日汽车公司（持股60%）和深圳市仁孚特力汽车服务有限公司（持股35%）分别经营丰田和奔驰汽车的销售、维修及培训服务，华日公司还拥有一条汽车检测线。深圳市新永通机动车检测设备有限公司（持股100%）生产国内知名度较高的汽车检测设备，产品畅销全国各地（包括香港和澳门特别行政区）、东南亚及非洲地区。深圳特力汽车服务连锁有限公司（持股100%）主营汽车美容、快修等业务。完整的产业链彰显了特力集团在行业内的重要地位。

1. 基本面分析

（1）国外经济形势分析。2016年，在IMF下调全球经济增长率的同时，世界贸易组织（WTO）把2016年度全球贸易增长率下调到2.8%，与2015年全球贸易增长率持平。这是全球贸易增长率连续3年低于已经低迷的全球经济增长率，而且2.8%的增长率也大幅度低于过去20年间全球贸易年均5.2%的增长率，2015年也是多年来发展中国家贸易增长率首次低于发达国家贸易增长率。

（2）国内经济形势分析。2010年以来，我国经济刺激效应开始减弱，欧债危机导致市场预期、全球经济复苏脆弱等因素增加了我国经济增长的不确定性，经济政策开始转向调整方向。2016年，中国经济发展步入新常态，经济增速正从10%左右的高速增长转向7%左右的中高速增长。从当前结构性因素来看，中国经济增速换挡的压力和结构调整的阵痛相互交织，新兴科技产业增长难以弥补传统产业下降的影响，要素投入支撑作用减弱，结构升级要求提高，化解过剩产能、强化生态环境保护等也都会影响经济增速。

（3）行业分析。在目前的中国，汽车服务市场主要有以下五大渠道：一是近年发展起来的汽车4S店；二是传统大中型维修厂；三是汽车维修路边店；四是汽车专项服务店；五是品牌快修美容装饰连锁店。这五大渠道在面积大小、设备投资、人员素质、地点便利性、服务质量、服务时间和收费标准等方面各有千秋，短期内可以共存，但随着市场的发展变化，经过逐步变化的汽车4S店和国际知名的品牌快修保养美容连锁店是两大主要渠道。

从目前情况来看，中国汽车服务市场潜力无限。虽然国内汽车服务市场服务企业在数量上占有绝对优势，但是长期以来，中国汽车市场的重心一直在整车销售上，对于汽车服务市场的关注和投入不够，造成中国汽车服务市场的发展明显落后于汽车制造业。不正规的汽车服务企业鱼目混珠，严重扰乱了市场秩序，汽车服务市场也就形成了“散、乱、差”的局面，而且市场上大多是单兵作战的小型企业，很难得到用户信任，从而促成了今天4S店蓬勃发展的局面。

近年来，随着中国车市的繁荣，中国汽车服务市场的规模也在不断扩大。中国汽车服务市场销售额已由2005年的880亿元增至2015年的9 000亿元。由于汽车保有量的增长及汽车保有结构的老化，汽车养护、租赁、汽车金融等细分市场都蕴藏着巨大的投资机会，预计未来几年中国汽车服务市场增速将继续保持稳定增长。

（4）财务状况。

特力集团2016年前三季度资产状况如表4－7和图4－23所示。

表4－7　特力集团2016年前三季度资产状况

指标　2016－09－30	金额（元）	占比
总资产	3.642 5亿	100%
流动资产	1.778 5亿	48.83%
货币资金	1.64亿	0.71%
应收账款	257万	0.71%
存货	305万	0.84%
预付账款	823万	2.26%
非常流动资产	1.864亿	51.17%
固定资产	1.31亿	35.96%
无形资产	5 397万	14.28%
长期待摊费用	143万	0.39%
金融资产	—	—
总负债金额	2.620 5亿	100%
流动负债	2.44亿	93.11%
非流动负债	1 805万	6.90%

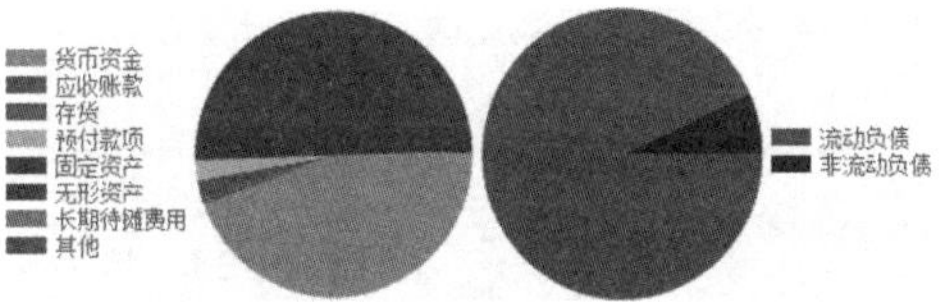

2. 技术分析

（1）历史价格走势。图4－23是特力A自2012年4月27日起的月均价格走势图。从图中可以看出，2012年到2015年1月股票价格波动较小，一直保持在每股10元左右。由此分析可得出，投资者对于特力A一直保持较为理性的状态，市场中投资气氛不浓，市场呈现一片低迷，人们交易性不强。正是在这种情况下为接下来的大牛市做好了前期准备。2015年1月中期投资气氛开始回暖，人们投机性旺盛，成交量急速上升，股价经过11个月的上涨最高到达了每股108元，上涨了近900%。尽管在2015年6月牛市结束，7月政府救市，而后的市场调整，特力A一直处于上涨的状态，但由于股价严重偏离股票价值，接下3个月股价急速下降，幅度为前期半年上涨幅度的一半，由此可见市场中的投机者仍旧看好特力A的发展前景。2016年特力A股票不断震荡，小幅度波动，基本收于65元左右，市场上弥漫着低迷色彩，成交量也渐渐下降，加上特力A深圳市的国家一级资质物业管理公司在这个时候底价更加牢固，可见个股长期股价变化和经济整体形势有很大关系。

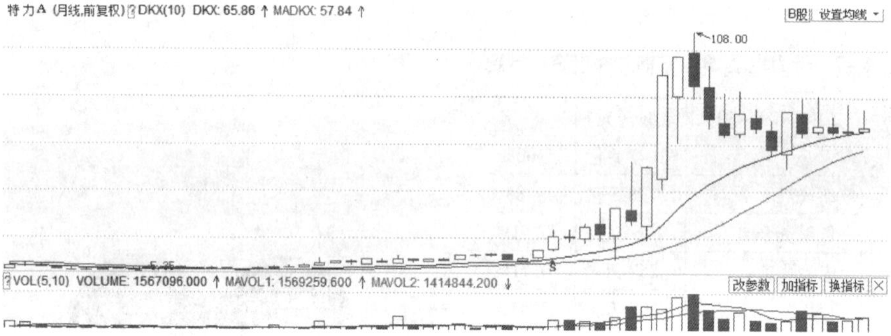

图4－23 特力A月均价格走势图

（2）近期价格走势。近期特力A股票基本保持稳定，在2016年8月15日昂首挺进，但仅仅两日大幅上涨后第三日开始震荡，最高收于79元左右。而后开始盘面调整，8月18日低开高走，涨幅仅仅2%，最高收于68元左右。此次震荡主要是由于特力A解禁了1 458.7万限售股，使投资者对于特力A有良好的预期，资金链追逐导致出现上涨的现象，而在18日下跌可以看出较大的上阴线，说明个人投资者不断跟进，机构投资者抛售股票，造成了个人投资者恐慌的情绪。在2016年9月26日，特力A股票大幅度下跌，跌幅达3.26%左右，收于64元/股。这次股票下跌主要是由于机构投资者大规模抛售特力A股票，散户投资者不断跟进，导致在震荡期一次猛烈的下跌。10月24日，特力A一反常态开始上涨，第二日竟涨停，第三日个人投资者跟进，机构投资者拉高抛售，出现“踩踏事件”，特力A下跌3.8%（见图4-24）。此次波动属于资金疯狂逐利的过程，价格的拉升提高了投资者预期收益，而先入市的疯狂抛售，导致特力A股票疯狂跳水。

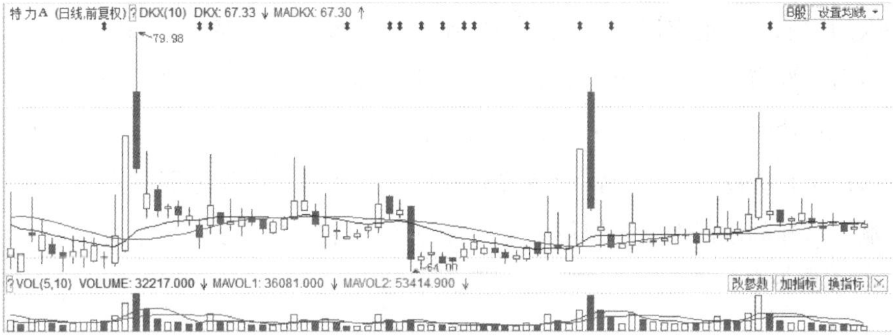

图4-24

3. 基于投资者心理分析

对于投资者心理特征的分析主要有四个观点：

（1）自信情结（over confidence）。特力A在股灾过后的调整阶段的价格走势表明人们往往是过分自信的，而且越是在处理棘手的问题或任务（预测特力A股价时），人们过分自信的程度就会越强，股票价格的上涨也增强了投资者过分自信的情绪，且投资者往往将这样的上涨归因于自己的智慧和能力，而将之后的下跌归咎于非人力所能控制的因素，使得过分自信并不会随着时间的推移而减弱，一直影响着人们的投资行为。投资者的过分自信会导致他们夸大关于股票价值的私人信息的准确性，并总是力图寻求肯定的证据，这样的情结导致大多数投资者在特力A暴涨暴跌的过程中获利甚微。

（2）回避损失。大多数投资者并不是理性投资者，而是行为投资者，他们的行为不总是理性的，也并不总是风险回避。期望理论认为，投资者对于收益的效用函数是凹函数，而对于损失的效用函数是凸函数，表现为投资者在投资账面值损失时更加厌恶风险，而在投资账面值盈利时，随着收益增加，其满足程度减缓。可见在特力 A 股价拉高的过程中，在较大的涨幅之后，就会出现股价上升力量减弱，主要是因为行为投资者的不理性行为，大幅上涨使得投资者期望收益率下降，造成了部分投资者抛售股票，使得图中阴线实体过长，之后人们心里受其波动，造成股价的下跌。

（3）追求时尚和从众心理。位置消费理论表明，人们对相对经济地位的追求在空间上表现为与他人相比。可见，人们的相互影响对个人决策行为有很大的影响，而追求时尚与从众心理便是其中最突出的特点。因此，在我国政策引导性市场中，追求时尚和从众心理体现得尤为明显，当政策导向偏向于某一行业时，个人投资者和机构投资者疯狂买进，股价大幅度上涨，如特力 A；在股灾过后，投资者情绪波动较大，但受深圳市地方国有企业改革的影响，这样的政策性导向使得大量游资注入，引起了特力 A 一个月市值上涨 4 倍,实属鲜见。

（4）后悔与谨慎。投资者在投资过程中常出现后悔的心理状态。在大牛市背景下，没有及时介入自己看好的股票会后悔，过早卖出获利的股票也会后悔；在熊市背景下，没能及时止损出局会后悔，获点小利没能兑现，然后又被套牢也会后悔；在平衡市场中，自己持有的股票不涨不跌，他人推荐的股票上涨，自己会因为没有听从他人的劝告而及时换股后悔；当下定决心，卖出手中不涨的股票，而买入专家推荐的股票，又发现自己原来持有的股票不断上涨，而专家推荐的股票不涨反跌时更加后悔。这样优柔寡断的情绪不断影响着投资者的决策，如分析特力 A 的走势图可以发现，当股票上涨到最高点时，大单流出，而散户投资者蜂拥流入。可见，个人投资者在股票上涨阶段有谨慎的情绪，在最高点有后悔的情绪，导致个人投资者被情绪影响，从而错失投资机会。

4. 案例启示

我国的证券市场是一个新兴的市场，在许多方面尚未成熟。目前的一个突出问题是过度投机性，而其产生的最主要原因就是众多中小投资者的非理性行为。

在我国，中小投资者占投资者的绝大部分，他们的决策行为在很大程度上决定了市场的发展状况，而他们又以弱势人群的姿态出现，其决策行为的非理性严重导致了市场的不稳定。将行为金融学的研究成果运用于我国证券市场的实践中，可以合理引导投资者的行为。对于广大中小投资者，要通过教育使其趋于理性化，提高证券市场投资者的投资决策能力和市场的运作效率。对于机构投资者，要提高其投资管理水平。

根据行为金融学理论，结合中国证券市场的实际情况，除了传统金融理论中需要考虑的因素，还必须从行为金融理论出发进行思考。

思考题

1. 简述行为金融学的历史与发展。
2. 简述行为金融学的核心理论。

第五章 债券投资

第一节 债券的基本概念

一、债券的相关术语

债券是一种在发行公司全部偿付之前，须逐期向持有者支付定额利息的证券。在论述债券的价值评估前，先介绍几个相关术语。

1. 债券（bond）

债券是发行者为筹集资金，向债权人发行的，在约定时间支付一定比例的利息，并在到期时偿还本金的一种有价证券。

2. 票面价值/面值（face value）

票面价值也称票面平价（par value）或本金（principal），是一项资产的标定价值，它代表发行人借入并且承诺于未来某一特定日期偿付给债券持有人的金额。对债券而言，票面价值通常为1 000美元。几乎所有的债券都规定一个到期日，到期时债券的发行者有义务向债券持有人支付相当于债券面值的款项。

3. 票面利率（coupon rate）

债券上标明的利率，即年利息支付额除以债券的票面价值，是债券发行者预计一年内向投资者支付的利息占票面金额的比率。

票面利率不同于实际利率。实际利率通常是指按复利计算的一年期的利率。债券的计息和付息方式有很多，可能使用单利或复利计息，利息支付可能半年一次、一年一次或到期日一次总付，这就使得票面利率可能不等于实际利率。

例如，一张面值1 000美元的债券的票面利率若为12%，则债券到期前，每年均要向债券持有人支付120美元的利息。票面利率源于分离息票

(detachable coupon)，该息票附于无记名债券（bearer bond）上，它是无记名债券持有人在领取应得利息时付给代理付息机构或发行人的凭证。现在，记名债券（registered bond）的持有人在发行人处登记姓名，从而该持有人可以通过邮寄支票领取利息。

4. 债券的到期日（maturity）

债券的到期日是指偿还本金的日期。债券都规定到期日，以便到期时归还本金。

在对债券或其他证券进行价值评估时，多数人最关心的是：在证券有效期内，持有人所获得的现金流的贴现值或现值。债券发行时就确定了一定的支付模式（payment pattern），这种支付模式包括两部分：一是在特定期间内支付预先规定的一定数额的利息；二是在债券到期时的最后一笔支付款项，它等于债券的面值。用于现金流贴现的折现率（或贴现率）与建立在债券发行时的风险结构之上的利率有所不同。一般而言，该贴现率是由无风险利率和风险溢价组成的。

二、永久债券定价

最简单的债券的定价模型是永久债券的定价模型。永久债券的定价就是一种独特的没有到期日的债券的定价。这种债券很少见，但它简单的形式有助于阐明债券定价的方法。

永久债券一个典型的例子是英国统一公债，也即合并年金（consolidated annuities）的简称。英国统一公债是一种没有到期日的债券，最先是由英国在拿破仑战争后为偿债而发行的。按规定，英国政府必须无限期地向这种债券的持有人支付固定利息。

永久债券的现值等于无限期的利息流量的资本化价值。永久债券内在价值的计算公式如下：

$$V = \frac{I}{(1+k_d)^1} + \frac{I}{(1+k_d)^2} + \cdots + \frac{I}{(1+k_d)^\infty} \qquad (5-1)$$

$$= \sum_{t=1}^{\infty} \frac{I}{(1+k_d)^t}$$

$$= I(PVIFA_{k_d,\infty}) \qquad (5-2)$$

式中：I 为每年支付固定的利息；k_d 为投资者的预期报酬率；V 为债券的现值（内在价值）；$(PVIFA_{k_d,\infty})$ 为贴现率为 k_d 的无限期的年金现值系数。

根据 1 美元在利率为 $i\%$ 、期数为 n 时的年现值系数公式：

$$(PVIFA_{i,n}) = \sum_{t=1}^{n} 1/(1+i) = (1-[1/(1+i)^n])/i$$

有：

$$(PVIFA_{k_d,\infty}) = \sum_{t=1}^{\infty} 1/(1+k_d)^t = (1-[1/(1+k_d)^{\infty}])/k_d = 1/k_d$$

所以，公式（5－2）可以简化为：

$$V = I/k_d \tag{5-3}$$

因此，永久债券的现值就可以很简单地表示为每期的利息支付额除以每期给定的贴现率。

［例 5－1］一投资者购买了一种永久债券，该债券每年向投资者支付 60 美元，且无限期支付。假定投资者投资于这种债券的预期报酬率为 12%，则该证券的内在价值是：

$$V = \$60/0.12$$
$$= \$500$$

这就是投资者愿意为该债券支付的最高金额。若该永久债券的市场价格高于这一金额，则投资者就不愿意购买它了。

三、非零息债券

如果债券有到期日，那么在对该债券定价时，不仅要考虑各期利息，而且要考虑它的到期价值（面值）。若一种债券的利息是在每年年末支付的，则该债券的价值为：

$$V = \frac{I}{(1+k_d)^1} + \frac{I}{(1+k_d)^2} + \cdots + \frac{I}{(1+k_d)^n} + \frac{MV}{(1+k_d)^n}$$

$$= \sum_{t=1}^{n} \frac{I}{(1+k_d)^t} + \frac{MV}{(1+k_d)^n} \tag{5-4}$$

$$= I(PVIFA_{k_d,n}) + MV(PVIF_{k_d,n}) \tag{5-5}$$

式中：I 为每年支付固定的利息；n 为到期前的年数；k_d 为投资者的预期报酬率；V 为债券的现值（内在价值）；MV 为债券的到期价值（maturity value）；

$(PVIFA_{k_d,n})$ 为贴现率为 k_d 、限期为 n 的年金现值系数；$(PVIF_{k_d,n})$ 为利率为 k_d 、即期数为 n 的复利现值系数。

[例5－2] 一张票面价为2 000美元，票面利率为10%，9年后到期的债券，计算其价值。10%的票面利率意味着每年向持有人支付200美元的利息。若投资者的预期报酬率是12%，则：

$$V = \frac{200}{(1.12)^1} + \frac{200}{(1.12)^2} + \cdots + \frac{200}{(1.12)^9} + \frac{2\,000}{(1.12)^9}$$

$$= 200(PVIFA_{12\%,9}) + 2\,000(PVIF_{12\%,9})$$

查表可知，年利率为12%的9年期年金现值系数是5.328；年利率为12%的9年期复利现值系数是0.361。

所以，该债券的现值是：

$$V = \$200\ (5.328) + \$2\,000\ (0.361)$$

$$= \$1\,065.6 + \$722$$

$$= \$1\,787.6$$

假设确定的贴现率是8%，则债券的现值是：

$$V = \frac{200}{(1.08)^1} + \frac{200}{(1.08)^2} + \cdots + \frac{200}{(1.08)^9} + \frac{2\,000}{(1.08)^9}$$

$$= 200(PVIFA_{8\%,9}) + 2000(PVIF_{8\%,9})$$

查表确定利率的现值系数后，得到债券的现值：

$$V = \$200\ (6.247) + \$2\,000\ (0.500)$$

$$= \$1\,249.4 + \$1\,000$$

$$= \$2\,249.4$$

当贴现率为8%时，由于投资者的预期报酬率小于票息率，所以，债券的现值超过了债券的面值，此时投资者愿意支付一笔溢价购买该债券。当贴现率为12%时，投资者的预期报酬率大于息票率，因此，债券的现值小于其面值，债券只能以低于面值的价格出售，投资者才会愿意购买该债券。若投资者的预期报酬率等于息票率，则债券的现值将等于其面值。

四、零息债券

零息债券（zero－coupon bond），又称贴现债券（pure discount bond）或

贴息债券，是一种以低于面值的贴现方式发行，不支付利息，到期按债券面值偿还的债券。债券发行价格与面值之间的差额就是投资者的利息收入。由于面值是投资者未来唯一的现金流，所以贴现债券的内在价值由以下公式决定：

$$V = \frac{MV}{(1 + k_d)^n} \tag{5-6}$$

$$= MV\ (PVIF_{k_d,n}) \tag{5-7}$$

式中：n 为到期前的年数；k_d 为投资者的预期报酬率；V 为债券的现值（内在价值）；MV 为债券的到期价值（maturity value）；（$PVIF_{k_d,n}$）为利率为 k_d 、期数为 n 的复利现值系数。

［例 5－3］某公司发行票面价为 2 000 美元 10 年期的零息债券，若投资者的预期报酬率是 12%，则：

$$V = \frac{2\ 000}{(1.12)^{10}}$$

$$= 2\ 000(PVIF_{12\%,10})$$

查表可知，年利率为 12% 的 10 年期复利现值系数是 0.322，因此：

$$V = \$2\ 000\ (0.322)$$

$$= \$644$$

若投资者能以 644 美元的价格购买该债券，并在 10 年后以 2 000 美元的价格被发行公司赎回，则该债券的初始投资将为投资者提供 12% 的年回报率。

五、半年付息一次债券

有些债券（特别是在欧洲市场上发行的一些债券）每年支付一次利息，而大多数美国发行的债券每年支付两次利息。为了计算每年支付两次利息债券的价值，就必须修改债券的定价公式。公式（5－4）和（5－5）变化如下：

$$V = \sum_{t=1}^{2n} \frac{I/2}{(1 + k_d/2)^t} + \frac{MV}{(1 + k_d/2)^{2n}} \tag{5-8}$$

$$= (I/2)(PVIFA_{k_d/2,2n}) + MV(PVIF_{k_d/2,2n}) \tag{5-9}$$

式中：k_d 为预期名义利率；$I/2$ 为半年支付的利息；$2n$ 为到期前半年期的期数。

需要注意的是，不仅半年支付的利息要以半年为期间进行折现，而且到期时支付的价值之和也要以半年为期间进行折现。因为半年折现一次的假设一旦采用，就应适用于所有的现金流量。

［例 5－4］A 公司发行一种债券，息票率为 10%，期限为 12 年，其名义年报酬率为 14%，则面值 1 000 美元的债券的现值是：

$$V = \$50\,(PVIFA_{7\%,24}) + \$1\,000\,(PVIF_{7\%,24})$$

$$= \$50\,(11.469) + \$1\,000\,(0.197)$$

$$= \$770.45$$

专业的债券交易商并不需要直接计算债券的价值，而是用债券价值表（bong value tables）计算。若给定到期日、息票率和回报率，就能从债券价值表中查得债券的现值。类似地，若给定四个要素中的三个，就能从表中查得第四个要素。一些专业的计算器设有计算债券价值和收益的程序，并能给出结果。

六、债券的到期收益率

到期收益率（yield to maturity，YTM），是指债券按市价购买并一直持有至到期日所产生的期望收益率。债券的市场预期报酬率（k_d）常被称为债券的到期收益率。到期收益率是债券按当前市场价格购买并持有至到期日所产生的期望收益率，它也被称为债券的内部收益率（internal rate of return，IRR）。若从数学上解释，它是使债券所有预期的利息支付和到期时本金（面值）支付的现值等于债券市价的那个贴现率。举例说明，回顾一下公式（5－3），即有到期日的付息债券（interest bearing bond）的价值等式，在这个公式中，用市价（P_0）代替内部价值（V），等式变为：

$$P_0 = \sum_{t=1}^{n} \frac{I}{(1+k_d)^t} + \frac{MV}{(1+k_d)^n} \qquad (5-10)$$

如果把 I，MV 和 P_0 的实际值代入公式就可以解出 k_d，即债券的到期收益率。然而，到期收益率的求解非常复杂，需要借助于债券价值表—— 一种非常复杂的手持计算器或计算器。

1. 插值法

插值法（Interpolate）用于估计处于两个已知数字间的一个未知数字。如果只有现值表，仍可应用试错法（trial - and - error procedure）近似地求出到期收益率。

［例 5 - 5］假设有一种 1 000 美元面值的债券，市价为 761 美元，期限 12 年，息票率 8%（每年支付利息）。现要确定一个贴现率，该贴现率应使债券预计现金流的现值等于债券的市价。假定先以 10% 作为贴现率，求债券预期现金流的现值。按给定的现值因素查表：

$$
\begin{aligned}
V &= \$80\ (PVIFA_{10\%,12}) + \$1\ 000\ (PVIF_{10\%,12}) \\
&= \$80\ (6\ 0814) + \$1\ 000\ (0.319) \\
&= \$864.12
\end{aligned}
$$

按 10% 的贴现率求出的债券现值要大于债券市价 761 美元。因而要试用一个更大的贴现率，以便使未来的现金流量有更不利的条件，从而使其现值降到 761 美元以下。现试用 15% 的贴现率有：

$$
\begin{aligned}
V &= \$80(PVIFA_{15\%,12}) + \$1\ 000(PVIF_{15\%,12}) \\
&= \$80(5.421) + \$1\ 000(0.187) \\
&= \$620.68
\end{aligned}
$$

这一次所选用的贴现率又太高了，计算所得的现值小于市价 761 美元。所以，使债券预期现金流贴现值等于 761 美元的贴现率一定在 10% 和 15% 之间。

为近似地计算该贴现率，在 10% 和 15% 之间应用插值法，公式如下：

$$
0.05\left[\begin{matrix} X\left[\begin{matrix} 0.10 & \$864.12 \\ YTM & \$761.00 \end{matrix}\right] \$103.12 \\ \begin{matrix} 0.15 & \$620.68 \end{matrix} \end{matrix}\right] \$243.44
$$

$$
\frac{X}{0.05} = \frac{\$103.12}{\$243.44} \qquad \text{因此：} X = \frac{(0.05)(\$103.12)}{\$243.44} = 0.021\ 2
$$

所以在上例中，$X = YTM - 0.10$，即 $YTM = 0.10 + X = 0.10 + 0.021\ 2 = 0.121\ 2$ 或 12.12%。用计算器求出的准确值是 11.82%。可见，用插值法计算求得的到期收益率只是近似值（必须牢记这一点），这是因为两个已知贴现率（10% 和 15%）之间的关系并不是线性的。但是，插值法中两个已知贴现率的差越小，求得的结果越准确。例如，若在上例中用 11% 和 12%，则求得的结果将更接近于“真实”的到期收益率。

2. 债券的价格变动

理解了公式（5－10）之后就可以对债券价格进行更多的研究。

（1）当市场预期报酬率大于债券规定的息票率时，债券的价格将小于债券的面值。该债券以折价出售，即以低于面值的价格出售。面值超过市价的部分被称为债券折价。

（2）当市场预期报酬率小于债券规定的息票率时，债券价格将大于债券面值，该债券应以溢价出售。市价超过面值的部分被称为债券溢价。

（3）当市场预期报酬率等于债券规定的息票率时，债券的市价等于债券面值，该债券以平价出售。

（4）如果利息率上涨，市场预期报酬率也随之上升，则债券的价格会下降；若利息率下跌，则债券的价格会上升。简而言之，利息率的变动方向与债券价格的变动方向相反。

从上述（4）可以看出，利息率的变动会引起债券价格的变动。由于利率变动所引起的债券价格变动被称为利率风险。值得注意的是，只有证券在到期前被出售，并且证券购买后利息率水平上涨，投资者才会因利率风险而受损。债券价格的其他变动，不如这一点明显。

（5）若给定市场预期报酬率的变动幅度，则债券期限越长，债券价格变动幅度就越大。一般是债券期限越长，则一定的市场预期报酬率变动越大。这是因为，若到期价值较大的证券离到期日越近，则在决定市场价格时，利息支付的影响就越小，市场预期报酬率对市场价格的影响也越小；而且，一般是债券期限越长，则在利息率总体水平发生变动时，投资者的价格变动风险也就越大。

（6）若给定市场预期报酬率的变动，则债券息票率越低，债券价格变动幅度越大。也就是说，债券价格的变动方向与息票率的变动方向相反。原因在于，债券息票率越低，债券到期时的本金支付比到期前的利息支付带给投资者的回报更多。即投资者收回在低息票率债券上的投资的时点比收回在高息票率债券上的投资的时点要晚；一般而言，报酬支付越集中在较晚的时间，一定的投资者的预期报酬率所引起的现值变化也越大。所以，即使高息票率的债券和低息票率债券有相同的期限，低息票率的债券的价格也更易于发生变化。

3. 到期收益率与半年利息

正如前面提到的，大部分美国债券都是一年付两次息的，而不是一年付一次息。这个复杂的实际情况在简化了的论述中常常被忽略了。在考虑半年付息一次时，只要把债券定价公式中的内在价值（V）代之以市价（P_0），就可以求出到期收益率了。结果为：

$$P_0 = \sum_{t=1}^{2n} \frac{I/2}{(1 + k_d/2)^t} + \frac{MV}{(1 + k_d/2)^{2n}} \tag{5-11}$$

求解 $k_d/2$，就能得到半年的到期收益率。

在实践中，多数人都采用将半年到期收益率翻倍的方法求出年到期收益率，即名义年到期收益率（nominal annual）。年到期收益率被债券交易商们称为债券同等收益率（bond - equivalent yield），但正确的方法应将“1 加上半年的到期收益率”平方后再减去 1，即：

$$(1 + \text{半年到期收益率})^2 - 1 = \text{（实际年）到期收益率}$$

第二节　利率期限结构

债券价格在债券存续期内随市场收益率的变动而波动。债券价格的波动性取决于它的到期期限，具体而言，其他因素保持不变，债券的期限越长，市场收益率变动导致的价格波动性越大。到期期限因而会对债券的价值产生影响。通常可以用收益率曲线反映到期期限和债券收益率的关系，为投资决策提供参考。

一、收益率曲线

以债券到期时间为函数的到期收益率曲线称为收益率曲线（yield curve）。在一般情况下，长期债券收益率高于短期债券收益率，即收益率曲线形状如图 5 - 1 所示。长期债券收益率较高的主要原因是：长期债券风险较大，需要较高的收益率补偿利率风险。但在实际中，收益率曲线的形状并不是在任何情况下都是一条上升的曲线，可以呈现出任何形状。

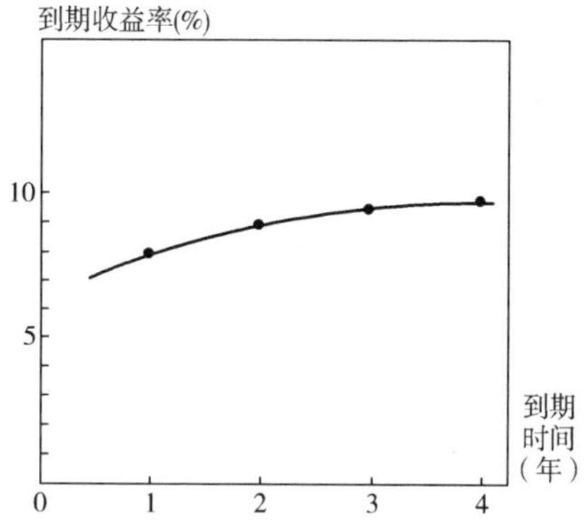

图 5-1　收益率曲线

二、期限结构理论

为了解释收益率曲线形成的原因，很多学者进行了深入的研究，形成的理论结果称为期限结构理论。以下三种理论得到了学者的普遍认可。

1. 纯预期理论

最简单的期限结构理论是纯预期理论（pure expectations theory）。这一理论认为，远期利率等于市场整体对未来短期利率的预期。换句话说，$f_2 = E(r_2)$，流动溢价为0。因为$f_2 = E(r_2)$，就可以将长期债券收益率与远期利率的预期相联系。如果预期短期利率在未来会上升，那么长期收益率会高于短期收益率，形成向上的收益率曲线。

2. 流动性选择理论

流动性选择理论（liquidity preference theory）认为，长期收益率除了包含投资者对于未来的短期收益率的预期，同时还包含了投资者对持有更长期限债券的风险溢价。具体而言，对于短期投资者来说，除非远期利率超过短期利率的预期，否则他们不愿持有长期债券；对于长期投资者来说，除非短期利率超过远期利率的预期，否则他们不愿持有短期债券。两类人士都要求有个溢价。主张期限结构的流动偏好理论者认为，市场由短期投资者控制，所以，一般来说，远期利率超过短期利率的预期，流动溢价预期为一正值。

3. 市场分割理论

市场分割理论（market segmentation theory）认为，投资者和筹资者对债券的期限有各自不同的偏好。因此，债券市场不同期限的均衡收益就由债券的发行者与债券的购买者共同决定。机构投资者需要使得持有的债券的期限与其负债的期限相匹配。例如，人寿保险机构和养老基金需要持有长期限的债券，以匹配它们的长期负债；商业银行的负债相对较短，因此更偏好期限较短的债券。除了自身资产组合的限制外，有些机构还面临对期限的法律限制。

在以上三种理论中，收益率曲线也可以是任何形状。只是不同期限之间的收益率没有必然的联系，完全由债券的发行人和投资人共同决定。

根据上述期限结构的三种理论，债券投资者可以运用当前的收益率曲线预测未来收益率曲线的形状。通过这样的预测和当前利率的信息，投资者可以根据期限区间决定预期收益率的波动；反过来，经历最大收益率变动的期限区间也会为投资者带来最大的价格升值潜力。

第三节 久期与凸性

我们已经发现，债券价格与到期收益率之间存在着反向变动关系。随着利率的涨落，债券持有人的资产也会相应地增加或损失，即便持有的债券是国债，本息的支付也有保证。在这样的情况下，由利率的波动导致固定收益证券投资所产生的不确定性称之为利率风险。

利率风险受息票利率、到期收益率、市场利率变动和期限长度等因素的影响。前三个因素较容易度量，但债券现金流的支付可能比较复杂，债券的期限长度有时是含糊不清的。

一、久期

为了解决债券多次支付的“期限长度”含糊不清的问题，需要一种测度债券发生现金流的平均期限的方法，从而能够对债券的有效期限进行正确的概括统计。我们也要用其测度债券对利率变化的敏感性，因为我们已经注意到价格敏感性会随着债券到期时间的增长而增加。

弗雷德里克．麦考利定义有效期限为久期。麦考利久期根据债券的每次息票利息或本金支付时间的加权平均计算。他认为，与每次支付时间相关的权重应当同那次支付对债券价值的“重要性”相联系。他还进一步指出，与每次支付时间相关的权重应该是这次支付在债券总价值中所占的比例。这个比例正好等于支付的现值除以债券价格。

为了直接计算加权平均，我们定义权重为 w_t ，其与时间 t 时的现金流（用 CF_t 表示）有如下关系：

$$w_t = [CF_t/(1+y)^t]/\text{债券价格} \tag{5-12}$$

式中，y 为债券的到期收益率。等式右边的分子是时间 t 时发生的现金流的现值，分母是债券所有支付的总和。权重之和为 1，因为按到期收益率折现的现金流之和等于债券价格。

用这些值计算各次支付的时间的加权平均值就得到了麦考利的久期公式：

$$D = \sum_{t=1}^{T} t \times w_t \tag{5-13}$$

零息票债券的久期正好等于它的到期时间。这很好理解，由于只有一次支付，到支付的平均时间一定就是债券的期限。相比较，2 年期息票债券的久期就稍微短一些，为 1.885 2 年。

久期之所以是固定收益资产组合管理中的　个关键概念至少有三个原因：首先，它是对资产组合实际平均期限的一个简单的概括统计；其次，它被视为使资产组合免疫于利率风险的一个重要工具；再次，久期是资产组合的利率敏感性的测度，现在来研究这个问题。

我们已经注意到长期债券比短期债券对利率波动更为敏感，久期作为尺度使我们能够量化这个关系。具体地说，当利率变化时，债券价格变化的比率与到期收益率的变化相关，根据以下法则：

$$\Delta P/P = -D \times [\Delta(1+y)/1+y] \tag{5-14}$$

价格变化率等于（1 + 债券收益率 y ）的变化率乘以久期。

操作者运用式（5 - 14）时，在形式上通常略微有些变化。它们将 $D^* = D/(1+y)$ 定义为修正久期，又令 $\Delta(1+y) = \Delta y$ ，然后将式（5 - 14）重写为：

$$\Delta P/P = -D^{*}\Delta y \tag{5-15}$$

债券价格变化的百分比恰好等于修正久期与债券到期收益率的变化之积。因为债券价格变化的百分比同修正久期成比例，因此，修正久期可以用来测度债券在利率变化时的风险暴露程度。实际上，就像在下面将要看到的，式（5－14）和式（5－15）在债券收益变化很大时仅仅是大致有效。只有在收益变化是较小的或较局限时，“大致”才成为精确。

久期的概念得以将敏感性量化，这大大提高了人们的投资决策能力。例如，如果人们希望推算利率，从久期中就可以知道要下的这个赌注有多大；相反，如果希望保持利率的“中等水平”，并且仅与所选债券市场指数的利率敏感性相匹配，则通过久期可衡量这一敏感性，并在组合中进行模拟。

在到期收益率发生较小变化时，久期可以较为准确地估计债券价格波动。但当市场利率波动幅度较大时，根据久期做出的估计就不那么准确了，因为债券价格与收益率之间不再是近似线性的关系。在这种情况下，凸性可以帮助人们解决这个问题。

二、凸性

由于价格—收益率关系曲线的形状是凸性的，价格—收益率曲线的曲率就称为债券的凸性。凸性是对债券价格关于到期收益率变化函数弯曲程度的一种度量。

图5－2表明了这一点。该图说明债券价格变化的百分比是对债券到期收益率变化的反应。曲线是30年期限，8%息票利率，最初以8%的到期收益率出售的债券价格变化的百分比；直线是久期法则预期的债券价格变化的百分比。债券初始收益修正久期是11.26年，所以直线是等式 $-D^{*}\Delta y = -11.26\times\Delta y$ 的图形。因此，对于债券到期收益率的小变化，久期法则是准确的。但是，对于到期收益率的大变化，在两条线之间有不断扩大的“间隙”，这表明久期法则越来越不准确。

我们可以将凸性量化为价格—收益率曲线斜率的变化率，并表示为债券价格的一部分。作为一条实用规则，可以将债券具有的较大凸性视为价格—

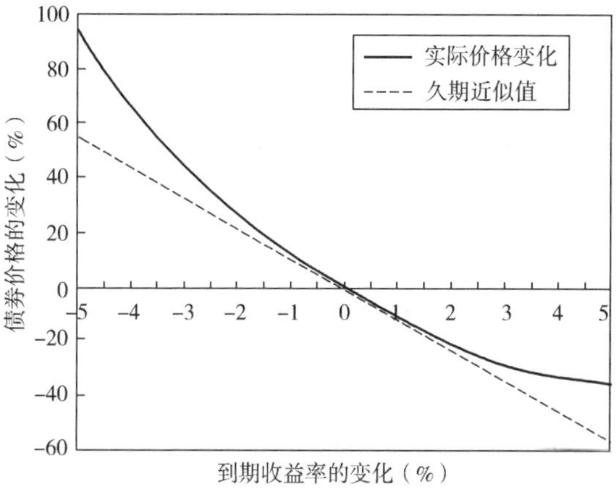

图 5－2　债券价格的凸性

注：30 年期，8% 的息票利率，初始到期收益率为 8%。

收益率关系的曲率较大的表现。不可赎回债券的凸性有正值，如图 5－2 所示：收益率增加时斜率变大（即这个负数的绝对值变小）。

凸性使人们能够在债券价格变化时改进随之变化的久期近似值。考虑凸性时，式（5－15）可以修正为：

$$\Delta P/P = -D^{*}\Delta y + 1/2 \times 凸性 \times (\Delta y)^{2} \quad (5-16)$$

与由于度量债券价格对久期敏感性的式（5－15）相比，把凸性考虑进来的式（5－16）更精确了，它预测的债券价值将比式（5－15）的预测值总是高些。当然，如果收益率变化很小，式（5－16）中的凸性这一项要乘以 $(\Delta y)^2$，得出的积会很小，使久期的近似值不会有什么增加。在这种情况下，久期规则给出的线性近似将是足够精确的。因此，凸性只有在利率有很大的潜在变化时才会作为一个重要的实际因素。

第四节　债券评级

债券违约风险通常称为信用风险，它的测定由信用评级机构负责。美国主要的信用评级机构有穆迪投资服务公司、标准普尔公司、惠誉国际信用评级有限公司，这些机构都提供商业公司的财务信息并对大型企业债券和市政债券按质进行信用评级。它们用字母等级表示所发行债券的安全性，最好的信用等级是 AAA 或 Aaa。穆迪公司为每种信用等级再另设定 1、2 或 3 作为后缀（如 Aaa1、Aaa2、Aaa3），以便做出更精确的等级划分。其他评级机构使用 + 或 - 的符号进行进一步的划分。

评级为 BBB 及更高（标准普尔公司、达夫与菲尔普斯及菲奇）或 Baa 及更高（穆迪公司）的债券被认为是投资级债券；反之，信用等级较低的则被称之为投机债券或垃圾债券，垃圾债券通常也被称为高收益债券。

一、债券评级的决定因素

债券评级机构主要根据发行公司财务状况的变动趋势与水平对其所发行债券的信用状况进行等级划分。评价信用等级需要运用如下五个重要参数：

1. 偿债能力比率

偿债能力比率（coverage ratio）可以反映公司收入与固定成本之间的比率。例如，已获利额对支付利息的倍数比率（times - interest - earned ratio）是支付利息和税收之前的收入与应付利息的比率。固定费用偿付比率（fixed - charge coverage ratio），用扣除税金、利息和税金前的净收益总额除以利息、税金和调整税项后的偿债基金支付款项的总数。低水平或下降的偿债能力比率意味着可能会发生现金流动困难。

2. 杠杆比率

杠杆比率（leverage ratio）是债务与资本总额的比率。过高的杠杆比率表明负债过多，标志着公司无力获取足够的收益以保证债券的安全性。

3. 流动性比率

最常见的流动性比率（liquidity ratio）有两种：流动比率（current ratio），即流动资产与流动负债的比值；速动比率（quick ratio），即包含存货在内的流动资产与流动负债的比值。这两项比率反映了公司用流动性最大的资产进行偿债的能力。

4. 盈利比率

盈利比率（profitability ratio）盈利比率是一个公司整体财务状况的指示器。资产收益率（支付利息和税收之前的收入与总资产的比值）是最常见的比率。具有较高资产收益率的公司在资本市场上更有能力筹资，因为它们的投资有更好的收益。

5. 现金流对总负债比率

现金流对总负债比率（cash flow to debt ratio）是现金总流量与债务的比值。

通过大量研究测算信用等级是否真能用来预测违约风险，最著名的检验之一是由爱德华·奥尔特曼指导的，他用差异分析法预测破产。将公司按财务状况打分，分值超过临界点则被认为是可以信赖的，低于临界点则表明在不久的将来有重大破产风险。

二、降低信用风险的债券契约

1. 偿债基金

债券在到期时需按面值偿付。这一偿付构成发行者庞大的现金费用。为了确保这份承付款项不会带来流动现金短缺的危机，公司必须设立偿债基金，以将债务负担分散至若干年内。这项基金可以通过两种方式运作：一是公司可每年在公开市场上回购一小部分流通在外的债券；二是公司可以以一个与债券基金条款有关的特别价购买部分债券。公司具有的是以市场价还是以偿债基金价进行回购的选择权，不论孰高孰低。为了在债券持有者之间公平地分配偿债基金，被购债券的选择用数字序列的方式随机产生。

偿债基金赎回与一般的债券赎回在两个重要方面存在差别。首先，公司仅能以债券基金赎回价格回购有限的债券。在最好的情况下，某些信托契约允许公司使用加倍选择权，即公司可以以偿债基金赎回价格回购所需债券数量的两倍。其次，债券基金赎回价格通常比债券契约中其他赎回条款规定的赎回价格要低，它往往与债券票面价值相等。

从表面上来看，偿债基金主要以回报的方式保护债券持有者的利益，但它实际上更有可能伤害投资者。如果利率下降而债券价格上涨，公司就可以按偿债基金的规定，以低于市场价格的价格回购债券并从中受益。在这种情况下，公司的所得就是持有人的所失。

2. 次级债务

决定债券安全性的因素之一是发行公司全部的未偿还债券的数额。次级条款的规定限制了发行者额外借款的数额。原始债务优先，额外债务要从属于原始债务。也就是说，如遇公司破产，直到有优先权的主要债务被付清，次级债务的债权人才可能被偿付。正因为如此，次级原则有时也称为“自我第一规则”，即原始的（较早期的）债券持有者在公司破产时被最先偿付。

3. 红利限制

契约条款也限制了公司支付红利的数额。这些限制对债券持有人有保护作用，因为它们迫使公司保留其资产而不是将其都付给股东。一项典型的限制内容是，如果公司有史以来的红利支付超过了累积留存收益与股票销售收入之和，就不得继续向股东支付红利。

4. 担保品

某些债券的发行以特别物品的担保为基础。担保品有多种形式，但其意义都在于，如果公司违约，债券持有者可得到公司的部分资产。如果担保品是公司财产，该债券成为抵押债券；如果担保品以公司其他有价证券的形式出现，该债券则称为担保信托债券；如果担保品是设备，则称为设备契约债券。最后一种形式的担保品最常见于铁路之类的公司，它们的设备标准化程度高，如公司违约，在持有者需要追回担保品时很容易将这些设备出售给其他公司。

由于有特殊担保品的支持，抵押债券通常被认为是最安全的公司债券。通常的信用债券并不提供特殊的担保品，它们是无担保债券，持有人仅以公司通常的获利能力判断债券的安全性。如果公司违约，信用债券持有者成为公司的普通债权人。由于具备了更大的安全性，担保债券通常比一般的信用债券提供的收益要低一些。

第五节 债券投资策略

债券投资组合策略包括消极的投资组合策略和积极的投资组合策略两种。不同的策略适用于不同需求和风险特征的投资组合。20 世纪 60 年代之前，只有消极的策略可用，并且大部分的债券投资组合根据买入并持有策略进行管理。20 世纪 60 年代和 70 年代初期，积极债券投资组合管理策略开始兴起。

从 20 世纪 70 年代后期开始，有的时候通货膨胀和利率上升到前所未有的水平，有的时候通货膨胀和利率下降，这便导致债券市场收益率极度波动。由于收益率波动增大，出现了许多新的金融工具，并且发展出一些新的融资技术和投资组合管理方法。由于 20 世纪 70 年代早期“久期”概念的重现，一些投资组合管理技术才变成可能。

一、消极的债券管理策略

在固定收益市场中，经常使用两种消极管理的策略：第一种策略是指数策略，试图让管理的资产组合重复一个已有指数的业绩；第二种策略是免疫策略，这是一种正为金融机构譬如保险公司或养老基金广泛运用着的技术。这些策略是被设计用来保护整个金融体系的，以免其遭受利率波动的风险。

虽然指数策略和免疫策略均认为市场价格是公平价格，但是，它们处理利率暴露风险的方式很不相同。一个债券指数资产组合的风险—回报将与之相联系的债券市场指数的风险—回报状况相当；相比较，免疫策略则试图建立几乎是零风险的资产组合。在这个组合中，利率的变动将对公司价值毫无影响。这一节将论述这两种策略。

二、债券指数基金

原则上说，债券市场指数与股票市场指数应该是相似的，这种想法将产生一个反映一种指数成分的资产组合，而这种指数测度了大市。例如，在美国的股票市场，标准普尔 500 指数是被各股票指数基金运用最多的一个指数，这些基金完全按标准普尔 500 指数的成分股名单选择购买股票，而且每种股票购买的数量与这些公司的当前市值在指数中的比重成比例。债券指数基金也使用类似的策略，但需要做一些修正。

三、免疫策略

任何有未来固定负债的机构都有必要考虑免疫问题，即合理的利率风险管理政策，保险公司也要采用利率免疫策略。免疫的含义是，无论利率如何变动，资产与负债的久期匹配都可以确保资产组合有偿还公司债务的能力。

固定收益债券的投资者面临着两种有相互抵消作用的利率风险：价格风险和再投资利率风险。利率提高会导致资本损失，但同时，再投资收入会增加。如果资产组合的久期选择得当，这两种影响可以恰好相互抵消。当这一资产组合的久期恰好与投资者的持有期相等时，到期时投资基金的累计价值将不受利率波动的影响，即持有期与资产组合久期相等时，价格风险与再投资风险将完全抵消。

在利率与资产久期变化的情况下，管理人必须不断调整固定收益资产组合，以实现其久期与债务久期的再平衡。此外，即便利率没有变动，资产期限也会随着时间的推移而发生变化。因此，即便负债开始时是利率免疫的，随着时间的推移，资产与负债的久期也会以不同的比率减少。如果不对资产组合进行再平衡，久期就不会再匹配，而利率免疫的目标也难以实现。显然，利率免疫是消极策略，这只是从不包括识别低估证券的意义上说的。负责利率免疫的管理人仍需积极地更新与管理他们的头寸。

四、现金流的匹配与贡献

与免疫有关的问题似乎有一个简单的解决办法，为什么不只购买零息票债券来为预期的现金支出提供恰好足够的款项呢？如果遵循现金流匹配的原则，就能在利率变动时使资产组合自动免疫，因为债券的现金流收入与负债的支出恰好相互抵消。

在这种情况下，管理人或选择零息票债券或选择息票债券，以使每一期提供的总现金流可以与一系列负债相匹配。这种策略的长处在于它是一个一劳永逸的消除利率风险的方法。一旦现金流匹配了就不必去再平衡。资产组合可以提供必要的现金支付公司的债务，而不管利率的最终变化。

现金流匹配并没有得到广泛的运用，可能是由于它对债券选择的严格要求。免疫策略吸引着那些不希望对利率常规变动敏感的公司，而这些公司可能会利用它们认为价值被低估的债券进行免疫。然而，由于现金流匹配对债券选择过程增加了很多限制，不可能仅靠被低估价值的债券实施策略。为了获得更高的收益，公司放弃了准确的、容易的现金流匹配策略，而是选择被低估价值的债券进行资产组合。

五、积极的债券管理

投资管理人可以使用五种积极的管理策略，其中利率预测要进行经济预测，价值分析和信用分析要求详细分析债券和公司。收益利差分析和债券互换要求进行经济和市场分析。

1. 利率预测

利率预测可能是最具风险的积极管理策略。因为它通过预期不确定的未来利率改变投资组合。当预期利率将上升时通过缩短投资组合的久期保持资本，当预期收益率将降低时通过增加投资组合的久期以获得可观的资本利得。

显然，根据预期利率变化而改变投资组合的久期要承担风险。当预期利率上升而缩短长期时，一种风险是如果利率预测不正确——利率下降时，投资组合就失去了获得较多资本利得的机会。另外，短期债券的票息收益一般较低，所以缩短久期的策略同时降低了投资组合的息票收入。

根据利率预测会使得所持有投资组合全部为短期或长期的久期，为了避免这种风险，一些投资组合管理人采取一种中立的态度，他们偏好于通过利用“梯式”策略和“杠铃”策略分散所持有证券的期限。

梯式策略是将等额的投资组合资金分散于各种到期日的债券。到期的债券被再投资于期限最长的债券。为了降低再投资风险，将息票收入再投资于到期日全部范围内的债券。使用这种策略，令经济周期中的利率升高和降低平均化，使其风险低于全部为短期债券和全部为长期债券的策略。

杠铃策略中，大约一半的资金投资于久期短的证券，剩余部分投资于久期长的证券。这将长期债券的高收益、高收入潜力和短期证券的低风险、高流动性特征结合起来。当预测短期利率将会上升而长期利率将保持稳定或下降时（也就是说当利率期限结构变平时），这一策略尤其适用。

2. 价值分析

利用价值分析，投资组合管理人试图根据债券的内在价值选择债券。而债券价值的依据是息票的现金流、市场利率和债券特征（如可赎回性、信用评级以及是否存在偿债基金）。由这些特征确定的市场平均价值可以通过考查债券市场数据或通过多元回归模型做出估计。

根据债券所有的特征和特征对债券收益的平均影响可以确定必要的收益率，从而决定债券内含的内在价值。可以对很多债券做这样的分析，然后将得出的债券价值与债券的公开市场价格相比较，确定哪种债券被高估，哪种债券被低估。这一策略将买入低估的债券而出售或不购买高估的债券。价值分析的成功源于理解债券定价的重要特征并能够精确地估计这些特征随时间变化的价值。

3. 信用分析

信用分析策略包括对债券发行者详细的分析，以确定其违约风险的预期变化。

投资管理人如果使用信用分析作为管理策略，他必须在评级机构发布评级变化之前就预计这种变化。研究发现，债券市场对债券评级变化的调整很迅速——特别是在评级下调时。因此，投资管理人应该获取预期会发生评级上调的债券，同时出售或不购买预期会下调的债券。

债券的信用分析可以使用统计模型，也可以通过基本面分析来识别债券的一些独特特征。奥尔特曼的 Z – Score 评分模型最初是用来预测企业破产的，现经调整可以用来预测债券评级的变化。原始的 Z – Score 评分模型将传统的财务测度方法与多重判别分析相结合，以得到一些特定变量的一组权重。

随着新发行以及未偿付高收益债券的大量增加，信用分析研究也相应增加。

由于高收益债券的发行数量多，质量多种多样，加之复杂性日益增加，对这些债券进行深入分析十分关键。

4. 收益利差分析

收益利差分析假设不同部门之间的债券收益利差存在着标准关系。因此，债券投资组合管理人将监控这些关系，并且在关系反常时进行多种部门互换。收益利差分析的关键因素是了解正常的收益率关系，并评估要想足够快地购买和出售债券，需要多大的流动性才能利用所推测的暂时收益反常性。收益利差分析与价值分析不同，价值分析考查许多具体发行事项对收益的影响，而收益利差分析仅关注特殊部门间的收益差别。

利差变化与经济环境有关。例如，信用利差在经济不确定和经济衰退时扩大，因为投资者对于更具风险的债券要求更高的风险溢价（即更大的利差）。相反，利差在经济充满信心和经济扩张时期将缩小。

5. 或有免疫

或有免疫是利伯维茨和温伯格提出的一种积极—消极混合的投资策略。假定现行利率为10%，管理人的资产组合现价为1 000万美元。管理人可通过常规的利率免疫技术锁住现有利率，两年后资产组合的未来价值为1 210万美元。现在，假定管理人愿意从事更积极的投资，但是，只愿意承担有限的风险损失，即要保证资产组合的最终价值不能低于1 100万美元。由于在现行利率下只要有909万美元（1 100万/1.10^2）就可以在两年后达到最小可接受的最终价值，而资产组合的现值为1 000万美元，管理者可在开始时承受一些风险损失，因此开始时可以采用一些积极的策略，而不用立即采取利率免疫的策略。

关键是要计算在现行利率下要锁定多少投资进行利率免疫，才能保证未来获得1 100万美元。如果用T代表到期的剩余时间，r为任一特定时间的市场利率，那么，必须保证有能力达到最低可接受的最终价值是1 100万美元/$(1+r)^T$，因为这一规模的资产组合如果免疫会在到期日无风险地增至1 100万美元，这个值变成了触发点。如果当实际的资产组合价值跌至触发点，积极的管理就会停止。随着触发点的到达，会导致最初的免疫策略的变化，以保证最低的可接受业绩得以实现。

思考题

1. A公司发行一种1 000美元面值的债券，息票率8%，期限4年，每年支付一次利息。

（1）若市场预期报酬率是15%，则债券的市场价值是多少？

（2）若市场预期报酬率下降到12%，则债券的市场价值是多少？下降到8%又如何呢？

（3）若息票率不是8%而是15%，则债券的市场价值是多少？若预期报酬率下降到8%，债券的市场价格会有怎样的变化？

2. 一种1 000美元面值的债券目前的市场价格为935美元，其息票率为8%，还有10年才到期，利息每半年支付一次。在计算利息前，先估计一下到期收益率是高于还是低于息票率，并请说明原因。

（1）该债券暗含的由市场决定的半年期贴现率（即半年期到期收益率）是多少？

（2）用题（1）的答案分别计算债券的（名义年）到期收益率和（实际年）到期收益率。

3. 一种零息债券面值为1 000美元，时下的售价为312美元，恰好还有10年到期。

（1）该债券暗含的由市场决定的半年期贴现率。（半年期到期收益率）是多少？

（2）利用题（1）的答案分别计算该债券的（名义年）到期收益率和（实际年）到期收益率是多少？

4. D公司拥有息票率为14%、面值为1 000美元的已发行债券，还有3年到期，利息半年支付一次。

（1）如果要求名义年报酬率为12%、14%、16%时，此债券的价值应该各为多少？

（2）假设其他条件相同，但零息票率、净贴现债券、名义年报酬率分别为12%、14%、16%时，债券的价值分别为多少（贴现期为半年）？

5. 9年期债券，收益率为10%，久期是7.194年。如果市场收益率变动50个基点，债券价格变动的百分比是多少？

6. 1年期面值为100元的零息票债券目前的市价为94.34元，2年期零息票债券目前的市价为84.99元，投资者正考虑购买两年期、面值为100元、息票率为12%（每年付息一次）的债券。

（1）2年期零息票债券和2年期附息票债券的到期收益率分别为多少？

（2）第二年的远期利率为多少？

（3）如果预期理论成立的话，第一年末第二年期附息票债券的预期价格为多少？

思考题答案

1. （1）、（2）

年末	支付额	贴现系数（15%）	现值（15%）	贴现系数（12%）	现值（12%）
1～3	$80	2. 283	$182. 64	2. 402	$192. 16
4	1 080	0. 572	617. 76	0. 636	686. 88
	市场及价值		$800. 40		

注：由于使用现值表有些近似误差，因此其结果与采用其他方法对同样的现金流量进行计算所得的结果会产生细微的误差。

息票率为8%的债券在收益率为8%时的市场价值等于面值1 000美元。

（3）若预期报酬率是15%，则市场价值为1 000美元。

年末	支付额	贴现系数（8%）	现值（8%）
1～3	$150	2. 577	$386. 55
4	1 150	0. 735	845. 25
	市场及价值		$1 231. 80

2. 因为债券以折价出售，所以到期收益率高于息票率。（名义年）到期收益率等于（2×半年期到期收益率）。

（实际年）到期收益率等于（1＋半年期到期收益率）^{2} －1。

解法：

$$\$935 = \sum_{t=1}^{20} \frac{\$40}{(1+k_d/2)^t} + \frac{\$1\ 000}{(1+k_d/2)^{20}}$$

$$= (\$40)(PVIFA_{k_d/2,20}) + MV(PVIF_{k_d/2,20})$$

（1）用计算机、计算器或现值表求解 $k_d/2$（半年期到期收益率）为4. 5%。

（2）（名义年）到期收益率＝2×4. 5%＝9%

（实际年）到期收益率＝$(1+0.045)^2-1=9.2025\%$

3. （1）$P_0 = FV_{20}(PVIF_{k_d/2,20})$

$$(PVIF_{k_d/2,20}) = P_0/FV_{20}$$
$$= \$312/\ \$1\ 000$$
$$= 0.312$$

查表可知，20年期6%的现系数是0.312，因此，债券半年期收益率是6%。

（2）（名义年）到期收益率＝2×（半年期到期收益率）

＝2×（0.06）

＝12%

（实际年）到期收益率＝（1＋半年期到期收益率）^{2} －1

$$= (1 + 0.06)^2 - 1$$
$$= 12.36\%$$

4.（1）$V = (\$140/2)(PVIFA_{0.06,6}) + \$1\ 000(PVIF_{0.06,6})$

$= \$70\ (4.917) + \$1\ 000\ (0.705\ 0)$

$= \$344.19 + \$705$

$= \$1\ 049.19$

$V = (\$140/2)(PVIFA_{0.07,6}) + \$1\ 000(PVIF_{0.07,6})$

$= \$70\ (4.767) + \$1\ 000\ (0.666)$

$= \$344.619 + \$666$

$= \$999.69$

$V = (\$140/2)(PVIFA_{0.08,6}) + \$1\ 000(PVIF_{0.08,6})$

$= \$70\ (4.623) + \$1\ 000\ (0.630)$

$= \$323.61 + \$630$

$= \$953.61$

（2）从（1）中得出的答案分别为$705、$666、$630。

5. $\Delta P = -D \times \Delta y/(1+y)$

$= -7.194 \times 0.005/1.10$

$= -3.27\%$（或下降3.27%）

6.（1）一年期零息票债券的到期收益率为（y_1），可通过下式求得：

$$94.34 = 100/(1+y_1)$$
$$y_1 = 6\%$$

两年期零息票债券的到期收益率为（y_2），可通过下式求得：

$$84.99 = 100/(1+y_2)^2$$

$$y_2 = 8.47\%$$

两年期附息票债券的价格 $=12/1.06+112/1.0847^2=106.51$

两年期附息票债券的到期收益率可通过下式求得：

$$12/(1+y)+12/(1+y)^2=106.51$$

$$y=8.33\%$$

$$f_2 = (1+y_2)^2/(1+y_1)-1$$

$$= 1.0847^2/1.06-1$$

$$= 11\%$$

（2）第一年末第二年期附息票债券的预期价格为：

112/1.11 = 100.9（元）

本章小结

1. 债券是发行者为筹集资金，向债权人发行的，在约定时间支付一定比例的利息，并在到期时偿还本金的一种有价证券。

2. 永久债券的现值等于无限期的利息流量的资本化价值，可以简单地表示为每期的利息支付额除以每期给定的贴现率。

3. 债券的现值小于其面值，债券只能以低于面值的价格出售，投资者才会愿意购买该债券。若投资者的预期报酬率等于息票率，则债券的现值将等于其面值。

4. 零息债券是一种以低于面值的贴现方式发行，不支付利息，到期按债券面值偿还的债券。债券发行价格与面值之间的差额就是投资者的利息收入。

5. 到期收益率是指债券按市价购买并一直持有至到期日所产生的期望收益率，是使债券所有预期的利息支付和到期时本金（面值）支付的现值等于债券市价的那个贴现率。

6. 其他因素保持不变时，债券的期限越长，市场收益率变动导致的价格波动性越大，长期债券风险较大，因此需要较高的收益率来补偿利率风险。

7. 在到期收益率发生较小变化时，久期可以较为准确地估计债券价格波动；但当市场利率波动幅度较大时，根据久期做出的估计就不那么准确了，则需要考虑凸性。

8. 通常用偿债能力比率、杠杆比率、流动性比率、盈利比率和现金流对总负债比率来评价债券的信用等级。

9. 偿债基金、次级债务、红利限制和担保品都是很好的降低信用风险的债券契约。

10. 债券投资组合策略包括消极的投资组合策略和积极的投资组合策略两种，不同的策略适用于不同需求和风险特征的投资组合。

思考题

1. 简述不同类型债券的定价。
2. 简述利率期限的结构。
3. 简述债券评级。
4. 债券投资策略有哪些?

第六章 衍生品投资

第一节 商品期货的价值

一、期货合约的概念

期货合约实质是在有组织的交易所交易的标准化远期合约。买卖方之间，双方各自同交易所单独订立合约。标准化是指所有条款（交割的数量与质量等）都是一致的。远期合约通常可减少买卖双方的风险。

假设有一位种植小麦的农妇，现在距收割还有1个月，但收获的数量基本确定了。由于农妇的大部分财产取决于小麦收成，所以她现在希望以一个固定的价格卖出去，然后在将来交割，以此消除未来价格的不确定性带来的风险。

再假设有一个面点师，他在1个月后需要小麦制作面包。面点师的主要财富取决于他的面包生意。与农妇一样，面点师也面临着未来小麦价格的不确定性，然而对他而言，减小价格风险的方法是现在购买小麦而在未来交割。这样，面点师和农妇天然地存在契合关系，因为农妇希望现在卖出小麦而在将来交割以减少风险。因此，农妇和面点师达成一个远期价格，在交割时，面点师按此价格支付给农妇。这个远期合约规定，不管交割日现货价格为多少，农妇都必须按远期价格向面点师交割一定数量的小麦。

二、商品期货价格与商品价格的关系

上节中的批发商有两种方法回避储存对小麦价格变动的风险：①在现货市场上按每蒲式耳2美元的价格卖出小麦；②以价格 F 卖空期货，储存小麦，

并在1个月后交割。

现在选择购买小麦并选择②，如果期货价格大大高于现货价格，套利者可以锁定一个确定的套利收益。这使现货价格与期货价格之间的价差确立了一个上限：期货价格不能大于现货价格加持有成本：$F-S\leqslant C$

持有成本随时间的变化和市场参与者的变化而变化，因而差价的上限不是恒定的。

三、商品期货的期价——现价平价

1. 商品期货期价—现价平价关系式

正如有存量时套利的力量形成了小麦期价与现价之间的价差一样，黄金也是如此。期货价格与现货价格的关系式称为期价—现价平价关系式。

[例6-1] 假设投资者正考虑明年投资于黄金。有两种方法进行投资：

第一种方法是按当前的现货价格 S 购买黄金，存放起来，并在年末按价格 S_1 售出。设 s 是将黄金存放1年的成本与现货价格的比例。其收益率为：

$$r_{金}=\frac{S_1-S}{S}-s \tag{6-1}$$

第二种方法是，同样用300美元，不直接投资于黄金，而是投资于黄金的综合产品。这项黄金的综合产品是投资300美元（即现货价格）于无风险资产，同时持有1年后交割的黄金远期合约的多头，远期价格为 F。投资于这项黄金综合产品的收益率为：

$$r_{金}=\frac{S_1-F}{S}+r \tag{6-2}$$

例如，如果无风险利率是8%，黄金综合产品的收益率将是：

$$\bar{r}_{金}=\frac{S_1-F}{300}-0.08$$

根据一价原则，这两项相同的投资必须提供同样的收益率，式（6-1）等于式（6-2），得到：

$$\frac{S_1-S}{S}-s=\frac{S_1-F}{S}+r$$

调整该式，得到黄金的期价—现价的平价关系式为：

$$F = (1 + r + s)S \quad (6-3)$$

在本例中，1 年后交割的黄金的远期价格应为每盎司 330 美元。

$$F = (1 + r + s)S$$
$$= 1.10 \times 300$$
$$= 330 \text{（美元）}$$

如果式（6－3）不成立，远期价格高于每盎司 330 美元，套利者以现货价格买入黄金，同时按远期价格卖出并在将来交割，能够从中获利；反之，如果远期价格低于每盎司 330 美元，套利者可以在现货市场上卖空黄金（即借入黄金并立即卖出），将卖空收益投资于无风险资产，同时持有远期合约的多头。在实践中，保持期价—现价平价关系的是黄金交易商，因为他们通常储存成本和交易成本都最低。

表 6－1 列示了当远期价格不是每盎司 330 美元而是 340 美元时存在的套利机会。交易商借入资金，以每盎司 300 美元购入黄金，同时按每盎司 340 美元卖出黄金远期合约。1 年以后还清贷款并支付了储存成本后，不管那时的现货价格是多少，都有 10 美元的盈余。

表 6－1　黄金远期价格过高时的套利机会

套利仓位	即期现金流（美元）	1 年后的现金流（美元）
卖出远期合约	0	$340 - S_1$
借入 300 美元	300	－324
购买 1 盎司黄金	－300	S_1
支付储存成本		－6
净现金流	0	340－330＝10

如果黄金远期价格每盎司只有 320 美元时，表 6－2 列示了当远期价格不是每盎司 330 美元而是 320 美元时黄金交易商的套利机会。交易商将在现货市场上按每盎司 330 美元卖空黄金，将资金投资于无风险资产，同时按每盎司 320 美元买入黄金远期合约。1 年后偿付贷款并支付了储存成本后，无论那时的现货价格是多少，都将有 10 美元盈余。

期价—现价平价关系式不能简单地加以应用。它并不意味着远期价格是由现货价格和持有成本决定的，远期价格和现货价格是在市场上同时决定的。如果我们知道其中之一，通过一价原则就能知道另一个的值。

表 6－2 黄金远期价格过低时的套利机会

套利仓位	即期现金流（美元）	1 年后的现金流（美元）
卖空 1 盎司黄金	300	$-S_1$
购买远期合约	0	S_1-320
投资 300 美元于 1 年期纯贴现债券	－300	324
支付储存成本		6
净现金流	0	330－320＝10

2. “隐含”的持有成本

黄金的期价—现价平价关系式的一个结论是，远期价格不能比现货价格提供更多的关于预期将来现货价格的信息。在没有存量时，远期价格中包含了当前现货价格所没有的预期将来现货价格的信息。

人们可以从观察到的黄金的现货价格和远期价格推导出的唯一信息，是隐含持有成本，它是期货价格与现货价格之间的价差：

$$隐含的持有成本 = F - S$$

它表示投资者处于实际投资黄金和购买黄金综合产品的临界点时隐含的边际持有成本。

由式（6－3）的期价—现价平价关系式可知，持有成本与现货价格之比等于无风险利率与储存成本率之和：

$$F = (1 + r + s)S$$

$$\frac{F - S}{S} = r + s$$

因此，从隐含持有成本中减去无风险利率，可以导出储存黄金的隐含成本：

$$s = \frac{F - S}{S} - r$$

［例 6－2］假设观察到的黄金现货价格是每盎司 300 美元，1 年远期价格为 330 美元，无风险利率是 8%。求隐含持有成本和隐含储存成本：

$$隐含持有成本 = F - S = 330 - 300 = 30\ （美元/盎司）$$

$$隐含储存成本 = (F - S)/S - r = 0.10 - 0.08 = 0.02\ （或 2\%）$$

第二节　金融期货的价值

一、金融期货的期价　一平价关系式

1. 金融期货的定义

金融期货是指在将来交割的股票、债券和外汇。与小麦或黄金等商品不同，金融期货没有内在价值，它们不能用于消费，不能投入实际生产，或者出于自身的原因而保存。它们代表对将来收入的要求权。

2. 金融期货的期价——平价关系式

证券可以以非常低的成本产出和存放，这会反映在其现价与期价之间的关系上。事实上，在推导期价与现价的平价关系时，完全可以近似地忽略这些成本。

假定有一只假想的 S&P 股票，它是一个广泛投资于多样化的股票投资组合的共同基金的股份。它不支付股利，而将所有股利用于再投资。一股 S&P 的远期合约承诺按一定的交割价格在一定的交割日交割一股 S&P 股票，我们用 F 表示这个远期价格，该合约的多头方同意在交割日支付 F 美元给空头方。我们用 S_1 表示交割日的股票价格，合约通常用现金清算而不用实际交割股票，这意味着到期时不发生股票的交割，只支付 F 与 S_1 之间的差价。例如，假设远期价格为每股 108 美元，若交割日的股价为 109 美元，多头方向空头方收取 1 美元；如果现价为 107 美元，多头方必须支付空头方 1 美元。

现在来考虑 S&P 股票的远期价格与现货价格的关系。假设 S&P 的现货价格是 100 美元，无风险利率为每年 8%，1 年以后交割。远期价格应为多少？

在此，可以复制一份 S&P 股票，方法是购入面值为 F 的纯贴现债券，同时购买一股 S&P 的远期合约。当远期合约到期时，我们按债券面值 F 收回现金，用这些现金按远期价格购买一股 S&P 股票。

因此，我们可以看到，远期合约加上纯贴现债券，构成了一个综合 S&P 股票，其收益的概率分布和 S&P 股票完全一致。根据一价原则，这两个相同的证券应当有同样的价格。

表 6－3 表示用纯贴现债券和股票远期合约复制股票的交易与收益状况。S&P 股票与其复制组合 1 年后的收益相同，表示为 S_1 。

表 6－3 用纯贴现债券和股票远期合约复制无股利支付股票

仓位	即期现金流（美元）	1 年后的现金流（美元）
购买一股股票	－100	S_1
	复制投资组合（综合股票）	
持有股票远期合约的多头	0	S_1-F
购买面值为 F 的纯贴现债券	$-F/1.08$	F
总的复制投资组合	$-F/1.08$	S_1

设股票综合产品的成本等于实际股票的成本，得到：

$$S=\frac{F}{1+r} \tag{6-4}$$

即现货价格等于远期价格按无风险利率折现的净值。

调整式（6－4），得到用当前的现货价格 S 和无风险利率计算远期价格 F 的公式为：

$$F=S(1+r)$$
$$=100\times1.08=108\text{（美元）}$$

一般的情况下，当远期合约和纯贴现债券的到期日等于 T 年时，可以得到如下的期价—现价平价关系式：

$$F=S(1+r)^T \tag{6-5}$$

它表示远期价格等于现货价格按无风险利率计算 T 年复利后的未来价值。

这一关系式是在套利的推动下保持的。可以设想该关系式被打破时的情况。首先，假设根据无风险利率和现货价格，远期价格过高了。例如，假设 $r=0.08$，$S=100$ 美元，远期价格 F 为 109 美元而不是 108 美元。这样，远期价格比平价关系式中的值高 1 美元。

假设存在 S&P 股票和 S&P 远期合约的竞争性市场，这样就存在着套利机会。为了利用该机会，套利者将在现货市场上购买股票，同时卖出远期合约。因此，套利者将买入 S&P 股票，资金来源为 100% 的借入资金，同时卖空 S&P 远期合约进行对冲。交易的结果是，年初的净现金流为 0，年末有每股 1 美元的净现金流入。如果交易的股票数量为 100 万股，则套利利润将为 100 万美元。

表 6－4 归纳了套利需进行的交易。套利者将试图大规模地进行这些交易。他们在现货市场和远期市场上的买卖活动将引起远期价格下跌和（或者）现货价格上涨，直到方程（6－5）恢复平衡为止。

表 6－4 股票期货套利

套利仓位	即期现金流（美元）	1 年后的现金流（美元）
卖出远期合约	0	$109 - S_1$
借入 100 美元	100	－108
购买一股股票	－100	S_1
净现金流	－0	1

同黄金一样，这个期价—现价平价关系式不能轻易地加以应用。它并不意味着远期价格是由现货价格和无风险利率决定的；相反，所有三个变量— F,S 和 r 都是由市场共同决定的。如果知道其中任何两个，根据 ·价原则，就可以确定第三个变量。

二、"隐含"的无风险利率

人们可以用无风险资产和远期合约复制股票；同样，可以在购买股票的同时卖空远期合约，以此复制纯贴现债券。假设 F 为 108 美元，S 为 100 美元，r 为 1 年。我们可以这样复制一个面值为 108 美元的 1 年期纯贴现债券，即以 100 美元购买 1 只股票，同时以 108 美元的远期价格卖空一份 1 年后交割的远期合约。

起始的支出为 100 美元，1 年后无论股票现货价格（ S ）为多少，收益都将为 108 美元。因此，如果用 100 美元的总成本买入面值为 108 美元的综合性 1 年期纯贴现债券，那么隐含的无风险利率就是 8%。表 6－5 归纳了这份合约所涉及的交易。

表 6－5 股票期货套利

仓位	即期现金流（美元）	1 年后的现金流（美元）
购买面值为 108 美元的国债	$-108\ (1+r)$	108
复制投资组合（综合债券）		
买入 1 只股票	－100	S_1
卖空远期合约	0	$108-S_1$
总的复制投资组合	－100	108

一般而言，购买股票并卖空远期合约所获取的隐含的无风险利率为：

$$\bar{r}=\frac{F-S}{S} \tag{6-6}$$

三、远期价格不是对未来现货价格的预测

当股票不支付股利，且风险溢价为正时，很容易证明远期价格不是对将来现货价格的预测。为说明这一点，假设 S&P 股票的风险溢价是每年 7%，无风险利率为 8%，因此，S&P 的预期收益率是每年 15%。

如果当前的现货价格为每股 100 美元，预期 1 年后的现货价格为 115 美元。这是因为在不支付股利的情况下，S&P 的预期收益率为 15%，期末的现货价格必然比期初现货价格高 15%。

$$\text{S\&P 的预期收益率}=\frac{\text{期末价格}-\text{期初价格}}{\text{期初价格}}$$

但是，期价—现价平价关系式表明，1 年后交割的 S&P 预期价格一定是 108 美元。购买综合股票（纯贴现债券加上远期多头合约）预期赚取的风险溢价是 7%，与投资者购买股票本身是相同的。

四、有现金支付的期价——现价平价关系式

前文中由假设股票在远期合约期内不支付任何现金股利，推导出了期价—现价平价关系式，现在需要考虑的是，存在现金股利时如何修正式（6－5）

的股票期价—现价平价关系式。

假设人人都预期年末每股的现金股利为 D，如果不能确定股利，就不能准确复制出股票的收益，但是可以根据预期股利确定期价—现价关系。复制投资组合如今将包含购入面值为 $F+D$ 的纯贴现债券并买入远期合约，如表6－6所示。

表6－6　用纯贴现债券和股票期货复制支付股利的股票

仓位	即期现金流（美元）	1年后的现金流（美元）
购入股票	$-S$	$D+S_1$
复制投资组合（综合股票）		
买入一股股票的期货合约	0	S_1-F
买入面值为 $D+F$ 的纯贴现债券	$\frac{-D+F}{(1+r)}$	$D+F$
总的复制投资组合	$\frac{-D+F}{(1+r)}$	$D+S_1$

设股票价格等于复制投资组合的成本，得到：

$$S=\frac{D+F}{(1+r)}$$

$$F=S(1+r)-D$$

$$F=S+rS-D \tag{6-7}$$

当 D 小于 rS 或股票的股利率（D/S）小于无风险利率时，远期价格将大于现货价格。由于不能完全确定 D，套利的力量不完全来自保持期价—现价平价关系式。这种情况称之为准套利。

五、"隐含"的股利

前面提到，对于不支付股利的股票，可以从现货价格与远期价格中推导出隐含的无风险利率；对于支付红利的股票，可以推导出隐含股利。调整式(6－7)，得到：

$$\bar{D}=S(1+r)-F$$

因此，如果知道 $S=100$ 美元，$r=0.08$，$F=103$ 美元，则预期股利的隐含价值为5美元：

$$\bar{D}=100\times1.08-103=5\ （美元）$$

第三节　期权的价值

1997年10月14日凌晨，瑞典皇家科学院宣布将1997年度诺贝尔经济学奖授予美国斯坦福大学教授迈伦·斯科尔斯（Myron Scholes）和哈佛大学教授罗伯特·默顿（Robert Merton），以鼓励他们在金融衍生商品定价理论方面所做出的杰出贡献。这一事件体现了人们对20年来在期权定价研究方面进展的肯定，也充分反映了金融理论对现代经济生活所产生的巨大影响。

一、期权与期权价值

1. 期权的概念和分类

期权（option）又称选择权，是指赋予期权购买者在规定期限内按双方约定的价格（简称协议价格，即striking price）或执行价格（exercise price）购买或出售一定数量的某种金融资产（称为潜在金融资产或标的资产）的权利的合同。

按期权购买者的权利划分，期权可分为看涨期权（call option）和看跌期权（put option）。看涨期权赋予期权购买者购买标的资产的权利，而看跌期权赋予期权购买者出售标的资产的权利。

按期权购买者可以执行期权的时限划分，期权可分为欧式期权和美式期权。美式期权可在期权有效期内任何时候执行，欧式期权只能在到期日执行。在交易所中交易的大多数期权为美式期权。但是，欧式期权比美式期权更容易分析，并且美式期权的一些性质总是可由欧式期权的性质推导出来。因此，在分析期权价值时，通常先从欧式期权入手，进而推导出美式期权的性质。

需要强调的是，期权赋予其持有者做某件事情的权利，而持有者不一定行使该权利。这一特点使期权不同于远期和期货，在远期和期货合约中持有者有义务购买或出售该标的资产，因此，投资者签署远期或期货合约时的成本为0，但投资者购买一张期权合约必须支付期权费，或称期权的价格。

2. 期权的盈亏分布

（1）看涨期权的盈亏分布见图6－1。

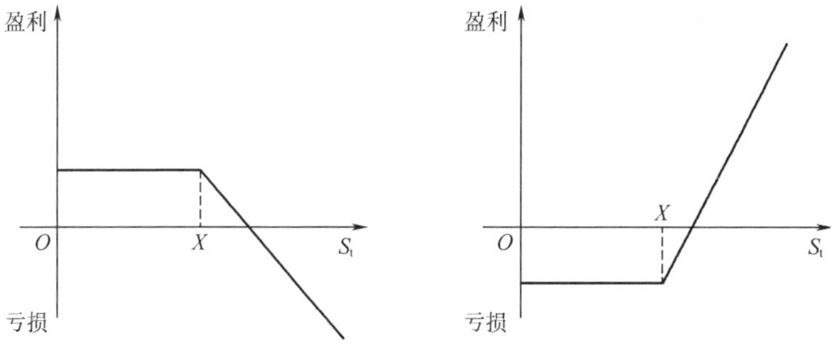

图6－1（a）　看涨期权空头损益　　**图6－1（b）　看涨期权多头损益**

对看涨期权多头而言，如果股票价格小于执行价格，此时执行期权会有净亏损，因此此时的期权被称为“虚值期权”（out of the money）。从点 x 起，越向左，“虚值”的程度越深，期权在到期日有价值的可能性越小。如果股票价格大于执行价，此时执行期权会减少损失或有净利润，这时的期权才有实际价值，因此被称为“实值期权”（in the money）。如果当前的股价等于期权执行价，这时期权被称为“两乎期权”（at the money）。

（2）看跌期权的盈亏分布见图6－2。

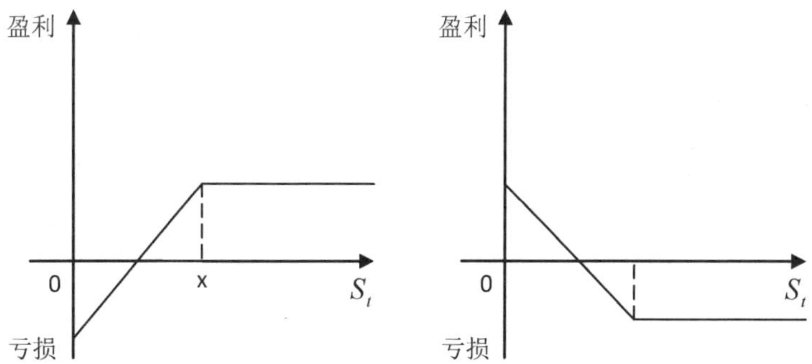

图6－2（a）　看跌期权空头损益　　**图6－2（b）　看跌期权多头损益**

3. 影响期权价格的主要因素

（1）标的资产的现价和执行价格。由于看涨期权在将来某一时间执行，则其损益为执行时标的资产的价格与执行价格的差额，所以当标的资产价格上升时，看涨期权的价值上升；当执行价格下降时，看涨期权的价值下降。对于看跌期权来说，其损益为执行价格与执行时标的资产的价格的差额，因此看跌期权的行为刚好与看涨期权相反。

（2）期权的期限。当期权的有效期限增加时，美式看跌期权和看涨期权的价值都会增加。考虑其他条件相同只有到期日不同的两个期权 A、B，设 A 的有效期长于 B，则 A 的执行机会不仅包括 B 的所有执行机会，还包括 B 有效期外的执行机会。因此，有效期长的期权的价值总是大于或等于有效期短的期权价值。

由于欧式期权只能在到期日执行合约，期限长的合约不一定包含比期限短的合约更多的执行机会，所以，随着有效期限的增加，欧式期权的价值并不一定增加。

通常而言，期权的期限越长，期权价格越高。按照上述分析，期限越长，未来股票价格上升机会越大，期权买方获利的可能性就越高，而期权卖方承担的风险也越大，期权价格作为对期权卖方所承担的风险的补偿也应该相应地向上调整。另外，在其他条件相同的情况下，期权的期限越长，说明持有人在未来要支付的执行价格的现值越小，因此期权的价值相应也会增加。这两个原因决定了期权价格与期权期限的长短呈正相关关系。

（3）标的资产价格的波动率。标的资产价格的波动率反映了未来标的资产价格变动的不确定性。随着波动率的增加，标的资产价格上升到很高或下降到很低的机会也随着增加。看涨期权的持有者从资产价格上升中获利，而当资产价格下跌时，其最大亏损就是期权费。与此类似，看跌期权的持有者从资产价格下跌中获利，而当资产价格上升时，仅有有限的损失。因此，随着波动率的增加，看涨期权和看跌期权的价格都会增加。

（4）无风险利率。无风险利率对期权价格的影响不是那么直接。当无风险利率增大时，会使期权标的资产的预期收益率增加；同时，作为贴现率的无风险利率的上升，使期权持有者未来收益的现值减少。这两种效应都会使看跌期权的价值降低。而对于看涨期权来说，第一种效应将使期权的价值提高，第二种效应使期权的价值降低，究竟期权的价值是提高还是降低，取决于两种效应的比较。通常情况下，前者的影响将起主导作用，即随着无风险利率的增加，看涨期权的价格总是随之增加。

（5）有效期内预计发放的红利。在除息日后，红利将减少标的资产的价格，因此看涨期权的价值将下降，看跌期权的价值将上升。所以，看涨期权的价值与预期红利的大小呈反向变动，看跌期权的价值与预期红利的大小呈正向变动。

表6－7是对上述内容的归纳。

表6－7　影响期权价格的主要因素

变量增加	期权价格的变化
股票的波动	增加
期限	增加
利率	增加
执行价格	下降
当前股票价格	增加

二、期权与期货的区别

1. 买卖双方的权利义务

期货交易中，买卖双方具有合约规定的对等的权利和义务。期权交易中，买方有以合约规定的价格是否买入或卖出期货合约的权利，而卖方则有被动履约的义务。一旦买方提出执行，卖方则必须以履约的方式了结其期权部位。

2. 买卖双方的盈亏结构

期货交易中，随着期货价格的变化，买卖双方都面临着无限的盈与亏。期权交易中，买方潜在盈利是不确定的，但亏损却是有限的，最大风险是确定的；相反，卖方的收益是有限的，潜在的亏损却是不确定的。

3. 保证金与权利金

期货交易中，买卖双方均要交纳交易保证金，但买卖双方都不必向对方支付费用。期权交易中，买方支付权利金，但不交纳保证金。卖方收到权利金，但要交纳保证金。

4. 部位了结的方式

期货交易中，投资者可以平仓或进行实物交割的方式了结期货交易。期权交易中，投资者了结其部位的方式包括三种：平仓、执行或到期。

5. 合约数量

期货交易中，期货合约只有交割月份的差异，数量固定而有限。期权交易中，期权合约不但有月份的差异，还有执行价格、看涨期权与看跌期权的差异。不但如此，随着期货价格的波动，还要挂出新的执行价格的期权合约，因此期权合约的数量较多。

期权与期货各具优点与缺点。期权的好处在于风险限制特性，但却需要投资者付出权利金成本，只有在标的物价格的变动弥补权利金后才能获利。但是，期权的出现，无论是在投资机会或是风险管理方面，都给具有不同需求的投资者提供了更加灵活的选择。

三、卖出—买入期权的平价关系

表 6－8a 和图 6－3a 描述了买入股票和卖出期权两个独立成分构成的收益，说明它们如何组合成股票的保险头寸。该投资组合的最低价值是执行价格 100。表 6－8b 和图 6－3b 描述了由债券和买入期权两个独立成分构成的收益，说明了它们如何组合为股票的保险头寸。

因此，包含股票和执行价格为 E 的投资组合，相当于纯贴现无风险债券（面值为 E ）和执行价格为 E 。根据一价原则，它们的价格应当相同。

表 6－8a 买入股票和卖出期权的收益结构

	到期日仓位的价格（美元）	
仓位	如果 $S_t<100$	如果 $S_t>100$
股票	S_t	S_t
卖出期权	$100-S_t$	0
股票加卖出期权	100	S_t

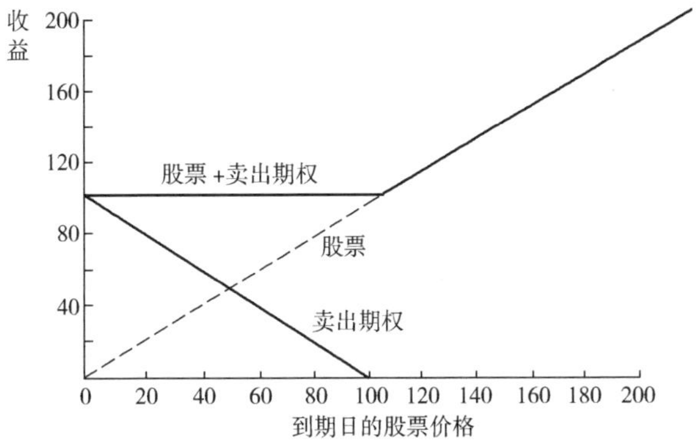

图 6－3a　买入股票和卖出期权的收益

表 6－8b　纯贴现债券加买入期权的收益结构

仓位	到期日仓位的价格（美元）	
	如果 $S_t<100$	如果 $S_t>100$
面值为 100 美元的纯贴现债券	100	100
买入期权	0	S_t-100
纯贴现期权家买入期权	100	S_t

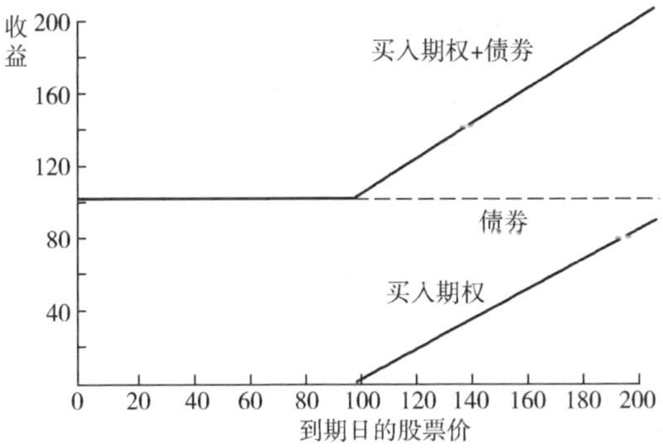

图 6－3b　纯贴现债券加买入期权的收益结构图

式（6－8）表达了这一价格关系：

$$S+P=\frac{E}{(1+r)^{t}}+C \qquad (6-8)$$

式中：S 为股票价格；E 为执行价格；P 为卖出期权的价格；r 为无风险利率；t 为期权的期限；C 为买入期权的价格。

式（6－8）称为卖出—买入平价关系式。该式除了可依据四种证券中三种证券的价格确定另一种证券的价格外，还可用作一种“配方”，将其中任意三种证券组合为第四种证券的综合性产品。例如，调整式（6－8）发现，买入期权相当于持有股票，借入执行价格的现值（即按面值 E 卖空无风险纯贴现债券），并且购买卖出期权。

$$C = S - \frac{E}{(1+r)^t} + P \qquad (6-9)$$

式（6－9）能够更深入地认识买入期权的特征。实际上，买入期权的特征可分解为三个部分：购买股票；借入部分资金（杠杆效应）；对下跌风险购买保险（卖出期权）。

式（6－9）还可以看作是将一个卖出期权转化为买入期权的公式；反之亦可。

［例6－3］假设式（6－9）的右式的值为：

$$S = 100 \text{ 美元}, E = 100 \text{ 美元}, T = 1 \text{ 年}, r = 0.08, P = 10 \text{ 美元}$$

则买入期权的价格 C 将为 17.41 美元，计算公式为：

$$C = 100 - 100/0.08 + 10 = 17.41 \text{（美元）}$$

再进一步分析：假设 C 为 18 美元，并且不存在套利障碍，则买入期权的价格过高。套利者卖出买权，并运用复制投资策略同样购入一份买权，这样就可以获得套利收益，换言之，就是贱买贵卖。持有股票头寸的净支出为 7.41 美元，对价格下跌风险进行保险（卖出期权）的成本是 10 美元，因而买入期权的综合总成本为 17.41 美元。套利者可以以 18 美元的价格卖出买权，而买权价格与综合买权成本 17.41 美元之间的差额 0.59 美元将留作自己的收益。表 6－9 列示了有关的交易。

表 6－9 卖出—买入期权套利

		到期日的现金流（美元）	
仓位	即期美元现金流（美元）	如果 $S_t < 100$	如果 $S_t > 100$
卖出一份买入期权	18	0	$S_t - 100$
购买复制投资组合（综合买权）			
买入一股股票	－100	S_t	S_t
借入 100 美元现值	92.59	－100	－100
购买卖出期权	－10	$100 - S_t$	0
净现金流	0.59	0	0

重新调整式（6－9）的各个项目，可以对卖出期权、买入期权、股票和债券之间的自然关系得到一些更深入的认识：

$$C - P = S - \frac{E}{(1+r)^t} \qquad (6-10)$$

这一形式下，卖出—买入平价关系式有如下含义：

（1）如果股票价格等于期权执行价格的现值，则买入期权的价格等于卖出期权的价格。

（2）如果股票价格高于期权执行价格的现值，则买入期权的价格高于卖出期权的价格。

（3）如果股票价格低于期权执行价格的现值，则卖出期权的价格高于买入期权的价格。

四、期权定价关系式

1. 布莱克—斯科尔斯的期权定价模型

布莱克—斯科尔斯模型的基本假定为如下各项：

（1）不存在交易成本和税收，交易信息可以立即无成本地获得。

（2）只考虑欧式期权。

（3）股权与股票是高度可分的。

（4）短期利率已知，并且在整个期权合同期内保持不变。

（5）不存在流动性限制，投资者可以以市场利率进行任何数量的借与贷。

（6）不考虑股息或红利。

（7）交易是连续进行的，因而股票价格连续变化，并且以随机游走的方式表现出来。

（8）股票的瞬时收益率服从正态分布。

（9）股票收益的方差在整个期权合同期内为常数，并且众所周知。

（10）在签订期权合同或卖出股票时，市场是完善的。

布莱克—斯科尔斯公式为：

$$C = N(d_1)S - N(d_2)Ee^{-rt} \qquad (6-11)$$

$$d_1 = \frac{\ln(S/E) + (r + \sigma^2/2)t}{\sigma\sqrt{t}}$$

$$d_2 = d_1 - \sigma\sqrt{t} \tag{6-12}$$

式中：C 为买入期权价格；S 为股票的当前价格；E 为期权的执行价格（协定价格）；r 为无风险利率；t 为离到期日的年限数；$N(d)$ 为概率算子，是正态函数在自变量为 d 时的累积和。σ 为股票收益率的标准差，该收益率是指连续复利的年收益率。

用卖出—买入平价关系 $P = C - S + Ee^{-rt}$ 替换 C，可以推导出卖出期权的价格公式。卖出期权价格的最终公式为：

$$P = (N(d_1) - 1)S + (1 - N(d_2))Ee^{-rt}$$

2. 布莱克—斯科尔斯模型的修正

布莱克—斯科尔斯公式是在一系列假定的基础上推导出来的，但是在实际中，这些假定未必都能满足。例如，从理论上说要保持无风险对冲，应该根据股票价格的变化和时间的变化随时调整对冲率，但是由于交易成本的存在，在实际运作中不可能做到连续调整。通常，交易者都是一两个星期才调整一次对冲比率。另外，即使投资者愿意调整，委托商也不可能立即执行，而这些因素都会对期权的价格产生影响。

严格的假定会限制公式的使用范围，影响公式与实际情况的相符程度。为了提高公式的适用性，以默顿为代表的经济学家对布莱克—斯科尔斯模型进行了修正和推广。这些修正包括如下四项：

（1）考虑股息或红利对期权价格的影响。

（2）假定无风险利率是随机变化而非固定的。

（3）股票价格可跳跃而非连续变动。

（4）通过加入一些其他参数可以使布莱克—斯科尔斯模型变得更精确，如加入期权价格关于股票价格二阶导数、期权价格关于期限的一阶导数、期权价格对利率的一阶导数等。

3. 默顿的期权定价公式

在推导公式时，布莱克—斯科尔斯假设在期权存续期内不支付股利。默顿推广了该模型，使之包含一个稳定的连续股利率 d 。股利调整后的期权定价公式为：

$$C = N(d_1)Se^{-rt} - N(d_2)Ee^{-rt}$$

$$d_1 = \frac{\ln(S/E) + (r - d + \sigma^2/2)t}{\sigma\sqrt{t}}$$

$$d_2 = d_1 - \sigma\sqrt{t} \qquad (6-13)$$

需要注意的是，期权定价公式中并没有清楚地表现出股票的预期收益率，其效应反映在股票价格上：关于未来股票价格预期或者股票的必要预期收益的任何变化，将导致股票价格变动，因而买入期权的价格也发生变动。但是，给定任一股票价格，不必知道股票的预期收益，就可以推导出期权的价格。依据当前观察到的股票价格，分析员们对股票的预期收益会持有异议，而对期权正确价格的意见则是一致的。

思考题

1. 如果某人持有小麦期货的多头，并且期货价格不是下跌而是上涨了 $6\frac{1}{3}$ 美分每蒲式耳，他的期货交易账户会发生什么变化？

2. 一个玉米批发商，观察到现货价格为每蒲式耳 3 美元，1 个月后交割的期货价格是 3.1 美元。如果他持有玉米的成本为每蒲式耳每月 0.15 美元，他应当怎样做？

3. 在什么时候，远期价格不能比当前的现货价格提供更多的关于预期将来现货价格的信息？

4. 假设 $r = 0.04$，$S = 600$ 美元，$s = 0.02$。黄金的价格为多少？说明如果不是该值时存在的套利机会。

5. 假设黄金现货价格为每盎司 300 美元，1 年远期价格是 336 美元，黄金的隐含持有成本是多少？若无风险利率为每年 8%，隐含储存成本是多少？

6. 假设 S&P 的现货价格为 100 美元，1 年远期价格为 106 美元，隐含的无风险利率是多少？如果实际的无风险利率是每年 7%，说明存在的套利机会。

7. 假设 S&P 股票的风险溢价每年是 6% 而不是 7%，若无风险利率仍为每年 8%。这对预期将来的现货价格有何影响？对远期价格有何影响？

8. 比较黄金与股票的期价—现价平价关系式。股票的持有成本是什么？

9. S 公司6 个月的买入期权允许持有者以 \$30 的价格获得每股股票。现在每股价格为 \$25。按连续复利计算的收益的预期标准差为 0.20。短期年利率为 8%。

（1）根据布莱克—斯科尔斯公式，期权价值为多少？

（2）如果目前每股价格为 \$30，期权价值为多少？如果每股期权价格调整为 \$35，期权价值将怎样变化？

附：

思考题答案

1. 当天某人盈利 $6\frac{1}{3}$ 美分 ×5 000 蒲式耳，即 316.67 美元，即使他没有做任何交易，经纪商都会给他的账户增加该数额。这笔钱来自于合约的某个空头方。

2. 玉米批发商应当卖出原打算 1 个月后交割的所有储存的小麦，同时买入 1 个月后交割的期货。

3. 当存在贮藏的商品、资产或证券，并且 $F-S=C$ 时，远期价格不能比当前的现货价格提供更多的关于预期将来现货价格的信息。

4. 1 年后交割的黄金的远期价格应为每盎司 636 美元，即：

$$F=(1+r+s)S$$
$$=1.06\times600=636\ (\text{美元})$$

如果远期价格高于每盎司 636 美元，套利者按现货价格买入黄金，同时按远期价格卖出黄金，并在将来交割，这样可以从中获利；反之，如果远期价格低于每盎司 636 美元，套利者可以在现货市场上卖空黄金（即借入黄金并立即卖出），将卖空收益投资于无风险资产，同时买入远期合约。

5. 隐含持有成本计算：

$$F-S$$

$$=336-300=36\text{（美元/盎司）}$$

$$\text{隐含储存成本}=(F-S)/S-r$$

$$=0.12-0.08=0.04\text{（或}4\%\text{）}$$

6. 购入股票并卖空远期合约的隐含无风险利率是：

$$\bar{r}=\frac{F-S}{S}$$

$$=\frac{106-100}{100}=0.06$$

如果实际无风险利率为7%，以100美元卖空股票，将所得收益按无风险利率7%投资，并按106美元的远期价格购入远期合约，这样套利是有利可图的。1年后可获得的无风险套利利润将是每股1美元。

7. S&P股票的预期收益率为每年14%，如果当前的现货价格是每股100美元，预期1年后的现货价格应为114美元。这是因为在没有股利的情况下，为了在S&P股票上赚取14%的预期收益率，期末的现货价格应当高出期初现货价格的14%。但是，期价—现价平价关系式表明，1年后交割的S&P股票的远期价格仍应为108美元。

8. 股票的持有成本是股利的负值，因为股票持有者在持有期内可获得股利。

9. （1）根据题意：$S=\$25$　$E=\$30$　$r=8\%$　$t=0.5$　$\sigma=0.2$

代入布莱克—斯科尔斯公式：

$$C=N(d_1)S-N(d_2)Ee^{-rt}$$

$$d_1=\frac{\ln(S/E)+(r+\sigma^2/2)t}{\sigma\sqrt{t}}$$

$$d_2=d_1-\sigma\sqrt{t}$$

即可求得买入期权价值C的值。

（2）根据题意：$S=\$30$　$E=\$30$　$r=8\%$　$t=0.5$　$\sigma=0.2$

$S=\$35$　$E=\$30$　$r=8\%$　$t=0.5$　$\sigma=0.2$

将这两组值代入布莱克—斯科尔斯公式。

本章小结

1. 期货合约是在有组织的交易所交易的标准化远期合约，通常可减少买卖双方的风险。

2. 商品期货期价—现价平价关系式并不意味着远期价格是由现货价格和持有成本决定的，远期价格和现货价格是由市场同时决定的。如果知道其中之一，通过一价原则，就能知道另一个的值。

3. 金融期货是指在将来交割的股票、债券和外汇，金融期货没有内在价值，仅代表对将来收入的要求权。金融期货期价—现价平价关系式同商品期货期价—现价平价关系式一样，并不意味着远期价格是由现货价格和无风险利率决定的，相反，其三个变量 F、S 和 r 是由市场共同决定的，如果知道其中任何两个，根据一价原则，就可以确定第三个。

4. 远期价格不是对未来现货价格的预测。

5. 期权是指赋予期权购买者在规定期限内按双方约定的价格或执行价格购买或出售一定数量的某种金融资产的权利的合同。按期权购买者的权利划分，期权可分为看涨期权和看跌期权；按期权购买者可以执行期权的时限划分，期权可分为欧式期权和美式期权。期权赋予其持有者做某件事情的权利，而持有者不一定行使该权利。

6. 影响期权价格的主要因素有：标的资产的限价和执行价格、期权的期限、标的资产价格的波动率、无风险利率和有限期内预计发放的红利。

7. 期权与期货在买卖双方的权利义务、盈亏结构、保证金与权利金、部位了结的方式和合约数量上均存在差异。

8. 卖出—买入期权平价关系式除了可依据四种证券中三种证券的价格确定另一种的价格外，还可将其中任意三种证券组合为第四种证券的综合性产品。其包含三层含义：如果股票价格等于期权执行价格的现值，则买入期权的价格等于卖出期权的价格；如果股票价格高于期权执行价格的现值，则买入期权的价格高于卖出期权的价格；如果股票价格低于期权执行价格的现值，则卖出期权的价格高于买入期权的价格。

9. 期权定价关系式有布莱克—斯科尔斯期权定价模型和默顿的期权定价公式。

第七章　互联网金融

互联网金融是当下的热门词汇，各种服务平台的数量在近几年呈现爆发式增长，这其中除了新设立的互联网专业平台之外，也包括大量传统金融机构设立的互联网金融公司。互联网金融的发展催生着各类基于互联网的投资业务活动。在各类互联网投资业务中，基于众筹模式的投资业务成为最受关注的领域，短短几年时间，其交易规模就已接近万亿元人民币。但繁荣的背后往往隐藏着危机，自 2011 年以来，各类风险事件层出不穷，对部分投资者造成了巨大的损失，同时也给互联网金融行业的发展蒙上了阴影。为了规范行业行为，促进行业健康发展，我国政府适时推出了一系列针对互联网金融的政策法规，目的是保护投资者的利益，同时使其能更好地服务于我国的经济发展。

本章首先介绍互联网金融的定义、特征及主要形式；然后，围绕众筹这一互联网金融的主要模式，分析其风险及成因和监管模式；最后，对 P2P 和股权众筹两种主要的众筹形式的未来发展进行展望，希望以此能够使读者深刻地了解互联网金融的内涵与现状。

第一节　互联网金融的定义及特征①

互联网金融一词最早是由国内学者谢平于 2012 年提出的。他认为，非金融机构依托互联网开办金融业务便是互联网金融，而这也是其有别于传统金融的最显著特征。2015 年 7 月 18 日，央行等十部委发布《关于促进互联网金融健康发展的指导意见》，将互联网金融定义为传统金融机构与互联网企业利

① 本节内容部分引自《互联网 + 金融 = 众筹金融，众筹改变金融》，2015 年。

用互联网技术和信息通信技术实现资金融通、支付、投资和信息中介服务的新型金融业务模式。从官方给出的定义来看，互联网金融涉及基础设施、大数据和征信等特征要素。

一、互联网金融产生的必然性

金融的基本功能有三项：一是最基础的支付清算；二是资金融通；三是金融风险的防范和利用。对于金融的第二项基本功能来说，传统的金融存在两大问题，即金融抑制①和金融排斥②。众筹模式由于其关注且服务于长尾③的特性，因而可以较好地解决传统金融在融资方面的两大问题，而当信息技术与众筹结合之后，便形成了新的金融形式——互联网金融。

从微观层面来看，传统金融存在的两大问题主要是由以下三个微观原因造成的，即道德风险、监督成本和筹资难问题。随着互联网技术的发展，电子支付、电子证据、电子征信等在很大程度上解决了这些问题。对于投资者而言，第三方支付使得资金可以托管在专门从事支付业务的第三方手中，减少了投资人跑路的风险；就筹资人而言，互联网金融的发展既可以在短期内迅速筹集足够的资金变成可能，又节省了大量的时间精力成本，使筹资人可以将更多的时间用于项目创新，而不是花费在寻找资金上。因此，信息技术的发展使得互联网金融的产生具有时代的必然性。

二、金融市场的基础设施

根据金融市场基础设施原则 PFMI 的定义，金融市场基础设施是指参与机

---

① 金融抑制理论是 20 世纪 70 年代由麦金农和肖以发展中国家金融与经济发展的关系为研究对象而提出的，是指政府对金融市场的过度干预和管制、市场无法实现金融资源的有效配置、资本利用率低下及抑制经济发展的现象。

② 金融排斥理论最早是 20 世纪 90 年代初提出来的，是指金融机构出于降低成本、增加收益、利益最大化的目的而进行市场细分，更愿意为实力更强、更富裕的人群服务，而不愿意为收入较低的、处于弱势的人群提供金融服务。

③ 长尾理论，是指过去人们只能关注重要的人或重要的事，如果用正态分布曲线描述这些人或事，人们只能关注曲线的“头部”，而将处于曲线“尾部”、需要更多的精力和成本才能关注到的大多数人或事忽略。而在网络时代，由于关注的成本大大降低，人们有可能以很低的成本关注正态分布曲线的“尾部”，关注“尾部”产生的总体效益甚至会超过“头部”。

构之间，用于清算、结算或者记录支付、证券、衍生品或其他金融交易的多边系统，包括支付系统、中央证券存管系统、证券结算系统、中央对手方和交易数据库。安全、高效的金融市场基础设施对于畅通货币政策传导机制、加速社会资金周转、优化社会资源分配、维护金融稳定并促进经济增长具有重要意义。

互联网金融的基础设施主要是由电子支付、征信系统和电子证据三个方面构成的。首先，互联网金融交易离不开在网络上进行支付，因此，电子支付尤其是移动支付是最为重要的基础设施；其次，利用互联网大数据的功能，对相关交易方的交易行为、交易数据进行分析，最大限度地了解对方的信用等级、投资偏好及其他相关信息，能降低交易成本，而这需要完备的征信系统；最后，互联网金融线上交易缺乏纸质凭证，因此电子证据尤为重要。上述三者共同构成了互联网金融的基础设施，而只有在这些基础设施的支持下，互联网金融才能发挥其应有的功能。

三、大数据

大数据是继支付清算、资金融通、风险防范之后金融的第四种价值。麦肯锡在研究报告中指出，数据已经渗透到每一个行业和业务智能领域，逐渐成为重要的生产因素，而人们对于海量数据的应用将预示着新一波生产率增长和消费者盈余浪潮的到来。在信息经济时代，数据成为一种重要的资产，借助技术手段进行数据分析所产生的信息结果可以产生巨大的商业价值。

大数据，简言之，就是数据庞大的数据，通过对海量的数据进行分析获取有价值的信息。大数据的“大”，体现在规模、速度、样式和价值等方面，即海量的数据规模、快速的数据流转和动态数据体系、多样的数据样式和巨大的数据价值。大数据不仅仅是互联网金融的重要平台和基础设施，也是不可缺少的一种生产要素。大数据可以在最短的时间内综合其所有的信息并且对于行为主体的一些未来动作做出可预见范围内的合理推测，从而起到预见并且影响主体行为的作用。对于互联网金融来说，大数据的价值主要体现在风险管理和产品推介两大方面，而这也对应了本节开头所提到的，利用信息技术为互联网金融服务于长尾的特性提供支持。

四、征信

在传统金融中，银行主要依据融资人的财务和信用状况对其进行信用评价。就企业而言，主要是审查其盈利能力、偿债能力、营运能力等方面；就个人而言，主要是审查个人的资产状况、收入状况、信用记录等信息。银行的信用评价体系是基于信用主体财务状况和信用记录进行的评估，银行本身也掌握着企业和个人大量的财务行为记录，便于获取数据进行分析。互联网金融的发展，使征信除了从财务状况、信用记录的维度之外，还能从身份特征、行为偏好、人际网络等维度分析信用状况，为征信业带来了广阔的发展空间。

依据征信系统经营主体的不同，现行的征信模式又可划分为电商平台交易行为数据模式、网贷平台自主开发大数据模式和创建同业信息数据库模式三种。

1. 电商平台交易行为数据模式

这种征信模式以阿里巴巴、京东为代表，其核心是互联网上的客户信息采集与挖掘分析技术。企业和个人的账户资金状况被实时掌握，实现了几乎零成本地获取客户个人信息，而海量的数据信息可与客户的信用风险以及潜在的融资需求相结合。

2. 网贷平台自主开发大数据模式

这种征信模式以宜信、陆金所、拍拍贷等较大型的网站平台为代表，其特点是网站平台自建客户信用系统，并将所收集的数据信息服务于自身业务。

3. 创建同业信息数据库模式

这种征信模式主要以网络金融信息共享系统、小额信贷行业信用信息共享服务平台为代表，其最终目的是打通线上线下、新型金融与传统金融的信息壁垒。具体来说有以下三个目标：实现网贷企业之间的信息共享；整合记录借款人线上线下融资的完整债务历史；为网贷企业定制与传统征信服务不同的征信产品。

第二节 互联网金融的形式[①]

一、电子支付

中国人民银行于2005年10月26日颁布实施的《电子支付指引（第一号）》中将电子支付定义为："单位、个人直接或授权他人通过电子终端发出支付指令，实现货币支付与资金转移的行为。"电子支付可以从支付方式和资金支付服务提供者两种角度进行划分。

1. 基于支付方式角度划分

从支付方式的角度划分，电子支付可以大致分为传统支付模式、互联网支付模式与移动支付模式。

传统模式多运用于银行业务当中，储户通过银行设置的电子终端设备进行查询、转账、支付等传统银行业务，其特征是有线设备直接连接银行；在互联网支付模式中，客户可以通过互联网下银行或其他支付平台发送支付指令，从而实现查询、转账、支付等业务；在移动支付的交易过程当中，客户只需利用手机等无线移动通信设备向电子支付平台发出支付指令，资金就可以通过第三方平台或者直接经由银行完成在双方之间的转移。

2. 基于资金支付服务提供者角度划分

从基于资金支付服务提供者的角度划分，可以将电子支付划分为金融机构支付模式和非金融机构支付模式两种。金融机构支付模式是传统的金融服务机构，特别是指银行作为支付服务的提供方，付款人将付款指令通过上述三种支付方式中的任意一种直接发送至银行，再由银行进行资金的划拨和转移；非金融机构支付模式俗称第三方支付，主要提供的是多银行网关的接入和支付清算服务，但并不仅限于第三方支付，还包括预付卡的发行与受理、银行卡收单、中国人民银行确定的其他支付服务等方面。

---

① 本节内容部分引自《互联网+金融=众筹金融，众筹改变金融》，2015年。

二、众筹投融资

众筹是指向大众筹集资金进行项目融资，聚集众多小力量办成大事情，是独立于正规金融体系下的创新金融模式。早期众筹是以报纸的形式进行筹款宣传，随着互联网运用的普及，众筹融资突破了地域的限制，在全世界范围内的金融沃土里发芽生长开来。按照大众参与众筹的动机可将众筹分为捐赠型、预售型（实物回馈型）、债权型①和股权型②四类。众筹的发展对于解决企业融资难、建立多层次资本市场体系、解决就业和稳定社会都具有重要意义。

回顾众筹发展的历史③，首先要追溯到非网络形式的传统众筹的历史，大约在 17 世纪，就已经形成了众筹最早的雏形，通过征订的方式出版书籍，并在书籍上鸣谢出资者。

1884 年，通过 6 个月的时间从 12 万多人手中筹集了超过 10 万美元的资金，用于修建美国自由女神像底座。

1997 年，英国乐队 Marillion 通过网络的方式筹集去美国巡回演出的经费，最终从乐迷手里筹到了 6 万美元。

2000 年，第一家捐赠型众筹 Just Giving 上线。

2003 年，第一家众筹平台 Artist Share 上线，主要面向音乐界的艺术家及其粉丝。随后，众筹平台如雨后春笋般出现，其范围也从最初的艺术创作项目等拓展到科技、教育、医学等更广阔的领域。

2005、2006 年，Kiva，Zopa 和 Prosper 这些债权型众筹网站逐步出现，也就是人们熟悉的 P2P 网络借贷形式。

2009 年，Kickstarter 上线，如今发展成为世界上最大的众筹网站，运营电影、美术、摄影、技术等 13 类众筹项目。

---

① 债权型众筹一词在我国较少使用，一般使用 P2P，作为一个独立于众筹的互联网金融类别。基于约定俗成原则，下文中不再区分债权型众筹和 P2P 两种表述。

② 对应于 P2P 这一表述，众筹一词在我国多用于指股权型众筹。基于约定俗成原则，下文中不再区分众筹和股权型众筹两种表述。

③ 见未央网《全新的金融模式——众筹》。

2011 年初，英国 Crowdcube 上线，成为全球首家股权众筹平台。股权型众筹由于涉及非上市公司的股权问题，成为各国金融监管机构管理的重点，相应的监管法律法规也随之出台，如美国的 JOBS 法案和英国的 FCA 监管办法，对众筹行业规范、发展和投资者利益的保护都有着积极的意义。

2012 年 7 月，首家获得英国金融行为监管局（FCA）批准的股权众筹平台 Seedrs 上线。

可以说，众筹并非是近年来才出现的新鲜事物，而是一种具有几百年历史的古老的融资模式，而近几年众筹融资模式的飞速发展是与互联网行业及技术的高速发展密不可分的。

三、互联网理财

自 2013 年阿里集团与天弘基金跨界合作设立余额宝以来，“宝宝”类理财产品因其低门槛、高流动性和安全风险较小等优势，如雨后春笋般迅速发展，余额宝也成为互联网金融被公众所熟知的标志性案例。

按照发行主体的不同可将“宝宝”类理财产品分为基金类、银行类、第三方支付类、第三方销售类等多种类别。基金类“宝宝”产品是由各大基金公司推出的理财产品；银行类“宝宝”产品由银行作为发行主体，包括国有银行、股份制商业银行、城商行等发行设立的余额类理财账户；第三方支付类“宝宝”产品是指以拥有第三方支付牌照的平台作为发行机构，与基金公司合作携手推出的理财产品；第三方代销类“宝宝”产品则是由具有基金代销资格的第三方理财机构、财经网站、证券投资咨询公司发行设立的余额理财账户。

四、互联网信托

互联网信托也称为权益类众筹，顾名思义，是将权益作为一种回报方式的众筹模式。权益类众筹是指除股权、债权之外的其他权益作为回报形式的一种众筹，这些权益可以是收益权、经营权和许可权等，其中以收益权为最主要的形式。收益权通常来源于经营收入，此类权利无法对投资项目或产品进行控制，不享有投票权，不参与企业或项目的具体经营管理决策，其收益的高低主要取决于经营状况，并且这种收益并不是法定的权利。

对发起人而言，这意味着收益权不需稀释股份，因此规避了关于股权众筹的监管；同时也不是借贷，因此也不需承担还本付息的责任。对于企业来说，收益权融资是一种成本极低的融资方式，企业需要做的只是将自己认为有信心吸引市场关注的项目拿到台前，接受投资者的投资。

五、互联网保险

从保险最早的形式——互助保险来看，保险的本质就是一种众筹思维的运用。17 世纪初，资本主义还处于工场手工业阶段，劳动条件恶劣，劳动强度大，在遭遇疾病、工伤和死亡的风险后，得不到救助和保障，于是工人们组织起来互相救济，萌发了互济运动和互助保险。然而早期的保险需要付出巨大的时间精力成本和监督成本，为了降低这些成本出现了保险机构，而互联网保险的出现可以进一步降低这些成本，使保险回归其众筹的本质。

对于参保人而言，众筹保险在帮助其解决未来可能的疾病困境的同时，最大化地降低了由于中介机构所带来的中间成本；对于提供众筹保险服务的企业来说，通过低成本吸引客户，提高社会知名度，形成领域内的垄断地位，也为其带来了丰厚的利润。

第三节　众筹平台风险及成因

一、众筹的国内发展

1. P2P 行业的国内发展

2007 年拍拍贷的成立，标志着 P2P 网贷开始进入中国。不过，由于当时大众的认知程度不够，因此 P2P 行业在引入国内的初期发展并不好。直到 2013 年余额宝的出现，才让大众真正认识到了互联网金融的力量，P2P 网贷也在这个时候借着这股东风开始全面爆发。余额宝 2013—2015 年总规模的情况如图 7－1 所示。

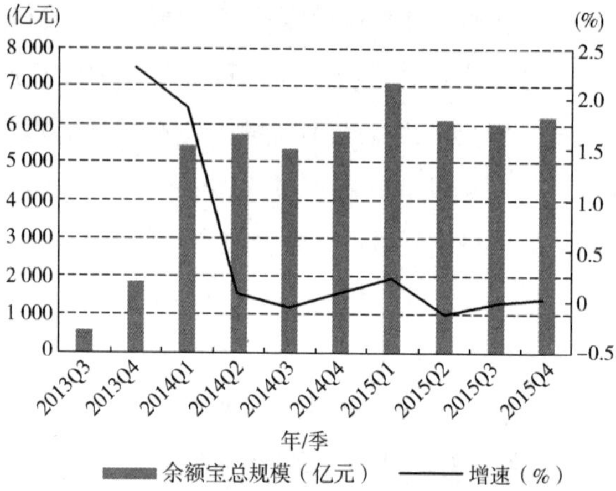

图 7－1　2013—2015 年余额宝总规模变化

数据来源：Wind 资讯

总体来看，P2P 行业在中国的发展历程大致可以分为三个阶段[①]：起步期、爆发期、调整期。2007—2016 年 P2P 平台上线数量如图 7－2 所示。

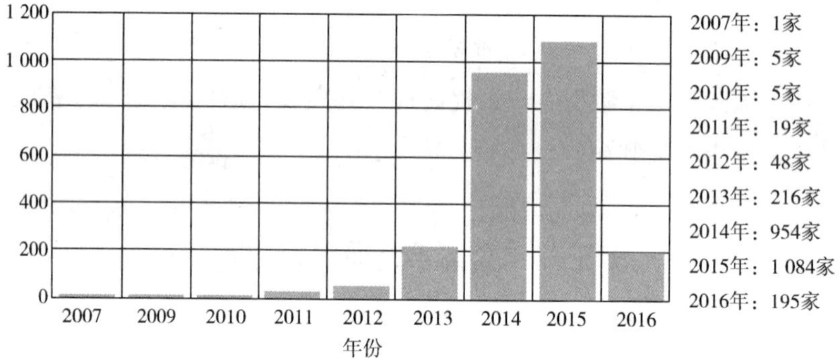

图 7－2　2007—2016 年 P2P 平台上线数量

（1）起步期（2007—2012 年）。拍拍贷、红岭创投、人人贷等平台相继在这一阶段出现。它们在早期基本借鉴国外 P2P 平台的模式，采用以信用借款为主的方式，但是我国征信体系比较落后，同时平台之间数据也不共享，

① 见未央网《中国 P2P 行业的先行者》。

最终以高坏账率收场。截至2011年年底，全国网贷平台约为50家，其中活跃的平台只有不足10家，月成交金额约为5亿元，有效投资人约1万人。2007—2016年国内P2P平台地区分布如图7－3所示。

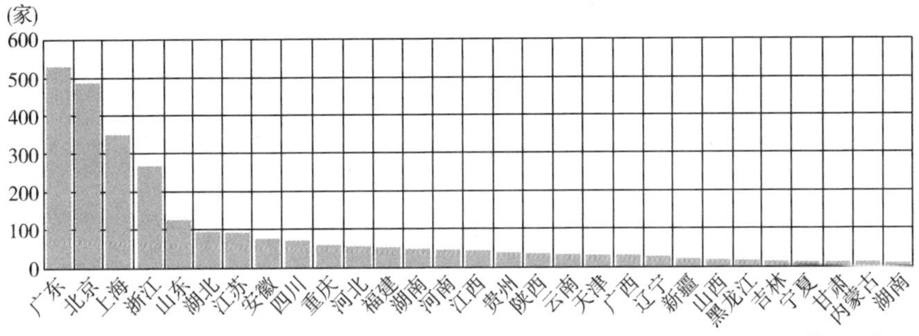

广东：530家　北京：485家　上海：349家　浙江：267家　山东：122家　湖北：90家　江苏：89家
安徽：69家　四川：64家　重庆：54家　河北：51家　福建：47家　湖南：42家　河南：39家
江西：38家　贵州：31家　陕西：30家　云南：27家　天津：27家　广西：26家　辽宁：20家
新疆：15家　山西：13家　黑龙江：11家　吉林：7家　宁夏：7家　甘肃：6家　内蒙古：6家
湖南：4家

图7－3　2007～2016年国内P2P平台地区分布

资料来源：2016年8月贷罗盘数据月报

（2）爆发期（2012—2014年）。这一阶段的P2P平台大量爆发。受民间借贷危机的影响，很多具有民间线下放贷经验、又关注互联网发展的创业者开始设立P2P网络平台。在两年时间内，网贷平台从50家左右迅速增加到800家，截至2013年年底月成交额约为110亿元左右，有效投资人约在9万～13万人之间。

（3）调整期（2014年以后）。这一阶段的P2P行业大受风投青睐。仅2014年就有超过30多家P2P平台获得风投融资，金额大多在数千万元级别，其中也不乏亿元融资。大量风投的进入在某种程度上表明了资本市场对P2P行业的认可。不过，在P2P平台数量激增的同时，跑路、诈骗平台也是不断被爆出，仅2014年就被爆出275家问题平台；随着监管的收紧，2015年和2016年的问题平台数量更是屡创新高，尤其是2016年8月就有超过200家问题平台（见图7－4），接近2014年全年的问题平台总数。从问题平台在国内的地区分布来看，其数量之多以山东、广东两省为最（见图7－5）。

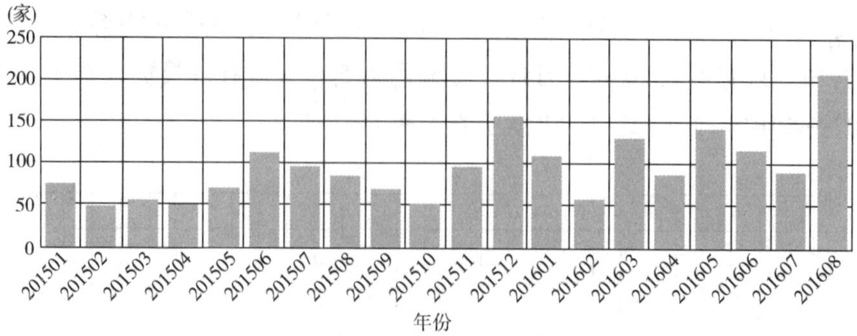

图 7-4　2015—2016 年 8 月国内问题平台数量

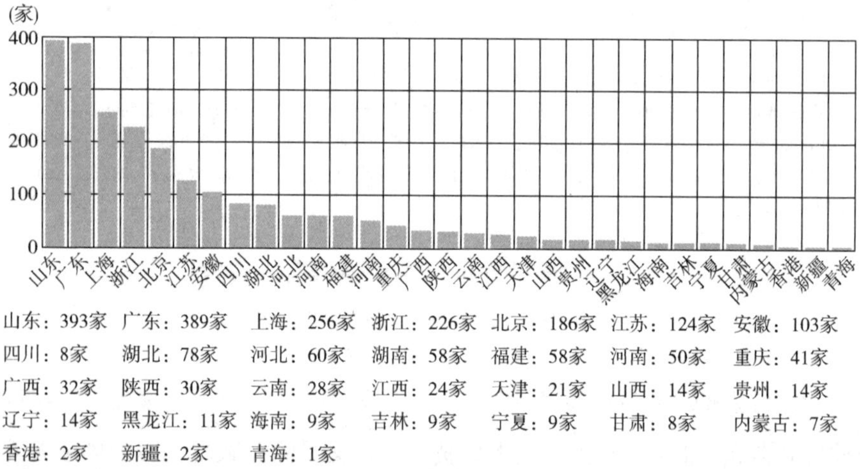

图 7-5　2015—2016 年 8 月国内问题平台地区分布

资料来源：2016 年 8 月贷罗盘数据月报

2. P2P 行业在国内的发展现状

（1）地域分布。国内运营平台的分布以沿海、发达地区为主。其中，广东省以 823 家平台位居首位，其后依次为浙江、北京、山东、上海、江苏，6 省市总计为 2 362 家 P2P 平台，远超全国总平台数量①。

（2）网贷利率及期限。2016 年 8 月，网贷行业的平均借款期限为 8.04 个月，行业平均借款期限被一些成交量高且平均借款期限长的平台拉高。多数平

① 本节数据来源于网贷之家和零一财经，更新至 2016 年 8 月。

台的借款期限在 1 ~4 个月之间。这主要是由于国内网贷行业鱼龙混杂、投资人更偏好短期目标所致。2014—2015 年网贷平台综合收益率及期限如图 7 –6 所示。

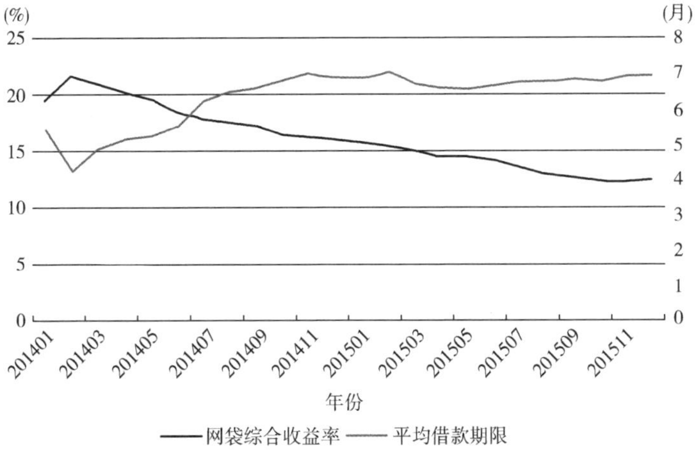

图 7 –6　2014—2015 年网贷平台综合收益率及期限

数据来源：网贷之家

2016 年 8 月，网贷行业的平均年化收益率为 10.08%。随着越来越多的高息平台跑路，问题被曝光，越来越多的投资人会偏好利率低的大平台。网贷行业平均收益率的走低，表明了整个行业在回归理性发展，预计未来利率水平还会持续下降。

（3）投资人数量及属性。据网贷天眼对 12 200 名投资人的抽样调查显示，95% 的投资人投资 P2P 网贷盈利，年龄为 30 ~ 39 岁的投资人占总数的 54%，有超过 83% 的投资人拥有本科及以上学历，67% 的投资人投资过股票，89% 的投资人购买过银行理财产品。这说明，投资 P2P 的主力群体是一些有投资经验的高学历人群，他们可能经历过前几年的熊市，而在转向 P2P 平台投资之前的投资途径更多是银行理财等一些固定收益类产品，收益和流动性都较差。2014—2015 年网贷投资人数及借款人数如图 7 –7 所示。

（4）交易额排名。据网贷之家数据显示，2016 年 8 月成交额超过 5 亿元的平台有 28 家，超过 10 亿元的平台有 16 家，排名第一的平台的月成交额更是接近 80 亿元（见图 7 –8）。这说明，P2P 行业中大平台初显寡头地位，行业的马太效应在未来会越来越明显。

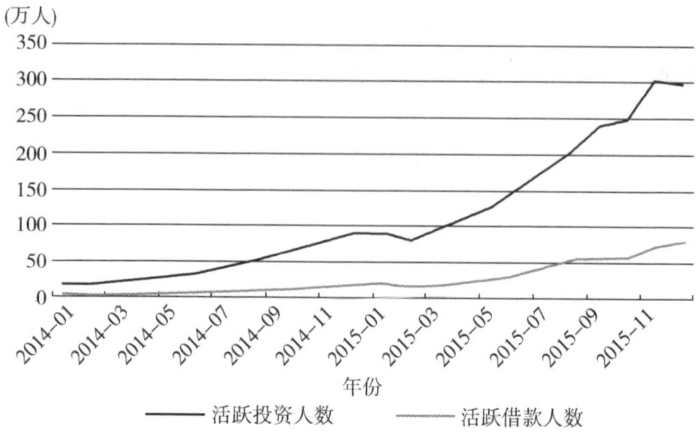

图 7－7　2014—2015 年网贷投资人数及借款人数

数据来源：网贷之家

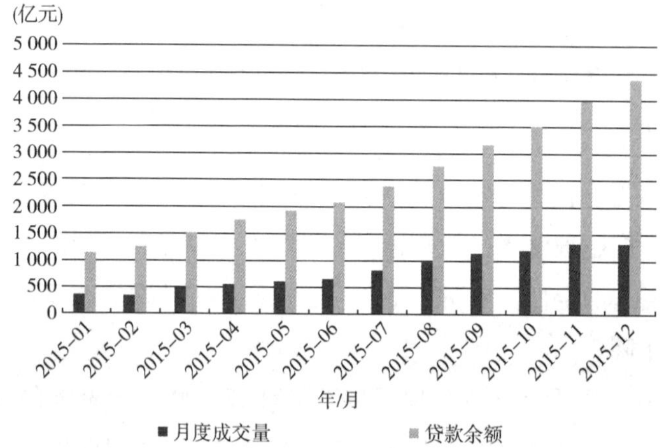

图 7－8　2015 年网贷成交量及贷款余额

数据来源：网贷之家

目前国内已有 4 213 家 P2P 平台，竞争激烈的同时也不可避免地出现模式及产品的趋同化。从理论上来说，P2P 平台只是作为一个中介，其运营只需涉及借款人和投资人。但是，P2P 借贷在中国化的过程中，由于我国征信体系的不完善等多种因素，很多平台还会涉及小贷公司、担保公司、电商、资金存管等机构。

3. 股权众筹的国内外发展

2015 年 10 月 30 日，美国证券交易委员会（SEC）通过一项重要法案，大大降低了投融资两端的限制，被视为美国正式开放公募众筹的标志性事件。该法案被称为《创业企业融资法案》（Jumpstart Our Business Startups Act），简称“JOBS 法案”，2012 年由美国国会审议通过。该法案共分 7 个章节，其中第 2 章是对合格投资者的众筹，被视为“大私募”，即突破传统私募的限制，让项目发行人有机会公开宣传众筹计划，又可以享受证券发行豁免注册的待遇。

此外，股权众筹立法在发达国家都取得了不错的进展，加拿大、英国、法国、德国、韩国等近两年均有针对股权众筹的法律推出，普遍将其视为证券发行，并设立了小额融资审批豁免制度。

海外众筹研究机构 Massolution 调研了全球 1 000 多家活跃的众筹平台，发现 2014 年众筹市场增长强劲，众筹资金总融从 2013 年的 61 亿美元增加到 162 亿美元，并且亚洲市场正在成为一支重要力量。该机构预测，2015 年全年众筹金额将比 2014 年增长 2 倍多，总额达 344 亿美元（见图 7－9）。

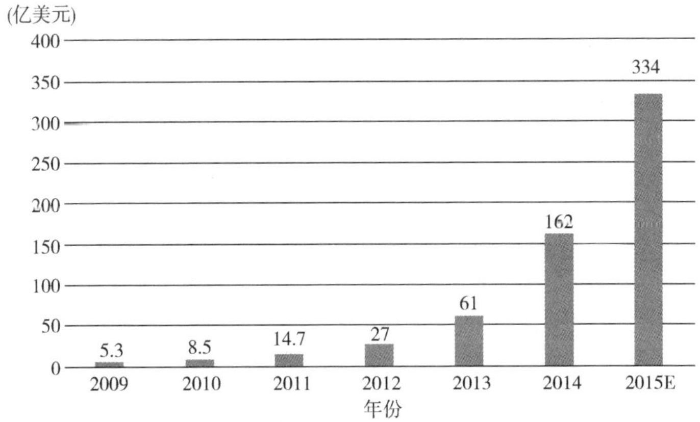

图 7－9 2009—2015 年全球众筹行业交易规模

资料来源：华宝证券《互联网金融研究报告》

美国市场股权众筹交易热度空前。由 CNBC 冠名的 Crowdfinance 指数数据库统计了含 Angel List 和 We Funder 在内的 18 家代表性证券众筹平台的实时募资情况，涵盖 50 个主要众筹项目。该指数发布于 2014 年 1 月 29 日，基点为 100 点，截至 2015 年年底已攀升至 8 016.59 点（见图 7－10）。

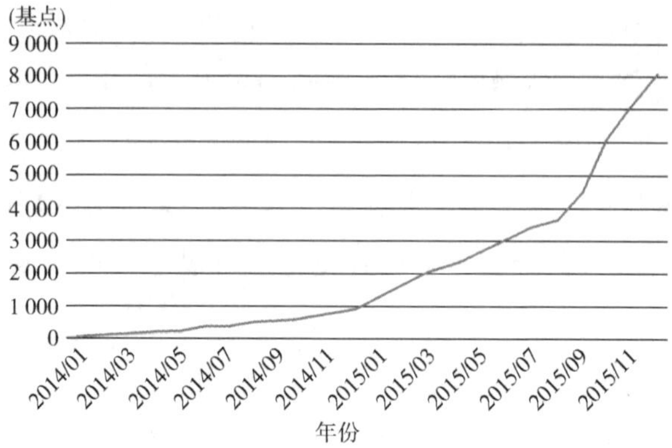

图 7－10　2014—2015 年 CNBC Crowdfinance 50 指数表现

资料来源：华宝证券《互联网金融研究报告》

2011 年，中国第一家互联网股权众筹平台“天使汇”上线。该平台帮助一批优秀的创业企业完成了首轮融资，其中包括滴滴打车、下厨房等知名应用。一般认为中国众筹行业起步于 2013 年，这一年国内众筹平台总数不超过 30 家，短短两年已增至两百余家（见图 7－11）。根据网贷之家不完全统计，2015 年国内主流众筹平台共发生股权众筹事件 7 532 起，实际募资金额 51.9 亿元人民币，有 10.21 万人次参与股权众筹投资。

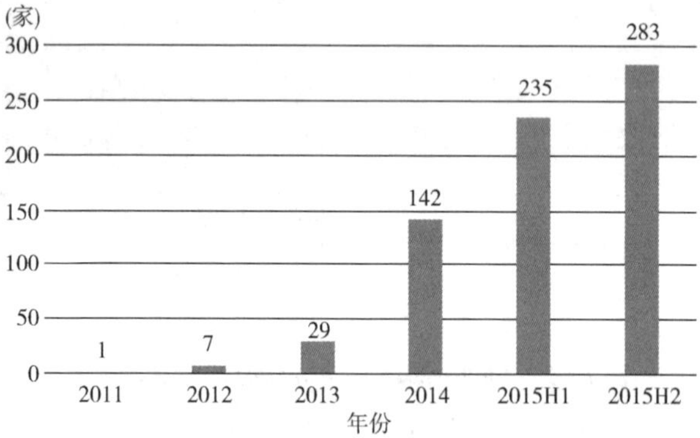

图 7－11　2011—2015 年国内众筹平台数量变化

资料来源：华宝证券《互联网金融研究报告》

结合预期募资金额与实际募资金额两个数据，比较奖励众筹、股权众筹与公益众筹不难发现，股权众筹的融资需求（市场空间）更大（见图 7－12），同时又存在着巨大的资金缺口。这从侧面反映出我国初创企业融资需求强烈，但融资渠道有限。

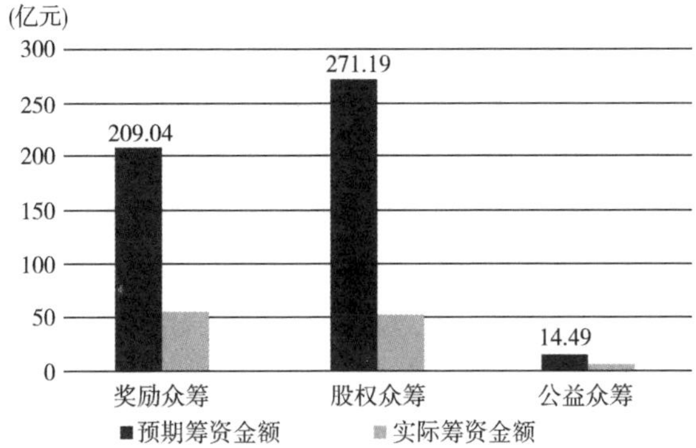

图 7－12　2015 年主流众筹平台预期筹资金融与实际筹资金额

资料来源：华宝证券《互联网金融研究报告》

2015 年，京东金融正式加入股权众筹布局战，迅速打开市场空间。京东众筹板块分为奖励众筹和股权众筹（“京东东家”）两类。其中，“京东东家”过去一年成功筹资金额超 7 亿元，在各类股权众筹平台位列第一。数据显示，2015 年 9 月京东众筹新增筹集资金高达 4 898 万元（见图 7－13），超过预期近 3 倍。巨头的参与，使得众筹行业格局立显马太效应，项目和资金集中度急升。

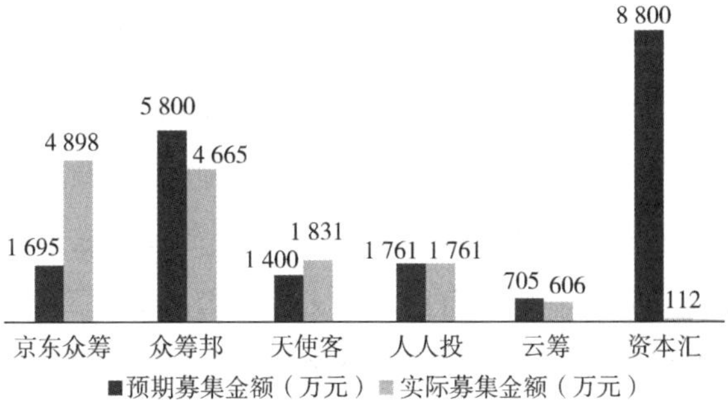

图 7－13　部分股权众筹平台预期筹资金额与已筹集金额（2015 年 9 月）

资料来源：华宝证券《互联网金融研究报告》

2015 年 10 月 15 日，蚂蚁金服宣布战略投资 36 氪，后者是一家专注于创业孵化的新媒体和融资平台，拥有超过 4 万家合作企业作为现成的项目库，在蚂蚁金服支付、技术和云计算上的支持，有望发展成为中国最大的股权类互联网金融平台，未来支付宝的用户也能以股权众筹的形式，成为 36 氪平台上创业公司的股东。巨头的参与使股权众筹市场吸睛效应明显，但需要指出的问题是，行业规范和生态链建设并未及时跟上，截至目前，众筹项目资金顺利退出的案例为数寥寥。可以说，国内股权众筹市场仍在培育初期，未来充满变数。

4. 互联网金融在中国发展的原因

互联网金融在中国发展火爆异常。以大家耳熟能详的余额宝为例，在不到两年的时间里，余额宝的规模已经达到了 5 789 亿元；再以 P2P（个人对个人借贷）为例，截至 2016 年 8 月，全国 P2P 平台数量已经达到 4 213 家，月成交量突破了 1 910.3 亿元，贷款余额达 6 803.32 亿元，月投资人数和月借款人数分别突破了 351.8 万和 135.31 万。

在享受金融创新带来的红利的同时，有很多问题也值得思索，比如，为什么互联网金融在其他国家反响平平，偏偏在中国市场掀起了巨浪？[①]

从资金需求的角度来说，我国市场一直存在较为严重的融资饥渴。这其中有如下三方面重要原因：

第一，相对于发达国家较为完善的资本市场，中国现行的金融体系并不完善，很多资金需求无法从传统的金融机构得到满足；同时，在相当长的一段时间内，我国金融市场存在较为严格的监管，从而使得虽然市场存在未被满足的融资需求，但无法找到适合的金融创新手段。互联网金融的诞生恰好迎合了这部分资金需求，再加上监管层一直对互联网金融持观望态度，并未对其实施严格的监管措施，因此互联网金融成为资金需求方的突破口。从这个角度来说，中国市场对互联网金融的需求也就容易理解了。

第二，我国金融市场的资金供给也很充分。我国居民储蓄率居高不下，统计数据表明，中国居民储蓄率在过去的 10 多年里呈现上涨态势（见图 7－14）。

---

① 部分观点引自未央网《互联网金融为什么在中国这么火》。

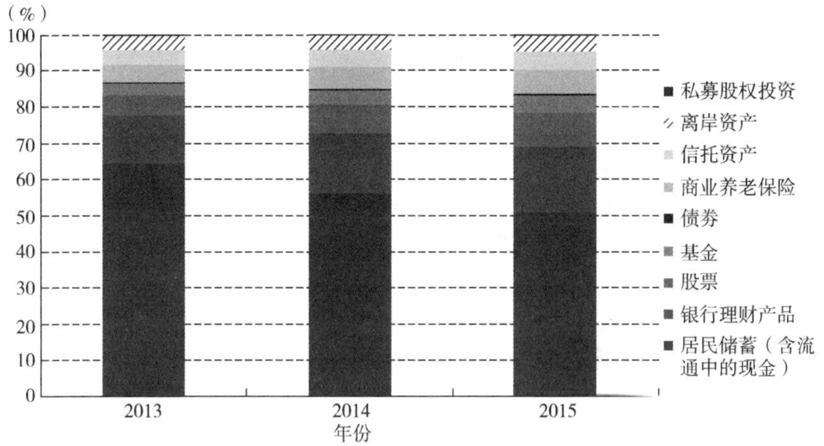

图 7－14　2013—2015 年国内居民个人金融资产配置占比

资料来源：华宝证券《互联网金融研究报告》

国民存钱的结果成为支撑互联网金融迅猛发展不可或缺的血液：被储蓄的资金迫切寻找一个可以保值增值的出口，而受困于不完善的金融市场服务，我国居民其实并没有太多可以选择的投资渠道。中国社会金字塔中下端的人们急需一种快捷、简便的投资方式，以使他们的庞大储蓄不要在通货膨胀面前大幅度缩水，而得益于互联网的迅速发展，互联网金融产品高收益、低门槛的特征正好契合了广大普通中国居民的投资需求。

第三，随着互联网金融产品的逐步渗入，越来越多的人口开始直接或间接地接触金融服务，支付、征信等基础设施的建设逐步将长尾市场（体量巨大的小微投融资需求市场）纳入金融市场服务对象。数据显示，截至 2013 年，中国内地居民财富水平较低的家庭数量占比超过 90%（见图 7－15），家庭月收入较低的家庭往往不是传统金融机构关注的对象，而低边际成本的特性，让互联网金融有能力服务于巨大的长尾市场，激发小额投资需求。

综合以上分析，我国互联网金融的资金供给看似充足，但这部分资金极有可能是居民未来生活的依赖，因此风险承受能力并不强。在未来，如何更好地保护投资者的利益、促进互联网金融的健康发展，已成为事关民生的大事。

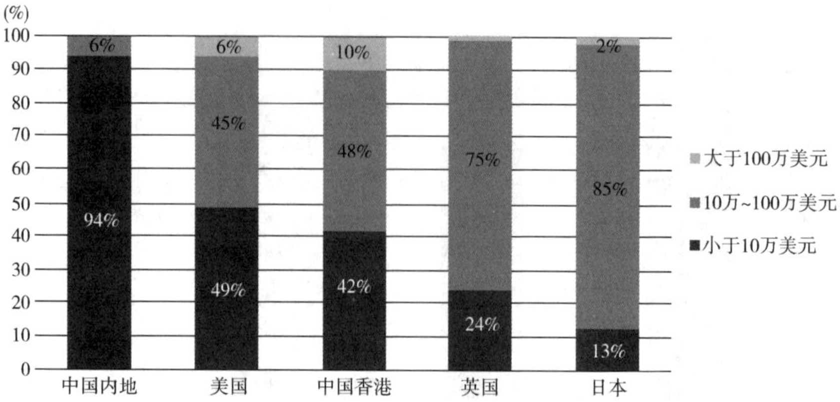

图 7－15 2013 年各国按可投资金融资产划分的家庭数量占比

资料来源：华宝证券《2015 年互联网金融年度报告》

二、众筹平台风险及成因分析

1. P2P 平台风险

据统计，初期 P2P 平台倒闭的主要问题是跑路和诈骗，2013 年后逐渐转变为由于资金链断裂造成的提现困难，近年骗子平台又卷土重来。总结这些“问题平台”的主要表现，大多是平台提现困难、平台显示暂停运营、平台直接宣布倒闭、平台管理者跑路或直接被警方立案调查等。造成这些后果的主要原因大致可以归纳为经营不善和恶意诈骗[①]。有关 P2P 平台风险的原因分析如图 7－16 所示。

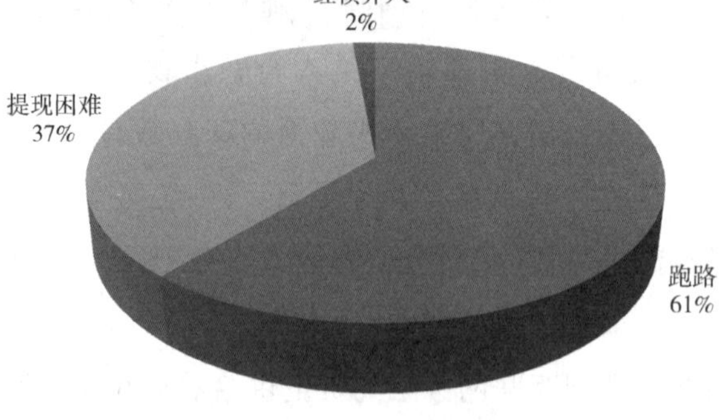

图 7－16 P2P 平台风险原因

数据来源：网贷之家

① 见未央网《探寻我国 P2P 平台大量倒闭的原因》。

（1）经营不善，无奈之举。P2P模式作为一种区别于传统借贷的理财模式，在欧美等发达国家已经进入成熟发展期，监管比较完善。P2P模式进入中国后，国人通过接触、了解，越来越多的人选择了这种模式，P2P平台现已进入了爆发期。虽然很多人逐步接受了P2P这种模式，但是国内在从业人员、业务模式等方面还有很多不合理的地方，导致一些P2P网贷平台经营不善，被迫关门，投资者遭受巨大损失。P2P平台经营问题主要包括以下两个方面：

第一，从业人员专业不过关。国内P2P平台的从业人员水平参差不齐，这是导致网贷平台经营不善的主要原因。很多人认为P2P是零门槛，投资公司、科技公司，甚至是完全没有接触过金融或互联网技术的外行人都想涉足。由于缺乏专业知识，很多P2P平台运营不规范，平台难以健康发展。

从业人员不专业导致的后果包括P2P网站频繁被网络黑客攻击、敲诈。P2P平台上存储大量客户信息和资金，被黑客所关注。平台自身技术人员专业水平不过关，管理存在漏洞，平台系统不安全，很多平台甚至没有能力建设IT系统，只能花钱购买一个模板，使得黑客可以轻易攻破平台的防御系统从而盗取客户的信息和钱财。多家P2P平台都表示曾遭到黑客攻击，一些平台甚至因此关闭。

另外，有些平台采用亲属间共同经营P2P平台的模式，这种“家族式”的P2P平台也是一部分平台经营失败的原因。例如，网贷平台“非诚勿贷”在2013年6月出现逾期提现问题，合计被套金额达到750多万元。平台的财务、客服等工作全部是由负责人的亲属负责。由于经营者缺乏管理经验，“非诚勿贷”的账目非常混乱，甚至没有电脑记账记录。在偶然的运营危机中部分投资人抽离资金，造成平台资金链突然断裂，其他投资者提现困难，平台负责人虽然承诺归还欠款但还清之日遥遥无期。

第二，平台运营赤字。虽然国内许多P2P平台近两年受到很多国内外风投的青睐，但目前只有极少数平台能够收支平衡，许多网贷公司还未实现盈利。这与网贷公司的盈利模式、审核机制和担保机制有很大关系。

一是盈利模式。P2P借贷平台主要是通过向借款人收取手续费实现盈利，例如，“拍拍贷”的手续费是借款金额的2%～4%，另外还有充值费、取现费、债权转让费等。但目前P2P行业缺少规章制度，平台之间的无序竞争导致其难以获利。P2P平台主要靠手续费盈利，但一些平台为了吸引客户，主动降低手续费，造成平台之间恶性竞争，其他平台难以生存。

二是审核机制。通过手续费获得的收入通常不足以支撑P2P平台日常巨大的开销，除了网站日常的运营费用，P2P平台还要承担信贷员对贷款项目审核的费用。由于我国征信体系不完善，P2P平台需要耗费很多人力、物力对贷款人进行背景调查，平台还需要派专人进行实地核实、处理贷款发放、催账等工作。欧美等国家大部分都有相对完善的个人信用机制，P2P平台可以节省很多贷款审核的成本，例如，英国的Zopa借助英国个人信用评分机制，仅需要几十位员工就能完成网站的日常工作。

三是担保机制。借贷人的信用是贷款的最大风险。目前大部分国内P2P平台都提供本金担保服务，许多P2P网站甚至承诺保息。很多投资者也确实是被保本保息的宣传口号所吸引，将保本保息视为一颗“安心丸”。据调查显示，87%的投资者只会选择有垫付承诺的P2P平台。P2P网贷公司担负了担保职能，像“贷帮”还会向投资者收取担保费，以保证本金的安全。这种担保机制把坏账风险全部转移到P2P平台，一旦发生大笔坏账时，平台很有可能无力偿还投资者的本息而倒闭。由此可见，风险控制能力是P2P公司运营的核心。

除了加强风险控制外，许多P2P公司还设立了风险准备金，从每笔借款中收取一定比例的费用（通常是1%～2%）放入风险准备金。发生坏账时，公司利用风险准备金偿还投资者损失，再向坏账借贷人追债。一旦公司风险控制出现问题，或是风险准备金不足，就会迫使P2P平台不能正常运转，出现逾期提现或是倒闭等问题。

（2）监管不力，恶意诈骗。成立P2P行业缺少监管，看似是零门槛，不法分子很容易利用这种模式骗取投资者资金。不法分子通常开办P2P网站后，通过伪造信息骗取投资者的信任和资金后携款而逃。许多投资者被高额利率吸引，被骗金额庞大，被骗资金很难追回，造成自身巨大损失。投资人应当吸取骗子平台的教训，谨慎投资，对年化收率超过20%的投资认真考虑。通常利用P2P网站进行恶意诈骗有以下四种模式：

一是自融自用。“自融自用”是指P2P平台负责人伪造投资项目，将投资资金挪为己用。很多“自融自用”的骗子平台成立的目的就是为自己的母公司或负责人筹集资金，一旦母公司或负责人不能及时归还本息，就会造成资金链断裂，平台就要面临倒闭或负责人跑路的危险。2013年3月破产的“天力贷”就是“自融自用”的代表。该平台负责人刘明武通过“天力贷”为自己的湖北弘佳铸造有限公司融资，并多次伙同员工伪造虚假信息，利用伪造的借款人从平台筹集了5 400万元，直到弘佳铸造无法偿还借款资金导致“天力贷”资金链断裂，宣告破产。

部分平台负责人甚至直接将资金全部划归到个人账户，通过非法途径将资金洗白后携款而逃。“中宝投资”的负责人周辉就是通过伪造高利率的借款项目吸引投资者，将投资款项全部转入个人银行账户，再通过其妻子的网店虚构交易，洗白这些非法所得。

二是形成资金池。P2P平台在没有借贷项目时，先向投资者筹集资金，让投资款项流入平台账户，然后再匹配项目，这就形成了资金池。一些平台无法吸引到足够的借款人，在监管不严的情况下就虚构借款信息，将投资者的资金挪作它用。区分P2P平台是否使用资金池，最简单的方法是看资金支付给谁：在资金池模式中资金直接进入网贷平台的账户，平台可以随意支配资金；而资金托管模式中，资金进入支付平台而不是网贷平台，网贷平台无法使用资金。

P2P平台最初的资金池模式是平台先筹集投资人资金、后寻找借款人发放借款，随后演变出另外两种模式：一是平台将借款项目整合成投资理财包再匹配给投资者相应理财；二是采取债权转让模式，先将平台资金借给借款人，投资者再购买平台手中的债权。网贷平台“冠群驰骋”采用的就是第二种模式。平台CEO刘广东先将闲置资金借给借款人，然后在平台上将手中的债权出售给投资者，使投资者与借款人形成债权债务关系。这种债权转让模式中，平台不再是简单的信息中介，投资人的资金全部进入了刘广东的私人账户。由于P2P平台资金池问题频繁发生，央行对此表态：P2P网贷平台应建立第三方资金托管机制，使P2P网站仅执行最基本的中介功能。

三是庞氏骗局。投资者对庞氏骗局这个词也许并不熟悉，但对传销并不陌生，许多P2P平台也是利用传销手段进行诈骗的。这类平台普遍会通过高收益率的投资项目吸引投资者，再利用后来投资者的资金偿还之前投资者的本息，造成平台高收益的假象。投资者在高收益的假象下逐渐放松警惕，投入更多资金，平台负责人再抽资走人，使得投资者血本无归。这类平台会保持投资者的提现金额小于充值金额，当提现一直大于充值平台就会用“秒标”等方式吸收资金填补旧债。

深圳的“钱海创投”就是使用庞氏骗局的典型代表。“钱海创投”负责人王义通过虚构借款项目疯狂融资，通过借新贷还旧贷的方式维持运营，短期内筹集了大量资金用于个人利益。从2013年7月成立到2014年4月短短10个月的时间里，“钱海创投”欺骗了数万投资者，诈骗到超过8亿元的资金。

四是一次性诈骗。一些不法分子瞄准现在P2P行业缺少监管和行规，虚构借款人信息和历史数据等，以高利率、高回报为诱饵，通过虚假宣传、秒标等形式，吸引投资者大量投资后将筹款席卷而逃。上线运营时间短更是成为一次性诈骗平台的新特点，国内最快的跑路平台“恒金贷”上线仅仅半天便失去联系。这些网站一般都是假借P2P的名义，使用看似完善规范的网贷平台，却发布虚假招标信息，靠利率奇高的借贷项目吸引投资者。最早的纯诈骗平台“淘金贷”就是典型代表。“淘金贷”利用“秒标”等营销手段吸引大量投资者。2012年6月3日平台正式上线，上线第二天就有投资者对交易细节提出质疑，却没有引起其他投资者足够的重视，仅仅3天的时间就筹集到了百万元资金。8日网站负责人跑路，平台的托管资金全部被取走。随着P2P的发展，非法诈骗日益嚣张，投资者在对P2P行业不了解或没有深入调查平台背景时，很容易被高额收益蒙蔽双眼，最终落入不法分子的骗局。

2. 众筹平台风险

P2P平台由于资金供需双方数量众多，并且大部分平台都会提供诸如保险、提前赎回、未到期转让等资金保障措施，因此在供需充足、流动性增强和风险控制的多重利好环境中，P2P平台运营的风险主要来源于其自身，正如上一节中的分析。与P2P平台不同，众筹平台由于项目数量相对较少，且缺乏资金保障与退出渠道，在供需、流动性与风险等方面与P2P平台相比明显处于弱势，多方面的不足导致了众筹平台还存在一种风险——项目成功风险，而这一风险又可能转化为与P2P平台的共同风险。

从众筹平台的历史项目数据来看，不是所有的众筹项目都能获得最终的成功，这里的成功不仅是指众筹资金达到预期目标额，也指获得资金后的成功经营。绝大多数的众筹平台采用的都是“All－or－Nothing”原则，即在规定时间内没有达到融资目标，筹资失败，所有募集款项原路退还给投资者。据美国众筹观察网站Crowd fundInsider数据显示，全球最大的众筹网站Kickstarter截至目前的失败项目高达59.55%。在这些失败项目中，有19%的项目是一分钱都没有筹到，63.1%的项目只筹集了目标额的1%～20%，有大约0.7%的项目获得目标额的81%～99%，仅差一点就成功了。kickstarter成功项目融资额如图7－17所示。

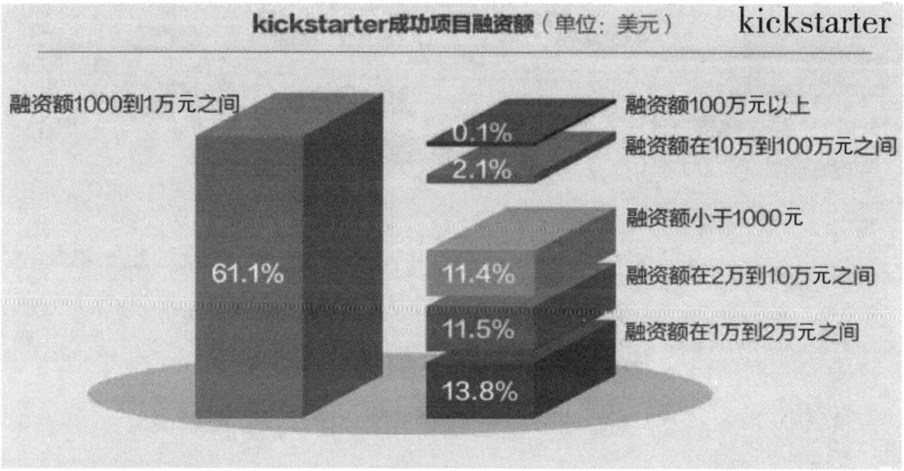

图7－17　kickstarter成功项目融资额

资料来源：未央网

国内众筹网站众筹网的失败率也有33%，其他一些采用“Keep－It－All”模式的众筹网站（未达目标金额，也能获得所融资金）只能通过以后的发展来衡量，但调查结果显示，很多项目的发展也不尽如人意。

（1）价值定位不准。这里的价值定位不单是指筹资目标定价，也指相应的回馈定价。

首先，目标融资额一定要定在理性区间，定价过高，加剧众筹失败风险；定价过低，让人们质疑融资的必要性。调查显示，尤其是预售型（实物回馈型）众筹，大众投资多数是为了获得炫酷的高科技产品，抑或出版物、音乐影视制品等，至少对他们来说回馈是物有所值的。只有极少数人愿意为高于其实际价值的项目倾囊，这类人多是发烧友、忠实粉丝。由此看来，了解投资者的真实需求、分析和预估市场尤为重要。众筹网项目目标融资额分布如图7－18所示。

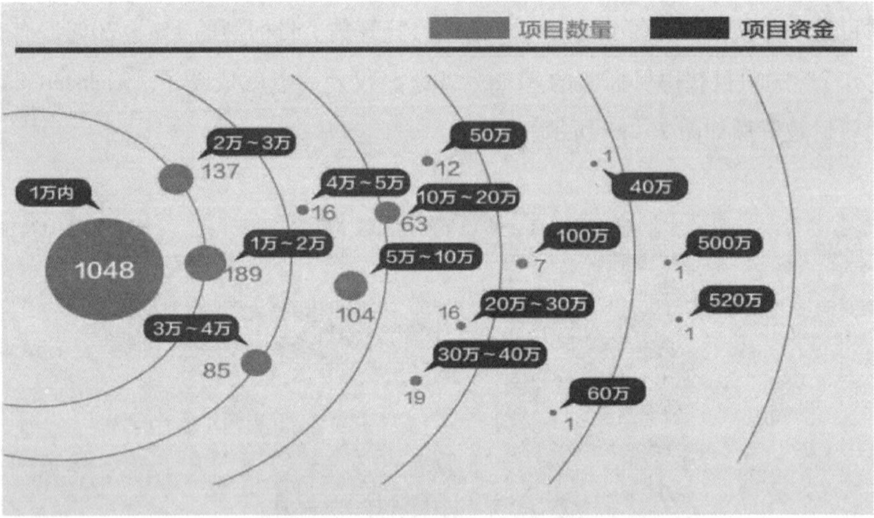

图7－18　众筹网项目目标融资额分布

资料来源：未央网

截至2014年11月12日，我国众筹平台众筹网上的项目，完成和在融项目1 698个。其中，融资目标额最高达520万元，21个项目目标额在50万元至500万元之间，99个项目融资目标额在10万元至50万元，531个项目目标融资额在1万元至10万元。其中，目标额比较集中地设置在1万元、2万元、3万元、5万元和10万元。其余项目目标额都在1万元以下，占比为62%。

融资结果显示，对项目市场反应有准确预估的项目，其目标额设定往往都较为准确，或者采取保守策略，往往成功率更高。因此，对目标额不是很明确的发起人，可以先做市场调查或者咨询平台相关负责人，以寻求理性目标额促进项目的成功。

其次，回馈定价。这是投资者直接关注的点，也决定了他们的投资额。相应的回馈对投资者要有一定的吸引力，多挖掘产品和服务的附加值，如相应的折扣、公益捐赠、更多线上线下活动的参与机会等。

Kickstarter 上有一个由 Adam 发起的名为 Operation Silk Road 的项目，目的是为他的丝绸之路旅途融资。融资目标为 3 000 美元，但最终空手而归。集资去旅行的项目不在少数，但为什么他的就失败了？这与他的回馈有很大关系。他设定了两个投资回馈，投资 10 ~ 25 美元，一张他亲笔签名的丝绸之路明信片；投资 25 美元及以上获得 Memorabilia from the Silk Road（旅途的美好回忆）。这种融资目标太过单一，对投资者的回馈没有吸引力。

再来看另外一个案例。Sylvia 在 Kickstarter 上发起的预售彩绘 Vans 鞋的项目，其最终成功得益于项目的创意，也源于其合理的回馈定价。第一档 5 美元是纯赞助；第二档 10 美元回赠个性便签贴；第三档 85 美元回赠一双根据投资者喜好定制的手绘 Vans。这个项目价位的合理性在于 85 美元仅比一双 Vans 的市场价高一些，加上个性彩绘，这是投资者比较能接受的价位。

（2）宣传效果不佳。同样的是上例中 Adam 的 Operation Silk Road 项目，他文案的第一句话："大家好，谢谢平台能让我进展到这儿。我已经尝试了 N 次上传一个项目的视频介绍，但总是不行，所以很遗憾就不能为大家展示视频了。"这句话难免给人一种很莫名其妙的感觉，支持它可能还得再考虑考虑。

（3）核心竞争力缺失。有时候，即使项目有了恰当的定价，也有吸引人的文案，但是依旧少有人最终倾囊。原因在于项目没有核心竞争力。核心竞争力表现在项目的产出、运营模式、盈利模式以及对风险的控制能力等方面。如果不能将自己与市场上其他项目区分开，便很难为投资者带来独特的物质回馈和情感体验。

国内一个做户外装备 APP 推广的项目，目标融资额为 1 万元，但最后却以 0 元草草收尾。项目主打的招牌是摒弃良莠不齐的某宝购物平台，专业做户外装备在线交易，但在交易体验、产品选择等方面相对于其他户外产品和购买体验没有任何创新和优化，项目缺乏特色，广告嫌疑过重，缺乏众筹核心竞争力，最终失败。

（4）忽视融资过程中及后续互动。通过观察发现，对于很多项目，点赞人数远大于实际投资人数。这说明，很多人只是感兴趣，但最后没有进行投资。究其原因，有可能是投资者对项目还没有充分的了解和信任。这时候就需要项目发起人和支持者积极互动，促进“兴趣”到“信任和购买力”的成功转化。另外，对于那些已投资的人，后续的互动也非常重要，利用宣传上的“蝴蝶效应”，挖掘他们身边的隐性支持力。

（5）资金和项目运营监管不善。这主要是针对那些获得融资，但是后期发展失败的众筹项目。资金的使用缺乏监管，导致资金流向不明，或因为没有明确的项目进展策划，导致融资没有发挥最大效应；再者，项目负责人因为自身原因或潜在风险，没有提前准备或采取应急措施，导致项目不能按计划进度顺利进行而导致项目搁置和失败。

面对众筹失败的事实，融资者如果能从中总结出不足，对市场有初步了解，失败也未尝不是一种收获。但如何避免失败，如上所述，只有抓住投资者的真正需求，明确项目的核心竞争力，才能最终获得投资者的支持。更要以充沛的热情投入项目的宣传和互动中，不仅是动员身边一切可以利用的力量，更要在项目展示文案上下功夫，将项目简明而又新颖地展现给投资者。目标融资额和相应投资回馈也要理性定制，让投资者在实现真正需求的同时获得更多物有所值、物超所值的投资体验。

第四节 对众筹的行政监管

一、美国的监管法案

1. JOBS 法案颁布背景

小型公司的成长和壮大是一国生产力水平提升、国家财富积累、科学技术创新的重要来源，更重要的是在当前全球经济低迷、美国国内失业率居高不下的大背景下，小型公司的发展可以加速经济复苏和促进就业。过去，美国经济在资本市场与小型公司的高效对接中获得了巨大成功，但最近十几年，宏观经济形势和国内资本市场制度的变化越来越不利于美国小型公司的发展壮大。特别是金融危机后美国的银行和个人信贷紧缩，小型公司的间接融资渠道收窄，而在资本市场上，小型公司无论是通过公开发行还是非公开发行的融资规模都在下降，与它们成长所需要的资本渐行渐远。

小型公司融资状况的恶化带来的直接后果就是整个社会的创新能力下降、失业问题凸显、经济增长后劲不足。有鉴于此，美国在2011年1月宣布开始（Startup America）计划，拟出台一系列改革措施，旨在鼓励和帮助小型公司的成长。美国财政部在2011年3月举行了“小型公司进入资本市场”研讨会，提出了一些具体的改革措施。在这些措施中，第一条就是要通过修改现有资本市场的规则拓宽小型公司与资本市场对接的通道，放松管制，让小型公司能够更容易地获得成长所需的资本。而这也成为JOBS法案的蓝本。

2. JOBS法案的主要内容

JOBS法案主要包括两大部分内容：一是IPO“减负”：JOBS中有大量新的条款出台旨在为EGC公司（下文详解）IPO过程“减负”，并减轻其公开披露负担，同时使EGC得到更多的关注；二是非公开融资改革：JOBS的一系列改革措施旨在降低私人公司融资的规则限制，同时提高了私人公司成为公众公司、需要强制公开披露的门槛，并提出了新的众筹（crowdfunding）方案。

JOBS法案是一系列促进小企业和初创企业融资的法案组合[①]。除了放松EGC企业进行IPO的条件外，法案同样也包含了一系列旨在促进私人公司融资的改革措施，主要是通过修改现行法律法规，放松对网上小额融资、小额公开发行的限制条件。另外，JOBS法案放松了部分私募发行注册豁免的限制条件，比如，按照D条例针对认可投资者进行的私募发行和按照144A规则针对合格机构投资者进行的私募发行，扩大了中介参与范围，降低了企业的融资成本，推动这两类私募发行，同时又对其他类型的私募发行不会造成较大影响。

---

① 中证金融研究院：《解析美国JOBS法案》。

对于互联网金融来说，JOBS 法案最大的影响是拓宽了网上众筹的中介渠道。法案定义了一个新的网上小额融资交易中介机构——集资门户（funding portal），并对中介的资格和限制行为做出了明确规定，以便更好地规范融资行为，防止不正当交易损害公众和投资者利益。

一方面，中介渠道仍然在 SEC 的监管之下。集资门户需要在 SEC 登记，即使在一定条件下免除登记注册为经纪交易商，也需要资金门户是一个注册的全国性交易证券协会的成员，或是接受 SEC 检查、执法或规则制定的行政机关。另一方面，严格防止中介渠道因证券发行不正当获利。JOBS 法案要求集资门户不能提供投资建议或推荐，不能招揽生意或交易，也不能给予雇员、代理商、招揽生意或销售证券的人补偿，更不能持有、管理或拥有投资者基金或证券及其他 SEC 的限制条件；同时又要求中介渠道在证券卖出 21 天前向 SEC 和潜在投资者发布发行者提供的所有信息，确保投资者充分了解投资风险和投资者教育的信息，保护投资者私人信息，并采取措施防止与交易相关的欺诈，包括对发行公司高管证券法规执行情况的背景调查等向投资人或潜在投资者有限披露投资风险。

由此看来，JOBS 法案虽然简化了 100 万美元以下的网上众筹交易的注册程序，鼓励网上小额融资交易，降低中介机构参与交易的门槛，减少了发行公司的交易成本和融资成本，但同时也加强了对参与交易的中介机构的监管，并向中介渠道分散了部分监管职责，要求中介渠道提高对投资者的透明度和从事中介活动的规范化，以保护投资者和公众利益。

通过比较分析发现，虽然美国新推出的 JOBS 法案放松了对小公司融资以及小额公开发行的限制条件，但并没有放松对其进行监管。采取收放结合的方式，一方面降低了小公司和初创公司进入资本市场的门槛，允许私募发行的中介机构在特定投资者范围内进行宣传；另一方面则控制了融资总量的上限并加强了对个人投资者的保护。同时，美国的监管机构不断调整监管要求，以保持与时俱进，更好地满足企业小额融资的需求。例如，之前只有低于 500 万美元的小额公开发行才能享受简易注册，并且无需定期披露信息，但由于额度太低，很少被公司采用。因此在 JOBS 法案中，将免除注册的小额公开发行额度提高至 5 000 万美元，同时也提高了信息披露的要求，并要求 SEC 每两年审议豁免额度。

二、英国的监管法案[①]

2014 年 3 月 6 日，英国金融行为监管局（FCA）发布了《关于网络众筹和通过其他方式发行不易变现证券的监管规则》（The FCA’s Regulatory Approach to Crowdfunding over the Internet and the Promotion of Non – Readily Realisable Securities by Other media，PS14/4，以下简称《众筹监管规则》），并于 2014 年 4 月 1 日起正式施行。

1. 监管法案颁布背景

在英国，P2P 网络借贷、股权众筹、产品众筹、票据融资等业务被视为替代性金融业务（alternative finance），2013 年 1 ~ 11 月，英国替代性金融市场规模超过 6 亿英镑，其中 P2P 网络借贷占到了 79%，成为英国金融市场中不容忽视的一股力量。FCA 充分肯定了众筹这一新型融资方式，为公司融资提供了除银行、风险投资之外的更多选择发挥了积极作用。FCA 的基本态度是：投资类众筹平台应该拥有比现在更加广泛的客户群，但是应当确保投资者能够理解并承受其中的风险；寻找合适的保护投资者权益的方法，并不会制造更多的限制条件或障碍阻止众筹平台进入这一领域。

2. 监管的主要内容

《众筹监管规则》认为需要纳入监管的众筹分为两类：P2P 网络借贷型众筹（crowdfunding based on loan）和股权投资型众筹（crowdfunding based on investment），并制定了不同的监管标准。从事以上两类业务的公司需要取得 FCA 的授权；捐赠类众筹（donation – based crowdfunding）、预付或产品类众筹（pre – payment or rewards – based crowdfunding）不在监管范围内，无需 FCA 授权。

（1）P2P 网络借贷。

第一，《众筹监管规则》规定了静态最低资本和动态最低资本。静态最低资本在 2017 年 4 月 1 日前为 2 万英镑，在 2017 年 4 月 1 日后为 5 万英镑。动

---

① 和讯银行：《英国 P2P 网贷和众筹监管新规实施情况及对我国的借鉴》。

态最低资本是指 P2P 网络借贷企业要根据平台借贷资产总规模的情况，采取差额累计制，达到最低资本限额的要求。

第二，网络借贷平台如果破产，应当继续对已存续的借贷合同继续管理，对贷款管理做出合理安排。

第三，如果网络借贷平台没有二级转让市场，投资者可以有 14 天的冷静期，14 天内可以取消投资而不受任何限制或承担任何违约责任。投资者在向公司投诉无法解决的情况下，可以通过金融申诉专员（FOS）投诉解决纠纷。需要注意的是，虽然众筹公司取得由 FCA 授权，但投资者并不被纳入金融服务补偿计划（FSCS）范围，不能享受类似存款保险（放心保）的保障。

第四，网络借贷平台必须 100% 用通俗易懂的语言告知消费者其从事的业务，在与存款利率做对比说明时，必须公平、清晰、无误导，在平台上任何投资建议被视为金融销售行为，需要同时遵守金融销售的相关规定。

第五，网络借贷平台要定期向 FCA 报告相关审慎数据、客户资金情况、客户投诉情况及上一季度贷款信息等。

（2）投资型众筹。

第一，投资者必须是高资产投资人，年收入超过 10 万英镑或净资产超过 25 万英镑（不含常住房产、养老保险金），或者是经过 FCA 授权的机构认证的成熟投资者。

第二，非成熟投资者（投资众筹项目 2 个以下的投资人），其投资额不对超过其净资产（不含常住房产、养老保险金）的 10%，成熟投资者不受此限制。

第三，众筹平台需要对项目提供简单的说明，但是如果说明构成投资建议，如星级评价、每周最佳投资等，则需要再向 FCA 申请投资咨询机构的授权。

类似于美国的 JOBS 法案，英国的《众筹监管规则》通过注册制降低行业门槛，同时通过建立完善的信息披露机制保护投资者利益。二者最大的不同在于英国的《众筹监管规则》引入了合格投资人的概念，这些措施都值得我国监管部门学习借鉴。

三、我国的监管法案

从2014年开始，我国密集出台了多项针对互联网金融的指导意见，其中2014年出台的相关文件数量最多，达到了7份：2014年3月14日出台了《中国人民银行支付结算司关于暂停支付宝公司线下条码（二维码）支付等业务意见的函》；2014年3月18日中国人民银行发布了《关于手机支付业务发展的指导意见》及起草说明和《支付机构网络支付业务管理办法（征求意见稿）》；2014年4月3日发布了《关于加强商业银行与第三方支付机构合作业务管理的通知》；2014年5月颁布了《关于进一步推进证券经营机构创新发展的意见》；2014年8月5日出台了《国务院办公厅关于多措并举着力缓解企业融资成本高问题的指导意见》；2014年9月27日，银监会提出“P2P十大监管原则”；2014年12月18日中国证券业协会发布了《私募股权众筹融资管理办法（试行）（征求意见稿）》及起草说明。2015年出台的相关文件也达到了5份之多：2015年6月出台了《证券行业“互联网+”行动计划（征求意见稿）》；2015年7月18日中国人民银行等十部委联合发布《关于促进互联网金融健康发展的指导意见》；2015年7月31日中国人民银行发布了《非银行支付机构网络支付业务管理办法》；2015年9月1日最高人民法院出台了《关于审理民间借贷案件适用法律若干问题的规定》；2015年12月28日银监会发布了《网络借贷信息中介机构业务活动管理暂行办法（征求意见稿）》。2016年，我国互联网金融领域最主要的法规是8月发布的《网络借贷信息中介机构业务活动管理暂行办法》，该办法将2015年年底的征求意见稿推进到具体落实的阶段。

1. P2P平台的负面清单管理

《网络借贷信息中介机构业务活动管理暂行办法》是自2014年以来最为重要的政策法规，它规定了P2P平台实行负面清单管理模式，划定了P2P平台不能做的13条业务红线：

（1）为自身或变相为自身融资。

（2）直接或间接接受、归集出借人的资金。

（3）向出借人提供担保或者承诺保本保息。

（4）自行或委托、授权第三方在互联网、固定电话、移动电话等电子渠道以外的物理场所进行宣传或推介融资项目。

（5）发放贷款，但法律法规另有规定的除外。

（6）将融资项目的期限进行拆分。

（7）发售银行理财、券商资管、基金、保险或信托产品等金融产品。

（8）开展资产证券化业务或实现以打包资产、证券化资产、信托资产、基金份额等形式的债权转让行为。

（9）除法律法规和网络借贷有关监管规定允许外，与其他机构投资、代理销售、经纪等业务进行任何形式的混合、捆绑、代理。

（10）故意虚构、夸大融资项目的真实性、收益前景，隐瞒融资项目的瑕疵及风险，以歧义性语言或其他欺骗性手段进行虚假片面宣传或促销等，捏造、散布虚假信息或不完整信息损害他人商业信誉，误导出借人或借款人。

（11）向借款用途为股票投资、场外配资、期货合约、结构化产品及其他衍生品等高风险的融资提供信息中介服务。

（12）从事股权众筹、实物众筹等业务。

（13）法律法规、网络借贷有关监管规定禁止的其他活动。

通过该暂行办法，政府不仅对P2P平台的高风险及违法行为，诸如自融资、虚构项目、虚假宣传等进行了限制，而且对其常见的业务模式，诸如资金池、提供担保、债权转让、代销等也进行了限制，在降低平台风险的同时极大地减少了其可以进行业务的范围，基本上将P2P平台从信用中介转变为信息中介。

2. 股权众筹采用私募股权管理思路①

中国证券业协会网站于2014年12月18日公布了《私募股权众筹融资管理办法（试行）（征求意见稿）》（以下简称“管理办法”）。该征求意见稿就股权众筹监管的一系列问题做出了初步界定，包括股权众筹非公开发行的性质、股权众筹平台的定位、投资者的界定和保护和融资者的义务等。

---

① 天海互联网研究院：《中国式股权众筹法案解读》。

（1）《管理办法》出台背景。2013 年被视为中国的互联网金融元年，而 2014 年被视为中国的众筹元年，大量的股权众筹平台与项目纷纷涌现。股权众筹对于拓宽中小微企业直接融资渠道、支持实体经济发展、完善多层次资本市场体系建设具有重要意义，受到社会各界的高度关注。但由于缺乏必要的管理规范，众筹融资活动在快速发展的过程中也积累了一些不容忽视的问题和风险。一是法律地位不明确，各参与方的合法权益得不到有效保障；二是业务边界模糊，容易演化为非法集资等违法犯罪活动；三是众筹平台良莠不齐，潜在的资金欺诈等风险不容忽视。

2014 年年末，国务院多次提出推动股权众筹试点工作。为满足普通大众的投资需求，发展普惠金融，鼓励行业创新发展，落实李克强总理在 2014 年国务院常务会议上有关部署进一步扶植小微企业，推动“大众创业、万众创新”的指示精神，中国证券业协会按照“鼓励创新，防范风险”的基本要求起草了该《管理办法》，对股权众筹融资进行自律管理，以促进我国股权众筹行业健康发展，并于 2014 年 12 月 18 日向社会公布。

（2）《管理办法》核心内容。《管理办法》明确规定股权众筹应当采取非公开发行方式，并通过一系列自律管理要求以满足《证券法》第十条对非公开发行的相关规定：一是投资者必须为特定对象，即经股权众筹平台核实的符合《管理办法》中规定条件的实名注册用户；二是投资者累计不得超过 200 人；三是股权众筹平台只能向实名注册用户推荐项目信息，股权众筹平台和融资者均不得对投资人进行公开宣传、推介或劝诱。《管理办法》指出，众筹项目不限定投融资额度，充分体现风险自担，平台的准入条件较为宽松，实行事后备案管理。

从《管理办法》的核心内容来看，该管理思路具有鲜明的私募股权投资管理办法的痕迹。尽管《管理办法》的颁布机构为证券业协会，而并非证监会，说明对于股权众筹的监管目前思路仍不成熟，但无论如何，《管理办法》都提出了一个明确的监管思路，有助于创造国内股权众筹初期发展的良好环境。

第五节 对众筹的市场监管

一、互联网金融行业协会

1. 成立行业自律性组织

在出台相应的政策法规的同时，行业的参与者也自发参与并建立自律性组织，主要的行业协会包括互联网金融专业委员会、互联网金融协会以及互联网证券专业委员会 3 家[①]。

（1）互联网金融专业委员会。2013 年 12 月 3 日，由中国人民银行发起成立，会员单位包括综合性金融集团、商业银行、证券公司、支付机构、银行卡清算机构、从事 P2P 网络借贷业务的公司、高校和研究机构等共计 75 家。

（2）互联网金融协会。2014 年 4 月 3 日，由中国人民银行、银监会、支付清算协会、证监会等牵头组建，由央行条法司、银监会惠普金融部牵头筹建，旨在对互联网金融行业进行自律管理。

（3）互联网证券专业委员会。2015 年 3 月 11 日，证券业协会召开互联网金融创新发展培训研究会暨互联网证券专业委员会成立大会。平安证券董事长谢永林任主任委员，蚂蚁金服首席战略官陈龙等任副主任委员。该委员会委员由政府机构、券商、互联网公司、技术公司、学术研究机构的行业专家及学者组成，跨界交流是互联网证券专业委员会的特色之一。

除了上述全国性、综合性较强的 3 家互联网金融行业协会之外，部分城市也在积极组建相关行业协会，如北京市网贷行业协会[②]和深圳市众筹同业公会[③]。

---

① 资料来源：财富证券《新格局下证券行业互联网金融服务模式探讨》。

② 北京市网贷行业协会成立于 2014 年，是中国第一个网贷行业协会组织。协会由网贷机构以及相关行业机构自愿联合发起成立专业行业协会，是经北京市社会团体登记管理机关核准登记的非营利性自律社会团体。协会接受社团登记管理机关北京市民政局的业务指导和监督管理。

③ 深圳市众筹同业公会成立于 2015 年 1 月 20 日，是中国首家经政府主管部门批准设立的众筹行业组织。

2. 统一行业标准

行业协会的重要作用之一便在于制定行业标准与业务规范。目前我国互联网金融行业协会在这方面的工作仍较为欠缺，相关经验举措可以借鉴英国 P2P 金融协会的做法。在 2014 年初，英国 P2P 金融协会（P2PFA）出台了新举措以提高 P2P 网贷市场标准[①]，从那时开始，所有 P2PFA 成员都将使用一个标准清晰的方法计算自己贷款的违约率，这样就能够帮助消费者在平台之间进行有效的比较。设计新标准的目的在于增强透明度和加快行业披露的过程。新的违约率计算方法目前正在实施中，而且将会公开发布在每个 P2PFA 成员的网站上。

P2PFA 认为，当一笔贷款被认定为“不良贷款”“受损”或“拖欠”时，相关贷款借款人必定发生以下情况[②]：

（1）逾期 45 天未支付利息。

（2）逾期 45 天还本支出。

（3）法律诉讼强制执行贷款已经开始。

（4）贷款正在或已经与一个借款者进行再次协商。

（5）贷款在其他方面没有完全履行承诺。

拖欠的数目即为上述（1）和（2）逾期的支付数目，而资本损失（违约）应当包括：

（1）贷款的任意部分没有偿付，晚于初始偿付日期 120 天；

（2）强制执行不良贷款时贷方所产生的一切费用，而且相关借款者并未支付的。

（3）在初始贷款偿付日期借款者预计无法支付的贷款数目（如借款者破产等）。

P2P 平台应当每月（1 月到 12 月）三项数据报告：

1）实际拖欠数目（作为贷款自然年年度贷款未清余额百分比）。

2）预期违约（作为贷款自然年年度出借数目终身违约率百分比）。

---

① P2PFA 是一个贸易体，用以维持所有的成员组织必须遵守的秩序和运营方针，并且保护其全体消费者和小微企业客户的利益。P2PFA 目前的成员包括 Funding Circle，RateSetter，Zopa，ThinCats，LendInvest，Madiston LendLoanInvest，Wellesley & Co. 和 MarketInvoice。

② 资料来源：未央网 The UK Peer to Peer Finance。

3）实际违约（贷款自然年年度通过平台借出的总数百分比）。

P2PFA 很早便认识到行业标准的需要，并以未雨绸缪的方式帮助行业树立信誉和促进成长，而这只是 P2PFA 规范消费者信息公开的系列行动的一步。虽然 P2P 行业的违约率目前较低，但是 P2PFA 认为，尤其是在这一行业不断成长和成熟的过程中，通过有意义的方式完全公开违约信息具有重要意义。这一行业协会的运作思路值得我国互联网金融协会学习借鉴。

二、第三方评级

从诞生起源来看，互联网金融平台从一开始就存在两大群体：一类是由科技公司跨界到金融行业而设立的平台公司；另一类是由传统金融机构所设立的从事互联网金融业务的子公司。无论哪种平台，信息科技都是其核心。因此，从一开始大数据就是互联网金融行业的特征之一。

目前，从事互联网金融综合服务类的网站主要包括网贷之家、众筹之家、零一财经、未央网等，而可以提供平台大数据查询的网站包括网贷之家、佳璐数据、投之家、爱杰数据、零一财经、私募通、贷罗盘、网贷天眼、融 360、九次方大数据等。其中，网贷之家、网贷天眼、贷罗盘、融 360 和羿飞评级更是进行了对 P2P 平台的评级①。

对于 P2P 平台来说，市场自发出现的第三方评级可以有效地降低投资者与平台之间的信息不对称，对于缓解由于前期风险事件所积累的平台信任危机、提高互联网金融行业整体信用度有巨大的作用。

1. 网贷之家评级②

网贷平台评级根据网贷之家数据库采集的千家平台近 3 个月成交数据编制，对满足入库条件的平台，根据平台公开可查的信息、数据，依据打分方法和权重确定方法，通过各项指标评分得出平台的发展指数，最后对平台进行发展指数降序排列。该评级结果不收取任何费用，不涉及任何商业行为，仅是网贷之家研究院量化计算得出的研究成果。其中，P2P 平台有如下任何

---

① 一般来说，评级指的是信用评级，但由于我国 P2P 行业实行负面清单管理之后，平台自身已经从信用中介转变为信息中介，因此各家的评级更多体现的是平台竞争力而非信用风险。

② 资料来源：盈灿咨询。

一种情形的不列入评级库：

（1）上线3个月以内的。

（2）单个借款人平均借款金额≥（注册资金、风险准备金、0.5×自身担保公司注册资金）三者最大值的；。

（3）单月投资人数≤100人的。

（4）单月借款人数≤5人的。

（5）综合年化收益率超过18%（月息1.5分）以上的。

（6）3个月内有不诚信行为及被刑事调查的。

（7）有P2P网贷专项整治禁止行为的。

（8）无法获取详细、明确的成交数据及平台信息的。

评级指标分为定量指标与定性指标两类。定量指标采用标准化计算的方式，如总成交量积分的计算：

$$\text{总成交量积分} = \mathrm{Max}\left[0, 100 \times \frac{\mathrm{Ln}(Q_i) - \mathrm{Ln}(1\,000\,000)}{\mathrm{Max}(\mathrm{Ln}(Q_i)) - \mathrm{Ln}(1\,000\,000)}\right]$$

定性指标采用哑变量的方式计算，如平台运营数据积分。若平台不公布任何运营数据，则为0；若公布，则公布越丰富，分数越高。网贷之家评级指标体系如表7-1所示。

表7-1　网贷之家评级指标体系

指标名称	权重	指标说明	指标名称	权重	指标说明
成交积分	7%	用于表征平台成交量的指标。成交积分越高，表明平台成交量越高	流动性积分	5%	用于表征投资人在平台投资资金回收时间长短的指标。流动性积分越高，表明在该平台投资回收本金的时间越短，能更灵活地退出
营收积分	7%	用于表征平台可能获得的营业收入的指标。营收积分越高，平台可能获得的营业收入越高	分散度积分	15%	用于表征平台借款和投资资金分散情况的指标。分散度积分越高，表明平台的投资和借款人越分散，平台运营风险越低

续表

指标名称	权重	指标说明	指标名称	权重	指标说明
人气积分	13%	用于表征平台的投资人和借款人数量的指标。人气积分越高，表明在平台投资和借款的人数越多	透明度积分	16%	用于表征平台信息透明度的指标。透明度积分越高，表明平台信息公开得越多，平台越透明
杠杆积分	14%	用于表征平台的风险承受能力高低的指标。杠杆积分越高，表明平台可能的资金杠杆越小，风险承受能力越强	品牌积分	18%	用于表征平台知名度的指标。品牌积分越高，表明平台的知名度越高，越能得到出借人的认可
技术积分	5%	用于表征平台技术实力的指标。技术积分越高，表明该平台技术实力越强		—	—

资料来源：盈灿咨询。

2. 网贷天眼评级①

网贷天眼评级采取如下步骤：

（1）从所有平台中抽取 n 家平台进行专家打分。这 n 家平台的得分与其各项综合指标数据组成训练集。

（2）通过对基础数据变量进行聚类分析，把相关性较强的变量进行整合，确保综合指标属性间的独立性。

（3）通过对训练集综合指标数据及得分进行多元线性回归分析，构建回归方程，得到综合指标的回归系数。把样本集中 n 家平台数据回代进行误差检验。

（4）把待评级平台综合指标数据代入回归方程，得出某个平台的得分。

（5）将平台的得分按照分数区间转化为平台等级，作为最终结果展示。

回归结果采取百分制，保留两位小数。基于得分划分为 4 个等级：85 分

① 资料来源：贷罗盘。

及以上为 A+；80~85 分为 A；70~80 分为 B+；其他得分为 B。得分越高，意味着风险越小，评级等级越高。评级得分每月 20 日更新。网贷天眼评级指标体系如表 7-2 所示。

表 7-2　网贷天眼评级指标体系

指标名称	指标说明	指标名称	指标说明
投资指数	该数值越低，说明平台投资人受单一借款人违约影响越小	利率指数	过去 90 天平台借款标的平均综合利率
偿兑指数	该指数用于衡量平台上季度所承担的偿还压力。偿兑指数越大，说明平台在上季度承担的偿还压力越大	成长指数	表示该平台过去 3 个月贷款余额的变化趋势
流动指数	考察未来 90 天待收总额占注册资本金的比例	地域指数	表示该平台所在地区网贷行业的成熟程度，数值越大，表示该平台所在地区行业成熟度越高
运营指数	该指数反映的是平台的资金管理和运营能力	期限指数	过去 90 天平台的平均借款期限
借款指数	考察过去 3 个月人均借款额度	—	—

资料来源：贷罗盘。

3. 融 360 评级[①]

在评级对象的选择原则上，融 360 对存在以下情况中的任何一种或者几种的网贷平台不纳入评级范围：

（1）平台上线时间短于 6 个月。

（2）3 个月内平台综合年化收益率≥24%。

（3）3 个月内平台存在重大违法违规或严重诚信问题。

（4）无法获取详细信息及明确数据的平台。

融 360 评级将 P2P 平台分为 A、A-、B+、B、B-、C、C-七个类别，具体指标如表 7-3 所示。

---

① 资料来源：贷罗盘。

表 7－3　融 360 评级指标体系

一级指标	权重	二级指标	一级指标	权重	二级指标
背景实力	0.3	股东背景	运营能力	20%	加权成交量
		是否加入专业协会			平台活跃度
		管理团队背景			现金流
		IT 技术实力	信息披露	0.15	运营数据公开
平台风险控制	25%	债权保障度			借款人信息披露
		风险准备金			其他信息披露
		资金安全	用户体验	0.1	—
		标的种类	—	—	—
		借款集中度	—	—	—

资料来源：贷罗盘。

4. 羿飞网贷评级①

羿飞网贷评级一共精选出 10 个参考选项，每个项目分别为 0～10 分；通过 10 个项目的评定，得出 0～100 分，最后，通过综合分数排名决定星级；如某项目无数据来源，则暂取 3～5 分。羿飞网贷评级指标体系如表 7－4 所示。

表 7－4　羿飞网贷评级指标体系

指标名称	指标说明	指标名称	指标说明
平均利率	综合了普通、奖励、秒标、净值等因素的平均收益水平	月活跃投资人	本月发生过投资行为的投资人数
月成交量	去除净值、秒标等水分的普通标成交额	人均投资额	当月交易额除以当月投资人数
品牌认知	网站的商标价值、企业实力、行业影响力、口碑等综合因素	人均借款额	当月借款额除以当月借款人数
平均借款周期	月份即为分数，满分为 10 分	交易额增长率	与上月同期相比成交额的增减情况
风控保障	综合考虑了借款人信息、担保、保证金、借款人黏性等问题	服务品质	考察网站功能的便利性、客服服务态度、投资人反响等

资料来源：贷罗盘。

---

① 资料来源：贷罗盘。

除上述4家网贷评级机构之外还有贷罗盘网贷评级，总体来看，其评级思路与上述网站类似，都是采用指标体系的方法，主要从资金流、分散度、流动性、收益率、人气、体量、忠诚度和成长性等方面设计指标体系。

另外，各家第三方评级公司都定期发布平台月报，内容涉及对全行业平台排名、变动情况、新增平台、问题平台、细分市场排名、地区分布以及政策法规解读等，真正做到了信息的全面披露。

第六节　互联网金融行业发展展望

一、P2P行业的未来之路

在《网络借贷信息中介机构业务活动管理暂行办法》颁布之后，大部分P2P平台在之前从事的业务都被限制，其定位也从信用中介结构转变为信息中介机构，未来P2P行业整体该如何发展？目前业内最热门的提法是只有专注于细分市场，P2P行业的发展才能脱颖而出。

总体来看，我们认为P2P平台将围绕以下三个大方向进行细分：一是关注在借款人身份的细分，比如在农民借贷市场和大学生借贷市场；二是关注在借款人资产类别的细分，比如在车辆抵押借贷市场、房屋抵押借贷市场以及应收账款融资市场；三是关注在借款人需求的细分，比如首付贷市场和融资租赁市场[①]。

1. 借款人身份的细分市场

对于个人来说，职业就是其身份标签；对于企业来说，企业所从事的行业就是它的身份标签。因此，按照身份的不同，借款人中的细分市场中有农民借贷市场、大学生借贷市场等。

（1）农民借贷市场。农民借贷市场巨大，且存在大量难以被传统金融机构服务的群体。中国是农业大国，农民在我国数量巨大，是我国主要的生产力。据国家统计局第六次人口普查的数据显示，全国（港澳台除外）人口中，

---

① 部分资料引自未央网《P2P行业下一站：细分市场》。

居住在乡村的人口约为6.7亿人，占总人口的50.32%。此外，第一产业（农业）占国民生产总值的58.2%，直接从事或间接从事与农业相关的人口有2.4亿人，占比为31.4%。农民借贷呈现以下三个特点：

第一，借款金额小，季节性强，期限短，还款方式上倾向于期末偿还本金。农民的借款动机多是来自应急性的生产性投资，借款金额在1万到10万元之间，借款期限一般在1年之内。例如，农民在春耕之前借款购买种子等原材料，待秋天收获之后才有能力还本付息，借款时间只有半年。

第二，农民的收入现金流受宏观经济、气候等因素波动较大，一般无法提供具有较高市值的抵押物。

第三，农民平均文化水平低，居住在分散的村落中，但是村里的农民集中，呈现“小聚居”状态，农民之间相互比较了解。

由上述分析发现，农民借贷行为风险高，有一定的随意性，导致信用评估和收回贷款的困难，因此交易成本很高，使得传统金融机构进入农村金融市场的意愿降低，但农民借贷市场也为P2P借贷提供了良机和实现普惠金融的愿景。

（2）大学生借贷市场。大学生在我国是一个庞大而又特殊的群体，他们有着良好的教育背景，具有追求时尚潮流的购物欲望，但是大多数的大学生除了父母每月提供的非常有限的生活费之外没有其他的资金来源。据国家统计局发布的最新统计数据，2014年中国在校大学生约有2 468万人，但他们可获得的贷款渠道却极为有限。目前大学生群体可以获得政府助学贷款、校园助学贷款以及银行发放的一般商业性助学贷款，但是获得此类贷款要求比较苛刻，申请获批难度大。

大学生借贷的特点是其没有稳定收入、没有抵押物，目前已有部分P2P平台推出了针对大学生群体的借贷，不过额度不高，同时年化利率又较高，并且需要借款人每月等额本息还款。从这两项要求来看，大学生借贷的象征性意义要远远大过其实际意义。除此之外，目前更多的P2P平台采用与大学生分期购物网站进行合作的模式进入大学生借贷市场。

2. 借款人资产类别的细分市场

P2P平台在借款人资产类别方面的划分，出现了细分到汽车抵押、房产抵押以及主要面向企业借款人的应收账款等平台。其实，某种意义上应收账款是与抵押品类似的一种抵押的借贷方式。在这类平台上，借款人的资产是平台首要考虑的，而借款人身份标签则变得不是那么重要。

（1）汽车抵押借贷市场。汽车抵押借贷市场面向的借款群体显然是有车一族，他们在一段时间内亟须一笔数额不大的周转资金，可能碍于面子不想求助于亲友，他们也不想靠卖车进行资金周转。但是银行又恰恰是不开展汽车抵押借贷业务的，那么这就为P2P平台提供了很好的机会。根据国家统计局的数据显示，2013年私人汽车拥有量突破1亿辆，保守估计汽车抵押借贷市场至少可以做到百亿元的规模。

（2）房地产抵押借贷市场。与汽车抵押借贷市场一样，房地产抵押借贷市场面向的借款群体当然也是有房一族，不过他们既然拿房子做抵押借款，借款金额肯定要比车辆抵押借贷高很多。理论上来说，房地产抵押借款是银行服务的范畴，而且从银行借款的利率肯定也最低，但是为什么还会有很多借款人通过P2P平台融资呢？

首先，银行对借款人的要求极为苛刻，除了房产证明之外，借款人还需有良好的信用记录，需要证明还款能力等很多条件；其次，银行放款慢。从借款人递交申请到银行放款至少要一个月的审核期，而对于一些亟须周转资金的借款人来说简直太过漫长。除此之外，很多P2P平台做的房地产抵押业务涉及银行不做的二次抵押。也就是说，即使是没有还完银行按揭贷款的房子，仍能够在P2P平台进行二次抵押借款。

（3）应收账款融资市场。应收账款融资市场正逐渐被越来越多的P2P平台所重视，原因大致有两点：首先，应收账款市场规模巨大。根据相关报告对956个受访企业的有效问卷调查中，有91.8%的企业证实他们在2013年有过赊销行为，这个比例在2009年为79.9%，呈持续上升趋势。据业内人士估算，全国企业的应收账款规模至少在20万亿元以上，中小企业约有60%的资产为应收账款，市场前景广阔。其次，应收账款融资更吸引中小微企业和投资者。在募集资金等量的情况下，相比于资产抵押甚至股权众筹方式，中小微企业更愿意用现有应收票据进行融资，一来这是他们传统的融资手段，流程较为熟悉；二来应收账款融资增加了企业资金流动性。而且，所有应收账款业务都会在央行征信中心组织建立的应收账款质押登记公示系统进行登记，社会公众可以通过互联网查询质押登记信息。从投资人的角度来看，应收账款借贷比一般信贷产品更为透明，也更为可信。

3. 借款人需求的细分市场

借款人需求的细分市场目前在国内 P2P 行业的发展才刚起步。对于个人来说就是其消费需求，比如首付贷市场，而对于中小企业来说，常常需要购买设备（某种意义上来说也算是企业的消费需求），比如融资租赁市场。不过，伴随着中国经济的转型，消费在 GDP 中的占比会越来越高，可以设想，根据消费需求或者消费场景进行细分的 P2P 平台也会越来越多。

（1）首付贷市场。随着 P2P 行业在国内的火热，首付贷市场也成为 P2P 平台细分市场的主阵地。首付贷市场的兴起，与国内长期以来一直居高不下的房价有着密不可分的关系。据上海易居房地产研究院发布的报告显示，2013 年度，北京、海南、上海、浙江、福建、天津、广东的房价收入比均超过 8.4，其中最高的北京达 14.5。贷款买房在国内虽然成为一种趋势，但是目前银行针对借款人的购房门槛还是相对较高，30% 的首付款对于初入职场打拼的年轻人来说还是压力很大。

（2）融资租赁市场。融资租赁（Financial Leasing）最早诞生于 20 世纪 50 年代的美国，是企业主更新设备的主要融资手段之一。目前在发达国家，融资租赁已经成为中小企业设备投资仅次于银行信贷的第二大融资方式。我国于 20 世纪 80 年代引进这种融资模式，2010 年以后已经呈现出爆发性增长的趋势。尽管如此，P2P 平台与融资租赁公司的合作之路还应进一步探索。一方面是融资租赁行业整体风险偏低，需要相对较低的融资成本，与追求高收益的平台投资人的对接成了问题；另一方面则是多数平台投资人偏好短期项目，而融资租赁项目多为 3 ~ 5 年的长期项目。

通过分析现有一些 P2P 平台的细分市场发现，我国的很多 P2P 平台某种程度上已经改变了国外 P2P 网贷的经典模式，借款人的主要类型不再是个人的消费信贷，而是个体工商户以及中小微企业的生产性融资。从风控的角度来看，P2P 平台未来的发展仍旧会围绕在借款人资产的细分方面。对于创业者来说，我国 P2P 行业还是一片蓝海，只要勇于创新，机会总是有的。

二、股权众筹行业的未来之路

目前，在各级政府全力推进行业发展、行业监管将更加严格和规范、金融科技应用提升行业效率以及众筹行业商业环境不断改善的宏观大背景下，我国众筹行业已经拥有了十分良好的外部发展环境。综合现阶段发展趋势，预计众筹行业的未来发展呈现出如下主要特征①：

1. 轻资产与产业延伸模式并存

轻资产又称轻资产运营模式，是指企业紧紧抓住自己的核心业务，而将非核心业务外包出去。众筹平台一直声称要做好投前、投中和投后管理，但真正要做好全流程管理实际上是非常困难的，因此，行业出现一些平台（如筹道股权）将部分非核心业务外包给专业的机构，自己则专注于核心业务；还有的平台走联合共享资源的道路，如牛投网是创业黑马孵化的平台，创业黑马具有项目来源及专业的评价团队，因此牛投网在一定程度上可以减轻找项目、评估项目的负担，同时，由于牛投网的投资人也主要是有一定实力的创业公司，因此风险管理上也更有效率。此外，具有传统 VC/PE 背景企业创办的众筹平台，其专业能力及资源共享的优势将会逐步显现，和其他平台相比，具有更强的竞争力。

与轻资产相反的另一条路则是一些平台延伸或整合产业链。例如：京东众筹在打造产品众筹生态圈；点筹金融将创业孵化器与众筹结合；博纳众投将众筹与商业地产结合，不少平台成立了线上或线下的众筹学院。其目的是通过产业或业务的整合、延伸，提升运营效率或发展新的增值空间。

2. 众筹打造连锁品牌

众筹家数据研究院于 2015 年 8 月发表了《盘点实体店铺股权众筹专业平台》，随后发布了多篇实体店铺的相关报告。2016 年 6 月起，其他媒体也开始发布类似报告，可见实体店铺众筹已得到媒体的广泛关注。

然而，实体店铺众筹平台在快速成长的过程中正遭遇成长的烦恼。虽然实体店铺项目具有相对稳定、投资回报快等优势，但也由于实体店铺项目监

---

① 人创咨询：《中国众筹行业发展报告 2016（上）》。

管难度大、社会对众筹的风险性认知度低等原因出现了一些问题，随着项目数量的增长，平台的管理风险也在上升。因此，有的平台已开始从早期的数量发展战略转向质量发展战略。

众筹打造连锁品牌，就是质量发展战略的落地模式。众筹平台在运营多个项目中逐步积累了经验，也积累了一批诚信经商、经营能力强、有发展潜力的项目方。平台着力培养打造这些项目，通过多期众筹融资，使这类企业在一个城市甚至全国快速扩张。专注于精品项目众筹，使平台方降低了尽职调查、沟通等成本，降低了投资风险，提高了投资人的投资回报率。

3. 众筹与产业的融合

旅游产业与众筹的融合将更加深入。继百度、阿里、京东、苏宁和360这类互联网巨头涌入众筹领域之后，2016年3月，途牛金服的众筹频道上线第一个众筹项目："刘忻带团，全'忻'长滩之旅"，标志着途牛正式进入众筹行业，也意味着众筹与旅游产业融合的深入。目前已完成的4个项目分别涉及酒店、活动、旅行和明星带团旅行。从其回报模式可以看出，途牛众筹正在尝试"众筹+旅游+金融"的模式。

农业与众筹的融合也在悄然进行。有数据显示，农业众筹项目数量占比高、增长快，随着国家大力扶持"三农"发展行动计划的落实，众筹将为农村创业者提供资金和销售渠道。此外，众筹的按需生产属性能在一定程度上降低农户的销售风险。

众筹与文化产业也有融合的迹象。已有机构在探讨如何将高价艺术品拆分，通过众筹的模式拍卖，使多个投资人共同持有同一件商品。另外，众创聚投率先将众筹与文化产业结合起来，它与多家文化交易所合作，通过其平台，投资人可以直接申购文交所发行的新品。众创聚投推出的打新王，以众筹的模式参与文交所新品申购，获取收益回报给投资人。

4. 移动端的轻众筹

微信、APP等移动端众筹越来越普及，2014年7月初，众筹网在其APP中增加了"轻众筹"，仅支持通过手机APP发起项目。随后，众筹空间于8月15日上线"轻松筹"平台；追梦网在9月底上线轻松筹，并将业务和资源逐渐向移动端倾斜；2015年京东众筹公众号中出现轻众筹栏目。

轻众筹多用于产品众筹，其审核简单、即发即筹的特点解决了一般众筹流程复杂、周期长的问题，适合筹资在 1 万元以下的小项目，特别是绿色农产品、土特产的轻众筹项目更受欢迎。虽然轻众筹单个项目筹资不多，但用户易于接受，长期使用可形成用户黏性。因此，追梦网等平台甚至放弃 PC 端众筹，专注移动端的轻众筹。

轻众筹对众筹宣传及教育有很大的促进作用，投资人通过小额众筹了解众筹，从而有可能发展成为其他类型众筹项目的投资人。

5. 物权众筹

物权众筹是众筹资金后购买实物资产，实物资产销售后，投资人获得其中的部分差价。目前物权众筹主要发生在房地产和汽车领域。房地产行业规模大，房地产众筹中大量的项目是以营销为目的的，另一类是以投资理财型或直接博取买卖差价为目的的。相比房地产众筹，汽车众筹起步晚，增长快。

思考题

1. 什么是互联网金融？怎样理解大数据及其价值？

2. 互联网金融有哪些主要形式？哪种形式对传统金融的冲击最大？这种冲击具体表现在哪些方面，以及为什么这种冲击的影响最大？

3. 众筹只有 P2P 和股权两种形式吗？每一种形式之间的区别是什么？

4. 是什么原因导致了 P2P 平台的倒闭？采取哪些措施可以有效降低平台风险？

5. 众筹平台的风险具体体现在哪些方面？这种风险与 P2P 平台的风险有何不同？

6. 比较美国的众筹监管法案和英国的众筹监管法案的异同。

7. 怎样理解行业标准对众筹行业的重要性？

8. 简述第三方评级的内容、方法及作用。

9. 就 P2P 和股权众筹的展望中抽取最感兴趣的一条，进行相关的案例分析。

第八章　量化金融

第一节　量化金融的背景

量化金融（quantitative finance）是目前国内最火的专业和学科之一，但是如果逐本清源仔细思考何为量化金融，其实就会发现，量化金融学对很多学者、业界从业人员而言并不陌生。为了说清楚量化金融的由来，需要首先对“量化”一词进行简要的分析和思考。

“量化”一词是一舶来品，来自于英文单词 quantitative，而该词被翻译为“量化”并被中国人普遍接受的具体时间可能已不可考，但有一种解释可以认为是来自于 2008 年美国金融危机。在 2008 年的美国金融危机中，美联储采用了量化宽松（quantitative easing）的货币政策，“quantitative”翻译为“量化”被国内媒体、官方、学界和业界所接受，而在此之前，“quantitative”一词一直出现在学界和业界之中，但往往翻译名称并不统一，常见的翻译为“数理”甚至被错误翻译为“数量”，毕竟，“数量”的英文单词是“quantity”，所以学界常说的数理金融学其英文翻译其实就是现在说的量化金融。

当然，还有一个原因使得量化金融学逐渐成为国外金融学科建设发展的重点是 IAFE 向 IAQF 的转变。IAFE 是 International Association of Financial Engineers 的英文缩写，中文翻译为“国际金融工程师协会”。而 IAQF 是 The International Association for Quantitative Finance 的缩写，中文翻译为“国际量化金融协会”。该组织是全球最大的也是最权威的量化金融协会，该协会将自己的定位从“金融工程学”向“量化金融”过渡这一举动本身就是向国内学界和业界传递了一个十分重要的信号，这个信号就是：量化金融学来自于金融工程学，但时至今日，为了适应全球金融与科技业的发展，在新形势和新需求下，使用“量化金融学”这个称谓能更好地定义金融量化分析从业人员的真正工作属性，其内涵与外延都比传统意义上的金融工程学有更广和更深的拓延。虽然这个“转变”并没有被国内学界和业界普遍关注和重视。

为了让读者真正了解本章的重要性和了解量化金融，作者在此介绍两个重要概念：P－type 和 Q－type。这两个概念直接摆在读者面前，读者肯定会非常陌生，但是作者在思考再三之后还是将这两个概念在本章开始就在读者面前加以明确，因为这个两个概念是理解量化金融学科发展的关键。因此，即使读者一开始不熟悉，但阅读本章后，读者就会对所有量化金融的概念有更深刻的认识和体会。

IAFE 向 IAQF 的转变，可以认为是量化金融学的一次质的飞跃，虽然在此之前也有很多业界从业人员未仔细地区分过金融工程学或者量化金融学，又或者对这两个概念往往都是不加以区分和混用，但是在 IAFE 向 IAQF 的转变后，以往很多混淆的学科概念开始清晰，主要的原因是金融工程创立的原始目的是为了对金融产品尤其是金融衍生品进行定价，而定价的哲学基础是风险中性（risk neutral），它主要使用的工具是随机过程分析（stochastic calculous），而金融工程学主要讲授的是如何使用数学工具对金融资产进行定价。基于这样的假设逻辑，甚至有时金融工程学和金融数学都没有严格的区分。利用这样的分析工具和方法进行工作的量化金融从业人员，后来被称为 Q－type，而在金融生态圈里还有另外一些很长一段时间没有走上主流量化金融舞台的人，也就是那些使用数理统计方法进行数据分析的从业人员，这类人也就是后来被称为 P－type 的一类人。在很长一段时间，当业界谈到量化分析师时，很多时候指的都是 Q－type 的从业人员，而 P－type 的从业人员是被忽视的，这也是为何时至今日很多量化金融的书籍还是仅介绍 Q－type 的知识，而对 P－type 的研究方法只字不提的原因，这种现象在 2008 年之前更为严重。直到 IAFE 向 IAQF 的转变，P－type 才被纳入量化金融的范畴。也就是说，现在的量化金融学其本质是包含了 P－type和 Q－type 两类人。

有人说，2008 年之后 P－type 开始走上量化金融的主流舞台。为何

P－type会兴起？本章中将有详细论述，但其基本原因却可以提前告诉读者，其主要原因是2008年金融危机之后，金融衍生品市场开始萎缩，尤其是对过度复杂的衍生品的开发的需要基本消失，因此，Q－type的需求受到了很大的冲击，一般市场所需要的、正常的金融衍生品的定价几乎也在2008年金融危机之前开发完成（虽然仍有很多可以研究的问题和方向）。此外，大数据和人工智能的兴起，确实为金融数据统计分析提供了广袤的研究空间，当然也创造了若干基于统计数据分析的职业岗位，因此，P－type逐渐兴起。

本章对于量化金融的定义，比P－type和Q－type的定义还要更广泛一些，主要的原因是：P－type和Q－type仍然是从微观金融资产或者投资人的微观视角展开研究，而2008年金融危机之后，宏观事件对金融市场和金融机构的冲击更为深远。因此，2008年之后，宏观金融学（marco finance）开始兴起，当代金融学的研究方法都是采用量化分析方法，因此基于量化手段的宏观金融研究也成为量化金融学一个新的发展方向。表8－1是本章对量化金融的界定。

表8－1 量化金融学的内涵和外延

微观层面	Q－type：基于金融数学、利用随机分析、基于风险中性原则、主要研究金融衍生品定价
	P－type：基于数据和统计、利用金融事件序列和金融计量学、利用数据挖掘技术以及人工智能技术从事风险管理或者套利
宏观层面	基于金融经济学、宏观经济学、量化经济学

简而言之，为了让读者对量化金融学有全方位的认识，本章从四个方面向读者介绍量化金融学：首先对量化金融学以及相关容易混淆的专业进行学科界定；然后重点回顾量化金融学的发展历程和重要的历史事件；在本章的第四部分介绍国外著名大学关于量化金融学人才培养的思路和首都经济贸易大学量化金融专业的人才培养和思路；在第五部分给出一些进修量化金融学知识的一些建议。本章仅是对量化金融专业的一个粗浅性的介绍，量化金融学本身是一个迅速发展的学科，因此，本章的论述难免有不足或值得商榷之处，欢迎专业学者讨论或指正不足。

第二节 量化金融学科与专业的发展

一、量化金融发展的动因

随着科学技术的不断发展，量化金融作为一门新兴的复合型学科，已成为全球金融业界乃至学界发展的主流方向。

推动量化金融快速发展的动因大致可以归纳为三大推动因素：第一大推动因素是计算机技术的崛起直接推动了金融实务部门，尤其是金融数据交易与分析部门、商业银行清结算部门的运作模式的重大变革。第二大推动因素是伴随着第三次工业革命的浪潮席卷全球，尤其是大数据、人工智能和物联网（特别是区块链技术）的兴起，直接从上而下地冲击了金融市场以及金融机构管理、经营以及商业模式的深刻转变。其代表事件是国际顶级金融机构"壮士断臂式"的自我变革，以业界翘楚高盛、JP Morgan 为例，一批金融行业领军企业纷纷从传统金融服务行业向创新型科技公司的转型，其结果也导致金融人才市场需求结构发生转型，从传统金融人才的需求向 STEM① + 金融复合型人才需求转型。第三大推动因素是金融学科内部的变革。在 2008 年金融危机之后，金融学科的前沿学科——金融工程学，由于创立的模型过于复杂，模型风险过于严重，导致各界诟病金融学科的复杂模型，致使金融学转型和升级，主要的代表事件包括如本章开篇所述的国际金融工程协会更名为量化金融协会的事件，表明量化金融学科是金融学科自身变革和蜕变的结果。

因此，量化金融作为当下新兴复合型学科的代表之一，可以说该学科不仅覆盖了传统金融学的知识，还深度融合和覆盖了数理统计、计算机编程等多学科知识。

由此可见，量化金融不仅是一门学科、一个专业，更是一种思考和处理金融问题的思路。人类进入大数据金融、智能金融的时代，"科技"与"金

① STEM 一般是指拥有科学（science）、技术（technology）、工程（engineering）、数学（mathematics）学位的人才。

融”密切相关，于是数理统计以及计算机编程就成为“科技”的基本落脚点。因此，在这样的时代，如果金融人才自身没有“科技”含量，也就是没有技术，那如何将其金融理念落地呢？只有掌握了相应的技术和科技，才能够将金融问题具体化，也就是通过“量化”解决实务金融部门的复杂问题。因此，高校尽早在本科阶段设立量化金融专业方向是势在必行的。

二、量化金融与其他相关专业方向的区别和联系

量化金融专业是新兴专业方向，因此其内涵和外延的界定仍有待于深入探讨，本章只是做了这样的前瞻性尝试。就目前而言，主要是量化金融专业容易与金融工程专业、计算金融专业、金融数学专业发生混淆。

第一，量化金融主要是利用数学方法和工具解决金融经济学问题。也有很多其他专业与量化金融类似，如金融工程、金融风险管理、计算金融以及金融数学。一般而言，这些学位都是培养学生成为量化分析师（quant）的，包括分析、交易、投资和风险管理。最早的全球量化项目可以追溯到1990年。

第二，金融工程学本身就是一个涉及跨学科的学科。该学科涉及金融理论、工程学方法、数学工具以及对计算机程序的编写。当然也有人认为，金融工程学是金融数学与计算金融在金融研究领域的具体应用。

需要特别注意的是，金融工程专业虽然号称“工程学”，但是一般而言，以美国为例，美国的工程师协会并不承认金融工程学位属于工程学的范畴，而且特别有意思的是，国际金融工程师协会已改名为国际量化金融协会（International Association of Quantitative Finance，IAQF）。金融工程学主要的研究工具包括应用数学、计算机科学、统计学以及经济学理论。一般认为，涉及这些专业知识的排名是有顺序的，毋庸置疑，首先应用数学，绝对是核心，然后是计算机科学，统计学次之，而经济学理论在金融工程中的地位则较为弱化，以华尔街实务界的量化分析师（Quants）为例，很多人的经济学知识非常贫乏。当然还有人认为，凡是利用技术性工具处理和研究金融学问题的人都应该称为金融工程师，尤其是银行的程序员（也包括IT部门的从业人员）以及那些在政府部门运用统计方法处理金融经济问题的从业人员都应该被认为是金融工程师。当然，一般在金融领域我们更希望将金融工程从业人员定义为是那

些系统的、受过高等专业教育训练的，有完备金融知识的人才称之为金融工程师。当然还有人将金融工程师定义为那些创造金融产品和策略的金融从业人员。诚然，金融工程的兴起确实是始于20世纪90年代，主要是因为全球出现了对新金融衍生品需求的浪潮，进而催生了大量涉及利用金融数学知识构建金融产品定价、估值模型或量化投资策略涉及的金融职位，最终促成量化分析师（有时也称为“宽客”）这个职位的产生。金融工程学的主要应用领域为公司金融、衍生品定价、金融监管、投资组合管理（包括资产管理）、风险管理、结构化金融产品设计、量化交易以及金融产品的估值。

第三，另一个容易与量化金融学以及金融工程学混淆的专业方向是计算金融学。一般可以认为，该学科是计算机科学在金融学中的具体应用，也可以认为是计算机科学的一个分支，当然甚至可以认为计算金融学是金融学的一个分支，由此可见计算金融学也是一个典型的交叉学科。为了使计算金融学与金融数学或金融工程学分开，有学者认为计算金融学应该更偏重于对数据、交易算法的分析，特别应该强调对学生编程能力的培养，并能够综合利用计算机程序化（或算法化）的数学模型对复杂的金融市场问题进行分析，进而从事定价、估值、对冲、套利以及风险管理的研究。此外，算法的“可实现”以及对数据（尤其是大数据）的“可处理”应该特别关注，这也是计算金融学研究和思考的重点。该专业的核心数学课程包括数值分析、优化学、随机过程、随机微积分（重点关注数值解）、统计与机器学习以及大数据与统计等。目前，业界一般认为，因为算法交易、量化投资以及高频交易的领域的研究和应用涉及太多的计算机科学知识，以至于这些领域的研究应隶属于计算金融学。

第四，再一个容易让人混淆的专业方向是金融数学专业。很多院校将金融数学专业设置在数学或统计学院，此外特别有意思的是维基百科一度将金融数学等价于量化金融，但因为其专业名称是“金融数学”，所以普遍认为是应用数学的一个分支，却是不争的事实。一般而言，金融数学家们这样定义他们自己：首先这是数学领域一个分支，学科研究重点在于利用数学或数值方法建立金融理论与数学的关系。该学科强调数学定理上的严谨，并使金融利用与数学定理之间保持一致性，至于是否符合经济学的含义却不是金融数学家关注的焦点。根据维基百科的解释，经济学家会思考公司股价的形成原因以及背后的经济学机理，而金融数学家们仅将股价作为某种数学家熟悉的数学模型，而金融数学家不会思考“股价为何是布朗运动”这类问题。

由此可见，量化金融专业、金融工程专业、计算金融专业以及金融数学专业都涉及计算机科学、应用数学、统计学、经济学和财务财会（见表8－2），因此为了进一步梳理清楚这些专业的内涵和外延，有必要将这些专业进行一个大致的横向比较。此外，特别值得一提的是，这种评估方法是一种粗略的评估方法，作者试图“抛砖引玉”，而对于这些专业的严格区分和界定，可作为高校教育研究的一个重点课题进行。因此，目前这种分类仅是一个简单评估，该评估仅供参考。

表8－2　四个专业的区别和联系

		金融工程学	计算金融	金融数学	量化金融
编程技能	C/C++	4	10	0	5
	Python/R	4	10	0	5
	Matlab	4	10	0	5
电脑工程学/计算机科学	网络架构/操作系统	0	6	0	3
	大数据数据库	1	5	0	3
	硬件开发（指GPU并行计算等）	0	3	0	1
应用数学	数值计算	4	10	10	5
	优化学	4	10	10	5
	随机微积分	5	8	10	5
	测度论	2	1	10	1
	偏微分方程	3	3	10	3
统计学	大数据分析	2	5	2	8
	统计学习/人工智能	0	5	0	10
	传统数理统计	5	5	10	5
经济学	传统经济学（宏微观、产组）	0	0	0	0
	金融经济学	5	0	0	1
	金融经济计量学（包括实证）	8	0	0	1
物理学	金融物理	10	0	0	0
总分		56	67	64	65

一般而言，金融工程学一般隶属于金融学院，或者经济与管理学院下的金融系。计算金融学隶属于计算机系。金融数学毕业的学生往往直接授予数学学位，因此，金融数学一般设立在数学学院或者统计学院。量化金融一般设立在金融学院。人工智能以及大数据领域一般应设立在量化金融专业下面，由此可见，量化金融比较好地调和了其他三个专业。经济学对这些学科的影响都较为弱化，一般金融工程学学生会学习金融经济学，但其他三个学科一般不学习金融经济学。当然，四个专业的区分不是十分明显的，但是侧重点不同，如果逐条细分比较，各个学科的研究精力和重点差别还是十分明显的。金融工程学在国内会涉及一些经济学课程，计算金融整体偏向计算机科学专业，甚至涉及硬件或计算机网络开发研究。而金融数学对数学要求非常专业，强调数学推演和分析，对编程的要求几乎没有（自学编程的数学家除外）。一般而言，计算金融和金融数学的学生财务管理以及公司金融的知识都比较薄弱，会计知识几乎为零，尤其是金融数学的学生，因为过于关注衍生品定价，对于股票和固定收益的那些传统金融学知识反而往往掌握不多，缺乏金融市场与金融机构的相关知识，报考CFA这样的金融专业技能考试有难度，而量化金融和金融工程学专业的学生因为隶属于金融学院，传统金融学和财务等这类“软知识”基础较为丰厚。当然，究竟本科教学应侧重于专业性，还是侧重于学生的综合性，这是需要取舍的问题，但本质上并无孰优孰劣之分。

第三节　量化金融学发展中的重要历史事件

在论述量化金融学的发展之前，有必要回顾一下金融学科在我国的发展。客观地说，金融学在我国的发展是十分曲折的。因为各种原因，我国金融行业的发展长期处于“抑制”的状态。一般西方主流的观点认为，金融行业的三大支柱分别为商业银行、证券公司以及保险机构，而我国长期是商业银行独大的局面，我国金融市场的发展也是处于“抑制”状态下的艰难发展。就金融学科而言，因为我国金融行业不发达，致使可研究的金融问题有限，学科地位不高，时至今日金融学也是隶属于经济学，属于二级学科。

国内很多本科生的入门课《金融学》其实质并非西方意义上的《金融学》，充其量为高级版本的《货币银行学》。特别需要注意的是，《货币银行学》一般是从经济学视角思考商业银行和央行货币政策问题的，和西方意义上的《金融学》课程几乎立论基础完全不同。西方金融学的发展，在很长一段时期也是隶属于财务管理专业或者经济学院，在过去十几年间，金融学成为炙手可热的专业，并能从财务管理专业或者经济学院脱离出来主要是受益于投资学和金融工程学的发展，投资学和金融工程学极完备的理论基础成为现代金融学发展的重要理论支柱。可以认为，投资学、金融工程学以及财务管理和金融经济学这四大理论支柱支撑起了一个完整的现代金融学学科，并使得金融学最终成为一个独立的学科。但可惜的是，直到现在，我国的金融学学科仍隶属于经济学（或管理学），这样的学科分类是有偏颇的，弊端显而易见，因为金融学科现在已经是一门独立的学科，该学科还有自己十分庞大完整的行业生态体系，该学科也有自己特殊的理论和实践体系。

客观而言，国内往往将金融学归为经济学或者管理学的范畴其实是对金融学的科学发展有很大的误导性，尤其是量化金融学科的发展，在对量化金融学科发展的历程进行回顾的时候就可以发现，其学科发展与经济学和管理学关系并不大。

保罗·威尔莫特（Paul Wilmott）是一位全球著名的量化分析师，他在过去20年间为量化金融的发展以及推动量化金融学的发展做出了巨大的贡献，他的很多书籍都是量化金融领域的经典教程，本章关于量化金融学发展的很多历史事件来自于他的若干书籍，但是我认为，量化金融的内涵和外延比保罗·威尔莫特所定义的内容要更广泛和更深远。保罗·威尔莫特定义的实质是Q－type量化金融学发展中的重要历史事件，而量化金融学还包括很多保罗·威尔莫特未覆盖的P－type与本章表8－1中提到的量化视角下的宏观层面的金融学。

量化金融的历史其实非常丰富，作者也很难全部概述，但本节基本上介绍了量化金融学科发展的基本脉络。

一、Q-Type视角下的量化金融发展视角

关于Q-Type量化从业人员的定义可以简单地认为是具有以下属性的量化从业人员：他们多是来自于数学和物理专业，主要使用金融数学中的随机分析（stochastic calculous）进行工作或研究，风险中性假设是他们工作的重要准绳，主要的工作是对金融资产，尤其是衍生品进行定价。本节的知识主要是基于保罗·威尔莫特的若干专著的论述。

保罗·威尔莫特认为量化金融的思想最早应追溯到20世纪初，"量化"第一人的称号可能应该颁给法国学者劳伦斯．巴施里耶（Louis Bachelier）（见图8-1）。他的本职工作是一位数学家，他1900年的博士论文《投机理论》是目前已知的最早的试图用随机分析研究金融问题的学者。他的论文主要是认为金融资产价格的运动满足一种特殊的随机过程，这种过程在今天看来就是大名鼎鼎的"布朗运动"（Brownian Motion）。基于这样的假设，巴施里耶研究了股票期权的定价问题，但可惜的是，他的博士论文在当时并没有受到广泛的关注，但后世最终还是给予他应得的荣誉，目前很多教科书都认为巴施里耶是金融数学领域的先驱。

图8-1　法国数学家劳伦斯．巴施里耶（1870—1946）

图片来源：互联网。

对量化金融或者量化经济学有实质性推动的是经济学泰斗保罗·萨缪尔森（Paul Samuelson）。如前文所言，在很长一段时间内，国内学界将quantitative一词翻译为“数理”，因此很自然地使大众以为“量化金融学”以及“量化经济学”的发展是过去几年才兴起的，其实，运用“量化”的方法思考和处理经济与金融问题应该是从萨缪尔森的时代就已经确立了。萨缪尔森一生都在致力于将宏观经济学以及微观经济学进行彻底的“数理化”，也就是“量化”。他对“量化”的贡献主要包括消费理论中的功效理论、福利经济学领域的Lindahl－Bowen－Samuelson条件、金融经济学中的有效市场假设以及隧道理论、国际金融学中的Balassa－Samuelson效应等。当然，对量化金融学而言，后人认为是萨缪尔森重新发现了巴施里耶的博士论文在金融学中的重要性，为后来的金融工程学的发展，尤其是期权定价理论指明了正确的研究方向，使得该学科的分析研究体系得以建立。后来量化金融学领域的若干“大牛”，诸如罗伯特·莫顿（Robert Merton）等都是萨缪尔森的学生。

量化金融学发展中最具里程碑式的事件应该是BSM期权定价公式的确立。BSM期权定价公式的全称是Black－Scholes－Merton期权定价公式，该公式是三位经济学家的名字的缩写，这三位经济学家分别是布莱克·费克雪（Black Fischer）、迈伦·斯科尔斯（Myron Scholes）和罗伯特·莫顿。该公式最早由费克雪和斯科尔斯于1973年提出，发表在著名的经济学期刊《政治经济学期刊（JPE）》上，论文题目为《期权定价与公司债务》。他们利用偏微分方程推导出了欧式期权的定价公式，也就是现在的BSM期权定价公式。而罗伯特·莫顿是最早的、系统地从经济学视角发表学术文章、全面阐述和扩展费克雪和斯科尔斯公式的学者，莫顿也是较早的将费克雪和斯科尔斯的公式称为“费克雪－斯科尔斯期权定价模型”的学者。在该模型出现之前，金融市场上对期权的估值几乎都是“想当然”的“拍脑袋”，而该模型虽然表达式颇为复杂但却非常易于使用，主要原因是，该模型仅需要交易员提供5个参数，便可以迅速计算出期权的合理价格。这5个参数为标的物价格、行权价、无风险利率、期权期限以及波动率（volatility）。除波动率为主观因素外，其余4个因素皆为客观因素，数据公开透明，可在市场上获得。其后的经验表明，该模型很多时候都能较好的贴近市场的期权真实价格①。因为 BSM 模型的开创性研究，斯科尔斯和莫顿在 1997 年获得了诺贝尔经济学奖。费克雪为 1995 年患病去世，而诺奖委员会认为费克雪为 BSM 模型的贡献极为重要，费克雪未能获得诺奖确实非常令人惋惜。

20 世纪 70 年代是量化金融快速发展的时代，具体的学术成就包括蒙特卡罗法在金融中的应用、利率定价理论的发展、离散衍生品的定价、债券与利率期限结构理论的发展。表 8 – 3 汇总了 20 世纪 70 年代这些领域的具体代表学者及学术成就。

表 8 – 3　20 世纪 70 年代量化金融学的主要成就

年份	代表人物	主要贡献
1977 年	Phelim Bolye	利用蒙特卡罗模拟资产价格（标的物）走势，进而对基于该标的物的期权进行定价
1977 年	Vasicek	传统量化模型认为利率为常数，而实证经验表明，短期利率为随机过程。Vasicek 给出了债券定价的随机微分方程，并建立了较为完整的利率定价分析体系
1979 年	Cox，Ross 和 Rubinstein 以及 Sharp	创立基于二叉树模型的期权定价公式，该模型被认为是离散时间版本的 BSM 模型。创立的动机来自于 BSM 模型在当时晦涩难懂，其推导过程也很难让人接受，于是 Cox 等人提出了一种比较浅显的期权定价方法
1979 年	Mike Harrison 和 David Kreps	证明了期权价格和高等概率论与离散时间的关系

计算机技术的兴起使更多复杂的数学模型可以实现，而更多经过数学专业学习的从业人员的加入又使得量化金融学有了更深入的理论和实践的发展，从业人员和科研人员对于金融资产的定价机理也有更深刻的认识。最重要的代表事件包括风险中性思想在金融资产定价方面的广泛应用、等价鞅测度理论的应用和信用衍生品定价等。

① 虽然该模型也有很多不足，比如该模型认为波动率为常数，但事实证明波动率并非为常数。因篇幅限制，对于 BSM 模型的不足和缺陷问题不展开论述。但毋庸置疑的是，在 20 世纪 70 年代，BSM 模型的出现是有跨时代意义的，是极具开创性的研究。

二、P－Type 视角下的量化金融发展视角

P－Type 的研究视角和 Q－Type 有较大的差异，这类从业人员多来自于统计学专业，早期以实证研究为主。早期的实证研究发现，金融资产价格并非完全满足随机游走或布朗运动，资产价格的收益率存在负偏或者肥尾现象，而收益率与其历史数据的自相关系数也未如传统金融时间序列分析得那么高，而收益率的平方项的自相关系数非常高，这也就是后来所谓的“波动率聚凝”（volatility clustering）。基于这些实证特性，若干学者对传统时间序列模型，比如 ARMA（Auto－Regressive and Moving Average Model，自回归移动平均）模型进行了重构，提出了 ARCH（Auto－Regressive Conditional Heteroskedasticity，自回归条件异方差）模型。该模型认为，模型的扰动项的方差并非为常数，而是随时间变化。一般认为，纽约大学的罗伯特·恩格尔（Robert Engle）教授是 ARCH 的发明人，恩格尔教授在 2003 年因为 ARCH 模型获得了诺贝尔经济学奖。虽然现在人们更多的是使用 GARCH（GARCH 模型是由杜克大学的 Tim Bellerslev 扩展了 ARCH 模型），但截至目前，Tim Bellerslev 未获得诺贝尔经济学奖，这也是一件令人惋惜的事情。特别值得一提的是，罗伯特·恩格尔教授和“恩格尔系数”并没有任何关系，恩格尔系数的发明人其实是 19 世纪德国的统计学家 Ernst Engel（1821—1896）。细心的读者可能已经发现了，这两个人“恩格尔”的英文拼写方法其实不一样。而在国际经济学界，有一位著名的经济学家也叫恩格尔，但是他的英文拼写为 Charles Engel，他是美国威斯康星大学（University of Wisconsin）的教授（三位教授的照片见图 8－2）。他在开放经济学领域的著名学术期刊 Journal of International Economics 发表了若干学术论文，因为都叫“恩格尔”，因此往往被国内学者张冠李戴。

经过差不多半个世纪的发展，金融计量学（financial econometrics）或者说实证金融学（empirical finance）已经发展成为一个严谨完备的学科。该学科一个重要的研究领域就是研究波动率。研究波动率可能是整个金融计量学研究的重点。简而言之，波动率就是方差（variance），而方差就是一个可以表示风险最简单的刻度单位。波动率的研究可以广泛应用于金融学的三个重要领域。

图 8－2　Robert Engle 教授（左），Charles Engel 教授（中），Tim Bellerslev 教授（右）

图片来自互联网

1. 投资组合最优权重的配置研究

投资组合学的核心是研究收益（用统计学的一阶矩期望值度量）和风险（用统计学的二阶矩方差表示）的关系，进而寻找最优的资产权重配置方法。所以，投资组合学本质上特别关注动态方差的研究。此外，在 CAPM 理论中，β 值始终是研究的重点，基于 GARCH 的波动率研究也可以扩展研究动态 β 的研究思路。

2. 风险管理中的应用

VaR（valuc at risk，在险价值）和 ES（expected shortfall）是风险管理领域中最重要的一个风险测度指标，而构建 VaR 和 ES 本质就是寻找恰当的波动率。

3. 金融工程中的应用

期权定价是金融工程学的核心理论支柱。BSM 期权定价公式认为，期权的价值主要来自于波动率，甚至业界认为波动率是期权价值的发动机。目前实证研究也证实期权定价中的波动率绝对不是一个常数，它是随时间变化的。而动态化波动率的方法虽然有不少，但最为简单高效的是采用 GARCH 模型的方法。而且，经过若干年的发展，GARCH 模型家族已非常成熟和完善。有人统计过，现在 GARCH 家族的模型多达三四十种。GARCH 模型的发明人 Tim Bollerslev 在 2008 年的文章中总结了常见的 GARCH 模型，对一些常用的模型进行了汇总和整理，如表 8－4 所示。

表 8-4 常见的 GARCH 模型及相关文献

缩写	英文全称	中文翻译	文献
AARCH	Augmented ARCH	增广 ARCH 模型	Bera，Higgins and Lee（1992）
APARCH	Asymmetric power ARCH	非对称指数 ARCH 模型	Ding，Engle and Granger（1993）
ARCH-M	ARCH in mean	ARCH 均值模型	Engle，Lilien and Robins（1987）
FIGARCH	Fractionally integrated GARCH	分形积分 GARCH 模型	Baillie，Bollerslev，Mikkelson（1996）
GARCH	Generalized ARCH	一般 ARCH 模型	Bollerslev（1986）
GARCH-t	Student's t GARCH	学生式-t ARCH 模型	Bollerslev（1987）
GJR-ARCH	Glosten-Jagannathan-Runkle ARCH	GJR-ARCH	Glosten Jagannathan Runkle（1993）
EGARCH	Exponential generalized ARCH	对数一般 ARCH 模型	Nelson（1991）
HGARCH	Hentschel GARCH	H-GRACH	Hentschel（1995）
IGARCH	Integrated GARCH	积分 GARCH 模型	Engle and Bollerslev（1986）
MARCH	Modified ARCH	修正 ARCH 模型	Friedman，Laibson，and Minsky（1989）
MARCH	Multiplicative ARCH	乘法 ARCH 模型	Milhoj（1987）
NARCH	Nonlinear ARCH	非线性 ARCH 模型	Higgins and Bera（1992）
PNP-ARCH	Partially Nonparametric ARCH	偏非参 ARCH 模型	Engel and Ng（1993）
QARCH	Quadratic ARCH	二次型 ARCH 模型	Sentana（1995）
QTARCH	Qualitative Threshold ARCH	定性阈值 ARCH 模型	Gourieroux and Monfort（1992）
SPARCH	Semiparametric ARCH	半参 ARCH 模型	Engle and Gonzalez-Rivera（1991）
STARCH	Structural ARCH	结构 ARCH 模型	Harvey，Ruiz，and Sentana（1992）
SWARCH	Switching ARCH	转换 ARCH 模型	Hamilton and Susmel（1994）
TARCH	Threshold ARCH	阈值 ARCH 模型	Zakoian（1994）
VGARCH	Vector GARCH	向量 ARCH 模型	Bollerslev，Engle and Wooldrige（1988）

过去 10 年，P-type 的量化分析师开始走上历史舞台，主要是源于大数据时代和人工智能时代的到来，以及全球金融监管的新趋势。

大数据是伴随着互联网时代的兴起而到来的，更多的金融数据为统计学专业的人才提供了丰富的数据试验场；人工智能是在突破了自身发展瓶颈后迎来的新时代。在 20 年前，人工智能领域的发展遇到了难以想象的发展瓶颈，最主要的原因是缺乏理论支持，早期的人工智能科研人员主要是来自于计算机系，数学与统计功底薄弱。但是大约在20世纪90年代末，人工智能得到了迅猛的发展，主要的原因是人工智能领域的研究开始与统计学深度融合，最主要的代表事件是《统计学习理论》的兴起，支持向量机（support vector machine，简称SVM）模型可以说是让严谨的应用数理统计领域知识在人工智能领域得到了真正的应用，并且大行其道。SVM模型有较强的预测能力和学习能力，于是在2000年前后被若干华尔街量化交易公司使用进行金融资产价格的预测。此外，SVM还在信用评估领域有大量的应用。2005年前后，以SVM模型为代表的统计学理论遭遇研究发展瓶颈，业界普遍发现该类模型的预测正确率在达到一定程度后就再难提高，致使业界开始怀疑SVM模型视角下的人工智能技术是否已经发展到了极限，触及了“天花板”。令人庆幸的是，在2006年前后，一种被人遗忘的人工智能理论——神经网络又回到了大众的视野。不过，这次神经网络理论的回归是基于人类硬件技术有了大的突破——GPU技术。从事神经网络的科研人员将基于GPU技术的理论称为“深度学习理论”，其标志事件是加拿大多伦多大学的Geoffrey Hinton 2006年在《科学》（Science）上发表的关于深度学习的论文。

2016年，基于深度学习技术构建的AlphaGo打败韩国棋手李世石成为年度热门事件，基于人工智能的量化金融研究也成为国内业界炒作的热点。客观而言，大数据时代的到来和人工智能时代的到来都带来了P-Type量化行业的迅猛发展。

促使P-Type量化分析师走上历史舞台还来自于全球金融监管的新趋势。大众普遍认为，2008年席卷全球的美国金融危机是过度使用金融衍生品造成的，而衍生品的开发本来就是Q-Type量化分析师的主要工作职责。而2008年美国出台了最严厉的金融监管法案，致使大量涉及衍生品产品开发的岗位消失，致使Q-Type从业人员岗位减少，这也是导致Q-Type量化分析师大量转行的原因。

三、间接影响量化金融发展的人物和事件

本部分内容首先重点回顾一些重要的影响金融学发展的经济学家；然后

重点梳理影响量化金融学科发展的重要的非金融经济学家。

除了前文中提到的萨缪尔森、莫顿、斯科尔斯和恩格尔外，还有若干经济学家也都是数理经济学（即量化经济学）的忠实信徒，他们研究的本质也是在利用量化的手段从事学术研究。这些学者包括（但不限于）以下各位：

弗兰科·莫迪利安尼（Franco Modigliani，1918—2003），1985 年诺奖得主，诺奖委员会评价其为分析储蓄与金融市场的先驱。他是储蓄生命周期假说的创始人，该假说在研究家庭和企业储蓄中得到了广泛应用；他还是公司金融理论的早期奠基人，是 Modigliani – Miller（简称 M – M）理论创始人之一。

劳伦斯·R. 克莱恩（Lawrence R. Klein，1920—2013），1980 年诺奖获得主，计量经济学模型的创始人，被后人称为“计量经济学之父”。因为他撰写的论著和对各国研究团队的指导，使得计量经济学成为经济与金融学重要的组成部分，这些模型也成为经济政策分析与评估的重要研究手段。

哈里·马克维茨（Harry M. Markowitz，1927—），1990 年诺奖得主，投资组合理论的创始人之一，最早提出了资产组合收益率的均值和方差这两个数学概念，从数学上明确地定义了投资者偏好，并开创性地将边际分析原理运用于资产组合的分析中，对金融经济学理论发展做出了杰出贡献。他的研究领域还包括金融微观分析及数学、计算机在金融经济学方面的应用。他的理论几乎影响了和他同时代的所有学者。

默顿·米勒（Merton H. Miller，1923—2000），1990 年诺奖得主，Modigliani – Miller 理论（1958）的创始人之一。米勒的公司金融理论较好地解释了是何种因素决定公司在应计债务和分配资产方面的选择问题。

威廉·夏普（William F. Sharpe，1934—），1990 年诺奖得主，资本资产定价模型（CAPM）的创始人之一，并创立了夏普比率。他发展了期权估值的二叉树模型，提出了“系统性风险”和“非系统风险”的概念。夏普对经济学的最主要的贡献体现在提出了在不确定条件下投资人关于有价证券的金融决策分析的规范分析框架。

罗伯特·蒙代尔（Robert A. Mundell，1932—），1999 年诺奖得主，在不同汇率制度下的财政与货币政策的研究领域做出了杰出贡献，是“最优货币理论”的奠基人，被誉为“欧元之父”。他还是开放条件下宏观稳定政策的理论蒙代尔—弗莱明模型的发明人之一。

尤金·法玛（Eugene F. Fama，1939—），2013 年诺奖得主，被誉为“金融学之父”（the father of finance），是“有效市场假说”的创始人。法玛教授长期利用实证研究方法在投资组合学、资产定价以及股票市场行为研究领域为金融学做出了杰出贡献。

罗伯特·希勒（Robert J. Shiller，1946—），2013 年诺奖得主，在资产定价实证分析领域有重要贡献，被认为是当代行为金融学的主要创始人，并被视为新兴凯恩斯学派成员之一。希勒教授在金融市场、行为经济学、宏观经济学、不动产、统计方法及市场道德判断、公共选择等领域都有杰出贡献。

此外，量化金融学得以迅速发展也得益于现代抽象概率理论的发展，而现代抽象概率论的理论奠基人主要是 J. L. Doob、A. N. Kolmogorov（柯尔莫戈洛夫）和 P. Lévy。

美国数学家 Joseph L. Doob（February 27，1910 - June 7，2004），主要研究领域为数学分析和概率论，金融数学中用的最多的鞅论（the theory of martingales）主要是由 Doob 发展起来的。

A. N. Kolmogorov 的全称是 Andrey Nikolaevich Kolmogorov（1903—1987），苏联著名数学家，主要研究概率论等。

P. Lévy 的全称是 Paul Pierre Lévy（1886—1971），法国籍犹太数学家，金融、概率论中著名的 Lévy 分布就是指的他。

最后特别需要一提的是，19 世纪英国植物学家布朗和 20 世纪日本数学家伊藤清也是两位重要人物。

1827 年，英国植物学家布朗在花粉颗粒的水溶液中观测到花粉无间歇的不规则运动，后人将这种粒子的无规则运动称为布朗运动。而在金融数学中，用随机过程描述金融资产的价格走势是研究金融工程学的第一步，一般而言，金融资产的价格，尤其是股票的价格，在现代教科书中都被认为价格满足布朗运动。因此，布朗运动这个概念已成为金融数学以及金融工程学的基础性假定。

如前文所述，BSM 模型是金融数学，也是量化金融学的重要核心模型，在求解过程中往往需要使用伊藤积分，而伊藤积分作为一种典型的随机积分，最早是由日本数学家伊藤清提出的，因此，在量化金融学学科的发展史上，伊藤清也是一个伟大的理论贡献者。

第四节 国际经验与国内借鉴

根据作者长期跟踪和调研发现，美国的卡内基·梅隆大学和加拿大的滑铁卢大学的量化金融专业都是非常具有国际视野和办学特点的。这两个学校的量化金融专业设立的时间都不长，但在过去10余年间，这两所学校的量化金融专业都迅速在业界获得了口碑和积累了人气，一个重要的原因是这两所大学的专业都得益于了它们学校计算机科学与工程专业的发展，这和过去十几年大数据、人工智能的崛起也密切相关，而更主要的是，这两所学校培养出来的学生有极强的解决实际问题的动手能力。动手能力强弱和学生的计算机编程能力成正比。简而言之，美国的卡内基·梅隆大学和加拿大的滑铁卢大学是较早尝试将计算机科学与工程专业和金融学深度融合的大学，这也是这两所学校在过去10余年迅速崛起的最重要的原因。

但是，中国的量化金融人才培养不能完全照搬国外模式。原因有二：其一，中国国情不同，金融市场与机构发展的阶段和国外不同，西方量化金融专业的模式适合于成熟市场及机构，按照西方的人才培养目标培养的毕业生不能适应现阶段我国金融市场和机构的用人要求。其二，卡内基·梅隆大学和滑铁卢大学的量化金融专业为专业硕士课程，并无本科专业，虽然这两所学校的招生计划中都提到并不要求学生本科具有金融学学位，并允许零金融基础的学生报考，但国内的高校尝试在本科阶段设立量化金融专业，如果要在本科阶段开设量化金融专业，可借鉴的国外经验非常少。其三，国外量化金融专业偏向Q-type，而国内目前更需要P-type的从业人员。

本节首先简要介绍卡内基·梅隆大学量化金融专业硕士的办学特色；然后介绍首都经济贸易大学金融学院量化金融专业的办学特点。

一、CMU 课程的基本设置

卡内基·梅隆（CMU）是一所以计算机科学立校的大学，该学校人工智能领域全球第一。因此，该校开设的量化金融自然是偏向计算金融（computing finance）方向，该专业硕士项目的人才培养模式非常值得国内高校借鉴和学习。首先，该项目强调 C/C + + 和 Python 的使用，基本上是每学期一门讲授 C/C + + 语言的课程；其次，这些课程还注重考查学生数据结构和算法的知识，并注重培养学生将编程知识和量化金融学知识紧密结合、综合运用的能力。他们推荐的 C/C + + 的书籍见表 8 – 5。

表 8 – 5 CMU 大学计算编程的核心课程

课程名称	推荐教材名称	教材作者
C/C + + 与计算机编程相关课程	Database Modeling and Design	Teorey
	The C + + Standard Library	Josuttis
	Design Patterns	Gamma, et al.
	Effective C + +	Meyers
	Learning Python	Lutz
	Data Structures and Algorithms	Aho, Hopcroft and Ullman

该项目除了重视 C/C + + 编程外，专业课的构成还包括高级衍生品建模、统计推论、统计与机器学习方法、金融时间序列分析、统计套利、多期资产定价、随机分析Ⅰ、随机分析Ⅱ、数值分析、金融风险管理Ⅰ、金融风险管理Ⅱ、固定收益分析、金融产品与市场、最优化方法在金融学中的应用、宏观视角下的计算金融分析、资产管理、微观市场结构和算法交易，见表 8 – 6。

表 8 – 6 CMU 量化金融专业课程设置

课程名称	推荐教材名称	教材作者
高级衍生品建模	The Volatility Surface: A Practitioner's Guide	J. Gatheral
统计推论	Statistics and Data Analysis for Financial Engineering	David Ruppert
统计与机器学习方法	An Introduction to Statistical Learning: with Applications in R Statistics and Data Analysis for Financial Engineering	Gareth James, et al. David Ruppert
金融时间序列	Statistics and Data Analysisfor Financial Engineering	David Ruppert

续表

课程名称	推荐教材名称	教材作者
统计套利	无	
多期资产定价	无	
随机分析 I&II	Stochastic Calculus for Finance II：Continuous – Time Models	Shreve
金融风险管理 I&II	Counterparty Credit Risk，Collateral and Funding	D. Brigo，M. Morini and A. Pallavicini
固定收益证券分析	Fixed Income Securities，3rd ed.	Bruce Tuckman，Angel Serrat
金融产品与市场	The Complete Guide to Capital Markets for Quantitative Professionals Financial Intelligence	Alex Kuznetsov Karen Berman
最优化方法在金融学中的应用	Optimization Methods in Finance，Second Edition (in preparation). Active Portfolio Management Strategic Asset Allocation：Portfolio Choice for Long – Term Investors.	Cornuejols，Pena，and Tutuncu Grinold and Kahn Campbell and Viceira
宏观视角下的计算金融分析	无	
资产管理	无	
微观市场结构和算法交易	无	

二、CMU 项目课程设计的基本逻辑

CMU 项目的专业课程设计包含三大模块：金融基础知识模块、数理统计理论模块、专业应用模块。

在金融基础知识模块中，主要课程包括固定收益分析和金融产品与市场。量化金融专业是个跨学科专业，生源往往来自于本科就读数学、统计、物理学、工程学、计算机科学与应用的学生。这些学生可能对金融学的内在逻辑没有任何了解，为了照顾这些跨专业的学生，有必要开设一些金融基础知识

课程。

在数理统计理论模块中，课程又分为初级课程和高级课程。初级课程主要包括统计推论、统计与机器学习方法、金融时间序列、多期资产定价4门课程。而随机分析Ⅰ&Ⅱ、数值分析以及最优化方法在金融学中的应用较难。

统计推论课程是CMU量化项目中的基础专业课，主要是为非统计类专业的跨专业学生开设的课程。该课程特别强调R语言以及对金融时间序列数据的理解和认识。在统计与机器学习方法课程中使用的教程是计算机科学领域非常推崇的机器学习理论的入门级教材；此外，为了加强该课程与量化金融的结合，该课程还推荐了统计推论与金融时间序列课程同样的教材。David Ruppert的金融时间序列教材是北美主流商学院选取的教材，非常有代表性。金融时间序列课程的教学设计与国内该课的设计相差不多，主要是前期讲授ARMA模型，然后讲授VARMA。因为金融时间序列，尤其是特殊的统计特性，故重点讲授GARCH模型的应用。一般而言，课堂教学中教师也会花部分时间讲授高频金融时间序列分析，与计量经济学的侧重点不同，课堂上较少讲授SVAR等概念。

因CMU量化金融项目也招收非数学专业的学生，考虑到随机分析Ⅰ&Ⅱ课程难度较大，故安排了多期资产定价作为过渡课程。在该课程中，主要对一些随机分析中涉及的基本概念进行梳理，比如：鞅的基本概念、马尔科夫过程入门、滤波过程的定义及现实含义、停时过程介绍、风险中性定价的基本思想、关于套利的定义等。

CMU要求学生投入大量时间和精力学习随机分析，并将随机分析分为两个学期，基本上要求学生掌握Shreve教材中的全部内容。另外一门基础理论数学课程是数值分析。该课程主要是讲授如何利用数值分析方法解偏微分方程。首先介绍偏微分方程，重点介绍其在BSM公式中的应用。有限元法的相关算法、实现问题（诸如算法的稳定性、收敛性）、边界问题是重点论述的对象。课堂教学中会介绍如何将这些数值技术和二叉树模型、利率模型、提前执行模型联系起来；还会介绍如何利用数值方法解多因素模型。最优化方法在金融学中的应用课程主要是梳理资产配置和风险管理领域所涉及的最优化问题，并结合期权定价、模型校准等问题，讲授这些领域所需要的优化学的知识。该课程覆盖了中高级优化学理论，如线性、二次型优化、积分数值解、动态规则等。

在专业应用模块中，课程设计的目的主要是让学生在完成前面两个模块的学习后，引导学生解决现实中的量化的问题，这些现实中的量化问题主要包括复杂金融衍生品的定价、金融风险管理、交易策略与量化投资以及对其他量化金融前沿问题的思考。

就衍生品定价问题，CMU 的量化金融项目安排了两个课程。在高级衍生品建模课程中，主要基于 Heston 模型展开，也会讲授 Cox - processes 在信用衍生品种的应用。而在期权研究这门课中，要求学生修完固定收益证券分析、高级衍生品建模（一级）、多期资产定价等先修课程，然后才能学习这门课程。该课程主要学习基本的看涨/看跌期权、奇异期权、利率期权、基于波动率为标的物的衍生品以及公司型证券（主要指含权的债券和认股证等）、实物期权（以电、煤为标的物的衍生品）。理论学习主要集中在学习二叉树模型、BSM 模型、Hull - White 模型以及风险中性估值理论等。此外，本课程还介绍几何布朗运动、连续时间随机过程、看涨—看跌平价理论、希腊字母、蒙特卡罗模拟、静态与动态期权复制在交易策略中的应用、隐含随机过程等。

模拟方法在期权定价中的应用以及统计套利是两门非常有实用价值的课程。模拟方法在期权定价中的应用课程关键是在讲授一些重要的蒙特卡洛模拟的方法和思路，比如：重要性采样、控制变量法、分层抽样、MCMC（马尔科夫—蒙特卡洛）原理等。而在统计套利课程中重点讲授在市场风险中性思想下的配对交易、动量策略、协整套利、算法与高频交易策略等知识点。

因为目前大量的量化金融从业人员在金融机构的金融风险岗位就职，各大机构的金融风险管理部门每年都接收大量的量化金融专业毕业生，因此，CMU 特别重视对学生的金融风险管理知识的培养。在培养计划中，CMU 要求学生完成金融风险管理Ⅰ&Ⅱ两门课程的学习。《金融风险管理Ⅰ》课程主要从两条主线展开：一条是市场风险；一条是信用风险。该课程要求学生对现阶段金融监管环境和巴塞尔协议的基本思想有足够的认识。重点介绍两大类金融测度方法，即 VaR（在险价值）和 Expected Shortfall（ES）以及其相应测度标准的推广。该课程还会介绍一致性风险测度（coherent risk）的概念，以及极值分布（还包括解释一般帕累托分布）。本课程另外一个重点是介绍模拟方法在衍生品投资组合分析中的应用，即向学生展示如何利用模拟技术对衍生品的投资组合快速、有效、准确地计算相关风险测度，并利用风险管理知识管理衍生品投资组合风险。而在信用风险管理部分，本课程重点介绍CDS、CDO的定价以及风险管理，信用对家风险、信用估值调整（CVA）的概念和计算。金融风险管理Ⅱ主要向学生重点介绍2008年金融危机后兴起的目前金融行业必不可少的金融监管技术和概念，这些技术和概念包括信用估值调整、借记估值调整（Debit Valuation Adjustment，DVA）、资金估值调整（Funding Valuation Adjustment，FVA）和抵押/保证金问题分析。

此外，CMU还开设了3门量化金融的前沿应用课程，主要是微观市场结构和算法交易、资产管理以及宏观视角下的计算金融分析。

微观市场结构和算法交易课程主要介绍算法交易、最优下单执行策略、执行质量分析、监管动向、算法与高频交易相关的IT知识介绍，引导学生学习基于经济学视角下的微观市场结构理论。该课程使用的数据均来自真实市场交易数据，重点论述权益市场、债券市场和期货市场。

资产管理课程致力于向学生揭示资产管理的本质是研究投资组合问题，当下的资产管理主流是利用量化的思想和量化的工具，量化资产管理的关键也还是要平衡风险和收益。评估风险和收益，都可以转化为优化问题，但在实际操作中却需要量化从业人员懂得更多的可操作的处理技巧和智慧，因此这是开设本课程的重要目的之一。课程是一门综合型课程，需要学生将以往所学的量化知识和技巧灵活地应用到社会实际中去。此外，本课程重点介绍基于艾普斯龙维度、贝塔维度以及阿尔法维度①的现代资产管理框架。授课教师认为，资产管理的目的是希望尽量通过分散投资平滑掉艾普斯龙后，经过调整贝塔风险，最后应把所有精力集中在增加超额收益阿尔法上。本课程致力于引导学生了解不同的资产类型的特性，并能利用量化工具和所学知识计算投资组合的艾普斯龙、贝塔和阿尔法的值，并能够灵活利用所学知识构建

---

① 艾普斯龙、贝塔以及阿尔法的英文分别为epsilon，beta和alpha。它们代表的金融学含义分别为：那些来自好运气或坏运气的收益、投资人因承受风险而获得的风险溢价以及超额收益。

出可行的交易策略。

宏观视角下的计算金融分析课程设置的基本目的是希望学生能够利用经济学工具分析宏观经济环境，该课程重点介绍如何利用经济学分析工具预测证券价格和利率走势。因为传统金融学教学中对学生经济学知识的培养要求是比较高的，但是量化金融专业往往对学生的经济学知识未做任何要求，这样的问题是，有部分跨专业的学生甚至连失业率、预期通货膨胀、汇率的决定因素等概念都不了解。因此，CMU 认为，有必要为学生开设一门专业课程，让学生对央行和政府政策影响、宏观经济的理论和方法有所了解。此外，从2008 年美国金融危机开始，全球经济以及金融市场运行更多地受到美联储货币政策变化的影响，美联储的一举一动都会引起全球金融市场的震荡，而理解美联储的行为模式确实是需要专业训练和培训的，这确实要求量化从业人员了解很多现代货币经济学以及宏观金融学的知识，比如：什么是理性预期方程组？如何理解金融摩擦理论（金融加速器理论）？什么是金融周期理论？什么是新凯恩斯主义视角下的央行宏观管理？什么是最优货币政策理论？此外，量化金融分析师也需要了解美联储、欧洲央行和 IMF 的核心宏观预测模型的原理和建模思路。简而言之，如果量化金融分析师不经过系统的培训，很难理解央行的大政方针；不理解大政方针，注定会导致微观金融定价模型出现系统性风险。毕竟，微观的金融产品的定价、估值、风险管理以及套利都是受宏观大趋势、大环境、大政治经济格局所影响的。

第五节　量化技能进阶的建议

一、初级知识储备阶段

“不积跬步，无以至千里”。量化金融是新兴交叉学科，普遍的共识是，该学科需要学生有非常强的数理背景，这样的认识是正确的。因此，量化金融专业的硕士人才培养方案中一再要求并欢迎本科是数学、统计、物理、计算机等相关专业学生报考，但是这一要求也给了很多考生一种错觉：只要数学、计算机好，任何人转金融就一定没问题。这种认识其实是错误的。金融涉及大量的财务、法律以及经济学的知识，这些知识表面上看似不涉及高深的数学知识，但是对于完全没有基础背景的学生而言，其实是不容易掌握的，而这些看似“简单”的文科类金融知识其实不简单，如果没有3~5年系统的学习和社会实践，跨专业的学生无法理解其中的玄妙。对于跨专业的学生而言，以下8门金融本科阶段的核心课程（见表8-7）应牢牢掌握。这8门课程也是首都经济贸易大学金融学院指定的本科核心课程。这些教材的课后习题一般网上都可以获得，这些课程的学习都需要学生结合大量的习题，才能做到知识掌握的牢固。

表8-7 首都经济贸易大学金融学院本科阶段金融专业核心课程及教材

课程名称	教材名称	教材作者
公司金融、财务管理	公司理财	罗斯等
商业银行管理	商业银行管理	彼得S. 罗斯，西尔维娅C. 赫金斯
投资学、证券分析、证券投资学	投资学	滋维·博迪
衍生品入门、金融工程入门、期权与期货	期权、期货及其他衍生产品	赫尔
固定收益证券分析	固定收益证券手册（上下）	法博齐
国际金融	国际金融	克鲁格曼
货币金融学	货币金融学	米什金
风险管理与保险原理	风险管理与保险学	乔治·E. 瑞达

此外，因为金融行业是一个要求从业人员具有极强的专业知识，因此一些金融行业内从业执照的考试，也可以帮助金融从业人员提供其自身金融专业素养。这些重要的金融资格考试包括证券从业资格考试、美国特许金融分析师（CFA）和美国金融风险管理师（FRM）。其中，证券从业资格考试是由中国证券业协会负责组织的全国统一考试，证券资格是进入证券行业的必备证书，是进入银行或非银行金融机构、上市公司、投资公司、大型企业集团、财经媒体、政府经济部门的重要参考。

《美国特许金融分析师（CFA）》是全球投资界最为严格和含金量最高的资格认证，被全球金融界雇主誉为“华尔街入场券”，CFA资格认证被全球

170 多个国家认可。CFA 考试内容分为三个不同级别，分别是 Level Ⅰ、Level Ⅱ和 Level Ⅲ。考试在全球各个地点统一举行，每个考生必须依次完成三个不同级别的考试。CFA 资格考试采用全英文，候选人除应掌握金融知识外，还必须具备良好的英文专业阅读能力。顺利通过 CFA 课程能获得雇主、投资者和整个投资界的高度尊重。CFA 一级考试涉及 120 个问题，分上下午考试，上午 3 小时，下午 3 小时。CFA 二级的考试题目总量为 60 个选择题，也是分上、下午考试，考试共 6 小时，主要以考案例为主，每个案例涉及 4 个选择题。CFA 三级考试仍是 6 个小时，题型与一、二级的选择题相比增设了写作考试，写作考试安排在上午，下午考试的题型为选择题。一般而言，金融学专业的硕士研究生需无条件掌握 CFA 一级和二级的全部知识点，这是金融专业人员履职金融业最需要掌握的基本知识。CFA 一级和二级的考试范围覆盖 9 个方面：①道德；②计量经济学；③经济学（宏观、微观、国贸和国金）；④会计；⑤财务管理；⑥固定收益；⑦衍生品；⑧投资组合学；⑨可替代性投资（alternative investment）。一级和二级的知识点重合度非常高，二级以案例形式考查学生，因此更注重考查学生综合知识运用的能力。需要注意的是，一级考试每半年举行一次，二级考试和三级考试一年举行一次。因此，要通过 CFA 三级考试，最快也需要两年半。

FRM（Financial Risk Manager）是当今全球金融风险管理领域顶级的权威国际资格认证，由美国“全球风险管理协会”（Global Association of Risk Professionals，简称 GARP）设立。GARP 是一个拥有来自超过 195 个国家的 150 000 名会员的世界最大的金融协会组织之一，主要分别服务于 5 000 多家银行、证券公司、学术研究机构、政府管理机构、资产管理机构、保险公司及非金融性公司等。其主要职能是通过信息交换，实施教育计划，提高全世界金融风险管理领域的标准。FRM 考试虽然设立时间不长，但发展极为迅速，已经得到华尔街和其他欧美著名金融机构与大型公司风险管理部门以及政府监管层的认同，并已经初步成为风险管理领域的最权威的认证。根据 FRM 考试协会施行分级考试的规定，将每年的考试都设在了 5 月和 11 月第三个周六。自 2010 年起，FRM 考试分为 PART 1 和 PART 2 两级。PART 1 考试时间为上午 4 小时，全部是标准化试题，100 道单项选择题。PART 2 考试时间为下午 4 小时，全部是标准化试题，80 道单项选择题。考生可以同时报考 PART 1 和 PART 2 两级考试，但是考生只有通过 PART 1，其 PART 2 的考试成绩才会被评阅，两级考试都通过后并达到其他要求方可取得证书。FRM 评分标准为：考生只知道考试是否通过，而不知道确切的得分。FRM 及格分数线由考生的绝对分数以及排名前 5% 的考生的平均分的比例决定，答错的题目不扣分。

二、中级进阶阶段

以上介绍的初级阶段的知识都是对本科学生的要求，而量化金融专业的研究生需要在掌握了基础的金融学知识后，进入全方位和专业性的学习，学习的重点需要从传统的“文科”视角向“数理统计”视角转换。学生需要养成使用数理工具，量化问题并解决问题的习惯。表 8 -8 的推荐教材可以作为高年级本科生和研究生进修的教材。

表 8 -8　中级量化金融教材推荐

教材名称	教材作者	推荐理由
Mathematics& Statistics for Financial Risk Management, 2nd ed.	Michael B. Miller	该书为 FRM 考试机构推荐的教材，是一本能帮助学生打好数理功底的好书。建议使用第二版，第二版在第一版的基础上加入了大量有用的数理知识
Analysis of Financial Time Series, 3rd ed.	Ruey S. Tsay	这两本书都是蔡瑞胸（RueyS. Tsay）编写的，是金融时间序列非常好的教材，尤其是第二本，作者为该书所涉及的模型在自己的网页上都配有相应的 R 语言代码
An Introduction to Analysis of Financial Data with R		
Market Risk Analysis	Carol Alexander	该书共 4 册，全面介绍了金融市场风险。第一册关注金融学中的量化方法，第二册重点介绍金融计量，第三册介绍涉及金融市场风险的定价、对冲和交易，第四册重点介绍市场风险管理。该书可谓是一部关注市场风险分析的百科全书

续表

教材名称	教材作者	推荐理由
Numerical Methods and Optimization in Finance	Manfred Gillili，Dietmar Maringer，Enrico Schumann	这是一本专门介绍数值分析与优化的书，也是很多国外量化金融专业推荐的书籍，该书还配有模型代码
A Benchmark Approach to Quantitative Finance	普拉滕，西斯	该书是很多国外量化金融项目推荐的量化金融入门教材，较好地调和了 P－type 和 Q－type 的量化知识，是一本难得的量化金融入门教材。该书有中文版，配有习题解答
The Volatility Smile	Emanuel Derman	波动率研究始终是量化金融学研究的重点，该书是2016 年出版的新书，作者是被称为，金融数学大神的 Emanuel Derman。他的基本简历是：BSM 发明人布莱克的助手，Black－Derman－Toy 模型、Derman－Kani local volatility 的发明人，著名畅销书《我的量化人生》（my life as a quant）的作者，现任哥伦比亚大学金融系教授，金融工程项目负责人。此外他还做了很多促进 Quant 行业发展的行业准则制定的工作，比如曾和 Paul Wilmott 模仿共产党宣言，写了一份《金融建模者宣言》（Financial Modelers' Manifesto）

三、高级研修阶段

量化金融专业的前沿学术研究和其他金融与经济学科的前沿研究有很大的不同，最大的不同在于其研究问题的实用性。在掌握了若干中级量化金融的研究生课程之后，量化金融专业的学生如果进入博士阶段的学习，应该将更多精力放在前沿学术文献的梳理上。现将量化金融领域的学术前沿期刊梳理给读者。

一般而言，金融学隶属于经济学范畴，在经济学领域中，金融作为经济学不可分割的一部分，很多顶级的金融学学术文章也出现在顶级经济学期刊中。国际公认的五大顶级英文经济学期刊分别是《美国经济评论》（American Economic Review）《经济学季刊》（Quarterly Journal of Economics）《政治经济学杂志》（Journal of Political Economy）《计量经济学杂志》（Econometrica）与《经济研究评论》（Review of Economic Studies）。以上五种杂志被圈内人士称为“Top Five”。特别说明的是，《经济研究评论》（Review of Economic Studies）被称为“大 RES”；还有一个非常不错的杂志叫 Review of Economics and Statistics，该杂志的缩写也是 RES，为了和 Review of Economic Studies 区分，一般将 Review of Economics and Statistics 称为“小 RES”。这两种杂志经常被人搞混。“小 RES”也是非常不错的杂志，主办单位是 MIT Press Journal。

金融学领域中的顶级期刊，一般认为是四大杂志，见表 8－9。

表 8－9 金融领域四大顶级期刊

级别	期刊名称	主办单位
Field Top	Journal of Finance	American Financial Association
Field Top	Journal of Financial Economics	Elsevier
Field Top	Journal of Financial and Quantitative Analysis	University of Washington
Field Top	Review of Financial Studies	Society for Financial Studies

此外还有很多金融杂志也非常不错，建议大家关注：Mathematical Finance，Journal of Mathematical Finance，Quantitative Finance，Journal of Computational Finance，Journal of Financial Econometrics，Journal of Empirical Finance，Journal of Banking and Finance，Journal of Econometrics。

当然，一些人工智能方面的工作论文和学术期刊也值得量化金融从业人员关注。

思考题

1. 试述量化金融与其他相关专业的区别及联系。
2. 试述量化金融的两大视角。

3. 不同层级的量化知识体系有哪些？
4. 量化金融学研究的主要方法有哪些？如何才能学好量化金融？
5. 量化金融学主要的学术期刊有哪些？

参考文献

[1] MAURO P. Empirical asset pricing: the cross section of stock returns[M]// Expert systems and geographical information systems for impact assessment /. Taylor & Francis, 2004: 19 - 38, vii.

[2] ENGLE R. 3. Models for correlation: anticipating correlations a new paradigm for risk management[M]. Princeton University Press, 2009.

[3] JONES F J, FABOZZI F J, MODIGLIANI F. Foundations of financial markets and institutions /[M]. Prentice Hall, 2002.

[4] ANTHONY SAUNDERS, MARCIA MILLON CORNETT. , Financial markets and institutions. 5th edition /[M]. Business and Economics. 2012

[5] MILLER M B. Mathematics and statistics for financial risk management, second edition[M]// Mathematics and statistics for financial risk management /. Wiley, 2012.

[6] TSAY R S. Analysis of financial time series[M]// Analysis of financial time series: Wiley, 2002: 5880 - 5885.

[7] ALEXANDER C. Market risk analysis 4[M]. Wiley John & Sons, 2009.

[8] ALEXANDER C. VALUE - at Risk Models, w. CD - ROM[M]. Wiley & Sons, 2009.

[9] ALEXANDER C. PRICING, Hedging and trading financial instruments[M]. J. Wiley, 2008.

[10] ALEXANDER C. Market risk analysis. Volume I. Quantitative methods in finance[M]. J. Wiley, 2008.

[11] MARINGER, DIETMAR. Numerical methods and optimization in finance [M]//Numerical methods and optimization in finance /. Elsevier/Academic Press, 2011: 289 - 298.

[12] BRANDIMARTE P. Numerical methods in finance and economics: A MATLAB – Based Introduction[M]// Numerical methods in finance and economics:. Wiley Interscience,2006:1300 – 1301.

[13] PLATEN E,HEATH D. A Benchmark approach to quantitative finance[M]// A benchmark approach to quantitative finance. Springer – Verlag,2006:1353 – 1355.

[14] 普拉滕,西斯陈代云．数理金融基准分析法:A benchmark approach to quantitative finance[M]. 上海:上海人民出版社,2011.

[15] SHREVE S E. Stochastic Calculus for Finance Ⅱ [M]// Stochastic calculus for finance /. Cambridge University Press,2012:xx,550.

[16] WILMOTT P. Paul Wilmott on quantitative finance,3 Volume Set,2nd Edition [M]// Paul Wilmott introduces quantitative finance. J. Wiley & Sons Ltd. 2007.

[17] WILMOTT P. Frequently asked questions in quantitative finance[M]. John Wiley,2007.

[18] KOSOWSKI R L. Dedication – Principles of financial engineering (Third Edition)[M],Principles of financial engineering/. Elsevier Academic Press,2004:84 – 85.

[19] HIRSA A,NEFTCI S N. An introduction to the mathematics of financial derivatives [M]. Wuhan University Press,2007.

[20] ANIL K. BERA, MATTHEW L. HIGGINS, SANGKYU LEE. Interaction between autocorrelation and conditional heteroscedasticity: A random – coefficient approach[J]. Journal of Business & Economic Statistics,1992,10(2):133 – 142.

[21] DING Z,GRANGER C W J,ENGLE R F. A long memory property of stock market returns and a new model[J]. Journal of Empirical Finance,1993,1(1):83 – 106.

[22] ENGLE R F, LILIEN D M, ROBINS R P. Estimating time varying risk premia in the term structure:The Arch – M Model[J]. Econometrica,1987,55(2): 391 – 407.

[23] BAILLI R T, BOLLERSLEV T, MIKKELSEN H O. Fractionally integrated generalized autoregressive conditional heteroskedasticity[J]. Journal of Econometrics, 1996,74(1):3 – 30.

[24] BOLLERSLEV T. Generalized autoregressive conditional heteroskedasticity

[J]. Journal of Econometrics,1986,31(3):307 - 327.

[25] BOLLERSLEV T. A conditionally heteroskedastic time series model for speculative prices and rates of return[J]. Review of Economics & Statistics,1987,69 (69):542 - 547.

[26] GLOSTEN L R,JAGANNATHAN R,RUNKLE D E. On the relation between the expected value and the volatility of the nominal excess return on stocks[J]. The Journal of Finance,1993,48(5):1779 - 1801.

[27] NELSON D B. Conditional heteroskedasticity in asset returns: A New Approach[J]. Econometrica,1991,59(2):347 - 370.

[28] HENTSCHEL L. All in the family nesting symmetric and asymmetric GARCH models [J]. Journal of Financial Economics,1995,39(1):71 - 104.

[29] ENGLE R F, BOLLERSLEV T. Modeling the persistence of conditional variances[J]. Econometric Reviews,1986,5(1):1 - 50.

[30] FRIEDMAN B M,LAIBSON D I,MINSKY H P. Economic implications of extraordinary movements in stock prices[J]. Brookings Papers on Economic Activity, 1989,20(2):137 - 190.

[31] MILHOJ,A,A multiplicative parameterization of ARCH models[R]. Working Papers on Department of Statistics,University of Copenhagen,1987.

[32] HIGGINS M L,BERA A K. A class of nonlinear arch models[J]. International Economic Review,1992,33(1):137 - 158.

[33] ENGLE R F,VICTOR K. N G. Measuring and testing the impact of news on volatility[J]. The Journal of Finance,1993,48(5):1749 - 1778.

[34] SENTANA E. QUADRATIC ARCH Models [J]. Review of Economic Studies,1995,62(4):639 - 661.

[35] GOURIEOUX C,MONFORT A. Qualitative threshold ARCH models[J]. Journal of Econometrics,1991,52(1 - 2):159 - 199.

[36] ENGLE R F,González - Rivera G. Semiparametric ARCH Models[J]. Journal of Business & Economic Statistics,1991,9(4):345 - 359.

[37] HARVEY A, RUIZ E, SENTANA E. Unobserved component time series

models with ARCH disturbances[J]. Journal of Econometrics,1992,52(1 -2):129 -157.

[38]HAMILTON J D,SUSMEL R. Autoregressive conditional heteroskedasticity and changes in regime[J]. Journal of Econometrics,1994,64(1 -2):307 -333.

[39]ZAKOIAN J M. Threshold heteroskedastic models[J]. Journal of Economic Dynamics & Control,1994,18(5):931 -955.

[40]BOLLERSLEV T,ENGLE R F,Wooldridge J M. A Capital asset pricing model with time - varying covariances[J]. Journal of Political Economy,1988,96(Volume 96,Number 1):116 -131.

[41]BOLLERSLEV T. Glossary to ARCH (GARCH)[R]. Creates Research Papers,2008.

[42]MEUCCI A. Risk and asset allocation[M]// Risk and asset allocation/. Springer,2005:xxvi.

[43]波尔陈雄兵,张海珊. 统计套利:Statistical arbitrage:algorithmic trading insights and techniques[M]. 北京:机械工业出版社,2011.

[44]罗斯(Ross,S. A.),R. W.,等. 公司理财 Corporate Finance:第9版:英文[M]. 北京:机械工业出版社,2011.

[45]彼得 S. 罗斯,西尔维娅 C. 赫金斯. 商业银行管理(第2版)[M]. 北京:机械工业出版社,2007.

[46]滋维·博迪投资学(原书第9版)[M]. 北京:机械工业出版社,2014.

[47]赫尔. 期权、期货及其他衍生产品[M]. 北京:机械工业出版社,2014.

[48]克鲁格曼,等. 国际金融:第10版[M]. 中国人民大学出版社,2016.

[49]法博齐. 固定收益证券手册 = The handbook of fixed income securities[M]. 北京:中国人民大学出版社,2005.

[50]乔治·E·瑞达. 风险管理与保险原理[M]. 北京:中国人民大学出版社,2015.

[51]米什金,郑艳文,荆国勇. 货币金融学(第9版)[M]. 北京:中国人民大学出版社,2011.

[52]刘曼红. 风险投资学[M]. 北京:对外经济贸易大学出版社,2011.

[53]谈毅. 风险投资学[M]. 上海:上海交通大学出版社,2013.

[54]李晓峰．中国私募股权投资[M]．北京:清华大学出版社,2010.

[55]黄继．我国风险投资税收优惠政策研究[D]．西南财经大学硕士学位论文,2008.

[56]屈磊．私募股权投资的估值研究[D]．安徽财经大学硕士学位论文,2014.

[57] 邢恩泉．政府对创业投资的融资引导作用:一个经济学分析模型[D]．天津财经大学博士学位论文,2008.

图书在版编目（CIP）数据

投资学/李新，巩云华主编．--北京：首都经济贸易大学出版社，2018.7

ISBN 978-7-5638-2794-7

Ⅰ.①投… Ⅱ.①李… Ⅲ.①投资学—教材 Ⅳ.①F830.59

中国版本图书馆CIP数据核字（2018）第087608号

投资学

李 新 巩云华 主编

责任编辑 乔 剑

封面设计 小 尘

出版发行 首都经济贸易大学出版社

地 址 北京市朝阳区红庙（邮编100026）

电 话 （010）65976483 65065761 65071505（传真）

网 址 http://www.sjmcb.com

E-mail publish@cueb.edu.cn

经 销 全国新华书店

照 排 北京砚祥志远激光照排技术有限公司

印 刷 北京炫彩印刷有限责任公司

开 本 710毫米×1000毫米 1/16

字 数 396千字

印 张 22.5

版 次 2018年7月第1版 2018年7月第1次印刷

书 号 ISBN 978-7-5638-2794-7/F·1541

定 价 45.00元

图书印装若有质量问题，本社负责调换